***ACCESO GRATIS** a la Lectura en la Nube*

Para visualizar el libro electrónico en la nube de lectura envíe junto a su nombre y apellidos una fotografía del código de barras situado en la contraportada del libro y otra del ticket de compra a la dirección:

ebooktirant@tirant.com

En un máximo de 72 horas laborales le enviaremos el código de acceso con sus instrucciones.

AF617346

ESTUDIO POLÍTICO-CRIMINAL Y DOGMÁTICO SOBRE LOS DELITOS DE FINANCIACIÓN ILEGAL DE PARTIDOS POLÍTICOS

ESTUDIO POLÍTICO-CRIMINAL Y DOGMÁTICO SOBRE LOS DELITOS DE FINANCIACIÓN ILEGAL DE PARTIDOS POLÍTICOS

DR. BARTOLOMÉ TORRALBO MUÑOZ

tirant lo blanch
Valencia, 2024

En caso de erratas y actualizaciones, la Editorial Tirant lo Blanch publicará la pertinente corrección en la página web www.tirant.com.

EDITA: TIRANT LO BLANCH
C/ Artes Gráficas, 14 - 46010 - Valencia
TELFS.: 96/361 00 48 - 50
FAX: 96/369 41 51
Email: tlb@tirant.com
www.tirant.com
Librería virtual: www.tirant.es
DEPÓSITO LEGAL: V-3662-2024
ISBN: 978-84-1071-855-5

Si tiene alguna queja o sugerencia, envíenos un mail a: *atencioncliente@tirant.com*. En caso de no ser atendida su sugerencia, por favor, lea en *www.tirant.net/index.php/empresa/politicas-de-empresa* nuestro procedimiento de quejas.

Responsabilidad Social Corporativa: http://www.tirant.net/Docs/RSCTirant.pdf

Índice

CAPÍTULO SEGUNDO. LOS DELITOS DE FINANCIACIÓN ILEGAL DE LOS PARTIDOS POLÍTICOS

CAPÍTULO TERCERO. EL ART. 304 BIS 5

CAPÍTULO CUARTO. LA FINANCIACIÓN ILEGAL DE LOS PARTIDOS POLÍTICOS EN ITALIA

Abreviaturas

AA.VV.	Autores varios
AN	Audiencia Nacional
AP	Alianza Popular
Art.	Artículo
AVE	Alta Velocidad Española
BOCG	Boletín Oficial de las Cortes Generales
BOE	Boletín Oficial del Estado
CDC	Convergencia Democrática de Cataluña
CE	Constitución Española
Cit.	Citado
Coord.	Coordinador/a
CP	Código Penal
Dir.	Director/a
Ed.	Editor
EE. UU.	Estados Unidos
Etc.	Etcétera
GRECO	Grupo de Estados contra la corrupción
IRPEF	Imposta sul reddito delle persone fisiche
IRPF	Impuesto sobre la Renta de las Personas Físicas
LO	Ley Orgánica
LOFPP	Ley Orgánica 8/2007, de 4 de julio, sobre financiación de los partidos políticos

LOPJ	Ley Orgánica 6/1985, de 1 de julio, del Poder Judicial
LOPP	Ley Orgánica 6/2002, de 27 de junio, de Partidos Políticos
LOREG	Ley Orgánica 5/1985, de 19 de junio, del régimen electoral general
ONU	Organización de las Naciones Unidas
OTAN	Organización del Tratado del Atlántico Norte
p.	Página
PNV	Partido Nacionalista Vasco
PP	Partido Popular
PSOE	Partido Socialista Obrero Español
SAN	Sentencia de la Audiencia Nacional
SAP	Sentencia de la Audiencia Provincial
SPD	Partido Socialdemócrata de Alemania
ss.	Siguientes
STC	Sentencia del Tribunal Constitucional
STS	Sentencia del Tribunal Supremo
TC	Tribunal Constitucional
TS	Tribunal Supremo
UCD	Unión de Centro Democrático
UDC	Unión Democrática de Cataluña
UE	Unión Europea
UPyD	Unión Progreso y Democracia
Vid.	Véase

Prólogo

JOSÉ MANUEL PALMA HERRERA
Catedrático de Derecho Penal

Siempre constituye un motivo de inmensa satisfacción poder prologar una obra. Especialmente en aquellos supuestos en los que lo que se prologa constituye un texto de referencia en la materia, como es el caso. En primer lugar, porque con este tipo de encargos se atribuye, a quien lo recibe, la autoridad y solvencia académicas que requiere poder valorar el contenido de la obra. Segundo, porque obliga, no ya a leer esa obra, sino a estudiarla en profundidad y con espíritu crítico con el fin de adelantar qué va a encontrar en ella el lector que resulte interesado en la materia. Agradeciendo lo primero, he de reconocer que el seguimiento realizado a la obra a lo largo del proceso de creación me permite conocerla al detalle, debiendo confesar que ya desde sus primeros momentos intuía que iba a tratarse de una monografía de referencia en la temática elegida y de que a su creador, el Dr. Torralbo Muñoz le esperaba un brillante futuro como penalista.

La claridad expositiva con la que la obra está redactada, el ejemplar manejo de la terminología jurídico-penal que en ella se contiene, la capacidad de su autor para "desmenuzar" los tipos penales buscando los problemas interpretativos que pueden llegar a plantearse, y la propuesta de soluciones sólidamente fundamentadas desde el punto de vista dogmático a todos esos problemas, no han hecho sino convertir en convencimiento lo que venía intuyendo: se trata del mejor estudio realizado hasta el momento sobre los delitos de financiación ilegal de partidos políticos, y estamos ante un joven penalista con una formación brillante y al que auguro los mayores éxitos profesionales.

La obra consta de cuatro capítulos en los que se estudian, respectivamente, los modelos de financiación de los partidos políticos y el sistema acogido por nuestro ordenamiento (Capítulo primero); la dimensión criminológica del problema, con referencia a casos de corrupción relacionados con la financiación, el estudio del bien jurídico y de las distintas figuras delictivas (Capítulo segundo); la responsabilidad penal del propio partido político (Capítulo tercero), y la regulación de la materia en el ordenamiento jurídico italiano (Capítulo cuarto).

En el primer Capítulo, como se ha adelantado, el autor aborda el estudio de los distintos modelos de financiación existentes y el acogido por el ordenamiento español, presupuesto absolutamente necesario tanto para llegar a conclusiones acertadas sobre si es necesaria la propia intervención penal o si habría sido preferible mantener esta cuestión en el ámbito del derecho administrativo sancionador, amén de para una adecuada interpretación de los tipos penales, toda vez que nos encontramos ante una norma penal en blanco que remite a la legislación existente en materia de financiación (concretamente a la Ley Orgánica 8/2007, de 4 de julio, sobre financiación de los partidos políticos). Con este estudio, el autor sienta además las bases para el posterior desarrollo, ya en el Capítulo segundo, de los factores criminógenos que llevan a esta forma de corrupción que es la financiación ilegal de los partidos políticos, identificando cuatro que sin duda resultan determinantes, como son el elevado nivel de gasto de los partidos políticos, los bajos niveles de afiliación, el deficiente sistema de transparencia, publicidad y control de sus cuentas, y la discrecionalidad y la falta de control presente en algunos sectores de la actividad administrativa.

En el mismo Capítulo segundo el Dr. Torralbo Muñoz hace un estudio de conocidos casos de corrupción que van desde la época de la Transición hasta nuestros días para entrar a continuación en el estudio del bien jurídico protegido, posicionándose claramente a favor del aseguramiento de las funciones constitucionales que el art. 6 de nuestra Carta Magna atribuye a los partidos políticos en un Estado Democrático y de Derecho. Esta toma de posición sirve para criticar, con toda razón, la ubicación sistemática de las figuras delictivas recogidas por los arts. 304 bis y ter del Código penal, que deberían integrar un título independiente a continuación del Título XXI dedicado a los delitos contra la Constitución.

Frecuentemente se dice que es más sencilla la elaboración de una monografía de parte especial que de parte general. Nada más lejos de la realidad. Una monografía que gire en torno a una figura delictiva y que se precie de ser una obra de referencia exige un profundo conocimiento de la parte general del Derecho penal, pues sólo donde existe una sólida formación es posible identificar los problemas que la correspondiente figura de delito presenta y, en su caso, ofrecer soluciones adecuadas. Pues bien, estamos ante una obra que es paradigmático ejemplo de lo anterior. El estudio que el Dr. Torralbo Muñoz hace de las distintas figuras delictivas en el Capítulo segundo de su obra es revelador, como ya se adelantó, de una formación penal que garantiza que el lector de la obra va a encontrar en ella respuesta a cualquier duda teórica que las mismas puedan generarle. Y es que el autor analiza cada figura delictiva recorriendo todos y cada uno de los elementos de la teoría jurídica del delito. Desde los elementos del tipo hasta las situaciones concursales pasando por el *iter criminis,* problemas de autoría y participación, etc. Ello le lleva a posicionarse en cuestiones como la naturaleza de delito común en el caso de la financiación ilegal activa, pero de delito de propia mano que le atribuye en el caso de la pasiva; la crítica que realiza al hecho de que el legislador haya dejado fuera del tipo conductas que tienen una gravedad y afectación al bien jurídico similar a la que presentan otras que sí son abarcadas por la norma penal, conductas que deberían haberse incluido como forma de peligro siguiendo el camino marcado por la Ley Orgánica 5/1985, de 19 de junio, del Régimen Electoral General, que sí las contempla como infracción penal cuando se den en relación con la contabilidad electoral; la apreciación de una unidad de acción (una única donación) siempre que los distintos pagos se produzcan dentro de un mismo año natural, vinculándolo así al carácter anual de las cuentas de los partidos; el carácter autónomo del delito de financiación ilegal extranjera de los partidos políticos (art. 304 bis 2, apartado b), que descarta se trate de una forma cualificada del 304 bis 1), o del delito de participación en estructuras u organizaciones cuyo fin sea la financiación ilícita de partidos políticos (art. 304 ter), que igualmente rechaza sea una forma cualificada de las figuras del 304 bis, aun cuando esta solución habría tenido más sentido.

El Capítulo tercero aborda una cuestión que ha dado lugar a ríos de tinta desde que fuese incorporada a nuestro acerbo penal en el año 2010, como es la de la responsabilidad penal de las personas jurídicas. Una responsabilidad de la que fueron inicialmente excluidos partidos políticos y sindicatos hasta que la Ley Orgánica 7/2012, de 27 de diciembre, por la que se modifica la Ley Orgánica 10/1995, de 23 de noviembre, del Código Penal en materia de transparencia y lucha contra el fraude fiscal y en la Seguridad Social, invirtió la situación haciendo a ambos sujetos plenamente responsables desde el punto de vista penal. En este Capítulo, además de tomarse partido por la responsabilidad de estos entes como forma de luchar contra la corrupción, de analizar su naturaleza jurídica y el momento en el que devienen sujetos responsables, o de plantear cuestiones relacionadas con qué personas físicas pueden hacer surgir la responsabilidad penal del partido, el autor se pronuncia, con gran utilidad práctica, sobre qué debería incluir un programa de prevención de delitos para evitar la responsabilidad de este tipo de entes.

Finalmente, en el cuarto Capítulo de esta monografía, fruto de una estancia de investigación en la prestigiosa Universidad de Bolonia, el autor pone de manifiesto su conocimiento de la regulación de la materia en el ordenamiento jurídico italiano comparando el sistema de financiación español con el italiano y, sobre todo el modelo penal seguido por el legislador transalpino frente al español, pues mientras éste puso el foco en castigar la financiación privada ilegal olvidando por completo la posibilidad de incluir entre las posibles conductas casos de financiación pública ilícita, el italiano se ha centrado en la financiación pública ilegal, y cuando tipifica la financiación privada ilegal lo hace desde la perspectiva de proteger la publicidad y transparencia de las transacciones. Es decir, no castigando la financiación privada en sí misma, si no la financiación privada opaca.

A modo de conclusión, nos encontramos, como dije al principio, ante una obra de referencia en materia de delitos de financiación ilegal de partidos políticos; una obra que aborda el tema desde un punto de vista integral, combinando el estudio del propio sistema de financiación, con los aspectos criminológicos, dogmáticos y de derecho comparado. Una obra en la que el lector podrá encontrar respuestas a todas las dudas interpretativas que presentan las distintas figuras delictivas. Respuestas sólidamente fundadas en el conocimiento de la disciplina penal.

CAPÍTULO PRIMERO. **LA FINANCIACIÓN DE LOS PARTIDOS POLÍTICOS**

1. Los sistemas de financiación de los partidos políticos y su idoneidad contra la corrupción

La financiación de los partidos políticos es una cuestión compleja que siempre ha sido objeto de debate doctrinal entre los estudiosos del Derecho Constitucional. La ideología y el bagaje cultural tienen un peso específico en las diferentes posturas, por lo que es un debate que difícilmente puede cerrarse de manera definitiva. Además, la sociedad y, por lo tanto, los partidos políticos, están en un proceso de evolución continuo a lo que se debe adaptar la financiación de los partidos. Los partidos modernos son grandes estructuras que continuamente enfrentan costosos procesos electorales, esto hace que su necesidad de financiación sea inagotable[1]. El papel central que han adoptado en las democracias occidentales hace que los modelos de financiación enfrenten nuevos retos, más si cabe hoy en día donde asistimos a un alto nivel de crítica por parte de la sociedad a los partidos, vigilando especialmente su relación con el dinero, cómo obtienen y cómo gastan sus recursos.

La evolución histórica que han tenido los partidos modernos pone de manifiesto que el papel del dinero en su funcionamiento es más importante que nunca. Sin partidos que encaucen la participación política, no puede haber democracia, igual que no pueden existir los partidos sin los recursos necesarios para su funcionamiento. Tanto la actividad ordinaria, como especialmente los procesos electorales precisan de una gran cantidad

---

1 PETER SCHNEIDER, H. "Los Partidos Políticos y el Dinero: Problemas Actuales de la Financiación de los Partidos", en *Revista de las Cortes Generales, n. 36, 3º cuatrimestre, Madrid, 1995, p. 24.*

de recursos, lo que produce una serie de problemas. En primer lugar, la desigualdad económica. El acceso a una mayor cantidad de recursos económicos supone una importante ventaja para una formación política, por lo que una gran diferencia iría en contra del principio de igualdad de oportunidades, poniendo en riesgo incluso la legitimidad del sistema. El segundo problema que surge de esta enorme necesidad de financiación es la excesiva dependencia de los partidos políticos de determinados poderes económicos que, con su apoyo, pretenden tener influencia en el futuro gobierno, ya sea local, autonómico o nacional. Todo esto agravado con la caída de la afiliación a los partidos políticos, lo que les daba una base de capital económico y humano, la desmovilización política y el encarecimiento de las campañas electorales[2] debido al uso de la publicidad en los medios de comunicación, que ha derivado en una crisis financiera de los grandes partidos tanto americanos como europeos.

La regulación de la financiación de los partidos es uno de los grandes retos de las democracias occidentales, siendo la presión de la opinión pública cada vez más crítica especialmente espoleada por la aparición de casos de corrupción en muchas ocasiones relacionados con la financiación del partido implicado. Además, esta regulación afronta otro problema, los partidos son los receptores, pero también los redactores de las normas. El protagonismo de los partidos en la esfera política es absoluto, lo que deriva en una autorregulación poco deseable. El resultado es una normativa en muchas ocasiones demasiado general, sometida a cambios constantes[3] que causan incoherencias. La normativa suele buscar

---

2 FISHER, J.; EISENSTADT, T. A. "Introduction Comparative Party Finance. What is to be Done?", en *Party Politics.* v. 10, n. 6, Sage, London, 2004, p. 619

3 PAJARES MONTOLIO, E. "La financiación de los partidos políticos", en *EUNOMÍA. Revista en Cultura de la Legalidad, n. 11, octubre 2016 – marzo 2017, pp. 176-210*

el aumento de las fuentes de financiación de los partidos en el poder, ayudándoles a mantener su posición dominante en lugar de favorecer la igualdad de oportunidades, promover la libre formación de la opinión de los electores o asegurar la independencia de los partidos políticos con respecto de los poderes económicos.

El mayor peso de uno u otro modo de financiación, público o privado, va a depender en gran medida de la tradición política de cada país, aunque no encontramos modelos puros. Si la opinión pública considera las ayudas estatales a los partidos como algo negativo, estas acabarán bajo mínimos, y se impondrá un sistema con protagonismo de la financiación privada.

Como he señalado, en los sistemas políticos actuales el factor económico es de suma importancia en la contienda democrática[4]. En esta situación el debate sobre la financiación de los partidos coge mayor peso, buscando garantizar el principio de igualdad de oportunidades de las distintas formaciones políticas en los procesos electorales[5] y proteger a los partidos y al Estado de las presiones que puedan ejercer los poderes económicos a través de sus donaciones. Debate que se acabará inclinando hacia una financiación pública o privada. En caso de inclinarse hacia una financiación pública, el principal riesgo que se corre es la creación de una dependencia con respecto del Estado y una progresiva estatalización de los partidos. Esto deriva en un distanciamiento entre las formaciones políticas y la sociedad. De privilegiarse una financiación privada puede producirse una excesiva influencia de empresas y particulares en las decisiones del partido, aunque si se consiguiese una financiación con una base amplia favorecería el asentamiento de los partidos en la sociedad.

---

4 SCARROW, S.E. "Political finance in Comparative Perspective", en *Annual Review of Political Science*, vol. 10, 2007, pp. 193–210.

5 GIL CASTELLANO, J. "La Financiación de los Partidos Políticos: El Estado de la Cuestión", en *Cuadernos Constitucionales de la Cátedra Fadrique Furió Ceriol, n. 36/37, Valencia, 2001, p. 249.*

El equilibrio ideal para la financiación de los partidos políticos es aquel que les permite establecer conexiones con la sociedad, recaudando de diferentes sectores sociales y manteniendo el contacto con la realidad del país, pero sin convertir la recaudación de fondos en el fin más importante de los partidos, otorgando un poder excesivo a las entidades o sujetos que los financian. El sistema de financiación determina en gran medida la relación que van a tener los partidos con el Estado y con la sociedad en su conjunto, siendo un elemento de gran importancia en el desarrollo de la vida política del país.

Antes de analizar en profundidad el sistema de financiación de los partidos políticos en España, considero necesario desarrollar más a fondo las distintas posibilidades y problemas que presentan, con carácter general, la financiación privada, la financiación pública y, finalmente, la financiación mixta, con especial atención a la idoneidad de cada uno de estos sistemas en la lucha contra la corrupción y la financiación ilegal.

1.1. LA FINANCIACIÓN PÚBLICA

Tras la Segunda Guerra Mundial se produjo un proceso de constitucionalización de los partidos políticos, lo que abrió el debate sobre muchos aspectos de su regulación jurídica. Uno de los puntos más importantes fue el de regular cómo los partidos iban a asumir sus gastos teniendo en cuenta los cambios en el panorama de estas organizaciones, tales como la profesionalización de la política, la caída en la afiliación o la flexibilización de la ideología en el seno de los partidos. Estos aspectos junto con otros favorecieron el auge de la financiación pública[6].

---

6 HOLGADO GONZÁLEZ, M. "Financiación de partidos y democracia paritaria", en *Revista de Estudios Políticos (Nueva Época)* n. 115, enero-marzo, 2002.

En un principio se intentó minimizar las consecuencias negativas que podía acarrear la financiación privada de los partidos políticos limitando el gasto de estos y de sus candidatos, además de restringiendo las contribuciones y donaciones privadas. Estas medidas eran ineficaces y el dinero privado seguía teniendo demasiada influencia en la política, no solo siendo necesario limitar o prohibir donaciones, sino debiendo instaurar un sistema de financiación pública.

El pensamiento de que el Estado deba financiar a las formaciones políticas se asienta en la idea de que estas son un elemento imprescindible de todo sistema democrático. Sin ser los únicos articuladores de la voluntad popular, sí son los más importantes, esenciales para la participación política.

En los países europeos la financiación pública ha tenido un mayor arraigo. El ya mencionado aumento de los costes debido a la profesionalización de los partidos y de las campañas electorales por la utilización de los medios de comunicación hizo que los partidos necesitasen más financiación. Esto dio más influencia a los poderes económicos lo que acabó derivando en grandes casos de corrupción[7]. Por tanto, para suplir estos crecientes gastos de los partidos, y paliar en la medida de lo posible la corrupción en el seno de los mismos, se optó por fomentar la financiación pública de los partidos, en un intento de blindar el proceso democrático.

Con carácter general, podemos destacar la lucha contra la corrupción y la financiación ilegal como uno de los principales argumentos a la hora de instaurar modelos de financiación pública, pero se ha demostrado que no han sido suficientemente eficaces. Las necesidades financieras de los partidos parecen no tener límite; esto unido a la crisis[8] de la que fuera su base

---

7 El caso Tangentópolis en la Italia de los años noventa puede ser citado como ejemplo.

8 ESPARZA MARTÍNEZ, B. "Estructura y Funcionamiento Democrático de los Partidos Políticos Españoles", en *Revista de las Cortes Generales,* n. 43, 1º cuatrimestre, Madrid, 1998, p. 97.

económica fundamental, la afiliación, hace que siga existiendo un amplio margen donde operan las entidades privadas o los grupos de presión para intentar influenciar a las formaciones políticas a través de la provisión de fondos.

El segundo gran argumento a favor de la financiación pública es que favorece la igualdad de oportunidades en la competición electoral. En caso de no existir financiación pública, los pequeños partidos quedarían muy limitados, beneficiando especialmente a aquellos partidos con un programa electoral de una ideología más cercana a los sectores sociales más adinerados. Ante la ineficacia de la limitación del gasto para asegurar la igualdad de oportunidades, se opta por establecer un sistema de financiación público con ayudas económicas estables a todos los partidos, en un intento de democratizar la financiación y minimizar el poder deslegitimador del dinero en el sistema. Aun así, esta igualdad no es alcanzada debido a los criterios de reparto que habitualmente se utilizan los cuales tienden a favorecer a los grandes partidos tradicionales.

Por otro lado, el argumento generalmente utilizado para criticar la excesiva financiación pública de los partidos políticos es la estatalización de estos. Esta postura afirma que los partidos están sobre-financiados y acaban siendo figuras más cercanas a las instituciones del Estado que a las organizaciones surgidas de la ciudadanía que deberían ser. El hecho de disponer de recursos sin depender de las bases hace que los dirigentes de los partidos sean excesivamente independientes y, en definitiva, acaba quitando poder a los afiliados. Todo esto va en perjuicio de la democracia interna del partido y de su contacto con la realidad social. El partido se acaba pareciendo a una agencia de colocación al servicio de algunos de sus miembros hacia puestos de responsabilidad política.

Ahora bien, lo cierto es que no encontramos dos modelos de financiación pública de los partidos que sean iguales. Son muchas las diferencias y, en muchas ocasiones, optar por una opción u otra trae consigo una serie de consecuencias. El primer aspecto para tener en cuenta es de dónde vienen los fondos que van a acabar en la caja de los partidos políticos. Los recursos pueden proceder de los Presupuestos Generales del Estado, que es la opción más habitual entre los países donde predomina la financiación pública como en España. Menos común es recurrir a la creación de un fondo especial ad hoc para un determinado proceso electoral, como son los casos de EE. UU. o Brasil.

También se debe analizar a quiénes van dirigidas las subvenciones. Los recursos públicos pueden ir destinados a las sedes centrales de las formaciones políticas, o también se puede dirigir de manera independiente a los niveles autonómico, regional y local. Esto está directamente vinculado con el nivel de centralización que presenten los partidos en cada país. Si la financiación llega directamente a la sede central, que después se encarga de distribuirla, el nivel de centralización y jerarquización[9] partidista será mayor que si las diferentes secciones del partido reciben los recursos directamente, gozando de una mayor autonomía financiera. Eso sí, esta autonomía podría derivar en un exceso de división dentro de los partidos generando inestabilidad. Ante esta posibilidad, en España se ha optado por un sistema de distribución centralizado, por lo que los partidos presentan una estructura fuertemente jerarquizada.

Generalmente los recursos se otorgan para su libre uso por parte de los partidos, pero también es posible que las subvenciones tengan un carácter finalista. Este es el caso de las partidas destinadas a las fundaciones y asociaciones vinculadas a los partidos políticos. Otro aspecto a tener en cuenta es el momento de entrega de las subvenciones. Se pueden realizar antes o después de las elecciones, haciendo depender las cantidades percibidas del resultado del proceso electoral. Si se opta por entregarlos después de las elecciones, perjudicaría a las nuevas formaciones

---

9 CARRERAS SERRA, F. "Los Partidos en Nuestra Democracia de Partidos", en *Revista Española de Derecho Constitucional, año 24, nº 70, ene/abr, 2004, p. 81.*

de menor tamaño, ya que tienen menos recursos y menos posibilidad de acudir a entidades de crédito. Un ejemplo serían las subvenciones para gastos electorales recogidas en la LOREG, que se entregan tras las elecciones y en virtud de los gastos justificados por el partido, con un límite máximo determinado en función de los resultados electorales. Eso sí, hay una excepción a la regla, los partidos que ya tengan representación del proceso electoral anterior equivalente, podrán pedir un adelanto de la subvención. Esta opción obliga a las formaciones a controlar sus gastos y ser más rigurosos y transparentes con sus cuentas.

Una de las grandes diferencias que podemos encontrar entre distintos sistemas de financiación pública es si los recursos van destinados a los partidos como entidad, a los candidatos o a ambos, diferencia evidente entre los modelos del continente europeo y EE. UU. Financiando solo al partido, los candidatos son muy dependientes de este y viceversa. Un problema ligado a este último es determinar qué actividades de los partidos políticos van a ser financiadas. El Estado puede optar por financiar únicamente los procesos electorales, o bien puede financiar a los partidos de manera más continuada en el tiempo, aportando recursos para el funcionamiento ordinario del partido. Esta dicotomía está estrechamente relacionada con la naturaleza jurídica de los partidos políticos y qué papel van a tener en el sistema. Si se financian las actividades de los partidos en período no electoral, se les está reconociendo su función en la formación de la voluntad popular más allá de los procesos electorales, siendo necesario fomentar la igualdad entre las distintas formaciones políticas de forma ininterrumpida. Las voces que abogan por la financiación exclusivamente para las actividades extraordinarias de los partidos defienden que se pone en riesgo su independencia, produciéndose la estatalización de estas formaciones a la que se ha hecho referencia anteriormente.

Otro aspecto señalado como consecuencia de un sistema de financiación eminentemente público es la evolución de los partidos hacia un modelo denominado cartel[10]. A causa de una financiación excesiva, los partidos se apropian del panorama político, ya que los criterios de reparto generalmente favorecen a los partidos que forman parte del sistema, en perjuicio de los nuevos actores que buscan acceder. Es un análisis inverso al de la estatalización de los partidos, poniendo el foco en cómo los partidos tradicionales monopolizan las instituciones y la administración. Esto se vio claramente reflejado en España en los años de la alternancia entre el PP y el Partido Socialista Obrero Español (PSOE), donde eran conscientes que la caída de uno solo podía suponer la subida del contrario. Esta situación hace más probable la aparición de prácticas corruptas ya que los partidos actúan con la seguridad de que volverán a estar en el poder.

La adopción de medidas de financiación pública tiene una serie de consecuencias[11] en el sistema de partidos que he ido mencionando. Hace a los partidos más independientes tanto de las donaciones privadas como de sus propios afiliados. Como consecuencia disminuye la influencia de las grandes empresas y los grupos de presión, fomentando la igualdad entre los distintos partidos. Pero esta independencia también conlleva un alejamiento de los dirigentes de los partidos con respecto de sus bases y afiliados, lo que deriva en una oligarquización de los partidos. En cierta medida, esta financiación pública cambia la naturaleza jurídica de los partidos políticos, en un principio de naturaleza privada. El hecho de obtener financiación, junto con las funciones de alto interés público que desempeñan, hace que en la práctica se asemejen a una institución pública. Argumentos a favor y en contra que deben ser tenidos en cuenta a la hora de determinar el sistema de financiación.

---

10 SANTANO, A. C.; *La Financiación de los partidos políticos en España, Ed. Centro de Estudios Políticos y Constitucionales, Madrid, 2016, p. 73.*

11 ARGANDOÑA, A. "La Financiación de los Partidos Políticos y la Corrupción en las Empresas", en *Papeles de Ética, Economía y Dirección, n. 6, 2001, pp.8-10.*

1.2. LA FINANCIACIÓN PRIVADA

En el origen de los partidos políticos la financiación era de carácter privado, de acuerdo con la ideología liberal burguesa. Las formaciones existentes eran los partidos de cuadros o de notables, formados por miembros de la clase alta de la sociedad con gran capacidad económica. En aquel momento, hemos de recordar, el voto era censitario, solo pudiendo votar los ciudadanos que acreditasen un mínimo de recursos. En este contexto, se impone la financiación privada de los partidos, que obtienen sus recursos de sus propios miembros[12].

A principios del siglo XX, estos partidos políticos formados por la burguesía no necesitaban ayudas estatales para financiarse. La financiación privada de los partidos radica en que los mismos obtengan sus recursos de distintas fuentes privadas, propias o ajenas. Lo cierto es que la necesidad de una mayor o menor financiación privada siempre ha sido objeto de debate. El dinero tiene mucha influencia en la política, principalmente debido al elevado coste de las campañas electorales modernas y a la profesionalización de la política y los partidos. Acudir a recursos privados resuelve muchos problemas que enfrentan las formaciones políticas, pero también crea otros. A pesar de que se intente disminuir el gasto en las campañas electorales para evitar la creciente necesidad de recursos, los partidos acaban acudiendo a estas fuentes privadas cuando lo necesitan. La financiación privada, es cierto que aporta cosas que no se suelen conseguir con la financiación pública, como la promoción de la cultura y la investigación políticas. En cambio, la sociedad valora en mayor medida la independencia de los partidos con respecto de los poderes económicos, considerando una relación dema-

[12] SANTANO, A. C.; *El análisis Constitucional del Sistema de Financiación Pública de Partidos en España,* Tesis Doctoral, Universidad de Salamanca, 2013.

siado estrecha entre el mundo político y el económico como uno de los principales detonantes de la corrupción.

A pesar de que nunca hemos visto un modelo plenamente privado, podemos deducir cuáles serían sus consecuencias. La independencia de los partidos se pondría en peligro, lo cual deriva en la independencia del Estado, directamente vinculado con estas formaciones. La regulación de este sistema de financiación privada tampoco sería imparcial, ya que son estos mismos partidos los que acaban regulando la materia, imposibilitando que se garantizara la igualdad de oportunidades entre las distintas formaciones políticas[13]. Una regulación laxa y permisiva de las donaciones privadas favorecería a los partidos más cercanos ideológicamente a las élites económicas, en perjuicio del pluralismo político y la igualdad entre los partidos.

Dicho esto, también encontramos defensores[14] de un sistema de financiación privado, alegando que las desigualdades que generaría ya existen en los modelos de financiación pública, ya que estos se basan en criterios aritméticos que favorecen a los grandes partidos sobre las formaciones emergentes. A favor de la financiación privada, argumentan que esta es más eficaz contra la corrupción, al contrario de lo que pudiera parecer, ya que obligaría a los partidos políticos a cuidar su imagen y credibilidad ante la sociedad, presionándoles a gestionar mejor sus recursos. Además, supone una forma de participación política que afianza la relación entre los partidos y los ciudadanos, que ven su participación ampliada a más allá del voto, fomentando en última instancia la democracia interna del partido. Los de-

---

13 PETER SCHNEIDER, H. "Los Partidos Políticos y el Dinero: Problemas Actuales de la Financiación de los Partidos", cit., p. 26.

14 CASTILLO VERA, P. del. "Objetivos para una Reforma de la Legislación sobre Financiación de los Partidos Políticos", en *La Financiación de los Partidos Políticos.* Cuadernos y Debates, n. 47, Centro de Estudios Constitucionales, Madrid, 1994, pp. 61-63.

fensores de esta postura también argumentan que un sistema de financiación privado es lo más coherente atendiendo a la naturaleza jurídico-privada que tienen los partidos políticos en el ordenamiento jurídico español.

La influencia que pueden llegar a tener los recursos privados en las formaciones políticas es innegable, y su peso va a depender del modelo de financiación adoptado. Los inconvenientes que acarrean estas fuentes son muchos, pero es inevitable que los partidos acudan a ellos en mayor o menor medida. Independientemente de las ventajas e inconvenientes que presenta cada fuente de financiación privada es necesario analizarlas brevemente antes de adentrarnos en su regulación en España.

En relación con las fuentes de financiación privada, debemos señalar que las principales son; las cuotas de los afiliados, las donaciones de estos que excedan el valor de la cuota y las contribuciones de individuos y empresas simpatizantes. También podíamos incluir la cuota pagada los cargos públicos electos o el fruto del patrimonio de los partidos.

De forma más precisa, podemos afirmar que los recursos privados existentes con carácter general son[15]:

a) Los recursos propios: la cuota de los afiliados; el patrimonio del partido; las publicaciones y otras actividades desarrolladas por el partido.

b) Los recursos de carácter privado: préstamos y créditos; donaciones; actividades empresariales; ingresos atípicos.

A esta lista de recursos debemos añadir los obtenidos por fundaciones o asociaciones afines a los partidos políticos. Los partidos han creado estos organismos muy vinculados a los mismos para hacer una labor de desarrollo y difusión de su pensamiento político.

---

15 GIL CASTELLANO, J. "La Financiación de los Partidos Políticos: El Estado de la Cuestión", cit., p. 254.

Este tipo de organizaciones están autorizadas a recibir donaciones por un importe superior al que reciben los partidos políticos y como estos, se someterán al control de sus cuentas por parte del Tribunal de Cuentas. Sin duda, la actividad de estas asociaciones acaba beneficiando a los partidos de las que dependen, por lo que deben ser considerados como parte de los recursos del partido.

Dentro de la financiación privada son las donaciones, los préstamos y créditos, y su posterior condonación, los que pueden generar suponer el origen de tramas corruptas de financiación ilegal. El endeudamiento con entidades de crédito es un problema generalizado en los partidos políticos y pone en cuestión su independencia. Además, estos préstamos acaban en muchas ocasiones siendo condonados o renegociados con criterios muy favorables para los partidos, convirtiéndose en donaciones encubiertas. Estas prácticas que son cuanto menos irregulares, ya han sido prohibidas en España en la última reforma de la LOFPP en el año 2015. Las donaciones propiamente dichas son sin duda el recurso más frecuente de financiación privada y también el más conectado con la financiación ilegal y la corrupción. Pudiendo ser particulares con voluntad de colaborar desinteresadamente con el partido político de su preferencia, estas donaciones las suelen hacer empresas y grupos de presión con el objetivo de ganar influencia en la política estatal. Es por esto por lo que la legislación española ha ido progresivamente restringiendo el papel de las donaciones, llegando a prohibir en la actualidad aquellas procedentes de personas jurídicas.

1.3. LA FINANCIACIÓN MIXTA

Encontrar el modelo de financiación de los partidos políticos más apropiado para un país es un trabajo de gran complejidad. Dándole mayor peso a un modelo determinado en aras de dar solución a un problema se acaba generando otro, a lo que se añade el hecho de que no es posible importar literalmente modelos de unos países a otros, ya que el sistema de financiación debe responder a la cultura política y democrática de cada estado. Se debe combatir la corrupción, pero también se debe dotar de recursos suficientes a las formaciones políticas para llevar a cabo su labor[16].

Es por tanto el sistema de financiación mixto el que da mejor solución a las cuestiones planteadas por la doctrina y es el que encontramos en la mayoría de los contextos políticos, teniendo los sistemas puros muy pocos defensores. En la mayoría de Estados, se trata de buscar el equilibrio ideal entre recursos públicos y privados, tarea de gran dificultad en la que debe ser también tenido en cuenta el sistema de partidos y el sistema electoral del país en cuestión.

El dinero es un recurso esencial en la política y la realidad nos ha demostrado que hay una gran diferencia de recursos entre los partidos. Combinar la financiación pública y la privada trata de paliar estos desequilibrios que se reflejan en el proceso democrático, procurando encontrar un balance que minimice los inconvenientes de ambos modelos. El debate real con respecto a la financiación está en cuál es la proporción adecuada de cada fuente de recursos, que va a depender en gran medida del sistema de partidos existente.

Pensar hoy en día en la posibilidad de la autofinanciación de los partidos es imposible. La financiación pública está justificada porque además permite que los partidos puedan llevar a cabo sus actividades de forma permanente, más allá de los periodos electorales. Estas medidas de financiación pública deben ir acompañadas de un control de gastos y de la fiscalización de las cuentas de las formaciones políticas, obligándolas a ser transparentes y a adecuar sus gastos a sus ingresos. Pese a todo, es necesario que los partidos no den de lado la financiación

---

16 ALGUACIL GONZÁLEZ-AURIOLES, J. "El Problema Público de Regular Jurídicamente la Financiación partidaria", en *Teoría y Realidad Constitucional.* n. 6, UNED, 2002, pp. 213-223.

privada, ya que esta fomenta su independencia y ayuda a que mantenga el contacto con sus bases.

A pesar de que la mayoría de los países democráticos han implantado un sistema mixto, podemos apreciar importantes diferencias ya que unos han potenciado la financiación pública mientras que en otros se ha dejado mayor espacio a la captación de recursos privados. Estas diferencias se deben fundamentalmente al modelo de Estado, los Estados liberales, como Estados Unidos, presentan un mayor protagonismo de la financiación privada, mientras que en los Estados Sociales de perfil intervencionista que se encuentran en Europa, el peso de la financiación pública es mayor.

La experiencia demuestra que lo habitual es que, dentro de la implantación de un sistema mixto, encontremos un desequilibrio inestable entre las fuentes públicas y privadas, lo cual acaba teniendo una repercusión directa en el sistema democrático en su conjunto[17]. Sin existir un equilibrio ideal, un modelo mixto aplicable a todos los países, ya que el modelo debe adaptarse a cada país, su cultura política, las características particulares de sus partidos y su sistema electoral, etc., si es cierto que existen algunos principios básicos que deben ser tenidos en cuenta en la lucha contra la corrupción. El primer principio es el de subsidiariedad. La actuación del Estado debe estar guiada por la voluntad popular y los partidos políticos no son más que el vehículo de transmisión de esta, su cauce. El Estado ha de reconocer a los partidos como intermediarios, pero no se puede establecer a través del sistema de financiación una clase política autónoma, alejada de la ciudadanía, ya que esto supone un riesgo para la aparición de prácticas corruptas.

En segundo lugar, la concurrencia. El sistema de financiación debe asegurar, en la medida de lo posible, la libertad y la igualdad de oportunidades entre los distintos partidos, especialmente du-

---

17 SANTANO, A. C.; *La Financiación de los partidos políticos en España*, cit., p. 77.

rante los procesos electorales. Solo así puede la ciudadanía elegir libremente la opción política que más se ajuste a su ideología. El sistema debe paliar los posibles efectos deslegitimadores de los recursos privados, promoviendo el debate y el pluralismo político.

La transparencia es el tercer principio fundamental que se debe tener en consideración. Las medidas de transparencia son las que permiten controlar el sistema tanto por las autoridades competentes, en el caso español el Tribunal de Cuentas, como por parte de la opinión pública. De esta forma se puede controlar a los representantes políticos ya que los donantes del partido serían de dominio público y en caso de producirse un trato de favor a uno de estos benefactores se detectaría fácilmente. Por lo tanto, la transparencia es una herramienta muy eficaz en la lucha contra la corrupción, ya que impide en gran medida la aparición de prácticas corruptas. Además, otorga a la ciudadanía más información a la hora de decidir el partido al que apoyar dando mayor legitimidad a la competición entre partidos.

Otro aspecto que debe tener en cuenta el sistema de financiación es el equilibrio entre la flexibilidad y la igualdad de acceso a los recursos públicos de los distintos partidos políticos y la excesiva fragmentación del sistema de partidos que puede desembocar en ingobernabilidad. Por un lado, el sistema de financiación no puede excluir a los partidos minoritarios, estableciendo criterios estrictos para acceder a la financiación que favorecen a los grandes partidos. Esto consolida su posición dominante e impide un pluralismo político efectivo. En todo caso, el sistema debería fomentar el desarrollo de aquellos partidos que sean representativos de la sociedad, lo cual va a favor de un pluralismo político real y de la legitimidad democrática del sistema en su conjunto. Siendo esto cierto, tampoco puede poner unos criterios tan abiertos que acaben fomentando la creación de partidos con el solo fin de obtener recursos públicos. Esto nos podría llevar a una situación de excesiva fragmentación del panorama político e ingobernabilidad. Aquí es donde se debe encontrar el punto de equilibrio ideal. Lo cierto es que la financiación pública se creó para garantizar la existencia de los distintos partidos con independencia de su acceso a los recursos privados para competir en igualdad de condiciones en los procesos electorales, y también para que los partidos en la oposición puedan ejercerla libremente y el partido en el gobierno sepa que, en caso de no cumplir con las expectativas de los ciudadanos, hay una alternativa de gobierno real en la oposición.

Muchos son los aspectos que se deben tener en cuenta a la hora de elegir el sistema de financiación. Solo una cosa se puede afirmar con seguridad, ni los sistemas de financiación públicos ni los privados son por sí mismos más o menos efectivos para combatir la corrupción. Es necesario que sigan una serie de principios y características, que exista un equilibrio entre unas y otras medidas de financiación para encontrar el sistema óptimo que otorgue al sistema de legitimidad democrática y a su vez sea efectivo a la hora de evitar la aparición de prácticas corruptas.

2. El sistema de financiación de los partidos políticos español

La regulación de la actividad económica de los partidos políticos en España tanto en periodo electoral como fuera de éste ha sido y sigue siendo objeto de debate. Su importancia proviene del sistema de gobierno que tenemos, una democracia de partidos, lo que hace necesario que se regulen las cuestiones relacionadas con el origen y el destino de los recursos económicos necesarios para garantizar sus actividades. Entre sus objetivos encontramos la garantía de estabilidad y continuidad de la actividad de los partidos, la igualdad de oportunidades en la contienda electoral, el control de los ingresos y los gastos o el poner fin a la aparición de casos de corrupción relacionados con la actividad económica de los partidos[18].

Con respecto a la financiación de los partidos políticos, teniendo en mente analizar aquello relacionado con la intervención del legislador en la materia con el objetivo de alcanzar los fines mencionados anteriormente, pueden estudiarse cuatro ámbitos. El primero y más importante es el de la financiación pública. La parte central de la regulación de la financiación de los partidos está dedicada a establecer un sistema de financiación pública, un sistema destinado a subvencionar a los partidos de diferentes maneras que varía con respecto a la actividad que va a ser financiada (electoral, parlamentaria...), al sujeto que va a recibir esa financiación (puede ser el propio partido, un

---

18 RODRÍGUEZ TERUEL, J. BARAS, M., BARBERÀ, Ó. y BARRIO, A., "Financiación de los partidos y transparencia democrática. Buenas prácticas en Europa y América del Norte", en *Revista Española de Investigaciones Sociológicas,* n. 147, julio-septiembre, 2014, pp. 62-69

candidato o una fundación directamente ligada al partido) o también puede variar el criterio elegido para la distribución de los recursos y la elección de los sujetos susceptibles de recibirlos.

Por otro lado, encontramos la regulación de la financiación privada de las formaciones políticas que se ha enfocado de manera ciertamente restrictiva, obligando a las donaciones privadas a cumplir ciertos requisitos, especialmente de publicidad, pero por otro lado ofreciendo incentivos fiscales con el objetivo de impulsarlas. También estableciendo límites y prohibiciones encontramos la regulación legal de los gastos de los partidos, especialmente enfocado a los gastos en período electoral. Finalmente, el último ámbito para tener en cuenta, relacionado en gran medida con los anteriores, es el establecimiento de sistemas de control por parte de un organismo público, que puede ser el Parlamento u otros organismos creados ad hoc para esta labor. Estos organismos que ejercen un control contable sobre la actividad económica de los partidos pueden imponer sanciones económicas o electorales, que pueden derivar en procesos penales, en el caso de encontrar irregularidades.

Estos cuatro ámbitos de la financiación de los partidos políticos han sido abordados de diversas formas, lo cual ha derivado en diversas regulaciones. En estos distintos enfoques y cambios no se observa un plan con el objetivo de trazar un sistema de financiación coherente con el modelo de partidos que se pretende alcanzar, sino que se pretende dar respuesta a necesidades puntuales de los partidos o a escándalos políticos directa o indirectamente relacionados con su financiación. A estos cambios frecuentes en la regulación se añade el hecho de que nos encontramos ante un caso, como ya hemos analizado, de autorregulación, donde los propios partidos son los que redactan las leyes que les acaban beneficiando, y que supuestamente deben controlar y limitar sus gastos e ingresos, lo que dificulta mucho su eficacia[19].

---

19 PÉREZ FRANCESCH, J. L. "La financiación de los partidos políticos en España. Consideraciones a partir de los informes del Tribunal de

Estos factores se ven reflejados en la legislación española de la financiación de los partidos. La posición de los partidos políticos en nuestro sistema democrático está reconocida constitucionalmente, lo que da una justificación suficiente para sostener la necesidad de su financiación pública. El "derecho de partidos" es un conjunto de privilegios (financiación pública) y obligaciones (democracia interna) que responden al papel que la Constitución otorga a los partidos políticos, pero sin imponer en el texto constitucional un modelo concreto, dejando en manos del legislador la tarea de perfilar ese modelo con el único requisito de respetar la importancia[20] que la Constitución da a los partidos políticos.

La regulación de la financiación de los partidos políticos en España está recogida en dos leyes. Por un lado, tenemos la Ley Orgánica 8/2007, de 4 de julio, de financiación de los partidos políticos (LOFPP), y por otro tenemos la Ley Orgánica 5/1985, de 19 de junio, del régimen electoral general (LOREG). Está diferenciación comenzó en la etapa de la Transición donde se aprobaron normas electorales con disposiciones sobre financiación pública y privada, el Real decreto-ley 20/1977, de 18 de marzo, y a continuación leyes sobre los partidos, la Ley 4/1978, de 4 de diciembre, donde se establecía que los partidos recibirían subvenciones anuales con cargo a los Presupuestos Generales del Estado. Esta división se mantuvo con las leyes anteriormente citadas pese a las reformas sufridas y a la aprobación de la reciente Ley de Financiación de Partidos en 2007, modificada en 2012 y en 2015. La regulación de la financiación tiene un marcado carácter casuístico, las reformas no responden a una búsqueda de perfeccionar el sistema, sino que son respuesta a problemas

---

Cuentas y de la nueva Ley Orgánica 8/2007, de 4 de julio", en *Papers: revista de sociología,* n. 92, 2009, pp. 249-271.

20 SÁNCHEZ MUÑOZ, Ó. "La financiación de los partidos políticos en España: ideas para un debate", en *Revista Española de Derecho Constitucional,* vol. 33, n. 99, 2013, pp. 161-200.

coyunturales o a escándalos políticos. Antes de analizar la regulación actual, considero necesario realizar un estudio sobre la evolución histórica de la normativa en esta materia, que ha desembocado en el sistema que describiremos a continuación.

2.1. EVOLUCIÓN HISTÓRICA DEL SISTEMA DE FINANCIACIÓN ESPAÑOL

La trayectoria española en lo referente a la regulación de la financiación de los partidos políticos es, en algunos aspectos, diferente a la del resto de sus análogos europeos. En Europa, los partidos políticos fueron progresivamente evolucionando, acercándose al aparato del Estado, si bien con carácter previo habían asentado unas bases sociales amplias. Esta evolución no siguió las mismas fases en el caso español dada su incorporación más tardía a la democracia tras la dictadura[21]. Los partidos políticos modernos en España surgieron durante la transición, en la década de los setenta, y pasaron directamente a una situación de relación muy cercana al Estado sin haber desarrollado antes la etapa que podemos llamar de partido de masas[22].

La particularidad del caso español, con una dictadura tan prolongada, hizo que se entrase muy rápidamente en un "*Es-*

---

21 En este sentido, MONTERO GIBERT describe la evolución de la vida política española como de lo "*preindustrial a lo posindustrial*" sin haber pasado por la etapa industrial propiamente dicha. Es decir, de un sistema político emergente en la Segunda República hasta un sistema de partidos que presenta síntomas de crisis sin haber pasado por etapas partidistas intermedias debido al franquismo. En: MONTERO GIBERT J. R. "Partidos y participación política: algunas notas sobre la afiliación política en la etapa inicial de la transición española." en *Revista de Estudios Políticos* 23, 1981, p. 36.

22 CASTILLO VERA, P. del. "La Financiación de los Partidos Políticos ante la Opinión Pública", en *Revista de Derecho Político,* n. 31 UNED, 1990, p. 126.

tado de partidos"[23] para afianzar el nuevo sistema democrático donde lo fundamental era la estabilidad. Esto impidió que el sistema de partidos tuviera un desarrollo normal en el que las organizaciones políticas establecen lazos estables y profundos con la sociedad, algo que acaba afectando a la financiación de los partidos. Desde sus inicios, el sistema español se caracterizó por una fuerte financiación pública con un déficit importante y generalizado de recursos procedentes de las bases del propio partido, mostrando bajísimos índices de afiliación[24].

La estatalización de los partidos políticos se produjo de manera muy temprana, ya que las ayudas públicas fueron ampliándose progresivamente hasta convertirse en la principal fuente de recursos, tal y como veremos en este desarrollo histórico. Además, el criterio de reparto favorecía ostensiblemente a los grupos mayoritarios para que estos fortaleciesen su posición y asegurasen la gobernabilidad en las primeras etapas de la democracia española. El problema es que estas características, unidas con un control deficitario de las cuentas de los partidos, se hicieron crónicas y todavía hoy permanecen a pesar de las ya numerosas reformas que se han llevado a cabo. Esto se explica, en parte,

---

23 Por Estado de Partidos entendemos aquel sistema de gobierno democrático en el que lo actores principales y casi únicos de la vida política son los grandes partidos, dejando la sociedad civil o los movimientos ciudadanos en un segundo plano. Para profundizar más sobre el concepto y características del Estado de Partidos: GARCÍA-PELAYO M., *El Estado de partidos*. Ed. Alianza, España, 1986, pp. 85-117.

24 Durante la Transición, momento histórico de gran movilización política, solo un 6% de los españoles afirmaba estar afiliado a algún partido político. Comparando esta cifra con alguno de nuestros homólogos europeos podemos ver la crítica situación de los partidos españoles desde su origen. En el año 1978, frente al 6% español, Austria presentaba un 28% de afiliación, Gran Bretaña un 25% o Alemania un 15%. Visto en: MONTERO GIBERT J. R. "Partidos y participación política: algunas notas sobre la afiliación política en la etapa inicial de la transición española." cit., pp. 44-45.

porque el gran impulsor de cambios en esta materia en nuestro país lo han sido los casos de corrupción que han implicado a las distintas formaciones políticas y sus poco ortodoxas vías de financiación, más que una búsqueda no forzada de mejora del sistema. En aras de contentar a su electorado y de acallar las voces críticas, los partidos en el poder han realizado distintas reformas del sistema de financiación, pero siempre manteniendo las grandes líneas que lo definen y quizá sin afrontar una profunda revisión de las carencias normativas del sistema.

Con la Ley 21/1976 de 14 de junio, sobre el derecho de Asociación Política[25] comienza la historia del sistema de financiación de los partidos políticos. Esta norma contiene la primera regulación sobre los partidos políticos, las elecciones y se recoge una breve referencia a su financiación. Pero antes de adentrarnos en la regulación de las finanzas de las formaciones políticas *per se,* cuyo origen hay que situar en ese momento, y su evolución hasta nuestros días, vamos a tratar brevemente la regulación incipiente que se hizo sobre su acceso a diferentes recursos durante la Segunda República y cómo este desarrollo normativo se truncó con la Guerra Civil y la llegada del franquismo.

2.1.1. *La regulación de los recursos de las formaciones políticas en la Segunda República*

A diferencia de lo que encontramos en la Constitución actual, en la Segunda República los partidos políticos no gozaban de un reconocimiento como entidades de relevancia constitucional, así como tampoco tenían una regulación conforme a dicho estatus. En consecuencia, no existía una legislación en lo que a finanzas de los partidos se refiere, de suerte que ninguna de las conductas que hoy son ilícitas lo eran durante este período

---

[25] «BOE» núm. 144, de 16 de junio de 1976

histórico, pudiendo por ejemplo los partidos o los candidatos individuales en los distintos procesos electorales obtener financiación privada de todo tipo sin límite alguno[26]. Por otro lado, tampoco recibían las formaciones recursos del erario público, como sí ocurre en la actualidad.

Siendo esto cierto, al analizar este período, encontramos, no obstante, las primeras normas en España sobre el acceso a distintos recursos por parte de los partidos políticos. Se trata de órdenes ministeriales que hacían referencia específicamente a las campañas electorales y al uso de los medios de comunicación. Estas se centraban especialmente en la regulación de las emisoras de radio, pero también se extendieron a otros medios. En aquel momento no se hacía referencia a los partidos políticos como tales, sino que la normativa estaba dirigida a entidades políticas, ya que, por entonces, no se reconocían como partidos políticos en sentido moderno. Esta regulación estaba enfocada principalmente a asegurar la neutralidad ideológica de los *mass media* del momento, especialmente de la radio, que era el medio de masas más importante de la época[27]. Si bien es cierto que encontramos en aquéllas una primera mención a la utilización de recursos por parte de los partidos, no se hacían referencias directas al asunto de la financiación[28]. En orden cronológico, estas normas son las siguientes:

En primer lugar, encontramos la Orden ministerial de 7 de noviembre de 1933, reguladora de la propaganda electoral por medio de la radio[29]. El objeto de esta Orden es evitar que los denominados "*modernos medios de propaganda*" haciendo especial

---

26 CORTÉS BURETA, P. "Los recursos económicos de los partidos políticos: una perspectiva histórica de su regulación" en *Revista Aragonesa de Administración Pública,* 2003, no 22, pp. 109-111.

27 DEL CASTILLO, P. "La Financiación de los Partidos Políticos: 1977-1997" en *Revista de las Cortes Generales,* nº 41, 2º cuatrimestre, Madrid, 1997, p. 155

28 Ídem.

29 Gaceta de Madrid. — Núm. 312, 8 Noviembre 1933, p. 929

énfasis en la radio, sean utilizados de forma abusiva por las entidades políticas. En aras de alcanzar dicha meta se prohíben algunas prácticas como la inclusión de propaganda política en la radio durante el período electoral o la lectura de manifiestos políticos en los estudios de las emisoras de radio[30]. Junto a la anterior apareció la Orden ministerial del mismo 7 de noviembre de 1933[31], en la que se prohíbe el uso de los aeródromos y servicios de aviación a toda clase de aparatos de vuelo cuya finalidad sea la propaganda electoral o comercial[32]. En esta norma se establece que para mantener "*la neutralidad más completa de los servicios públicos ante las contiendas políticas... queda prohibida la utilización de los aeródromos y servicios de aviación a toda clase de aparatos de vuelo que se dediquen a la propaganda electoral...*". A estas prohibiciones, vigentes exclusivamente durante el período electoral, se vinculan una serie de posibles sanciones en su apartado tercero[33]. Éstas están recogidas en los arts. 41 y 42 del Real Decreto y reglamento de 25 de noviembre de 1919, norma de carácter previo a la II República, aprobada durante el periodo constitucional del reinado de Alfonso XIII.

---

30 "*Primero. Mientras dure el período electoral en curso no será permitida por las Autoridades gubernativas locales ninguna emisión por radio que tenga como finalidad una propaganda política.*
Segundo. Da manera expresa quedan prohibidos toda clase de anuncios de candidaturas, de campañas electorales, de manifiestos políticos y de discursos de igual índole pronunciados delante el micrófono en los estudios de las emisoras o en gabinetes particulares."

31 Gaceta de Madrid. — Núm. 312, 8 Noviembre 1933, p. 928.

32 Esta orden también prohibía a los aviones civiles volar sobre poblaciones, núcleos urbanos o aglomeraciones transitorias de público.

33 "*Tercero. A los infractores', de la presente disposición se les aplicarán las sanciones a que se refieren los artículos 41 y 42 del citado Decreto y las -demás disposiciones de policía que en su caso procedan, quedando los aparatos retenidos entre tanto se sustancia el procedimiento pertinente.*"

Tras estas, llegó en 1934 la Orden ministerial que ilegalizaba toda emisión por radio de propaganda política durante el estado de prevención[34], Orden publicada el 9 de febrero de 1934[35]. Tal y como dice la propia Orden, se sigue la línea de las anteriores, no permitiendo emisiones por radio de contenido político o con cualquier otro tipo de proclames sociales, así como anuncios de Asambleas, o la retrasmisión de mítines y reuniones de carácter político o social. Finalmente, encontramos la ley reguladora del servicio de Radiodifusión Nacional, de 26 de junio de 1934, que en su artículo 5 recogía la obligación de establecer un reparto legal del tiempo que podían disponer las distintas entidades confesionales o políticas en las ondas para difundir su mensaje[36].

Podemos observar cómo en la Segunda República todavía nos encontramos ante un estadio primario de la limitación de la actividad de las formaciones políticas. Aún no se regulaba la financiación de los partidos políticos, pero si se limitaba la utilización de sus recursos en publicidad y propaganda con el objetivo de asegurar una suerte de imparcialidad de los medios de comunicación.

Esta preocupación por regular, o mejor dicho limitar, los gastos de los partidos políticos en propaganda política en medios, en aras de alcanzar la neutralidad informativa, la seguimos encontrando en el conjunto de normas que regulan el sistema de financiación en

---

34 El estado de prevención durante la Segunda Replica lo podía declarar el gobierno, y estaba regulado en el art. 20 de la Ley de Orden Público de 1933, que establecía que: "*Cuando la alteración del orden público, sin llegar a justificar la suspensión de garantías constitucionales, exija que sean adoptadas medidas no aplicables en régimen normal, podrá el Gobierno declarar el estado de prevención en todo el territorio de la República o en parte de él*".

35 Gaceta de Madrid. — Núm. 41, 10 Febrero 1934, p. 1144

36 Gaceta de Madrid. — Núm. 179, 23 Junio 1934, p. 2011: "*Artículo 5, ° Para garantizar la neutralidad ideológica del servicio, se establecerá el arriendo, previo pago de/ la tarifa correspondiente, por un tiempo diario que se determinará conforme a normas reglamentarias, a Entidades confesionales o políticas, para hacer propaganda con arreglo a las leyes*"

la actualidad. En este sentido, la LOREG[37], en su art. 58 establece que las candidaturas a los distintos procesos electorales no podrán dedicar más del 20% de su límite de gasto a publicidad en prensa y radios privadas. A esto añade en su apartado segundo que los medios de comunicación no podrán discriminar en favor o en contra de ninguna de las candidaturas en términos de inclusión, tarifas o ubicación de espacios publicitarios. Como acabamos de comprobar, la búsqueda de la neutralidad en los medios y de control del gasto en propaganda política siguen vigentes en la actualidad.

Por razones de espacio y también por la naturaleza del caso dejaremos fuera de nuestro estudio, entre otros supuestos de corrupción[38], el célebre escándalo "Straperlo" que en 1935 obligó a Alejandro Lerroux, líder del Partido Radical, a salir del gobierno. Es evidente que no se trató de un caso de financiación irregular de su partido sino de un enriquecimiento personal ilícito[39].

2.1.2. La nueva situación de los partidos políticos en el franquismo

Toda esta regulación incipiente desapareció tras la Guerra Civil. Durante la dictadura de Franco se prohibieron por completo los partidos políticos, en un camino que comenzó durante la Guerra. Se estableció un sistema de partido único[40], que se man-

---

37 «BOE» núm. 147, de 20/06/1985.

38 Para casos de corrupción política durante la centuria anterior véase: PINO ABAD, M.; *La malversación de caudales públicos en la España decimonónica*, Ed. Tecnos, Madrid, 2019, pp. 25 y ss.

39 Cfr. GONZÁLEZ CALLEJA, E., "1935 El Estraperlo. Corrupción y política en la España republicana", en Xosé M. NÚÑEZ SEIXAS (coord.), *Historia Mundial de España,* Ed. Destino, Barcelona, 2018, pp. 765-771

40 El Decreto núm. 255 publicado el 20 de abril de 1937 en el Boletín Oficial del Estado, todavía durante la Guerra Civil, establecía a La Falange Española Tradicionalista y de las Juntas de Ofensiva Nacional Sindicalista como partido único del Estado, también conocido como "*Movimiento Nacional*".

tendría hasta 1976, obligando al resto de formaciones a funcionar de manera clandestina en el interior del país o en el exilio[41]. Esta etapa franquista explica algunas de las deficiencias de nuestro sistema de partidos y, por ende, del sistema de financiación, como la baja afiliación, la desmovilización política o el sentimiento de apartidismo, que hacían imposible la autofinanciación de los partidos[42]. Lógicamente la ilegalización de los partidos fomentó la represión de cualquier forma de participación política al margen del régimen. A diferencia de lo ocurrido en otras democracias occidentales, los partidos españoles, cuando reaparezcan cuarenta años más tarde, no se constituirán como partidos de masas[43], sino que pasarán directamente de la clandestinidad al formato de partido *catch-all*[44]. Los partidos españoles recorrieron en muy

---

41 Vid más sobre el funcionamiento clandestino de los Partidos en: LÓPEZ AGUILAR, J.F. "El tema de la oposición en la crisis y caída del autocratismo franquista" en *Revista de estudios políticos*, 1989, no 63, pp. 133-188.

42 MONTERO GIBERT J. R. "Partidos y participación política: algunas notas sobre la afiliación política en la etapa inicial de la transición española." cit., p. 38

43 Los partidos de masas son aquellos estrechamente ligados con los sindicatos u otras fuerzas sociales, con una ideología claramente definida y cuyo funcionamiento y financiación se basa en el reclutamiento masivo de militantes. Para ampliar sobre el concepto y características de los partidos de masas: MARTÍNEZ LÓPEZ, V. H. "Partidos políticos: un ejercicio de clasificación teórica." en *Perfiles latinoamericanos*, 2009, vol. 17, no 33, pp. 47-49.

44 A partir de la Segunda Guerra Mundial, los partidos políticos europeos necesitaban convencer a un creciente electorado cada vez más homogéneo tanto económica como educativamente. Con este objetivo, los partidos *catch all*, redujeron drásticamente el contenido ideológico de su discurso, algo que se extendió a la mayoría de grandes partidos. Cuando llega la democracia a España, este fenómeno llega con fuerza. Vid. más sobre los partidos *catch all* en: KIRCHHEIMER, O. "El camino hacia el partido de todo el mundo" en *Teoría y sociología críticas de los partidos políticos*, Anagrama, 1980. pp. 328-348 o para profundizar en el fenómeno español, GIBERT MONTERO, J;

pocos años el camino que hicieron las formaciones políticas europeas tras la segunda guerra mundial, caracterizándose como *catch all party* donde se desvaloriza el valor del miembro individual y se oligarquiza la élite del partido, difuminando además el contenido ideológico de su mensaje para llegar a un espectro de población lo más amplio posible. Así lo señala GÜNTHER[45] en su estudio sobre las elecciones de 1979, donde demuestra que los principales partidos definieron sus estrategias y ofertas electorales con el objetivo de abarcar casi a la totalidad de la población española. Como consecuencia, no tienen las características típicas de los partidos de masas, así observamos en el sistema de partidos español un bajo índice de afiliación y movilización[46]. La desmovilización, despolitización, apatía y, en general, el apartidismo[47] son las características principales de la cultura política del franquismo, cultura que en cierta medida impregnó nuestro sistema democrático, lo que ha supuesto un lastre histórico que explica la deficiente socialización del nuevo sistema[48].

GÜNTHER, R. "Los estudios sobre los partidos políticos: una revisión crítica." en *Revista de estudios políticos*, 2002, no 118, pp. 9-38.

45 Cfr. GÜNTHER, R. "Electoral laws, party systems, and elites: the case of Spain." en *The American Political Science Review*, 1989, pp. 835-858.

46 SANTANO, A. C.; *La Financiación de los partidos políticos en España*, Ed. Centro de Estudios Políticos y Constitucionales, Madrid, 2016, pp. 99 y ss.

47 A este sentimiento contribuyó el propio funcionamiento del partido único español durante la dictadura. A diferencia del partido fascista italiano, cuya influencia en el régimen reforzó la propensión de la población a afiliarse a los partidos durante la posguerra, el Movimiento Nacional perdió pronto sus pretensiones monopolizadoras como canal de acceso a la élite política, acabando limitado al control de algunos sectores de la burocracia sindical. Cfr. BARTOLINI, S. "La afiliación en los partidos de masas: La experiencia socialista democrática (1889-1978)." en *Revista de estudios políticos* 15, 1980, p. 31.

48 MONTERO GIBERT J. R. "Partidos y participación política: algunas notas sobre la afiliación política en la etapa inicial de la transición española." cit., p. 39

Las primeras medidas adoptadas en este sentido en la llamada zona nacional se produjeron durante la propia Guerra Civil, recogidas en los Bandos de Guerra de 19 de julio y, especialmente, de 28 de julio de 1936[49]. En estos se declaraba la supresión, de manera inmediata, del pluralismo político que representaba la existencia de distintas entidades políticas, así como la supresión del sistema democrático representativo. Tras estos Bandos de Guerra, encontramos el Decreto nº 108 de 12 de septiembre de 1936[50] donde se declaran ilegales todos los partidos, formaciones o agrupaciones políticas que formasen parte del denominado *"Frente Popular"*[51]. Estas medidas, establecidas de manera provisional, se consolidaron definitivamente en la Ley de Responsabilidades Políticas 9 de febrero de 1939[52]. En el artículo segundo de esta ley se ratifica expresamente lo recogido en el Decreto nº 108, es decir, se ratifica la ilegalización de todas las formaciones que hayan integrado el *"Frente Popular"* así como todas aquellas que se hayan opuesto a la victoria en la guerra del Movimiento Nacional[53].

A esto, se añade una relación de los partidos que devienen ilegales, entre los que se incluían el Partido Socialista Obrero,

---

49 JIMÉNEZ VILLAREJO, C. "La destrucción del orden republicano (apuntes jurídicos)" en *Hispania Nova*, 2007, no 7, p. 6.

50 Boletín Oficial de la Junta de Defensa Nacional de España. Nº 22. Burgos. 16 de septiembre de 1936.

51 *"Decreto número 108.— Declarando fuera de la Ley a los partidos o agrupaciones políticas que desde la convocatoria de las elecciones celebradas el 16 de febrero último han integrado el llamado Frente Popular, señalándose las medidas y sanciones que habrán de adoptarse tanto sobre aquéllas como sobre los funcionarios públicos y los de empresas subvencionadas por el Estado"*

52 Boletín Oficial del Estado. 13 de febrero de 1939. Ley de 9 de febrero de 1939 de Responsabilidades Políticas.

53 PINO ABAD, M., "Normativa sobre represión de propaganda separatista hasta el final del franquismo", en AAVV/ ÁLVAREZ CORA y SANDOVAL PARRA (eds.); *Sedición, rebelión y quimera en la Historia jurídica de Europa*, Ed. Dykinson, Madrid, 2021, pp. 898-904.

el Partido Comunista o Esquerra Catalana, junto con muchos otros[54]. La ilegalización de estas formaciones políticas traía consigo, entre otras consecuencias, la pérdida absoluta de todos sus derechos, así como de todos sus bienes, que pasarían a formar parte del patrimonio del Estado tal y como recogía el art. 3 de esta ley. De esta forma se ilegalizaban todos los partidos políticos y sindicatos. Como consecuencia, quedaba derogada la regulación incipiente llevada a cabo durante la Segunda República relativa a las formaciones políticas, cuyo desarrollo se ve truncado por la Guerra Civil y la posterior Dictadura. La evolución y crecimiento de los partidos políticos y su normativa abre aquí un prolongado paréntesis que se extiende hasta el comienzo de la Transición.

---

54 *"Artículo 2º Como consecuencia de la anterior declaración y ratificándose lo dispuesto en el artículo 1.2 del Decreto número ciento ocho, de fecha trece de septiembre de mil novecientos treinta y seis, quedan fuera de la Ley todos los partidos y agrupaciones políticas y sociales que, desde la convocatoria de las elecciones celebradas en dieciséis de febrero de mil novecientos treinta y seis, han integrado el llamado Frente Popular, así como los partidos y agrupaciones aliados y adheridos a éste por el solo hecho de serlo, las organizaciones separatistas y todas aquellas que se hayan opuesto al -triunfo del Movimiento Nacional.*
Se entenderán comprendidos en esta sanción los siguientes partidos y agrupaciones: Acción Republicana, Izquierda Republicana, Unión Republicana, Partido Federal, Confederación Nacional del Trabajo, Unión General de Trabajadores, Partido Socialista Obrero, Partido Comunista, Partido Sindicalista, Sindicalista de Pestaña, Federación Anarquista Ibérica, Partido Nacionalista Vasco, Acción Nacionalista Vasca, Solidaridad de Obreros Vascos, Esquerra Catalana, Partido Galleguista, Partido Obrero de Unificación Marxista, Ateneo Libertario, Socorro Rojo Internacional, Partido Socialista Unificado de Cataluña, Unión de Rabassaires, Acción Catalana Republicana, Partido Catalanista Republicano, Unión Democrática de Cataluña, Estat Catalá, todas las Logias masónicas y cualesquiera otras entidades, agrupaciones o partidos filiales o de análoga significación a los expresados, previa declaración oficial de hallarse, como los anteriormente relacionados, fuera de ley."

2.1.3. La financiación de los partidos políticos desde la Transición hasta nuestros días

La primera norma aprobada en los momentos iniciales de la Transición que nos vuelve a dar un marco jurídico[55] para los partidos políticos y que, además, contiene preceptos relativos a su financiación, es la Ley 21/1976 de 14 de junio sobre el Derecho de Asociación Política[56]. Su objetivo era diseñar una nueva regulación[57] para dar asiento jurídico a los partidos que se presentaban a las elecciones del año siguiente[58], que tuvieron lugar en el 15 de junio de 1977. En definitiva, se trataba de una ley que perseguía la reapertura del sistema al pluralismo político. El modelo establecido, en principio provisional, se reprodujo en la legislación posterior, en gran parte porque favorecía a los partidos que obtuvieron mejores resultados en esos primeros comicios. El sistema electoral y el de financiación fueron diseñados para fortalecer la posición de los grandes partidos con el objetivo último de asegurar la gobernabilidad de España en un tiempo en el que la estabilidad se veía como un bien capital[59].

---

55 Vid más en: CORTÉS BURETA, P.; *Recursos Públicos y Partidos Políticos: Balances y Perspectivas de Reforma.* Centro de Estudios Políticos y Constitucionales, Madrid, 2003. p. 61

56 «BOE» núm. 144, de 16 de junio de 1976

57 Dicho modelo lo constituían esta norma junto con la Ley 1/1977, de 4 de enero, para la Reforma Política. Para profundizar más sobre esta ley y su contexto histórico: PEÑA GONZÁLEZ, J. "La Ley para la Reforma Política como Factor Legitimador del Cambio" en PEÑA GONZÁLEZ, J. (Coord.): *Libro Homenaje a Iñigo Cavero Lataillade.* ed. Tirant lo Blanch, Valencia, 2005, pp. 449-464

58 ALGUACIL GONZÁLEZ-AURIOLES, J. "El Problema Público de Regular Jurídicamente la Financiación partidaria", cit., p. 214.

59 El sistema electoral español contiene, desde su origen, un sesgo mayoritario. Obtienen un extra de escaños los partidos más grandes sobre los menores (si mantienen constante su distribución territorial) y, entre los de menor tamaño, aquellos que concentran su apoyo en

Aunque de manera muy breve, esta norma hacía una primera aproximación tanto a la financiación como a la fiscalización de las cuentas de los partidos. En el artículo 4, apartado segundo, recogía las fuentes de financiación de las asociaciones políticas, fuentes que no difieren mucho de las actuales. Los recursos de los partidos en virtud de esta norma estaban constituidos por las cuotas y aportaciones de sus afiliados, los rendimientos de su patrimonio, las donaciones privadas, los créditos bancarios y las subvenciones de las que sea beneficiario[60].

En esta ley también encontramos las primeras disposiciones relativas a la transparencia de las cuentas de las asociaciones políticas, preocupación que sigue presente en la actualidad. Así, en el mismo artículo cuatro se establecía, entre otras obligaciones, la de realizar las colectas "*de forma que pueda identificarse el origen de los fondos recaudados*", y la de mantener libros de Tesorería, Inventarios y Balances actualizados. Dicho artículo cuatro, en su apartado quinto, recoge la posibilidad de que *"En los Presupuestos Generales del Estado podrán consignarse las cantidades adecuadas para*

---

zonas concretas, como los partidos nacionalistas en Cataluña o País Vasco, frente a los que representan minorías dispersas por todo el territorio. En el momento en el que se introduce el número de escaños como criterio de reparto de la financiación, este sesgo mayoritario se traslada del sistema electoral al sistema de financiación de los partidos políticos. Para mayor análisis sobre el sesgo mayoritario de nuestro sistema electoral y sus consecuencias: PRESNO LINERA M. Á. "RÉGIMEN ELECTORAL («MAQUIAVÉLICO») Y SISTEMA DE PARTIDOS (CON SESGO MAYORITARIO)/(" Machiavellian") electoral system and party system (with majoritarian bias)." en *Revista Española de Derecho Constitucional,* 2015, p. 41.

60 *"Artículo cuarto. Patrimonio y régimen económico.*

...

Dos. Los recursos económicos de las asociaciones políticas estarán constituidos por las cuotas, las aportaciones voluntarias de sus miembros, los rendimientos de su patrimonio, los productos de las actividades de la asociación, las donaciones, herencias, legados y subvenciones que reciba y los créditos que concierta"

subvencionar a las asociaciones políticas". El criterio de distribución de dichas subvenciones lo redirige a una norma ulterior, que acabaría determinando el resultado en votos y escaños como criterio de reparto. Finalmente, en el apartado sexto, se recoge la prohibición de que las asociaciones políticas reciban *"fondos procedentes del extranjero o de Entidades o personas extranjeras"*, prohibición que continúa hoy vigente y que, además, se convierte en delito cuando se supera la cantidad de 100.000 euros[61].

Desde la aprobación de esta legislación, diseñada para dar un primer asiento legal a las asociaciones políticas que se presentaban a las elecciones de 1977, muchas son las disposiciones que se han aprobado para regular la actividad de los partidos políticos. Esta regulación se ha caracterizado, desde su origen, por su carácter fragmentario. Es decir, se recogen por separado la financiación de la actividad ordinaria de los partidos y la financiación de su actividad en periodo electoral, algo que acaba restando eficacia al sistema en su conjunto[62].

2.1.3.1. La normativa sobre la financiación de campañas electorales

La gran estructura de los partidos políticos modernos y la utilización de los medios de comunicación de masas para las campañas electorales hicieron que los gastos electorales se in-

61 Así lo establece el 304 bis del Código Penal en su punto dos apartado b.

62 En este sentido, OLAIZOLA NOGALES aboga por realizar una revisión integral de la LOREG incluyendo toda la regulación sobre la financiación de los partidos en una sola norma, sobre todo debido a la dificultad de distinguir los gastos electorales de los ordinarios y de fiscalizar las cuentas de los partidos conforme a dos normativas diferentes. Vid. más en: OLAIZOLA NOGALES, I. "Medidas de regeneración democrática. La nueva regulación de la financiación de los partidos en España", en *Estudios Deusto,* vol. 63, n. 1, enero-junio 2015, pp. 3387 y ss.

crementasen exponencialmente[63]. Este fenómeno está presente desde la Transición, y el Estado se ve en la obligación de regular este ámbito, tanto dando recursos como limitando gastos en aras de asegurar la igualdad de oportunidades en la contienda electoral[64]. La competitividad en igualdad de condiciones es una de las características que deben primar en un régimen democrático y no se puede permitir que alguno de los contendientes parta con ventaja por su mayor accesibilidad a fuentes de financiación privadas. En el periodo de transición a la democracia, las primeras normas que permitieron la financiación pública de los partidos para las elecciones de 1977 son la Ley 1/1977, de 4 de enero, para la Reforma Política[65] y, de forma específica, el Real Decreto-Ley 20/1977, de 18 de marzo, sobre Normas Electorales[66].

En este Decreto Ley se establecieron una serie de disposiciones relativas a la financiación de los partidos políticos en período electoral, sentando las bases de un sistema que se consolidaría más tarde con la LOREG[67]. Este sistema situaba los recursos públicos como piedra angular de la financiación de los partidos políticos ya que, al acabar de salir de la ilegalidad, los partidos apenas disponían de recursos propios y presentaban un nivel de afiliación ínfimo. Como venimos señalando, su tardío reconocimiento legal, debido al régimen franquista, unido al hecho de que los partidos políticos españoles no se confeccionaron como partidos de masas, pasando directamente a partidos *catch*

---

63 Sobre este aumento del gasto en publicidad y propaganda política: LÓPEZ GUERRA, L. "Sobre la Evolución de las Campañas Electorales y la Decadencia de los Partidos de Masas", en *Revista Española de la Opinión Pública,* nº 45, Madrid, 1976, p. 103.

64 SANTANO, A. C.; *La Financiación de los partidos políticos en España,* cit., p. 101.

65 «BOE» núm. 4, de 5 de enero de 1977

66 «BOE» núm. 70, de 23 de marzo de 1977

67 COTARELO, R.; DEL ÁGUILA TEJERINA, R. *Transición política y consolidación democrática: España* (1975-1986), Ed. CIS, 1992, p. 489.

all, tuvieron como consecuencia este escaso arraigo social que presentan los partidos en nuestro país y su casi total dependencia en las fuentes de financiación de origen público[68].

El Decreto Ley 20/1977 es una norma de carácter temporal, cuyo único objetivo era posibilitar la correcta celebración de las primeras elecciones generales en la transición[69]. En consecuencia, no presenta una gran profundidad y perfección técnica en ninguno de sus aspectos, entre los que se encuentra el de la financiación de los partidos. El fin último del Decreto era asegurar la financiación pública de la campaña electoral de las distintas formaciones políticas, siendo secundaria la regulación de los gastos electorales o de las donaciones privadas[70]. Si bien es cierto que se trata de una norma breve, sienta las bases del actual modelo de financiación electoral de los partidos políticos, sobre todo en lo que se refiere al reparto de las subvenciones. Así, su artículo 44.1 establece lo siguiente:

"*Uno. El Estado subvencionará los gastos que originen las actividades electorales, de acuerdo con las siguientes reglas:*

a) Un millón de pesetas por cada escaño obtenido en el Congreso o en el Senado.

b) Cuarenta y cinco pesetas por cada uno de los votos obtenidos por cada candidatura al Congreso, uno de cuyos miembros, al menos, hubiera obtenido escaño de Diputado.

---

68 Cfr. RODRÍGUEZ DÍAZ, Á.; *Transición política y consolidación constitucional de los partidos políticos*, Ed. Centro de Estudios Políticos y Constitucionales, Madrid, 1989, pp. 90 y ss.

69 Sobre el contexto histórico de este Decreto, así como de la Ley para la Reforma Política: FERNANDEZ SEGADO, F.: *Aproximación a la Nueva Normativa Electoral.* ed. Dykinson S.L., Madrid, 1986, pp. 92-101.

70 ARNALDO ALCUBILLA, E. "Las reformas posibles del régimen electoral español", en *Cuadernos de derecho judicial*, 2001, no 11, p. 44.

c) Quince pesetas por cada uno de los votos obtenidos por cada candidato que hubiera obtenido escaño de Senador."

Este criterio, cuyo sino era la provisionalidad, se aplica aún hoy en día tanto en la financiación electoral como en la ordinaria[71]. La doctrina es unánime en la crítica de este aspecto, ya que este sistema de reparto provoca importantes desigualdades, favoreciendo a los grandes partidos y a aquellos de carácter regional sobre aquellos partidos minoritarios o nuevos partidos de carácter nacional[72]. Estas desigualdades vienen provocadas por el hecho de introducir los escaños como criterio de reparto (junto con los votos), ya que esto traslada uno de los defectos del sistema electoral al sistema de financiación de los partidos políticos, el sesgo mayoritario[73]. Esta es una de las causas principales de la estatalización de los partidos políticos tradicionales y de la rigidez en nuestro sistema de partidos: los grandes partidos obtienen mayor financiación y representación de la que les corresponde proporcionalmente, lo que les da más recursos para afianzar dicha posición en los siguientes comicios.

Dicho sistema de reparto (y electoral) podía tener sentido en el momento histórico para el que se aprobó, ya que el objetivo principal durante aquella etapa era la estabilidad, pero su

---

71 SANTANO, A. C.; *La Financiación de los partidos políticos en España*, cit. pp. 114 y ss.

72 Así se recoge en: LOPEZ GARRIDO, D. "La Financiación de los Partidos Políticos. Diez Propuestas de Reforma", en *La Financiación de los Partidos Políticos. Cuadernos y Debates*, nº 47, Centro de Estudios Constitucionales, Madrid, 1994, p. 65.

73 PRESNO LINERA M. Á. "RÉGIMEN ELECTORAL («MAQUIAVÉLICO») Y SISTEMA DE PARTIDOS (CON SESGO MAYORITARIO) / (" Machiavellian") electoral system and party system (with majoritarian bias)." cit., p. 41.

mantenimiento (a través de su reproducción en otras normas) ha resultado perjudicial para el sistema de partidos[74].

Además de las fuentes citadas, también se incluían otros recursos indirectos para los partidos, como la utilización de locales públicos para los actos de campaña o el acceso a espacios en los medios de comunicación (prensa, televisión y radio) de manera gratuita durante la campaña electoral. Se preveía la fiscalización de las cuentas de los partidos, llevada a cabo por la Junta Electoral Central, debiendo los partidos mantener una contabilidad específica en la que se documenten todos los gastos e ingresos empleados en el período electoral. Sin embargo, a pesar de estar recogido este mecanismo de rendición de cuentas, no se incluyó un sistema de infracciones y sanciones en caso de incumplimiento, por lo que la ineficacia de las prohibiciones y directrices recogidas en esta norma estaba asegurada[75]. Esto trasladó a los partidos una sensación de impunidad[76] que fomentó las malas prácticas y cuyas consecuencias veremos en el apartado siguiente.

---

74 Sobre la estabilidad y la excesiva rigidez consecuencia del sistema electoral español: CASTELLÁ ANDREU, J. M. "Sistema parlamentario y régimen electoral en España: similitudes y diferencias entre la forma de gobierno en el Estado y las comunidades autónomas" en *Cuestiones constitucionales*, 27, 2012, pp. 75-78.

75 SANTANO, A. C.; *La Financiación de los partidos políticos en España*, cit. pp. 114-115

76 Lo que en un principio se provocó por falta de régimen sancionador, ha continuado por la falta de recursos del Tribunal de Cuentas para fiscalizar las cuentas de los partidos políticos y por las deficiencias que sigue presentando el sistema de financiación a pesar de las reformas. En este sentido: CARBAJOSA PÉREZ, B. "Transparencia y financiación de los partidos políticos" en *Revista española de control externo*, vol. 14, n. 42, 2012, pp. 199-232 o RODRÍGUEZ PUERTA, M. J. "Competencias, alcance y límites del control ejercido por el Tribunal de Cuentas sobre partidos políticos y fundaciones" en AAVV/ GARCÍA ARÁN (Dir.); *Responsabilidad jurídica y política de los partidos en España*, Tirant lo Blanch, 2018, pp. 177 y ss.

En lo que respecta a la financiación privada, destaca la inexistencia de un límite máximo para las donaciones. Sólo estaban prohibidas las procedentes de la Administración del Estado, Entidades locales, Organismos autónomos, Entidades paraestatales, Empresas nacionales, provinciales, municipales y de economía mixta, así como de Entidades o personas extranjeras. A esta prohibición se añadía la exigencia de algunas medidas de publicidad y transparencia, como la apertura de cuentas bancarias con el fin de recibir las donaciones o la identificación del donante junto con el montante de su aportación.

Aunque no dejaba de ser una normativa provisional, el auténtico problema es cómo ha acabado determinando el tono de las leyes posteriores en la materia, reproduciendo muchas de las debilidades que presentaba este Decreto. La misma legislación se aplicó también para las elecciones de 1979 y hasta la aprobación de la LOREG en 1985. Como normativa complementaria anterior a la LOREG hay que citar, asimismo, la Ley 39/1978 de 17 de junio, que regulaba las elecciones locales[77].

A modo de recapitulación, la nueva ley consolidó la preponderancia de la financiación pública en el sistema español, pudiendo afirmar que la LOREG es una norma continuista[78]/[79] respecto al Decreto-Ley 20/1977. Esta primera normativa, en principio circunstancial, se aplicó durante un periodo demasiado prolongado y su sustituta no modificó las bases del sistema que había establecido, sino que más bien unificó y sistematizó la regulación en la materia, rellenando algunos vacíos legales que habían sido cubiertos por la jurisprudencia. Este continuismo se debe a una clara voluntad

---

77 «BOE» núm. 173, de 21 de julio de 1978.

78 GAVARA DE CARA, J. C. “La Distribución de Competencias en Materia Electoral en el Estado de las Autonomías”, en *Cuadernos de Derecho Público.* nº 22-23. may/dic. Madrid, 2004, pp. 56-57.

79 Así se afirma en el propio preámbulo de la LOREG donde se dice de la sustitución normativa producida que “*no es en modo alguno radical*”.

política de mantener el sistema de partidos establecido por el Decreto-Ley que favorecía a las grandes formaciones políticas[80].

La LOREG sigue regulando el proceso electoral a día de hoy, habiéndose producido, eso sí, numerosas reformas durante estos años. Estas no han tenido un carácter estructural sino más bien circunstancial, atendiendo a las necesidades de los partidos en momentos concretos[81], rigiéndose el sistema establecido por ella por cuatro principios fundamentales: la compensación parcial del coste que le supone las elecciones a los partidos; la limitación de las aportaciones privadas y de los gastos electorales y, por último, la publicidad y transparencia de las cuentas de aquellos partidos que reciben subvenciones estatales.

De las reformas realizadas a la LOREG, las únicas que han afectado al sistema de financiación electoral fueron las realizadas

---

80 Así lo recoge: ÁLVAREZ CONDE, E. "Algunas Propuestas sobre la Financiación de los Partidos Políticos" en *La Financiación de los Partidos Políticos. Cuadernos y Debates*, nº 47, Centro de Estudios Constitucionales, Madrid, 1994, pp. 28-29.
Esta voluntad política de los grandes partidos se puede ver reflejada en el amplio consenso con el que se aprobó esta ley, que obtuvo del total de 243 votos, 239 favorables, 2 en contra y 2 abstenciones. VOTACIÓN PLENARIA del día 18/04/1985 PROYECTO LEY ORGANICA REGIMEN ELECTORAL GENERAL VOTACION DE TOTALIDAD. Siendo cierto que se acabó alcanzando consenso en el contenido de la ley, cuando se presentó el proyecto de ley prácticamente todos los grupos parlamentarios presentaron enmiendas a la totalidad de su contenido, motivadas principalmente por la redacción unilateral del proyecto por parte del grupo socialista. Podemos encontrar la presentación del proyecto por parte de Alfonso Guerra junto con las enmiendas realizadas por los distintos grupos en el Diario de sesiones del Congreso de los Diputados de 5 de diciembre de 1984.

81 SANTANO, A. C.; *La Financiación de los partidos políticos en España*, cit., p. 128

a través de las Leyes Orgánicas 1/87[82], 8/91[83], 13/94[84], 1/03[85], 3/2011[86] y 3/2015[87]. Las últimas reformas, de los años 2011 y, sobre todo, 2015, a través de la Ley Orgánica 3/2015, de 30 de marzo, de control de la actividad económico-financiera de los Partidos Políticos, se produjeron con el objetivo de reducir la cuantía de las subvenciones públicas recibidas por los partidos, además de aumentar el control sobre su actividad, debido a la crisis económica[88] y a los casos de corrupción destapados en aquel momento. Sin embargo, habiéndose producido cambios, no se acaban de solventar los problemas del sistema, especialmente en lo relativo a la necesidad de uniformidad con la financiación ordinaria y en términos de publicidad y transparencia.

2.1.3.2. La normativa sobre la financiación de las actividades ordinarias de los partidos políticos

La primera norma que reguló la financiación ordinaria de los partidos, es decir, la financiación de su actividad permanente fue la Ley 54/1978, de 4 de diciembre, de Partidos Políticos[89], producto del consenso reinante en la etapa de la Transición.

---

82 «BOE» núm. 80, de 3 de abril de 1987

83 «BOE» núm. 63, de 14 de marzo de 1991

84 «BOE» núm. 77, de 31 de marzo de 1994

85 «BOE» núm. 60, de 11 de marzo de 2003

86 «BOE» núm. 25, de 29 de enero de 2011

87 «BOE» núm. 77, de 31 de marzo de 2015

88 Encontramos una referencia expresa a este objetivo de adaptación a la situación de crisis económica del país del sistema de financiación en la Exposición de Motivos de Ley Orgánica 2/2011, de 28 de enero, por la que se modifica la Ley Orgánica 5/1985, de 19 de junio, del Régimen Electoral General, donde se afirma que las reformas llevadas a cabo en este sentido muestran "*el compromiso de los mismos con la reducción del gasto en la actual situación de crisis económica*".

89 «BOE» núm. 293, de 8 de diciembre de 1978

Esta ley desarrollaba el art. 6 de la Constitución y contó con un apoyo casi unánime[90]. Su intención era asentar el sistema de partidos, pero sufrió numerosas críticas, principalmente enfocadas en algunos aspectos que no fueron atendidos por esta Ley, como la democracia interna de los partidos[91]. La ley es bastante parca en lo que se refiere a la financiación, ya que sólo hay un artículo que regule la materia, artículo que establece como criterio de reparto el de votos y escaños siguiendo la línea establecida por el Decreto-ley 20/1977 para la financiación electoral[92], remitiendo a los Presupuestos Generales del Estado el establecimiento de la cantidad a repartir entre los partidos y dejando el desarrollo de los requisitos y criterios de reparto a completar por futura normativa[93]. Lagunas en materias como la limitación de donaciones privadas o el control de las cuentas de los partidos se mantendrían hasta la aprobación de la Ley Or-

---

90 Este apoyo unánime se ve reflejado en el amplio consenso con el que se aprobó esta ley, que obtuvo del total de 292 votos, 290 favorables y 2 abstenciones. VOTACIÓN PLENARIA del día 21/06/1978 ARTICULADO PROYECTO DE LEY PARTIDOS POLITICOS.

91 SANTANO, A. C.; *La Financiación de los partidos políticos en España,* cit., pp. 99 y ss.

92 CORTÉS BURETA, P.; *Recursos Públicos y Partidos Políticos: Balances y Perspectivas de Reforma.* cit. pp. 65 y ss.

93 *"Artículo sexto.*
La Administración del Estado financiará las actividades de los partidos con arreglo a las siguientes normas:
a) Cada partido percibirá anualmente una cantidad fija por cada escaño obtenido en cada una de las dos Cámaras y, asimismo, una cantidad fija por cada uno de los votos obtenidos por cada candidatura a cada una de las dos Cámaras.
b) En los Presupuestos Generales del Estado se consignará la cantidad global destinada a estos fines, así como los criterios para distribuirla con sujeción a lo dispuesto en el apartado anterior.
c) Reglamentariamente se determinará el régimen de distribución de las cantidades mencionadas en el apartado a) cuando los partidos hubieran concurrido a las elecciones formando parte de federaciones o coaliciones."

gánica 3/1987, de 2 de julio, sobre financiación de los Partidos Políticos[94]. La pauta de reparto establecida por la Ley 54/1978 sigue vigente en la actualidad.

El caso Flick (que veremos más en profundidad más adelante) provocó que se crease una comisión de investigación sobre la financiación de los partidos políticos que sentaría las bases para la aprobación de la Ley Orgánica 3/1987[95], una norma que regula la financiación de la actividad ordinaria de los partidos políticos con mayor profundidad que su antecesora. Siendo esto cierto, también era una regulación breve, que dejaba fuera algunos aspectos importantes, como la fiscalización de las finanzas de los partidos. Aun así, la ley fue considerada un importante paso adelante en temas como el endeudamiento de los partidos o el control de las cuentas de aquellas formaciones que recibían subvenciones[96].

La Ley Orgánica 3/1987 se mantuvo vigente sin modificaciones hasta 2007, cuando se aprueba la LOFPP[97] tras un largo proceso de negociación[98] . La LOFPP introdujo cambios importantes, como la prohibición de las donaciones anónimas, pero esto no

---

94 «BOE» núm. 158, de 3 de julio de 1987

95 Así lo afirmaba el señor Echeberría Monteberria, del grupo parlamentario del PNV, que señalaba los trabajos de la Comisión Especial de Investigación de la Financiación de los partidos políticos, vulgarmente conocida como comisión Flick, como el germen de la LO 3/1987. Se puede consultar dicha intervención en: Diario de sesiones del Congreso de los Diputados de 11 de febrero de 1987.

96 Vid. más en: SANTANO, A. C.; *La Financiación de los partidos políticos en España*, cit. pp. 187 y ss.

97 «BOE» núm. 160, de 05/07/2007

98 Desde la presentación de la proposición de ley el 18 de marzo de 2005 (BOCG. Congreso de los Diputados Núm. B-165-1 de 01/04/2005) hasta la aprobación del texto por el pleno del Congreso (BOCG. Congreso de los Diputados Núm. B-165-37 de 17/05/2007) pasan más de dos años durante los que encontramos hasta 30 ampliaciones del plazo de enmiendas.

significaba cambiar la idiosincrasia del sistema[99]. Para hacer un cambio de fondo era necesario ir más allá, reformando el propio sistema electoral que acaba siendo un factor de corrección a favor de los grandes partidos como criterio de reparto de las subvenciones públicas como veíamos anteriormente. Además, la posible bajada de ingresos por la restricción de las donaciones privadas se compensaba con un aumento de la financiación pública, manteniendo el statu quo de los grandes partidos.

La LOFPP se reformó en el 2012 con la Ley Orgánica 5/2012, de 22 de octubre[100]. La principal intención de esta reforma era la de trasladar a la financiación de los partidos políticos la situación de crisis que estaba atravesando el país, reduciendo las subvenciones públicas destinadas a los mismos[101]. Otros cambios destacables que se introdujeron fueron la ampliación del número de sujetos que tenían prohibido realizar donaciones a los partidos o el establecimiento de un límite en la condonación de deudas en 100.000 euros al año. También se introdujeron novedades en términos de publicidad y trasparencia, como la obligación de los partidos de notificar al Tribunal de Cuentas las donaciones superiores a 50.000 euros.

---

99 SANTANO, A. C.; *La Financiación de los partidos políticos en España*, cit., pp. 183 y ss.

100 «BOE» núm. 255, de 23 de octubre de 2012

101 La reforma impulsada por Gobierno del Partido Popular recogía una reducción del 20% de las subvenciones públicas, reducción que fue apoyada por la mayoría de los grupos de la cámara. En este sentido, podemos destacar por ejemplo al señor Sánchez Amor, del Grupo Parlamentario Socialista, que afirmaba avalar y apoyar la reducción ya que todos debíamos participar en el esfuerzo colectivo para salir de la crisis, o al señor Jané Guasch, del Grupo Catalán de Convergència i Unió, que describía su posición como positiva hacia dicha reforma ante un momento de crisis económica que exigía austeridad. Se pueden consultar dichas intervenciones en: Diario de sesiones del Congreso de los Diputados de 28 de junio de 2012.

En el año 2013, y ante la incesante aparición de casos de corrupción, fundamentalmente los casos Gürtel y Bárcenas sobre los que nos detendremos más adelante, el Gobierno del PP aprobó un Plan de Regeneración Democrática[102] en el que se recogían un amplio catálogo de medidas para luchar contra la corrupción. Fruto del desarrollo de este plan, en el ámbito que nos interesa se aprobó la Ley Orgánica 3/2015, de 30 de marzo, de control de la actividad económico-financiera de los Partidos Políticos[103], que ha sido la última reforma de la LOFPP y que acaba de perfilar el sistema que tenemos en la actualidad. Entre las numerosas novedades introducidas, destacan la regulación de la figura del responsable de la gestión económico-financiera de los partidos políticos, la prohibición de financiación por parte de las personas jurídicas, la reducción de la donación máxima por parte de personas físicas a 50.000 euros anuales, la obligatoriedad de introducción de planes de cumplimiento o la ampliación del régimen de infracciones y sanciones.

Como podemos observar, se han producido cambios y avances en la materia, pero todavía queda terreno por recorrer, debiendo enfocar los esfuerzos en la uniformidad y coherencia normativa con la financiación electoral, junto con avances en publicidad y transparencia de las cuentas de los partidos.

---

102 Disponible en red en: https://www.lamoncloa.gob.es/consejodeministros/Paginas/enlaces/200913Enlace_Regeneraci%C3%B3nDemocr%C3%A1tica.aspx (Consultado a 18/03/2021).

103 Ley Orgánica 3/2015, de 30 de marzo, de control de la actividad económico-financiera de los Partidos Políticos, por la que se modifican la Ley Orgánica 8/2007, de 4 de julio, sobre financiación de los Partidos Políticos, la Ley Orgánica 6/2002, de 27 de junio, de Partidos Políticos y la Ley Orgánica 2/1982, de 12 de mayo, del Tribunal de Cuentas. «BOE» núm. 77, de 31 de marzo de 2015

2.1.3.3. La inclusión en el Código Penal del delito de financiación ilegal de los partidos políticos.

La gran repercusión que tuvieron los ya citados casos Gürtel y Bárcenas[104] empujó al legislador a incluir la tipificación del delito de financiación ilegal de los partidos políticos dentro del Plan de Regeneración democrática anunciado en 2013[105]. Hasta el momento, y a pesar de algunas propuestas realizadas por formaciones políticas como Unión Progreso y Democracia (UPyD) en el año 2011[106], o por expertos en la materia como OLAIZOLA NOGALES[107] o NIETO MARTÍN[108], los partidos se habían resistido a la tipificación de esta conducta en el Código Penal.

---

104 Ver, por ejemplo: "Las pruebas del caso Gürtel avalan la veracidad de los papeles de Bárcenas", *El País,* 2 de febrero de 2013 o "Los papeles de Bárcenas", *El País,* 31 de enero de 2013.

105 El Plan de Regeneración Democrática se aprobó por el Consejo de Ministros del viernes 27 de septiembre de 2013. Disponible en red en: https://www.lamoncloa.gob.es/consejodeministros/Paginas/enlaces/200913Enlace_Regeneraci%C3%B3nDemocr%C3%A1tica.aspx (Consultado a 18/03/2021).

106 La redacción del tipo propuesto era la siguiente: "*La persona que ostentase algún cargo directivo en un partido político que, en provecho propio o de un tercero, admitiera por sí o por persona interpuesta, dádiva, regalo, beneficio o ventaja de cualquier naturaleza no justificados, que le fueren ofrecidos en consideración a su cargo con el propósito de influir en el ejercicio de las funciones que le correspondan a dicho cargo o de beneficiarse de la influencia que dicho cargo pudiera tener, incurrirá en la pena de prisión de seis meses a un año e inhabilitación absoluta de uno a tres años*". Visto en: MAROTO CALATAYUD, M.; *La financiación ilegal de los partidos políticos. Un análisis político-criminal,* cit., p. 306.

107 OLAIZOLA NOGALES, I.; *La financiación ilegal de los partidos políticos: un foco de corrupción,* cit., pp. 190-213. Aquí la autora analiza las distintas propuestas existentes previas a la tipificación definitiva del delito además de su propuesta personal de delito de financiación ilícita.

108 Vid más en: NIETO MARTIN, A., "Financiación ilegal de partidos políticos", en AAVV/ARROYO ZAPATERO Y NIETO MARTÍN (Coord.);

La primera mención a esta figura que encontramos en el Plan de Regeneración democrática establecía lo siguiente:

"*RESPUESTA PENAL CONTRA LA CORRUPCIÓN*

Nuevo régimen de sanción penal para los partidos políticos. Se crearán nuevos delitos relacionados con la financiación de partidos, recogiendo por primera vez de forma explícita el delito de financiación ilegal de partidos políticos."[109]

A esta declaración de intenciones de introducir un nuevo régimen sancionador penal para la financiación de los partidos se añadía un refuerzo del marco aplicable a los delitos de corrupción o asociados con la misma, como pueden ser los delitos de cohecho, prevaricación o tráfico de influencias.

La indefinición en cuanto al bien jurídico protegido[110] por este nuevo tipo penal, así como sobre las conductas que debían estar incluidas, se plasmó tanto en la propuesta inicial realizada por el Grupo Parlamentario Popular, que los empezó denominando "Artículo X" y "Artículo Y" al desconocer la ubicación final que les darían, como en la diversidad de opciones planteadas en la fase de enmiendas por los distintos Grupos Parlamentarios[111]. Finalmente, la ubicación se fijó en un nuevo título, el Título XII bis, tras los delitos de blanqueo de capitales, dedicado exclusivamente a la financiación ilegal de los partidos políticos,

---

Fraude y corrupción en el Derecho Penal económico europeo. Eurodelitos de corrupción y fraude, Ed. Universidad de Castilla la Mancha, Cuenca, 2006, p. 129.

109 Disponible en red en: https://www.lamoncloa.gob.es/consejodeministros/Paginas/enlaces/200913Enlace_Regeneraci%C3%B3nDemocr%C3%A1tica.aspx (Consultado a 18/03/2021).

110 Con carácter general, en la actualidad la doctrina sitúa el bien jurídico protegido en las funciones constitucionales de los partidos políticos. Vid. más en PUENTE ABA, L.M.; *El delito de financiación ilegal de Partidos Políticos, cit.*, pp. 59 y ss.

111 BOCG. Congreso de los Diputados Núm. A-66-2 de 10/12/2014.

y compuesto por dos artículos, el 304 bis y el 304 ter. Tanto la ubicación como las conductas recogidas difieren mucho de las propuestas realizadas por el resto de la cámara, tal y como podemos ver en la fase de enmiendas[112]. Entre las enmiendas realizas cabe destacar las del Grupo Parlamentario de UPyD y la del Grupo Parlamentario socialista.

El primero proponía situar estos delitos como un nuevo capítulo dentro del Título XIX, dedicado a los delitos contra la Administración pública. En lo que respecta a los tipos, recogía conductas como la aceptación de donaciones por parte de partidos políticos, fundaciones y sindicatos que infringiesen la LOFPP, el falseamiento de las cuentas del partido o la utilización de fondos públicos con fines ajenos a los que estaban destinados. El Grupo Parlamentario socialista, por su parte, ubicó su propuesta también en los artículos 304 bis y ss. del Código, pero el contenido de esta en lo que respecta a las conductas era diferente. Entre las conductas típicas recogía un tipo especial de falsedad documental (aquella que fuese instrumental para la financiación ilegal) y un tipo de falseamiento de las cuentas del partido junto con los delitos de entrega o recepción de donaciones contraviniendo los límites establecidos en la LOFPP.

La configuración final que se le dio a los delitos de financiación ilegal de los partidos políticos la encontramos en la Ley Orgánica 1/2015, de 30 de marzo, por la que se modifica la Ley Orgánica 10/1995, de 23 de noviembre, del Código Penal[113]. Tal y como recoge su Exposición de motivos, con esta norma finalmente se tipifica la financiación ilegal de los partidos políticos, en un nuevo Título XIII bis con la rúbrica "*De los delitos de financiación ilegal de los partidos políticos*". Este título está integrado por los dos nuevos artículos 304 bis y ter, dando respuesta

---

112 Vid más en: BOCG. Congreso de los Diputados, serie A, núm. 66-2, de 10/12/2014.

113 «BOE» núm. 77, de 31 de marzo de 2015.

a la necesidad de definir un tipo específico para estos hechos ilícitos que hasta el momento quedaban fuera del Código Penal. En estos tipos se castiga a aquellas personas que entreguen o reciban donaciones ilegales (aquellas que contravengan el artículo 5.1 de la LOFPP), así como a aquellas que participen en estructuras u organizaciones cuyo principal objeto sea el de financiar ilegalmente a un partido político.

La motivación del legislador para realizar esta reforma no ha sido otra que la de enarbolar la bandera de la lucha contra la corrupción y la de colocarse como primer gobierno que incluye en el Código Penal el delito de financiación ilegal de los partidos políticos. En esos términos se expresaba el Señor Barreda de los Ríos, del Grupo Popular, que afirmaba que esta reforma estaba diseñada para combatir *"la corrupción y a los corruptos"*, destacando en todo momento el endurecimiento de las penas de los delitos relacionados con la corrupción y la introducción de la financiación ilegal de los partidos políticos[114]. Todo esto en un contexto social en el que el caso Gürtel[115], Bárcenas[116], así como la preocupación por las finanzas de todos los partidos[117] copaban las portadas de los medios y la preocupación por la corrupción era creciente. Más allá de la motivación propagandística de esta reforma, como señalaban algunos miembros de la oposición[118], la configuración de los delitos de financiación

---

114 Se puede consultar la intervención completa en: Diario de sesiones del Congreso de los Diputados de 26 de marzo de 2015.

115 "El caso Gürtel vuelve a señalar al PP en pleno año electoral", *El País,* 17 de enero de 2015.

116 "Bárcenas hace una colecta para pagar la fianza y salir de prisión", *El País,* 21 de enero de 2015.

117 "La fiscalía ve indicios de delito en las finanzas de todos los partidos", *El País,* 5 de enero de 2015.

118 En este sentido encontramos por ejemplo el Señor Larreina Valderrama, del Grupo Parlamentario Mixto, que afirmaba que el paquete de reformas del Código Penal impulsado por el gobierno tenía una

ilegal de los partidos políticos ha sido ampliamente criticada por la doctrina[119], desde su estructura de norma penal en blanco, hasta el amplio catálogo de conductas que se han quedado fuera del ámbito de aplicación del tipo penal.

2.2. LA FINANCIACIÓN PÚBLICA

El principal objeto de la regulación de la financiación de los partidos es la financiación pública, ya prevista en las primeras normas sobre la materia. Las formaciones políticas que surgieron en la Transición vivían unas circunstancias especiales en las que necesitaban financiación pública para asegurar su viabilidad a largo plazo y dar los primeros pasos del nuevo sistema constitucional. A pesar del contexto actual de crisis económica y desafección política, no se ha cuestionado la continuidad de la financiación pública de los partidos ya que resulta muy clara su necesidad para que los partidos puedan cumplir las funciones que tienen asignadas constitucionalmente en igualdad de condiciones[120]. En el art. 2.1 de la LOFPP se relacionan los distintos recursos procedentes de la financiación pública que paso a desarrollar.

---

finalidad meramente propagandística y de márquetin político. Se puede consultar dicha intervención en: Diario de sesiones del Congreso de los Diputados de 26 de marzo de 2015.

119 Por ejemplo: MAROTO CALATAYUD, M.; *La financiación ilegal de los partidos políticos. Un análisis político-criminal*, cit., pp. 314 y ss. o LEÓN ALAPONT, J. "La reforma de los delitos de financiación ilegal de partidos políticos: un debate desenfocado" en *Estudios Penales y Criminológicos*, 2019, vol. 39, pp. 553 y ss.

120 PAJARES MONTOLIO, E. "La financiación de los partidos políticos", cit., p. 179

2.2.1. Las subvenciones anuales para gastos de funcionamiento

En primer lugar, tenemos la denominada financiación ordinaria, regulada en la LOFPP donde se recogen una serie de subvenciones anuales imputadas a los Presupuestos Generales del Estado. De acuerdo con el artículo 3.1 de esta ley, estas subvenciones se otorgarán a los partidos políticos para "*atender sus gastos de funcionamiento*", sin especificar a qué deben dedicarse dichas subvenciones. También van a cargo de los Presupuestos Generales, en una partida separada, las ayudas destinadas específicamente a la seguridad desde que se aprobase la Ley orgánica 1/2003. De estas últimas solo podrán beneficiarse aquellas formaciones políticas que tengan representación en el Congreso de los Diputados.

La LOFPP es muy imprecisa en este aspecto, ya que no hace referencia alguna a la cantidad que debe ser destinada a este apartado ni el tipo de actividades que deben hacer los partidos con estos recursos. Se limita a establecer la obligación de fijar anualmente una cantidad en los Presupuestos Generales destinada a financiar los partidos. En principio la cuantía debería ser suficiente y estable para que los partidos puedan atender sus necesidades financieras, pero como no se han podido determinar estas con exactitud, cada año se establece conforme al criterio de las Cortes121.

A pesar de no estar predeterminada la cantidad que se va a repartir entre las formaciones, sí está previsto el criterio de reparto en el art. 3.2 de la ley. Este reparto vendrá determinado por el resultado de las últimas elecciones al Congreso de los Diputados. Tanto la partida general como la dirigida a la seguridad serán divididas en tres partes iguales. La primera de ellas se repartirá en proporción a los escaños obtenidos por cada partido político, mientras que las otras dos se repartirán

---

[121] SÁNCHEZ MUÑOZ, Ó. "La financiación de los partidos políticos en España: ideas para un debate", cit., pp. 168-169

conforme a los votos obtenidos en dicho proceso electoral. A este método hemos de hacerle dos matizaciones:

- Las formaciones que no consigan representación en el Parlamento quedan fuera del reparto con independencia del número de votos que hubiesen obtenido. Esto sin duda dificulta la entrada de nuevos partidos al sistema y refuerza la posición de los partidos tradicionales.
- En este reparto se introduce un factor, el de número de escaños obtenidos, que perjudica a los partidos políticos minoritarios que se son damnificados por el sistema electoral. Los partidos más votados se ven súper-representados debido al sistema electoral y, por lo tanto, sobre-financiados en perjuicio de los partidos más pequeños.

Teniendo en cuenta el marcado carácter autonómico del Estado español[122], es lógico que la ley prevea en su art. 3.3 que las comunidades autónomas y los territorios históricos vascos puedan conceder subvenciones similares conforme a los mismos criterios establecidos para sus equivalentes estatales. Deben estar previstas en los Presupuestos Generales, solo tendrán acceso a las mismas aquellas formaciones con representación en la asamblea legislativa correspondiente y se distribuirán proporcionalmente de acuerdo con los votos y escaños obtenidos.

2.2.2. *Las aportaciones que los partidos políticos puedan recibir de los grupos*

La LOFPP en su artículo 2.1.e prevé la posibilidad de que los partidos políticos puedan recibir aportaciones para financiar los grupos parlamentarios de "… *las Cámaras de las Cortes Generales, de las Asambleas Legislativas de las Comunidades Autónomas, de las Juntas*

---

122 PAJARES MONTOLIO, E. "La financiación de los partidos políticos", cit., p. 181

Generales de los Territorios Históricos vascos y de los grupos de representantes en los órganos de las Administraciones Locales", de acuerdo con las normas de las distintas cámaras. La principal es la establecida por el Reglamento del Congreso de los Diputados, que establece en una cantidad fija para todos los grupos y otra variable en función de los miembros de cada grupo. Los grupos llevarán una contabilidad específica de estas subvenciones que trasladarán al partido para que sea fiscalizada por el Tribunal de Cuentas.

La posibilidad prevista por la LOFPP fue tomando forma en la mayoría de los ayuntamientos y diputaciones, por los que se acabó regulando esta cuestión en la Ley de Bases del Régimen Local. En el art. 73.3 de dicha ley se establecía que el pleno de la corporación podría asignar, con cargo a sus presupuestos anuales, "*una dotación económica que deberá contar con un componente fijo, idéntico para todos los grupos y otro variable, en función del número de miembros de cada uno de ellos, dentro de los límites que, en su caso, se establezcan con carácter general en las Leyes de Presupuestos Generales del Estado y sin que puedan destinarse al pago de remuneraciones de personal de cualquier tipo al servicio de la corporación o a la adquisición de bienes que puedan constituir activos fijos de carácter patrimonial*". Como en el supuesto anterior, deberán llevar una contabilidad específica de esta subvención que el pleno puede solicitar para su control, sin perjuicio del realizado por el Tribunal de Cuentas.

2.2.3. Subvenciones por gastos electorales y otras contribuciones en periodo electoral

Las subvenciones para gastos electorales están previstas en la LOREG y en las normas electorales autonómicas, ya que algunas disposiciones de la LOREG tienen carácter general pero otras cuestiones están delegadas al criterio de cada Comunidad Autónoma dentro de unos márgenes establecidos. Lo cierto es que las comunidades han optado por una regulación muy similar a la LOREG por lo que las disposiciones relativas a subvenciones y gastos electorales son semejantes con las concreciones necesarias para cada caso, por ejemplo, en términos de cantidad.

Solo dispondrán de estas subvenciones aquellas formaciones políticas que obtengan representación en el proceso electoral en cuestión, tal y como establece el art. 175.1 LOREG. Además, en el caso de las subvenciones destinadas a compensar los gastos por envíos postales se deberá cumplir una condición cualificada, el partido debe obtener el número de Diputados o Senadores o de votos preciso para constituir un Grupo Parlamentario en una u otra Cámara.

En el caso de las subvenciones para compensar gastos electorales, a diferencia de la financiación ordinaria de los partidos, las cantidades están recogidas en la LOREG. El art. 175 de esta ley establece que el Estado dará financiación para compensar los gastos generados por la actividad electoral conforme a las siguientes reglas:

"a) 21.167,64 por cada escaño obtenido en el Congreso de los Diputados o en el Senado.

b) 0,81 euros por cada uno de los votos conseguidos por cada candidatura al Congreso, uno de cuyos miembros al menos, hubiera obtenido escaño de Diputado.

c) 0,32 euros por cada uno de los votos conseguidos por cada candidato que hubiera obtenido escaño de Senador."

Además, añade en el 175.3 que se darán 0,18€ por elector en cada una de las circunscripciones en las que haya presentado lista al Congreso de los Diputados y al Senado y se haya realizado envío de sobres, papeletas, etc. siempre que se cumpla la condición mencionada anteriormente.

A pesar de estar detalladas las cantidades a percibir conforme a votos y escaños, la subvención final que llegue al partido puede ser menor. Esto se debe a que la misma no puede ser superior a los gastos electorales declarados por cada formación política y debidamente justificados ante el Tribunal de Cuentas. Es por esto por lo que estas subvenciones tienen un carácter reembolsatorio de los gastos asumidos, impidiendo que se ingrese más allá de lo gastado[123].

Una vez más, encontramos el requisito de haber conseguido representación para tener acceso a las subvenciones, quedando excluidas las formaciones extraparlamentarias. Solo en la Comunidad Valenciana y en la Comunidad de Madrid se ha sustituido este criterio por el de un porcentaje mínimo de votos, fijado en el 3%.

Las subvenciones, en principio, se entregan al concluir las elecciones y en función del resultado de estas. Esta es la forma de actuación general, pero aquellas formaciones que hubieran obtenido representantes en el último proceso electoral equivalente pueden pedir un adelanto. El mismo no podrá ser superior al 30% de la cuantía percibida en las anteriores elecciones y deberá solicitarse antes de que comience la campaña electoral, tras la convocatoria de elecciones. Esta posibilidad acentúa el carácter cerrado del sistema de financiación, solo dando esta posibilidad a los partidos con representación parlamentaria y dejando fuera a los partidos nuevos. El anticipo se restará de la cantidad que deba recibir el partido al final de periodo electoral o se devolverá el excedente si este supera dicha cantidad.

En relación con la financiación directa para las actividades de campaña, la LOREG (art. 54 a 57) también recoge la posibilidad de una financiación pública indirecta a través de la concesión del uso de medios públicos para actividades de campaña. Los ayuntamientos deben permitir la colocación de propaganda electoral en espacios públicos (distribuidos en función de los resultados en las últimas elecciones) además de ceder espacios para celebrar actos electorales, cuyo uso se hará conforme al principio de igualdad de oportunidades.

---

123 PAJARES MONTOLIO, E. "La financiación de los partidos políticos", cit., p.184

La LOREG (art. 60 a 65) también prevé la cesión de espacios gratuitos para hacer propaganda electoral en los medios de comunicación que sean de titularidad pública. En este caso sí tienen acceso las formaciones extraparlamentarias, aunque el resultado en las elecciones anteriores se tendrá en cuenta para el número de minutos del que disponga cada formación, el cual oscilará entre los 10 y los 45 minutos.

2.2.4. Las subvenciones extraordinarias para campañas de propaganda de referéndum

Brevemente, hacer referencia a las subvenciones para financiar las campañas de referéndum, expresamente recogidas en el art. 2.1.d de la LOFPP, que delega la concreción de estos recursos a la Ley Orgánica reguladora de las distintas modalidades de referéndum. Debido al escaso uso de este instrumento de democracia directa, la regulación vigente en la materia es la Ley orgánica 2/1980, de 18 de enero, de las distintas modalidades de referéndum. En los casos en que se ha acudido a este instrumento, se han otorgado unas ayudas extraordinarias para la divulgación y explicación del objeto de dicha consulta, como fue el caso del Tratado que establecía una Constitución para Europa. Estas ayudas se repartían entre las formaciones parlamentarias, pero en su aprobación no se establecía vínculo alguno con el referéndum en cuestión.

2.2.5. Las subvenciones a las fundaciones y entidades vinculadas a los partidos

Los recursos públicos llegan por una última vía indirecta a los partidos políticos a través de las subvenciones que reciben fundaciones y entidades vinculadas o dependientes de ellos. La LOFPP regula estas aportaciones de forma más pormenorizada desde la aprobación de Ley Orgánica 3/2015, de 30 de marzo, de control de la actividad económico-financiera de los Partidos

Políticos, por la que se modificaba. Estas modificaciones las encontramos en la disposición adicional séptima donde han introducido, por ejemplo, el requisito de su inscripción en el Registro de Partidos Políticos. Las ayudas se otorgan para que las formaciones políticas puedan cumplir su función de formación y divulgación de su ideología. La distribución se hace conforme a la representación del partido al que estén vinculadas, haciendo que su régimen de financiación sea equiparable al de este.

2.2.6. Consideración final

El montante final de las distintas fuentes de financiación pública de los partidos políticos según el informe del Tribunal de Cuentas en el Año 2013 ascendía a más de 196 millones de euros en subvenciones. De estos, 60 millones corresponden a subvenciones anuales estatales y de algunas comunidades autónomas. El resto, 135 millones, son subvenciones a los grupos parlamentarios y políticos con cargo a los presupuestos de las respectivas instituciones, lo que da mayor influencia a las formaciones políticas beneficiarias, ya que no están sometidas a normas tan precisas como las subvenciones anuales[124].

Las ayudas se otorgan con un amplio margen de decisión, con el único requisito de ser aprobadas en los presupuestos. La autorregulación es más que evidente, ya que los partidos establecen las reglas de la financiación y también las cantidades que se van a repartir. Esto ha derivado en un sistema de partidos demasiado rígido y estático que protege en exceso a los partidos existentes. Algo explicable en la Transición, ya que permitió la profesionalización de los partidos y el cumplimiento de su labor constitucional, pero que ya hoy carece de justificación al encontrarnos en una situación de mayor estabilidad.

---

124 SÁNCHEZ MUÑOZ, Ó. "La financiación de los partidos políticos en España: ideas para un debate", cit., pp. 168-169

2.3. LA FINANCIACIÓN PRIVADA

En España tenemos un sistema mixto de financiación de los partidos políticos. A los recursos anteriormente descritos hay que añadir una serie de fuentes de financiación privadas. Por un lado, tenemos los recursos ajenos o externos al partido, como son las donaciones o las operaciones de crédito. Y, por otro, encontramos los recursos propios del partido, ya sean las cuotas, el producto obtenido de sus actividades o la gestión del patrimonio del partido. La regulación de estos recursos es de suma importancia ya que va a definir la relación que van a desarrollar las formaciones políticas con los agentes económicos privados que van a contribuir a su financiación. El objetivo ideal es que estas potencien la libertad de actuación de los partidos con respecto del Estado, pero a la vez garantizando la igualdad de oportunidades entre los partidos[125].

Un objetivo difícil de alcanzar, ya que uno se consigue liberalizando o fomentando los recursos privados mientras que el otro se garantiza limitándolos. Se puede defender la financiación privada poniendo en valor su importancia para que los partidos mantengan la conexión con sus bases sociales, defendiendo además que la clave para evitar los posibles problemas derivados de la financiación privada está en que haya la máxima publicidad y transparencia sobre el origen, el destino y la cuantía de los fondos. La realidad de la legislación española es que no está claro que perspectiva se ha adoptado como podremos ver en el análisis de las fuentes.

2.3.1. Las donaciones

La LOFPP regula las donaciones a los partidos políticos estableciendo de inicio una serie de requisitos generales. El art. 4.2.a determina que los partidos podrán recibir donaciones no finalistas (para asegurar la independencia de los partidos con

---

125 Ibíd., pp. 161-165

respecto al donante), nominativas, en dinero o en especie. Desde la reforma del año 2015 solo podrán realizar donaciones las personas físicas, excepto aquellas que, en ejercicio de una actividad económica o profesional, sean parte de un contrato vigente de los previstos en la legislación de contratos del sector público. De esta forma se intentaba evitar relaciones entre los partidos y empresas potencialmente beneficiarias de contratos públicos, que solo buscarían ganar influencia a través de estas donaciones.

En aras de que se respete la libertad de actuación de los partidos y, por ende, del Estado, también están prohibidas las donaciones revocables, y la cuantía de todas estas deberán destinarse a la realización de las actividades propias de la entidad donataria. Finalmente, también establece el requisito de que las cantidades donadas a los partidos políticos se abonen en cuentas abiertas exclusivamente para dicho fin. Los ingresos efectuados en estas cuentas serán, únicamente, los que provengan de estas donaciones. El partido comunicará a las entidades de crédito en las que tenga cuentas abiertas y al Tribunal de Cuentas, cuáles son las que se encuentran destinadas exclusivamente al ingreso de donaciones. Además, las entidades de crédito informarán anualmente al Tribunal de Cuentas sobre las donaciones realizadas. En el caso de que donaciones efectuadas por una misma persona física excedan el límite máximo anual permitido se procederá a la devolución del exceso al donante, o si no es posible, la cantidad o el equivalente del bien en metálico se ingresarán en el Tesoro en el plazo de tres meses.

Para alcanzar el propósito de asegurar la independencia de los partidos políticos con respecto de sus donantes no basta con prohibir las donaciones de las personas jurídicas, también es necesario establecer límites a las donaciones de las personas físicas para que un sujeto no tenga demasiada influencia. Y del mismo modo buscar que la base social de los partidos sea lo más amplia y plural posible, promoviendo así que los partidos busquen un mayor número de donantes individuales[126]. Es por esto por lo que el art. 5.1.b limita las donaciones procedentes de una misma persona a 50.000 euros anuales, excluyendo de este límite las donaciones en especie de bienes inmuebles. A estas últimas y a las donaciones superiores a 25.000 euros se le añade otro requisito, el partido deberá notificar la donación al Tribunal de Cuentas en el plazo de 3 meses desde su aceptación.

Otra de las innovaciones de la reforma del año 2015 que han supuesto una mejora en la trasparencia del sistema es la prohibición de las donaciones anónimas en el art. 5.1.a. Esta prohibición junto con la obligación de los partidos recogida el art 14.8 de "*...publicar en su página web, en el plazo máximo de un mes desde la fecha de envío al Tribunal de Cuentas...las subvenciones recibidas y las donaciones y legados de importe superior a 25.000 euros con referencia concreta a la identidad del donante o legatario...*" y a pesar de que solo afecte a grandes donantes supone un gran avance con respecto a la normativa anterior ya que se imponía guardar silencio de los datos de los donantes para proteger su intimidad.

Por otro lado, la LOREG también regula las donaciones de forma diferente a la LOFPP, distinción que carece de sentido en nuestro sistema democrático donde son los partidos los que organizan y costean las campañas electorales y no los candidatos. El art. 128 de la LOREG prohíbe las donaciones a "*...cuentas electorales de fondos provenientes de cualquier Administración o Corporación Pública, Organismo Autónomo o Entidad Paraestatal, de las empresas del sector público cuya titularidad corresponde al Estado, a las Comunidades Autónomas, a las Provincias o a los Municipios y de las empresas de economía mixta, así como de las empresas que, mediante contrato vigente, prestan servicios o realizan suministros u obras para alguna de las Administraciones Públicas.*" Por lo tanto, a diferencia

---

[126] SÁNCHEZ MUÑOZ, Ó. "La insuficiente reforma de la financiación de los partidos: la necesidad de un cambio de modelo", en *Revista Española de Derecho Constitucional*, n. 104, 2015, pp. 49-82.

del periodo no electoral, en periodo electoral las personas jurídicas no recogidas en este artículo si podrán realizar donaciones.

En la cuantía máxima de la donación encontramos otra diferencia, siendo en este caso la LOREG más restrictiva estableciendo el límite en 10.000 euros (art. 129). Las donaciones tampoco podrán ser anónimas, los donantes deben identificarse, pero no está previsto ningún supuesto para dar publicidad a su identidad.

Si volvemos a la LOFPP encontramos en la disposición adicional séptima la regulación de las donaciones que pueden recibir las fundaciones y entidades vinculadas a partidos políticos o dependientes de ellos. En este tipo de aportaciones existe un amplio margen ya que no les es aplicable la prohibición de las donaciones procedentes de personas jurídicas privadas (si de entes o empresas públicas) ni tampoco están sujetas al límite de 50.000 euros que se aplica a las donaciones a los partidos en periodo no electoral. El único requisito que deben cumplir para recibir donaciones de personas jurídicas es su formalización mediante acuerdo adoptado en debida forma por el órgano o representante competente, haciendo constar de forma expresa el cumplimiento de las previsiones de la ley. Cuando estas donaciones sean de carácter monetario de importe superior a 120.000 euros, tendrán que formalizarse en documento público. A esto debemos añadir que no se considerará donación a las fundaciones o entidades vinculadas a los partidos "...las entregas monetarias o patrimoniales llevadas a cabo por una persona física o jurídica para financiar una actividad o un proyecto concreto de la fundación o entidad, en cuanto tal actividad o proyecto se realice como consecuencia de un interés común personal o derivado de las actividades propias del objeto societario o estatutario de ambas entidades." Simplemente deberán cumplir el requisito[127] de ser formalizadas en documento público, comunicadas al Tri-

127 SÁNCHEZ MUÑOZ, Ó. "La insuficiente reforma de la financiación de los partidos: la necesidad de un cambio de modelo", cit., pp. 49-60.

bunal de Cuentas en el plazo de tres meses desde su aceptación y hacerse públicas, preferentemente a través de la página web de la fundación o entidad vinculada. A pesar de no recibir grandes cantidades a través de estas, son sin duda un instrumento de los partidos para esquivar la LOFPP y obtener más financiación, además de su uso para costear gastos y actividades del partido[128].

2.3.2. *Operaciones de crédito*

Los partidos acuden a las entidades de crédito en busca de financiación, especialmente en periodo electoral. La LOFPP hace una breve referencia a esta importante fuente de financiación en el art. 4.4. Permite a los partidos llegar a acuerdos respecto de las condiciones de la deuda que mantengan con entidades de crédito de conformidad con el ordenamiento jurídico, no pudiendo nunca acordar un interés por debajo de lo que marquen las condiciones del mercado. Este mismo artículo prohíbe la condonación, ya sea total o parcial, de deuda a los partidos, entendiendo por la misma la condonación del crédito, los intereses o la renegociación del tipo de interés por debajo de los aplicados en condiciones de mercado. Esta sucinta regulación fue introducida en la reforma de 2015, suponiendo un gran avance con respecto a la regulación anterior donde sí se permitían las condonaciones, que acababan siendo donaciones encubiertas eludiendo los límites impuestos por la LOFPP.

Resulta llamativa la escasa regulación en contraposición con el alto endeudamiento de los partidos políticos, aunque la tendencia actual es de reducir esa deuda. Lo cierto es que es necesario incluir preceptos en la ley que regulen las operaciones de crédito

---

128 RIDAO, J. "La transparencia y el control económico-financiero de los partidos políticos en España. Entre un balance decepcionante y un futuro sombrío", en *Cuadernos Manuel Giménez Abad*, n. 7, 2014, pp. 211-222.

que llevan a cabo los partidos, el importe máximo del préstamo, las condiciones de pago, las entidades a las que pueden acudir...

Finalmente, en este apartado mencionar los mecanismos de financiación participativa introducidos por los nuevos partidos políticos. Estos partidos intentan evitar el endeudamiento de los grandes partidos y su vinculación con los bancos por lo que, en periodo electoral, acuden al "crowdfunding" entre sus simpatizantes para financiar la campaña electoral. Ante el uso de estos mecanismos, se introdujo en la LOFPP una mención a los mismos en el art. 4.2.h, limitándose a establecer que les será de aplicación la regulación sobre las donaciones.

2.3.3. Cuotas y aportaciones

Las cuotas y aportaciones de los afiliados de los partidos políticos son una fuente de financiación con muy poca importancia si tenemos en cuenta el presupuesto final de los partidos. La LOFPP las regula en el art. 8 donde establece que las cuotas o aportaciones deberán abonarse en cuentas de entidades de crédito abiertas exclusivamente para dicho fin. Las cuotas son ingresadas regularmente mientras que las aportaciones son el resto de los ingresos realizados por los afiliados[129]. Todos estos deberán ser realizados mediante domiciliación bancaria de una cuenta de la cual sea titular el afiliado, o mediante ingreso nominativo en la cuenta que designe el partido. Finalmente, se establece la obligación de notificar al Tribunal de Cuentas en el plazo de tres meses desde el cierre del ejercicio las aportaciones superiores a 25.000 euros y las de bienes inmuebles.

La baja afiliación es una característica de nuestro sistema de partidos, no debido a la crisis económica actual, pero desde sus

---

129 SÁNCHEZ MUÑOZ, Ó. "La financiación de los partidos políticos en España: ideas para un debate", cit., pp. 180-182.

inicios. Esto ahonda en el problema de la excesiva dependencia en la Administración, pero los ciudadanos no parecen mostrar interés en afiliarse a los partidos y apoyarlos más allá del voto. Este es un problema que parece haber resuelto algunos nuevos partidos pidiendo la participación de una amplia masa social en momentos particulares, para las contiendas electorales, en lugar de buscar la afiliación permanente.

2.3.4. Otros ingresos

El art. 6 de la LOFPP regula la posibilidad de que los partidos políticos obtengan recursos de actividades propias. En primer lugar, prohíbe que realicen actividades de carácter mercantil. Estos recursos generalmente proceden de los rendimientos de la gestión de su patrimonio, beneficios derivados de sus actividades promocionales y los que puedan obtenerse de los servicios que puedan prestar en relación con sus fines específicos. Se establece la obligación de identificar al transmitente cuando la transmisión patrimonial al partido político sea igual o superior a 300 euros.

Estas actividades y rendimientos tienen escasa relevancia en la financiación del partido. De mayor importancia es la prohibición en el art. 4.3 de que los partidos acepten que terceros asuman de forma efectiva el coste de sus adquisiciones de bienes, obras o servicios o de cualesquiera otros gastos que genere su actividad, cuyo tratamiento ha de ser el mismo que una donación irregular.

2.4. GASTOS ELECTORALES PROHIBIDOS Y LIMITADOS

La LOREG, en su artículo 131.1, se remite a disposiciones especiales de la misma para limitar los gastos electorales que pueden realizar los partidos políticos. Su objetivo principal es esencialmente el mismo que se pretende alcanzar con la financiación pública en periodo electoral: proteger la igualdad de oportunidades en la contienda electoral. Además, se busca reducir el desembolso que hacen las formaciones políticas o favorecer determinado tipo de actos electorales, limitando otros.

Se puede determinar con carácter previo el límite de gasto que tiene cada partido, que se fija multiplicando el número de habitantes correspondientes a la población de derecho de las circunscripciones donde presente sus candidaturas cada partido, federación, coalición o agrupación por una cantidad legalmente establecida. En el caso de las elecciones a las Cortes Generales, el art. 175.2 establece esta cantidad en 0,37 € por habitante. De este límite se excluye la cantidad dedicada al envío directo y personal a los electores de sobres y papeletas electorales o de propaganda y publicidad electoral siempre que se cumplan las condiciones para recibir la subvención específica establecida para este concepto.

El art. 130 de la LOREG, como apertura de la sección de los gastos electorales recoge qué debemos considerar gasto electoral. Establece un criterio temporal, por lo que se considerarán gastos electorales los realizados desde el día de la convocatoria hasta el de la proclamación de electos, entre las siguientes categorías:

"*a) Confección de sobres y papeletas electorales.*

b) Propaganda y publicidad directa o indirectamente dirigida a promover el voto a sus candidaturas, sea cual fuere la forma y el medio que se utilice.

c) Alquiler de locales para la celebración de actos de campaña electoral.

d) Remuneraciones o gratificaciones al personal no permanente que presta sus servicios a las candidaturas.

e) Medios de transporte y gastos de desplazamiento de los candidatos, de los dirigentes de los partidos, asociaciones, federaciones o coaliciones, y del personal al servicio de la candidatura.

f) Correspondencia y franqueo.

g) Intereses de los créditos recibidos para la campaña electoral, devengados hasta la fecha de percepción de la subvención correspondiente.

h) Cuantos sean necesarios para la organización y funcionamiento de las oficinas y servicios precisos para las elecciones."

El apartado final es una cláusula abierta, por lo que habrá que justificar la condición de electoral de gastos por este concepto al Tribunal de Cuentas

La LOREG dispone prohibiciones y límites para los gastos de publicidad y propaganda. En el art. 60, permite la contratación de espacios publicitarios en medios privados (radio y prensa), prohibiéndolo tanto en medios públicos (donde disponen de espacios de forma gratuita) como en televisiones privadas. Los gastos en propaganda que si están permitidos se ven limitados al 20% del máximo total de gasto del que dispone la formación como dispone el punto tres del art. 55.

Este límite máximo de gastos electorales solo podrá incrementarse en caso de que un mismo partido concurra a dos o más elecciones que se celebran simultáneamente. En cuyo caso, el art. 131.2 establece que *"no podrán realizar gastos electorales suplementarios en cuantía superior en un 25 por 100 de los máximos permitidos para las elecciones a Cortes Generales*".

La aplicación del conjunto de esta normativa es compleja, por lo que en la última reforma de la LOFPP en el 2015 se incluye en la disposición adicional decimosexta la novedad de que el Tribunal de Cuentas "*...comunicará en la forma en que se determine la cifra máxima individualizada de gasto electoral correspondiente a cada una de las formaciones políticas...*". Esto debe hacerlo en aquellos procesos en los que la fiscalización de las cuentas electorales sea competencia suya, pero no se ha hecho en ninguno de los procesos convocados desde su introducción.

Las formaciones políticas no tienen la obligación de entregar un presupuesto para su campaña electoral, ni tampoco deben informar de sus gastos durante la misma. La fiscalización electoral solo se hará a posteriori sobre la base de los gastos que hayan declarado, pudiendo no incluir algunos gastos para evitar sobrepasar el límite.

2.5. EL CONTROL DE LA FINANCIACIÓN DE LOS PARTIDOS POLÍTICOS

Todas estas normas sobre la financiación de los partidos políticos carecen de sentido si no se realiza un control sobre su cumplimiento. El ordenamiento jurídico español recoge los siguientes instrumentos de control de dichas normas: los requisitos contables; los procedimientos de fiscalización; la publicidad de las cuentas y, finalmente, el régimen sancionador.

2.5.1. Requisitos contables

La LOFPP regula este apartado en el art. 14 donde establece el deber de los partidos de "*...llevar libros de contabilidad detallados que permitan en todo momento conocer su situación financiera y patrimonial y el cumplimiento de las obligaciones previstas en la presente ley.*" El punto dos de este mismo artículo hace una relación de los contenidos que deben aparecer en los libros de Tesorería, Inventarios y Balances que incluirán cuenta de gastos, cuenta de ingresos, las operaciones de capital y el inventario anual de todos los bienes. Estas obligaciones contables[130] que aparecen más detalladas en el citado artículo 14 se extenderán a los ámbitos estatal, autonómico y provincial, mientras que las cuentas correspondientes al ámbito local y comarcal, si existiesen, se integrarán en las cuentas de nivel provincial.

Por su parte el art. 15 obliga a los partidos a establecer un sistema de control interno que garantice la adecuada fiscalización de todos sus actos y documentos de los que se deriven derechos y obligaciones económicas. Existe libertad a la hora de realizar

---

130 RODRÍGUEZ LÓPEZ, Á. y FIDALGO, E. "Responsabilidad social, crisis financiera y normalización contable en los partidos políticos españoles", en *CIRIEC-España, Revista de Economía Pública, Social y Cooperativa*, n. 74, 2012, pp. 239-259.

este control, sin que exista un modelo específico. El informe resultante de esta auditoría acompañará a la documentación que se debe entregar al Tribunal de Cuentas.

En el art. 14 bis, añadido en la reforma de 2015, se estableció la obligación de nombrar un responsable de la gestión económico-financiera del partido político, cargo que sin duda ya existía con anterioridad. La novedad es que se detallan una serie de obligaciones relativas a este puesto. Condiciona la posibilidad de acceder a este puesto a la honorabilidad del candidato, la cual se considera que no concurre en caso de, entre otros, estar condenado por sentencia firme a pena privativa de libertad, estar condenado por sentencia firme por la comisión de delitos de falsedad; contra la libertad; contra el patrimonio y orden socioeconómico; contra la Hacienda Pública y la Seguridad Social; estar incursos en un proceso penal por un delito que comporte la inhabilitación o la pérdida del derecho de sufragio pasivo… Tampoco podrán ser responsables de la gestión económico-financiera de un partido político los funcionarios en activo al servicio de la Administración Pública. Finalmente, he de destacar entre las funciones que les adjudica en el punto cuatro, la elaboración de las cuentas anuales y su presentación ante el Tribunal de Cuentas.

Por último, debemos mencionar las disposiciones de la LOREG que regulan las obligaciones contables de los partidos en periodo electoral. Recogidas en los arts. 121 a 125, destacamos la imposición de nombrar a un administrador electoral responsable de los ingresos, los gastos y la contabilidad, y la obligación de abrir cuentas bancarias desde las que se realizarán todas las operaciones en periodo electoral.

2.5.2. Procedimientos de fiscalización

El órgano principal que lleva a cabo la fiscalización de las cuentas de los partidos políticos es el Tribunal de Cuentas. Así lo recoge el art. 16 de la LOFPP, cuando afirma que tendrá competencia exclusiva el Tribunal de Cuentas sobre el control de la actividad económico-financiera de los partidos políticos, sin perjuicio de las competencias relativas a la fiscalización de los procesos electorales autonómicos atribuidas a los órganos de control externo de las Comunidades Autónomas previstos en sus respectivos estatutos. A esto hay que añadir la rendición de cuentas que deben hacer los grupos parlamentarios y las corporaciones locales ante las instituciones a las que pertenecen.

En términos de la financiación ordinaria de los partidos políticos, todas las formaciones y no solo aquellas que hayan recibido subvenciones anuales estatales deberán presentar una contabilidad detallada al Tribunal de Cuentas antes del 30 de junio del año siguiente. Las cuentas anuales deberán incluir el Balance, la cuenta de Resultados y una Memoria explicativa de ambas.

Si hablamos de control de cuentas de la financiación electoral solo verán sus cuentas fiscalizadas aquellas formaciones que hubiesen alcanzado los requisitos establecidos en la LOREG para recibir subvenciones públicas o aquellos que hubieran solicitado adelantos en base a sus resultados electorales anteriores. Estos partidos deberán entregar al Tribunal de Cuentas las cuentas detalladas de sus ingresos y gastos electorales.

Junto con los partidos, están sujetas al control del Tribunal de Cuentas las fundaciones y entidades vinculadas a los mismos. Estarán sometidas a los mecanismos de fiscalización y control, y al régimen sancionador previstos para los partidos políticos, teniendo en cuenta que su regulación es diferente. Estas fundaciones y entidades también tienen la obligación de realizar una auditoría de sus cuentas anuales y de informar de las donaciones recibidas al Ministerio de Hacienda y Administraciones Públicas.

2.5.3. Informes del Tribunal de Cuentas

En todo caso, la fiscalización realizada por el Tribunal de Cuentas tendrá como resultado un informe, ya sea anual o específico para cada proceso electoral. Anteriormente he afirmado que tanto los partidos que reciben subvenciones anuales como los que no reciben están obligados a entregar sus cuentas, pero el art. 16.2 establece que se fiscalizará en todo caso las cuentas relativas a los partidos que perciban algún tipo de subvención pública anual mientras que, con respecto al resto de los partidos políticos, el Tribunal de Cuentas realizará las actuaciones fiscalizadoras que considere oportunas.

El art. 16.3 decreta que el control se "*...extenderá a la fiscalización de la legalidad de los recursos públicos y privados de los partidos políticos, así como la regularidad contable de las actividades económico-financieras que realicen y a la adecuación de su actividad económico-financiera a los principios de gestión financiera que sean exigibles conforme a su naturaleza*". Los recursos más difícilmente controlables son los privados, ya que el Tribunal sólo dispone, con carácter general, de los datos proporcionados por los partidos. Los gastos en la actividad regular de los partidos políticos no están fiscalizados, y en caso de que un partido decidiese hacerlos públicos y la cuantía fuese inferior a las subvenciones recibidas ese año no deberá devolver la diferencia.

En principio, el Tribunal tiene un plazo de seis meses desde la recepción de la documentación para emitir un informe sobre su regularidad y adecuación a la ley. La realidad es que este plazo se incumple con frecuencia, llegando a alcanzar en ocasiones los tres años de retraso.

El informe del Tribunal de Cuentas donde, en su caso, se harán constar expresamente cuantas infracciones o prácticas irregulares se hayan observado, se elevará a las Cortes Generales y se publicará posteriormente en el "Boletín Oficial del Estado". Es un modelo de control parecido al control parlamentario, ya que son las Cortes las que deben aprobar el informe. La diferencia es el análisis previo de carácter técnico realizado por el Tribunal cuyas conclusiones han sido siempre aceptadas por las Cortes.

Por otro lado, debemos mencionar el art. 16 bis introducido en la reforma del año 2015. Este incluye la posibilidad de que la Comisión Mixta que lleva las relaciones con el Tribunal de Cuentas pueda, en el plazo de dos meses desde la aprobación del informe, solicitar la comparecencia del responsable de la gestión económico-financiera de cualquier partido político que perciba subvenciones electorales. Este artículo comete el error de vincular la posibilidad de solicitar una comparecencia para informar sobre las infracciones o prácticas irregulares recogidas en el informe sobre la financiación regular a haber percibido o no subvenciones de carácter electoral, pudiendo en ocasiones no coincidir unas y otras.

Por otro lado, la contabilidad electoral (regulada en el art. 134 de la LOREG) está destinada a justificar los gastos electorales. Estos se recogen en un informe que se envía al Gobierno y a la Comisión Mixta de las Cortes Generales. Conforme a este informe se hará el cálculo del importe máximo de las subvenciones que corresponden a cada partido.

2.5.4. Conclusiones sobre el Tribunal de Cuentas

El Tribunal de Cuentas se encuentra con numerosas dificultades a la hora de ejercer su labor de control, la mayoría originadas por las lagunas legales y las ambigüedades que encontramos en la regulación sobre la materia[131]. Además de los plazos establecidos tanto en la LOREG como en la LOFPP, que se ha demostrado son imposibles de cumplir y han acabado siendo un impedimento procedimental, la normativa sobre la financiación de los partidos políticos no precisa con claridad los criterios de fiscalización de las cuentas de los partidos.

---

[131] CUÑADO AUSÍN, G. “La fiscalización de los partidos políticos: una síntesis de las actuaciones practicadas por el Tribunal de Cuentas”, en *Revista española de control externo*, vol. 3, n. 9, 2001, p. 154.

El problema de la fiscalización comienza en que los propios partidos no respetan el plazo establecido para entregar sus cuentas, si bien es cierto que en materia de financiación electoral si se produce con mayor celeridad ya que se ha establecido como requisito para recibir nuevos fondos del Estado. A estos posibles retrasos hay que añadir el tiempo que dedica el Tribunal en recabar información de terceros que han dado soporte o apoyo financiero a los partidos y de los propios partidos. Todo esto hace que un proceso de fiscalización de debería tener una duración de entre 260 y 300 días acabe durando de manera sistemática más de un año, como reconoce el propio Tribunal en sus informes.

Esta situación es todavía más grave en el caso de la fiscalización de las cuentas relativas a la financiación ordinaria. El lapso entre la entrega de las cuentas por parte de las formaciones políticas y la emisión de los informes por parte del Tribunal para su posterior aprobación por las cortes supera en muchas ocasiones los 3 años. A pesar de este retraso permanente en la emisión de los informes, la reciente reforma en materia de financiación de los partidos no ha modificado el plazo establecido para su emisión, el cual sigue establecido en 6 meses a pesar de su incumplimiento sistemático.

Esta situación de retraso generalizado es normal si tenemos en cuenta el volumen de trabajo al que se enfrenta el Tribunal de Cuentas. Son muchas las formaciones políticas a las que debe fiscalizar las cuentas incluso descontando aquellos partidos que no obtienen subvenciones públicas y que por tanto no deben ser obligatoriamente fiscalizados, lo que supone un importante agujero en el sistema de control. Teniendo en cuenta los medios tanto técnicos, como materiales o jurídicos, parece difícil que el Tribunal haga mejor su labor de lo que hemos visto hasta ahora. Esto refleja que no hay una voluntad política real de que se produzca una fiscalización efectiva de las cuentas que, en su caso, conlleve las correspondientes sanciones administrativas o penales.

Uno de los grandes obstáculos que encuentra el Tribunal de Cuentas en su tarea de fiscalización es la ya mencionada dualidad normativa característica de nuestro sistema de financiación. Las diferencias existentes entre la LOFPP y la LOREG, por ejemplo, en materia de limitación del gasto, supone un problema. Como ya hemos analizado, la LOFPP no establece límite alguno al gasto, mientras que la LOREG si es restrictiva en este aspecto. Al no existir un control estricto de lo que suponen gastos electorales, los partidos camuflan en su contabilidad ordinaria gastos electorales, eludiendo de esta forma los límites establecidos en la ley.

En esta misma línea, ANA CLALUDIA SANTANO[132], tras un análisis detallado de los sucesivos informes del Tribunal de Cuentas recogidos hasta la fecha, concluye que estamos ante un sistema de control fallido. El Tribunal carece, bajo su punto de vista, de los instrumentos tanto normativos como estructurales necesarios para llevar a cabo la fiscalización de las cuentas de los partidos políticos. Además, esta situación es difícilmente reversible, ya que son los propios partidos los que estarían regulando en contra de sus intereses. Según esta autora, los estados contables de los partidos no reflejan la verdadera situación de estos. No cabe duda de que la última reforma ha avanzado en aspectos como la ampliación del procedimiento de rendición de cuentas o la prohibición de las donaciones anónimas, lo que mejora la fiscalización y transparencia, pero todavía queda mucho por mejorar en el modelo existente.

2.5.5. *Publicidad de la contabilidad*

Los partidos políticos cumplen funciones fundamentales en el sistema democrático español, es por esto por lo que sus cuentas han de ser de dominio público. Tanto las fuentes de donde obtienen

---

132 SANTANO, A. C.; *La Financiación de los partidos políticos en España*, cit., pp. 418-420.

financiación como a qué destinan sus recursos es de interés de toda la sociedad. La publicidad de las cuentas de los partidos supone una barrera para la corrupción[133], permitiendo que trascienda a la opinión pública si un determinado agente económico ha podido influir en las decisiones del partido a través de donaciones.

Es cierto que antes de las reformas de 2015 se publicaban los informes del Tribunal de Cuentas y la resolución de la Comisión Mixta en el Boletín Oficial del Estado. Pero los documentos publicados contienen textos de carácter técnico y de gran extensión lo que dificultaba su comprensión a un público no especializado. Es por esto que se introdujo en la reforma de 2015 una modificación en el art 14, que a partir de entonces pasaba a recoger en su punto ocho la obligación de los partidos políticos de publicar en su página web, en el plazo máximo de un mes desde la fecha en que se lo enviaron al Tribunal de Cuentas, el balance, la cuenta de resultados y en particular: la cuantía de los créditos pendientes de amortización, con especificación de la entidad concedente, el importe otorgado, el tipo de interés y el plazo de amortización, las subvenciones recibidas y las donaciones y legados de importe superior a 25.000 euros con referencia concreta a la identidad del donante o legatario.

La publicidad de los datos, especialmente la difusión de la identidad de los donantes debe hacerse sin vulnerar la Ley Orgánica de Protección de Datos. Esto solo afectará a las donaciones comprendidas entre los 25.000 euros y los 50.000 euros (importe máximo permitido para donaciones). Para evitar este conflicto legal[134] entre la publicidad de las donaciones y la protección de la identidad de los donantes, se pedirá a estos últimos el consentimiento para la difusión de sus datos, que deberá darse antes de realizar la donación.

---

133 SÁNCHEZ MUÑOZ, Ó. "La financiación de los partidos políticos en España: ideas para un debate", cit., p. 182.

134 Ibid., pp. 190-193.

A pesar de ser un avance con respecto a la regulación anterior, un número muy limitado de donaciones van a acabar siendo públicas ya que se ha establecido un mínimo muy elevado. Junto con toda esta información, los partidos políticos deberán publicar en su página web el informe emitido por el Tribunal de Cuentas en el plazo de 15 días desde su recepción. Las fundaciones o entidades vinculadas también están sujetas a esta obligación, por lo que deberán publicar el informe de fiscalización del Tribunal de Cuentas en su página web, junto con el balance y la cuenta de resultados.

En conjunto, podemos afirmar que las mejoras realizadas no son suficientes[135] para alcanzar el nivel de transparencia y publicidad deseables. Hay mucho terreno donde mejorar como la inteligibilidad del texto, el fácil acceso a la información o los plazos de entrega de esta.

2.6. INFRACCIONES Y SANCIONES

Las infracciones junto con sus correspondientes sanciones de carácter administrativo dependen de la fiscalización del Tribunal de Cuentas, tal y como establece el art 17.1 de la LOFPP, que atribuye la potestad de imponer sanciones a los partidos políticos en caso de cometer alguna de las infracciones recogidas en el artículo, siempre y cuando las mismas no constituyan delito. Los art. 17 y 17 bis de la LOFPP recogen el régimen sancionador donde se distinguen las infracciones en muy graves, graves y leves[136].

---

135 SÁNCHEZ MUÑOZ, Ó. "La insuficiente reforma de la financiación de los partidos: la necesidad de un cambio de modelo", cit., p. 66.

136 La LOFPP ha establecido en su art. 18 el procedimiento administrativo sancionador que se va a seguir para las sanciones relativas a esta ley y también para aquellas recogidas en la LOREG. Se otorga la competencia sancionadora al Tribunal de Cuentas que iniciará el procedimiento con un acuerdo de su pleno tras la apertura de un

Serán consideradas infracciones muy graves:

a) La aceptación de donaciones que contravengan las limitaciones establecidas en los arts. 4, 5, 7 y 8 de la LOFPP. Tendrán idéntica calificación la asunción, por terceras personas, de los gastos del partido, así como aquellos acuerdos ilícitos sobre condiciones de deuda. Le corresponde una sanción cuyo importe irá del doble al quíntuplo de la cantidad que exceda del límite legalmente permitido, de la cantidad asumida por el tercero o de la cantidad condonada, según proceda.

b) La superación por los partidos políticos, en un diez por ciento o más, de los límites de gastos electorales previstos legalmente. Se castigará con una multa pecuniaria proporcional del duplo al quíntuplo del exceso de gasto producido.

c) El incumplimiento durante dos ejercicios consecutivos o tres alternos de la obligación de presentar las cuentas anuales en el plazo previsto o la presentación de cuentas incompletas o deficientes que impidan al Tribunal de

---

periodo de información previa en el que tendrá audiencia el partido que haya podido cometer la infracción. En este acuerdo constará el partido político infractor, los hechos presuntamente sancionables y el instructor del procedimiento. Tras esto se abre un plazo de 15 días para presentar alegaciones y solicitar la práctica de pruebas, que también pueden ser acordadas por el instructor de oficio y se realizarán, en su caso, en un plazo de 30 días. Concluido el período probatorio, el instructor formulará propuesta de resolución a la que seguirá un plazo de 15 días para presentar alegaciones. Finalmente, el Pleno del Tribunal de Cuentas dictará resolución motivada, que decidirá sobre todas las cuestiones planteadas por el partido interesado y aquellas derivadas del procedimiento. Si no hubiera sido notificada la resolución en el plazo de seis meses desde la iniciación del procedimiento se producirá la caducidad de este. Contra la resolución cabe recurso ante la sala de lo contencioso-administrativo del Tribunal Supremo, que suspenderá las sanciones que hubiesen sido impuestas.

Cuentas llevar a cabo su cometido fiscalizador. En su caso se impondrá una sanción de un mínimo de cincuenta mil euros y un máximo de cien mil euros.

Serán consideradas infracciones graves:

a) La realización de actividades de carácter mercantil. Será castigada con una multa pecuniaria de entre veinticinco mil y cincuenta mil euros más una multa pecuniaria equivalente al cien por ciento del beneficio neto obtenido mediante la realización de las actividades mercantiles.

b) La superación por los partidos políticos, en más de un tres y en menos de un diez por ciento, de los límites de gastos electorales previstos. Se impondrá una sanción cuyo importe irá del doble al quíntuplo del exceso del gasto producido sin que en ningún caso pueda ser inferior a veinticinco mil euros.

c) El incumplimiento de la obligación de presentar las cuentas anuales, la presentación de cuentas incompletas o deficientes que impidan al Tribunal de Cuentas llevar a cabo su cometido fiscalizador durante un ejercicio o cualquier otra de las obligaciones contables previstas en esta ley, siempre que ello no constituya delito y la falta de un sistema de auditoría o control interno serán castigados con una sanción de un mínimo de diez mil euros y un máximo de cincuenta mil euros.

Serán consideradas infracciones leves:

a) Las faltas al deber de colaboración que establece la ley, que se castigarán con una multa pecuniaria de entre cinco mil y diez mil euros.

b) La superación por los partidos políticos, en más de un uno y hasta un tres por ciento, de los límites de gastos electorales previstos. Se impondrá una sanción cuyo importe irá del doble al quíntuplo del exceso del gasto producido, sin que en ningún caso pueda ser inferior a cinco mil euros.

Por último, debemos mencionar el plazo de prescripción de las infracciones administrativas, el cual varía en función de la gravedad de estas. Las infracciones muy graves prescriben a los 5 años, las graves a los 3 años y las leves a los 2 años, comenzando el plazo en el momento de comisión de la infracción[137]. Estos plazos podrían suponer un problema si tenemos en cuenta los retrasos del Tribunal de Cuentas en la elaboración de sus informes, pero no son un obstáculo ya que no es necesario que el Tribunal haya concluido el informe para abrir el procedimiento sancionador.

2.7. CONSECUENCIAS DEL ACTUAL SISTEMA DE FINANCIACIÓN

Podemos afirmar que estamos en un momento de crisis del actual modelo de partidos. No así de su posición hegemónica en la vida política del país, ya que los partidos siguen monopolizando casi la totalidad de la participación política, sino en la legitimidad del sistema en sí mismo, estando los partidos más alejados que nunca de una ciudadanía que ha perdido casi toda la confianza en estas formaciones. Como consecuencia de esta crisis encontramos un aumento de la abstención y una disminución de la identificación ideológica con los partidos. El desapego y el desencanto con la política son un hecho generalizado en la sociedad y las mejoras en el sistema de financiación, entre otros aspectos, es una de las áreas donde trabajar para que el sistema recupere su legitimidad.

Tanto el sistema de partidos como el de financiación, a pesar de las sucesivas reformas, reflejan el momento político de la transición española, donde primaba la estabilidad y la gobernabilidad por encima de otros factores. El momento político ha cambiado, España es ya una democracia consolidada y por

---

137 SÁNCHEZ MUÑOZ, Ó. "La insuficiente reforma de la financiación de los partidos: la necesidad de un cambio de modelo", cit., p. 69.

tanto está en la situación de hacer las reformas necesarias en el sistema de partidos para adaptarlo a las demandas sociales. Uno de los instrumentos más importantes para asegurar esta estabilidad y primacía de los partidos fue y sigue siendo el sistema de financiación, un sistema que si bien dio solución a algunos problemas también generó otros. El ya mencionado "Estado de partidos", creado por un sistema de financiación pública fuerte que favorece a los partidos que están dentro del sistema, acaba perjudicando a la legitimidad de este ya que va en contra del pluralismo político. Unos pocos partidos monopolizan la vida política resultando muy difícil la aparición de nuevas formaciones lo que empobrece la representación política.

El sistema actual de financiación ha fracasado en muchos de sus objetivos. Por un lado, no ha evitado el endeudamiento de los partidos ni ha reducido los elevadísimos niveles de gasto. Tampoco ha promovido la participación ciudadana y podemos afirmar que no ha sido eficaz en la lucha contra la aparición de prácticas corruptas relacionadas con la financiación de los partidos.

Los recursos públicos que sostienen a los partidos les han permitido conservar los espacios de poder obtenidos, cristalizando el sistema y acercándonos a la noción de partidos cartel que hemos tratado anteriormente. Es cierto que no es bueno que los partidos dependan en exceso de los recursos privados, pero se ha acabado sobre-financiando a los partidos con un escaso control, lo que ha derivado en un alejamiento entre los partidos y sus bases debido a esta excesiva autonomía. La financiación es fundamental para la participación política y la competencia democrática, el modelo de financiación debería favorecer un sistema de partidos más dinámico que dé cabida a nuevas fuerzas políticas que lleven las demandas sociales al debate público. El modelo español hace justo lo contrario, presentando muchas dificultades al acceso de nuevos partidos y provocando desafección política y una creciente abstención en los procesos electorales.

En lo que concierne directamente a la corrupción y su relación con el sistema de financiación partidos cabe destacar dos aspectos. Por un lado, el sistema no es lo suficientemente transparente y no está dotado de los recursos necesarios para primero evitar y, en caso de que aparezcan, detectar y sancionar, ya sea en vía penal o administrativa, las prácticas corruptas. A esto hay que añadir un cierto nivel de impunidad en lo que se refiere a la asunción de responsabilidades políticas ante la aparición de casos de corrupción. La alta rigidez del sistema y la posición dominante de los partidos tradicionales impulsada por el sistema de financiación hace que los partidos no sufran en exceso la incesante aparición de nuevos casos de corrupción, manteniendo cierta estabilidad en su representación política.

3. Consideraciones últimas

Para finalizar este capítulo, paso a individualizar las principales conclusiones que se obtienen de sus distintos epígrafes.

1. El debate sobre los distintos modelos de financiación no parece tener fin. Es cierto que podemos concluir que este se encuadra dentro de un sistema mixto de la financiación de los partidos políticos, pero más allá de este aspecto se aprecian grandes diferencias entre los diferentes países democráticos. Diferencias en muchos casos insalvables, como insalvables son las diferencias entre los distintos sistemas políticos y constitucionales. Una cosa debemos tener clara en esta discusión, ningún sistema o fuente de financiación es idóneo per se para evitar la financiación ilegal o la aparición de prácticas corruptas. Siendo cierto que, a priori, una financiación más apoyada en los fondos públicos parece estar más enfocada a la lucha contra estos fenómenos, debe cumplir ciertas características para ser efectiva en este sentido. Además, no podemos olvidar los efectos negativos que trae consigo una excesiva financiación pública que, en última instancia, también son factores de riesgo de la corrupción, entre los que destaca la oligarquización de los partidos políticos. En definitiva, es un debate con difícil cierre, donde podemos destacar un punto de acuerdo, la transparencia y el control efectivo de las cuentas de los partidos por un órgano externo, independientemente de la procedencia de los recursos, es una de las claves donde deben incidir y mejorar todos los sistemas de financiación de los partidos políticos.

2. En España, parece haber consenso en la necesidad de financiar con recursos públicos a los partidos políticos ante la importancia de las funciones constitucionales que llevan

a cabo. Dotando de recursos suficientes a los partidos se pretendía minimizar la influencia de los agentes económicos privados, combatir la corrupción y fomentar la igualdad de oportunidades en la contienda electoral. La práctica nos ha enseñado que la financiación pública no ha evitado que se produzca una cascada de casos de corrupción, en muchos casos relacionados con la financiación ilegal de los partidos, poniendo en cuestión su independencia. Además, el carácter cerrado del sistema de reparto de las subvenciones públicas ha fortalecido la posición de los grandes partidos tradicionales frente a los nuevos partidos y las formaciones minoritarias, resultando en última instancia perjudicial para la igualdad de oportunidades dentro del sistema y para el pluralismo político, dejando opciones políticas sin representación o con muy escasa difusión ante las dificultades de financiación. A esto hay que añadir que la excesiva dependencia de los partidos en los recursos públicos ha provocado un distanciamiento con sus bases lo que ha derivado en una oligarquización de los partidos en perjuicio de su aparente democracia interna.

3. La regulación de la financiación privada no ha resultado más satisfactoria que la de los recursos públicos. Con la última reforma de 2015 en la que se redujo la cantidad máxima de las donaciones privadas y se prohibieron las donaciones de personas jurídicas fuera del periodo electoral, junto con otras medidas, se buscaba que las formaciones políticas buscaran recursos privados de un número más amplio de donantes, dejando fuera a las personas jurídicas ante las posibles intenciones de estas al realizar una donación. Pero estas medidas son cuanto menos insuficientes, especialmente si tenemos en cuenta la puerta abierta a las donaciones privadas que supone la vía de las fundaciones o entidades vinculadas a los partidos, a las que no se les aplica el límite de 50.000 euros ni la prohibición de las personas jurídicas, estableciendo la mera obligación de formalizar

las donaciones superiores a 120.000 euros en documento público. Por lo tanto, a pesar de las últimas reformas que han avanzado en la materia, la regulación en términos de financiación privada sigue siendo insuficiente.

4. Todos los recursos, públicos y privados, y su gestión, tienen una red de seguridad común que debe velar por el cumplimiento de la normativa, el sistema de control de la financiación de los partidos políticos, encabezado por el Tribunal de Cuentas. El Tribunal de Cuentas tiene dos problemas fundamentales, la información que obtiene y los recursos de los que dispone. Los recursos más difícilmente controlables son los privados ya que el Tribunal solo dispone, con carácter general, de los datos proporcionados por los partidos. Por ejemplo, en las donaciones privadas, solo aquellas superiores a 25.000 euros o de bienes inmuebles deberán ser notificadas al Tribunal de Cuentas en los tres meses siguientes a su aceptación, debiendo ser también publicadas en su página web junto con la identidad del donante. Nos encontramos ante un problema de publicidad y transparencia importante. A esto debemos añadir la falta de recursos del Tribunal de Cuentas que generalmente no cumple el plazo establecido de 6 meses para fiscalizar las cuentas de los partidos. A pesar de las últimas medidas en términos de publicidad y trasparencia, introducidas sin duda debido a los escándalos de corrupción, el sistema sigue sin gozar de la transparencia necesaria para devolver a la ciudadanía la confianza en los partidos políticos. Muchos autores consideran que estamos ante un sistema de control fallido que no es efectivo a la hora de detectar las prácticas de financiación ilegal.

5. Debemos señalar las que considero son las raíces de los problemas del sistema de financiación de los partidos políticos en España, la autorregulación y el carácter casuístico y oportunista de la legislación. Los partidos políticos "colonizan" las instituciones, por lo que acaban siendo el origen y el destino de la regulación del sistema de finan-

ciación, lo que explica muchas de sus características, como su carácter cerrado favoreciendo a los partidos dentro del sistema o las trabas en términos de publicidad. También se ha podido comprobar como a lo largo de los años solo se ha regulado esta materia en aras de acallar a la opinión pública encendida por numerosos casos de corrupción relacionados con la financiación de los partidos. Solo esto puede explicar que sigamos teniendo una dualidad normativa con la LOREG y la LOFPP, y no una sola ley que recoja de forma sistemática y homogénea las reglas sobre la financiación de los partidos políticos, tanto dentro como fuera del periodo electoral. Teniendo todo lo expuesto en cuenta, considero que la única opción para una solución estable y coherente es la regulación de esta materia a través de un pacto que incluya a todas las formaciones, dejando atrás los intereses partidistas y aprovechando la renovación democrática impulsada en los nuevos tiempos políticos.

CAPÍTULO SEGUNDO.

LOS DELITOS DE FINANCIACIÓN ILEGAL DE LOS PARTIDOS POLÍTICOS

1. Casos de corrupción relacionados con la financiación ilegal de los partidos. Algunos ejemplos

La financiación de los partidos políticos puede ser, y de hecho en muchas ocasiones lo es, un punto de conexión entre los partidos y los poderes económicos, lo que lo convierte en un ámbito propenso para la aparición de prácticas corruptas. Factores como el elevado nivel de gasto de los partidos o la escasez de recursos propios, unido al interés de los poderes económicos en tener influencia en las decisiones públicas (desde normativa hasta concesión de contratos) convierten la financiación de los partidos en un terreno especialmente sensible a la aparición de este tipo de prácticas[138], algo que puede constatarse con ejemplos reales en la todavía breve historia de la democracia española[139].

---

138 Vid. más en: OLAIZOLA NOGALES, I.; *La financiación ilegal de los partidos políticos: un foco de corrupción*, cit., pp. 102 a 130. En estas páginas la autora analiza las distintas causas detrás de la financiación ilegal de los partidos políticos, poniendo el foco en estos factores.

139 La II República también fue escenario de tramas de corrupción en las que participaban partidos políticos junto con entidades privadas. Eso sí, no podemos hablar de financiación ilegal del partido, ya que no había regulación en tal sentido, sino de enriquecimiento de sus mandatarios. Cabe destacar en esta época el escándalo del estraperlo, en el que se vinculó a miembros del Partido Radical, liderado por Alejandro Lerroux, con la instalación de un sistema de ruleta fraudulento en los casinos de San Sebastián y Mallorca a cambio de comisiones. Este escándalo forzó la dimisión del entonces presidente del Gobierno, Alejandro Lerroux, iniciando el camino que llevaría al Partido Radical a la irrelevancia política en las elecciones generales de 1936.

Tal y como veíamos en el apartado dedicado a la evolución histórica de nuestro sistema de financiación, estos casos de corrupción, que han afectado en mayor o menor medida a todos los partidos que en algún momento han accedido al poder, han sido, en no pocas ocasiones, uno de los impulsores más importantes de las distintas reformas que del mismo se han llevado a cabo, constatando, de este modo, el fracaso del sistema. La atipicidad penal, las dificultades en la instrucción de las "macrocausas" que suponen las tramas corruptas, las todavía insuficientes medidas de publicidad y trasparencia o las deficiencias en la detección de estas prácticas irregulares son algunas de las constantes que encontramos en este estudio cronológico de los casos de corrupción que han tenido lugar desde la transición hasta el año 2015, cuando definitivamente se introduce el delito de financiación ilegal de los partidos políticos.

1.1. LA TRANSICIÓN

Los partidos políticos en España han llevado a cabo prácticas irregulares, si no ilegales, desde el inicio del declive del franquismo a principios de los 70[140]. En el contexto de la Guerra Fría, España se había convertido en una preocupación para los países del eje occidental ante el auge del Partido Comunista como principal actor de la oposición al franquismo. Es por esto por lo que desde entonces hasta los años ochenta, fundaciones alemanas financiaron al resto de formaciones de la nueva democracia española. Las Fundaciones ligadas al Partido Socialdemócrata de Alemania (SPD) dieron apoyo económico al PSOE para que contrarrestase el auge del partido comunista y

---

Para más información sobre este escándalo: ALÓS FERRANDO, V. R. "El escándalo del estraperlo", en *Historia 16*, 1994, no 218, pp. 12-19.

140 MAROTO CALATAYUD, M.; *La financiación ilegal de los partidos políticos. Un análisis político-criminal,* cit., p. 23.

defendiese la creación de una democracia equiparable al resto de democracias europeas[141]. El SPD, que también financió al partido socialista portugués por idénticos motivos, tenía detrás a los Estados Unidos, que buscaba frenar el comunismo con la financiación a estas formaciones políticas. Por lo tanto, desde etapas previas a la democracia la financiación de los partidos tenía un carácter clandestino y cercano a la ilegalidad. La financiación extranjera estaba prohibida por la Ley de Asociaciones Políticas de 1976, pero esta prohibición se derogó con la Ley 54/1978 de Partidos Políticos, y no volvería a ser ilegal hasta la Ley de Financiación de Partidos Políticos en 1987.

En la España preconstitucional tuvo una gran importancia la financiación oculta ya que en cierta forma aceleró la creación del sistema de partidos español. Estos inicios de los medios de financiación de los partidos ayudan a explicar algunas de las deficiencias del sistema en este ámbito. La falta de autonomía financiera de los partidos y el desapego hacia las bases surgen en este momento, ya que desde el origen los partidos se basaron más en el capital financiero que en el humano[142]. Además, estas prácticas de financiación oculta y clandestina continuaron en la democracia, lo que ha derivado en casos de corrupción y financiación ilegal[143]. La financiación extranjera no solo llegó al PSOE, Alianza Popular (AP) también obtenía fondos de otras fundaciones alemanas, el Partido Comunista de la Unión Soviética y Unión de Centro Democrático (UCD) especialmente del sector empresarial.

---

141 MAROTO CALATAYUD, M. "Una democracia nada perfecta: continuidades en la financiación de los partidos españoles desde la transición política a nuestros días" en *HISPANIA NOVA. Primera Revista de Historia Contemporánea on-line en castellano.* Segunda Época, 2018, pp. 695-698

142 OÑATE RUBALCABA, P., "Los partidos políticos en la España democrática. La España del siglo XXI", en AAVV/ JIMENEZ DE PRAGA Y CABRERA (Coord.); *La Política,* Ed. Biblioteca Nueva, Madrid, 2008, p. 2.

143 MONEDERO FERNÁNDEZ-GALA, J.C., *La transición contada a nuestros padres,* Ed. Catarata, Madrid, 2011, p. 151.

La crisis de legitimidad de los partidos es un fenómeno que ha tenido lugar en la mayoría de las democracias modernas. Lo particular del caso español es que el sistema de partidos nació ya en esa situación de crisis[144]. Se buscó que las formaciones políticas creciesen rápido y ocupasen las instituciones, por lo que adoptaron directamente el modelo de partidos *catch all,* siendo estos los protagonistas de la vida política con una estructura altamente jerarquizada, dejando los movimientos populares en un segundo plano[145]. Todo esto se refleja, por ejemplo, en el hecho de que la afiliación en España es una de las más bajas en Europa[146]. Estos partidos se podrían definir como partido-empresa, jerarquizados y profesionalizados, siendo el ejemplo más claro de este modelo UCD.

1.2. LOS AÑOS OCHENTA

Desde el comienzo de la democracia hasta las elecciones del año 82 en las que el PSOE entra al gobierno, UCD fue el destacado protagonista de la política española hasta la derrota electoral que supondría su desaparición de manera abrupta en 1983. UCD era una organización gestionada como una empresa y muy vinculada a las élites económicas y políticas del país. Sin verse implicada en un caso de corrupción o financiación ilegal, si aunaba

---

144 AGUILERA DE PRAT, C.R. "Balance y transformaciones del sistema de partidos en España (1977-1987)." *Reis,* 1988, pp. 138-140.

145 Así los describe MAROTO CALATAYUD, que afirma por ejemplo del PSOE que, a pesar de definirse el mismo como partido de masas con las características definidas por Duverger, su organización, discurso y funcionamiento fue mucho más cercano al partido catch all o partido empresarial teorizado por Kirchhemer en: MAROTO CALATAYUD, M.; La financiación ilegal de los partidos políticos. Un análisis político-criminal, cit., p. 29.

146 Ídem.

algunos de los problemas relacionados con la misma. En primer lugar, era un partido con escasísima afiliación, dependiente de las numerosas inversiones procedentes de la banca y del sector empresarial[147]. Llegó a tener altísimos niveles de endeudamiento con la banca que acabarían siendo condonadas, inaugurando esta forma de financiación irregular que se vería repetida en el resto de los partidos, convirtiéndose la dependencia de los partidos de la banca en uno de sus principales problemas[148].

El sistema de partidos se empieza a consolidar con la entrada al gobierno del PSOE. Como ya hemos visto, estaba financiado desde el exterior por el SPD y también por el Partido Socialista Italiano. Esta financiación se redujo a partir de 1979 lo que obligó al partido a buscar otras fuentes[149].

La llegada al poder del PSOE requirió de mucha inversión, dejando al partido en una situación de severo endeudamiento. Esta situación se percibía como una excesiva dependencia de la banca, impresión que se tenía incluso desde dentro del partido. Con esta situación y ante la escasa regulación, el PSOE opta por adoptar un modelo similar al de UCD, buscando la autofinanciación a través del desarrollo de actividades mercantiles. Se busca la creación de un holding de empresas afines al partido a través de las cuales obtener financiación. Los primeros escándalos relacionados con la financiación ilegal de los partidos tuvieron lugar entre 1981 y 1984[150].

---

147 ARIÑO ORTIZ, G.; *La financiación de los partidos políticos*, Ed. Documentos del Foro de la Sociedad Civil, n.1, 2009, pp. 57-59.

148 MALEM SEÑA, J.F. "La corrupción política", en *Jueces para la democracia*, n. 37, 2000, pp. 26-34.

149 MAROTO CALATAYUD, M.; *La financiación ilegal de los partidos políticos. Un análisis político-criminal*, cit., pp. 40 y ss.

150 Ídem

1.2.1. Caso Puerta

El primero fue el denominado caso Puerta. Este estaba relacionado con la concesión de contratos de recogidas de basuras en el Ayuntamiento de Madrid a cambio de comisiones que se cobraban a través de la Federación Socialista Madrileña. Lo cierto es que las cantidades que se manejaban en el caso no eran muy altas, especialmente teniendo en cuenta la comparativa con los créditos condonados por la banca, pero reflejaba la existencia de mecanismos organizados para la obtención de financiación ilegal instrumentalizando las instituciones[151].

Es significativo cómo actuó el partido, por ejemplo, ante el denunciante de la trama corrupta. En este caso el denunciante fue el teniente de alcalde del Ayuntamiento de Madrid, Alonso Puerta, quien fue expulsado del partido perdiendo su cargo en el Ayuntamiento[152] (este tipo de medidas se declararían inconstitucionales más adelante). Se buscó que el caso transcendiese lo mínimo a la opinión pública y se cerrase lo antes posible.

La vía judicial de este caso fue corta, ya que los procesos fueron archivados al considerarse que no existía infracción penal alguna. No se apreció prevaricación al no existir resolución injusta y tampoco cohecho, ya que no había funcionarios implicados en la recepción de las dádivas, o simplemente por falta de pruebas suficientes. El caso no tuvo una respuesta legislativa directa, pero sí tuvo relación con la posterior decisión del Tribunal Constitucional de declarar inconstitucional que la expulsión del partido político significase la destitución de un cargo electo[153].

---

151 Véase “El PSOE ha promovido una docena de empresas para recaudar fondos”, *El País,* 21 de diciembre de 1984

152 “Alonso Puerta, suspendido preventivamente de su militancia en el Partido Socialista”, *El País,* 27 de septiembre de 1981.

153 STC 10/1983, de 21 de febrero

1.2.2. Caso Flick

En 1984 las declaraciones de un diputado del SPD alemán sacaron a la luz el caso Flick. Flick era un consorcio empresarial del que el SPD había obtenido financiación en contra de lo dispuesto en la regulación de la financiación de los partidos alemana. Parte de estos fondos habrían sido destinados a España, más concretamente a las arcas del PSOE. Volvía a situarse el problema de la financiación de los partidos en un plano internacional. Como respuesta se creó en el congreso la Comisión de Investigación[154] sobre financiación de los partidos políticos, que acabaría exculpando al Presidente, Felipe González, incriminado directamente en primera instancia.

Las declaraciones ante la comisión de un antiguo gerente de Flick parecían apuntar que la financiación sí que se produjo a través de las Fundaciones Pablo Iglesias y Largo Caballero, vinculadas con el PSOE. A pesar de estas declaraciones, la comisión concluyó que esta colaboración entre el PSOE y el SPD no se había producido, no sin votos particulares por parte del Grupo Popular y el Grupo Mixto, que sí consideraban probada la ayuda financiera por parte del Partido Socialdemócrata Alemán.

La Comisión, cuyos principales objetivos eran aclarar el caso Flick y establecer las líneas generales para futuras reformas en la regulación de la financiación de los partidos políticos, no dio respuesta a estas cuestiones, cumpliendo el único objetivo de ser una respuesta política a este escándalo, que por otro lado no tuvo

---

[154] Tras un intenso debate sobre su posible constitución, que podemos encontrar en el Diario de sesiones del Congreso de los Diputados de 14 de noviembre de 1984, se acabó constituyendo la comisión el 14 de marzo de 1985: BOCG: Congreso de los Diputados, serie E, núm. 104, de 14/03/1985.

ningún recorrido judicial[155]. Esta situación estaba favorecida por el hecho de que el resto de los partidos se encontraban en situaciones similares, ya sea por la obtención de financiación extranjera o empresarial. Dicho esto, como vimos anteriormente esta comisión fue el germen de la posterior aprobación de la Ley Orgánica 3/1987, de 2 de julio, sobre financiación de los Partidos Políticos.

1.2.3. Endeudamiento por la campaña de la OTAN

En el año 1986 coincidieron las elecciones generales con el referéndum sobre la pertenencia a la OTAN (Organización del Tratado del Atlántico Norte), siendo este un año clave para el sistema de partidos español. Se produjo un cambio ideológico en el PSOE[156], que pasó de posturas contrarias a la OTAN a encabezar la campaña a favor de la permanencia de España en la Alianza Atlántica[157]. Estos cambios necesitaron de una gran inversión en campaña para convencer a la ciudadanía de la idoneidad de esta nueva postura[158]. La combinación de las elecciones generales y la campaña de referéndum, por la que

---

155 Vid. más en CAZORLA PÉREZ, J. "El clientelismo de partido en la España de hoy: una disfunción de la democracia" en *Revista de Estudios políticos,* 1995, no 87, pp. 35-52.

156 La socialdemocracia alemana apoyó al PSOE, especialmente desde 1975, tanto en lo político como en lo económico. Esta colaboración con el Partido Socialdemócrata de Alemania (SPD) propició la moderación ideológica del PSOE. Vid. más en: MUÑOZ SÁNCHEZ, A.; *El amigo alemán. El SPD y el PSOE de la dictadura a la democracia.* Ed. RBA Libros, Barcelona, 2012, pp. 217-279.

157 MALEM SEÑA, J.; *La corrupción,* Ed. Gedisa, Madrid, 2002, p.133. El autor señala como los cambios ideológicos o de postura radicales suponen un esfuerzo extra en la divulgación de las propuestas y, por ende, un aumento considerable de los costes.

158 ANDRADE BLANCO, J. A. "Del socialismo autogestionario a la OTAN: notas sobre el cambio ideológico en el PSOE durante la Transición a la democracia", en *Historia actual online,* n. 14, 2009, pp. 97-106.

no se podían obtener subvenciones públicas, generaron un endeudamiento desmesurado en el PSOE. En primera instancia el partido obtendría la financiación directamente de los bancos, pero fue a la hora de hacer frente a los préstamos cuando surgió una trama de financiación ilegal, que veremos más adelante, a través del grupo de empresas denominado Filesa.

La campaña de la OTAN asienta un modelo de partidos: unos partidos que están altamente profesionalizados, y utilizan mecanismos tecnocráticos y *massmediáticos* en la búsqueda de ganar votantes y movilizar la opinión pública. Este modelo de partidos abandona definitivamente el uso de la movilización política a través del trabajo de militantes y simpatizantes, considerando más efectivo hacerlo a través de profesionales en los medios de comunicación. Por lo tanto, se optó por una movilización política de tipo capital-intensivo y no trabajo-intensivo que, a pesar de ser menos eficiente, fortalecería las relaciones del partido con la sociedad. Se afianza así la escasa vida interna de los partidos políticos y, por tanto, la inexistencia de democracia interna, lo que deriva en la oligarquización del partido[159].

En este contexto, en el año 1985 se aprobó la LOREG y en el 1987 se aprobó la LOFPP. La primera buscaba frenar la escalada del gasto que se estaba produciendo en los procesos electorales generando altísimos niveles de endeudamiento en todos los partidos. La segunda surgió como respuesta a los numerosos escándalos de financiación ilegal que salieron a la luz en los años anteriores, a los que buscaba dar respuesta[160].

---

159 MAROTO CALATAYUD, M.; *La financiación ilegal de los partidos políticos. Un análisis político-criminal,* cit., pp. 40 y ss.

160 ARTÉS CASELLES, J. y GARCÍA VIÑUELA, E. "La economía política de las reformas de la financiación electoral", en *Revista española de ciencia política,* n. 15, 2006, pp. 48-49.

1.3. LOS AÑOS NOVENTA

La LOFPP y la LOREG no consiguieron cambiar lo que ya era habitual en los partidos, las prácticas de financiación ilegal, por lo que en los años noventa seguimos encontrando numerosos casos de corrupción relacionados con la misma. España estaba en un momento de crecimiento económico lo que propició que en algunos sectores surgieran este tipo de prácticas. Un ejemplo es el sector del juego, donde tanto Convergencia Democrática de Cataluña (CDC) como el Partido Nacionalista Vasco (PNV) y el PSOE recibieron comisiones a cambio de la concesión de licencias[161]. También fue habitual en aquella época el fenómeno denominado puertas giratorias[162]. Numerosos cargos del PSOE pasaron al sector privado en sectores muy relacionados con aquel en el que habían trabajado en el sector público. Así, las empresas buscaban tener mayor influencia en la administración.

Algunos de los casos más importantes que tuvieron lugar en este período fueron los siguientes:

1.3.1. Caso Juan Guerra

El caso Juan Guerra, cuyos hechos se desarrollaron principalmente a finales de los 80, tuvo su desarrollo procesal y mediático en los años noventa[163]. Este caso fue especialmente explotado

---

161 Destacan en este ámbito el *caso Casinos* (véase "Archivado definitivamente el "caso Casinos" tras nueve años de litigio", *El País,* 5 de diciembre de 1998) y el *caso Tragaperras* (véase "La Audiencia de Vizcaya cierra el 'caso de las tragaperras' porque el delito ha prescrito", *El País,* 24 de febrero de 2001).

162 Sobre las puertas giratorias, vid. más en: JUSTE DE ANCOS, R. *IBEX 35: Una historia herética del poder en España.* Ed. Capitán Swing Libros, 2017.

163 Podemos encontrar noticias relacionadas con el caso durante toda la década. Por ejemplo: "La Fiscalía del Estado abre diligencias para investigar operaciones de Juan Guerra", *El País,* 18 de enero de 1990

por los medios de comunicación contrarios al Gobierno[164], al que se acusaba de tráfico de influencias, conducta todavía no tipificada en el Código Penal. El escándalo se centraba en el uso por Juan Guerra, hermano del vicepresidente del Gobierno Alfonso Guerra, de un despacho oficial. Concretamente, de un despacho de la Delegación de Gobierno en Andalucía en la Plaza de España en Sevilla. En este, Juan Guerra recibía a empresarios, autoridades, alcaldes, funcionarios y socios para sus negocios personales. Durante los juicios de este caso, algunos empresarios llegaron a declarar haber pagado comisiones a Juan Guerra y al PSOE a cambio de concesión de contratos públicos o recalificaciones de suelo rústico, pero nunca se llegaron a probar dichas acusaciones. Finalmente, Juan Guerra se vio involucrado en muchos procesos independientes, ante lo que se llegó a denominar como una causa inquisitorial[165] sobre su persona. En el desarrollo procesal de este caso, vemos como acabó siendo condenado por inducción a la prevaricación a 6 años de inhabilitación especial para empleo o cargo público[166] y a dos años de cárcel por delito fiscal[167], mientras que también encontramos sentencias absolutorias por otros delitos[168]. Si

---

o "El Constitucional desestima un recurso de amparo de Juan Guerra contra una condena del Tribunal Supremo", *El País*, 5 de marzo de 1998.

164 Véase: "Financiación ilegal", *ABC*, 8 de mayo de 1995 o "Juan Guerra usaba el despacho oficial de manera permanente", *El Mundo*, 20 de enero de 1990.

165 Juan Guerra denunció que se estaba haciendo una investigación general sobre el total de su vida, definiendo la causa como inquisitorial, relato que llevo hasta el mismo Tribunal Constitucional en distintos recursos de amparo que fueron desestimados (SSTC 63-1996, 41-1988 Y 69-2001). Véase: "EL Constitucional rechaza el amparo a Juan Guerra, que denunció trato judicial "inquisitorial"", *El País*, 22 de abril de 1996.

166 STS 1312/1994 de 24 de junio

167 SAP Sevilla 449/1997 de 14 de enero.

168 La STS 5803/1996 de 24 de octubre le absuelve del delito de usurpación de funciones públicas.

analizamos este caso como intento de enjuiciar la financiación ilegal de los partidos políticos estaríamos ante un claro fracaso, todas las investigaciones se individualizaron en la figura de Juan Guerra y no se analizó el funcionamiento interno del partido.

Este caso simbolizaba la ocupación de lo público por lo privado y fundamentaba las acusaciones de patrimonialización partidista de la función pública por parte del PSOE. La respuesta política al mismo, en principio, se limitó a la comparecencia de Alfonso Guerra[169] donde el Gobierno anunció su intención de tipificar el delito de tráfico de influencias[170]. Anuncio que se acabaría concretando con la inclusión en el Código Penal[171] del tráfico de influencias junto la con posibilidad de comisión por particulares del delito de malversación, acudiendo de nuevo a la legislación penal para satisfacer las demandas de la opinión pública.

1.3.2. Caso Naseiro

El caso Naseiro vio la luz poco después del caso Juan Guerra. Este implicaba directamente al Partido Popular ya que los involucrados en el caso eran su tesorero, Roberto Naseiro, un concejal y un diputado del partido que obtuvieron comisiones para el partido a cambio de la concesión de licencias en negocios inmobiliarios[172]. Este caso se destapó como resultado de unas escuchas llevadas a cabo por la Jefatura Superior de Poli-

---

169 Alfonso Guerra acabaría dimitiendo en 1991, aunque en ningún momento reconoció que dicha dimisión estuviese relacionada con el caso. Véase: "Guerra afirma que dimite para facilitar "un buen Gobierno"", *El País,* 13 de enero de 1991.

170 Diario de sesiones del Congreso, de 1 de febrero de 1990.

171 Ley Orgánica 10/1995, de 23 de noviembre, del Código Penal. «BOE» núm. 281, de 24/11/1995.

172 "La investigación del 'caso Naseiro' apunta a la financiación del PP con negocios inmobiliarios", *El País,* 12 de abril de 1990.

cía de Valencia en el curso de una investigación de un posible tráfico de drogas. El Tribunal Supremo[173] acabaría decretando la nulidad de las pruebas, absolviendo a los cuatro acusados y poniendo fin a este procedimiento en 1994[174].

A pesar de que se tuviese que archivar la causa por motivos de prueba, quedó demostrado que estábamos ante una trama de financiación ilegal del PP. Las operaciones de las que se tenía constancia sumaban un montante de 2.000 millones de pesetas. En este caso también fue llamativo como el propio partido puso en funcionamiento un proceso disciplinario. La investigación, cuyo resultado fue el Informe Gallardón (Alberto Ruiz Gallardón le dio su nombre al ser el Presidente del Comité Nacional de Conflictos que llevó a cabo la investigación), exculpaba al partido y señalaba como únicos culpables a los encausados, a los que acusaba de actuar en interés propio y proponía que fueran sancionados[175]. El PP buscaba dar la imagen de que los implicados actuaron al margen del partido, tarea difícil de lograr ante las evidencias mostradas en las grabaciones y la implicación el propio tesorero del partido.

1.3.3. Caso Filesa

En 1991 nos encontramos con un nuevo caso de corrupción relacionado con el PSOE, el caso Filesa. Filesa, Time Export y Malesa eran sociedades vinculadas al partido, dirigidas por personas del entorno de las élites del PSOE[176]. El caso comenzó con la denuncia de un antiguo implicado en la trama, un contable de Filesa. Este holding empresarial creado por el PSOE tenía un fin

---

173 ATS de 18 de junio de 1992.

174 BARREIRO, A. J. "La Ley, los jueces y el" caso Naseiro"", en *Jueces para la democracia,* n. 9, 1990, pp. 3-5.

175 Las conclusiones de dicho informe pueden ser consultadas en: "Conclusiones del informe de Ruiz Gallardón", *El País,* 21 de mayo de 1990.

176 Véase: "Caso filesa", *El País,* 13 de enero de 1993.

principal, generar fondos para que el PSOE hiciera frente a los gastos de campaña de las elecciones generales y europeas de 1988.

La reacción del partido implicado, en este caso el PSOE, fue atacar tanto a los medios de comunicación como al proceso penal y al juez[177].

Los ingresos de este holding empresarial procedían principalmente de facturación falsa a grandes empresas, y el dinero se invertía en cubrir los gastos electorales del PSOE, consiguiendo así mayor financiación y eludir el límite impuesto por la LOREG. La sentencia consideró probado que la red de empresas vinculada al partido llegó a recaudar más de mil millones de pesetas[178] en favor del partido, conducta no tipificada en el Código Penal en aquel momento. De hecho, el caso Filesa fue el que consagró el carácter atípico de la financiación ilegal de los partidos políticos, ya que en la propia sentencia[179] se afirmaba que la financiación irregular no era constitutiva de ningún delito, independientemente de las infracciones tipificadas que se hubiesen podido cometer en la trama corrupta alrededor de la misma. El proceso acabó con la condena de excargos socialistas junto con miembros del holding empresarial por delitos de falsedad en documento mercantil, asociación ilícita y apropiación indebida. Tras Filesa, otros casos de corrupción política relacionados con la financiación ilegal siguieron la misma línea jurisprudencial subrayando la atipicidad de esta conducta[180]. A pesar de todo, el delito de financiación ilegal no se tipificaría hasta casi 20 años después de esta sentencia.

---

177 Véase: "El PSOE se ve víctima de un proceso «político» y «excesivo»", *El País*, 19 de noviembre de 1997 o "El presidente del tribunal de Filesa, «indignado» y «harto de insidias»", *El País*, 26 de agosto de 1997.

178 STS 1/1997, de 28 de octubre.

179 STS 1/1997, de 28 de octubre.

180 MAROTO CALATAYUD, M.; *La financiación ilegal de los partidos políticos. Un análisis político-criminal*, cit., p. 82

1.4. DESDE EL AÑO 2000 HASTA LA ACTUALIDAD

Desde el año 2000 hasta el 2007 no aparecieron nuevos casos de corrupción relacionados con la financiación ilegal de los partidos. Lo que sí continuaron fueron las sentencias por los procesos abiertos en los 90, como las del caso Tragaperras[181]. Este implicaba al PNV, que estaba acusado de haber concedido licencias de juego a cambio de comisiones, aunque el caso se cerró sin sentencias condenatorias porque los delitos que se estaban enjuiciando habían prescrito[182].

Algunos de los escándalos más importantes que se han producido desde el año 2000 hasta la introducción del delito de financiación ilegal de los partidos políticos en el año 2015 han sido los siguientes:

1.4.1. El caso AVE

El caso AVE (Alta Velocidad Española), que formaba parte de la trama del caso Filesa, concluyó en 2008 tras años de investigación. La Fiscalía Anticorrupción llegó a la determinación de que el PSOE había establecido un plan para el cobro de comisiones a los diferentes contratistas que se encargaron de la construcción del primer AVE español, que unía Madrid con Sevilla[183]. Finalmente, en la misma línea de lo ocurrido en el caso Filesa, el Tribunal Supremo dictó sentencia[184] absolutoria para la mayoría de los imputados de cargos como cohecho, falsedades o delitos fiscales. A pesar de que había quedado probado el cobro

181 Ídem.

182 "La Audiencia de Vizcaya cierra el 'caso de las tragaperras' porque el delito ha prescrito", *El País*, 24 de febrero de 2001.

183 Véase: "Anticorrupción acusa a 13 imputados por el "caso AVE" y pide el archivo para 9", *El País*, 26 de octubre de 2002.

184 STS 692/2008, de 4 de noviembre.

de comisiones para el partido a cambio de las adjudicaciones para la construcción del tren, la sentencia incide en la situación de atipicidad en lo relativo a la financiación ilegal de los partidos políticos que ya se inició con la resolución del caso Filesa.

Con respecto al cohecho, la Audiencia[185] estimó que el hecho de haber recibido dádivas en beneficio del partido resultaba atípico atendiendo a lo establecido en el Código penal de 1973 y que ese papel intermedio del receptor de la dádiva que se la hace llegar al partido no le supone al sujeto ningún beneficio personal ni patrimonial. Por otra parte, la Audiencia también negó el carácter injusto de las adjudicaciones que se requería en el antiguo Código penal para admitir el cohecho al entender que habían existido negociaciones reales. Finalmente, en casación, el Tribunal Supremo condenó por un delito de falsedad a los antiguos responsables en España de la empresa Siemens y a los responsables de la empresa intermediaria a una pena de un año de prisión y multa de 1800 euros[186].

Estas resoluciones, además, recogían la preocupación existente por la impunidad que se observaba ante las prácticas corruptas, que se consideraba muy perjudicial para la sociedad y aumentaba la desconfianza de los ciudadanos con respecto de las instituciones y los partidos. Señalaban cómo las dimensiones, la complejidad y la duración del procedimiento junto con la atipicidad de conductas como la financiación ilegal afectaban a la capacidad de instrucción del tribunal, que se veía desbordado por estos macroprocesos, lo que, en última instancia, beneficiaba a los encausados[187].

---

185 SAP Madrid 536/2006 de 22 de junio

186 STS 692/2008, de 4 de noviembre.

187 En este sentido, SAP Madrid 536/2006 de 22 de junio: "*Compartimos ardientemente la preocupación del Ministerio público y de las otras acusaciones de que pueda haber impunidad en las conductas delictivas de corrupción*".

1.4.2. Operación Malaya

Entre los años 2006 y 2007 coincide la explosión de la burbuja inmobiliaria con operaciones de persecución de tramas de corrupción a nivel municipal y blanqueo de capitales directamente relacionadas con estos negocios inmobiliarios[188]. La operación más importante fue la denominada Operación Malaya, que en un primer momento estaba focalizada en Marbella, pero cuya investigación acabó a ampliándose a muchos otros ayuntamientos. Fue un caso de gran magnitud, con alrededor de 100 personas imputadas[189], y por primera vez un ayuntamiento, el de Marbella, disuelto y puesto bajo tutela judicial[190]. La magnitud del caso reflejó la complejidad de estos delitos de carácter económico, más aún los relacionados con la corrupción, lo que acaba derivando en varias piezas separadas para poder realizar la investigación.

El juicio oral fueron un total de 199 sesiones en la Audiencia de Málaga, finalizando el proceso el 4 de octubre de 2013 con una sentencia condenatoria[191], entre otros, por delitos de cohecho, blanqueo y fraude contra la Administración Pública. Entre los condenados estaban los principales acusados de la trama como Juan Antonio Roca, exasesor municipal o Marisol Yagüe, exalcaldesa de Marbella. El Tribunal Supremo confirmó[192], en su mayor parte, las penas y los argumentos utilizados para condenar, aunque si modificó algunas penas, por ejemplo, aumentando la de Juan Antonio Roca al apreciarse un nuevo delito fiscal y agravarse las penas por cohecho y blanqueo.

---

188 MAROTO CALATAYUD, M.; *La financiación ilegal de los partidos políticos. Un análisis político-criminal,* cit., p. 101

189 Véase: "‹Caso Malaya›: 86 personas procesadas", *El Mundo,* 23 de junio de 2007.

190 "El Gobierno disuelve el Ayuntamiento de Marbella por "gestión gravemente dañosa"", *El País,* 8 de abril de 2006.

191 SAP Málaga 535/2013, de 4 de octubre.

192 STS 3699/2015, de 27 de julio.

1.4.3. Caso Gürtel-Bárcenas

En 2009 estalla el último gran caso de corrupción que implica al PP, el caso Gürtel. La Audiencia Nacional condenó[193] el 17 de mayo 2018 a 29 de los 37 acusados en el juicio por la primera época del caso. Los hechos enjuiciados en esta sentencia se concentran entre 1999 y 2005 y giran alrededor de la figura de Francisco Correa, líder de una organización que operaba en territorios gobernados por el PP, entre los que se encuentran los municipios madrileños de Pozuelo y Majadahonda, la localidad malagueña de Estepona o la Comunidad de Castilla y León.

En esta sentencia se declara probado cómo las empresas de Correa (Servimadrid, Special Events, Orange Market, etc.), u otras elegidas por este, recibían un trato de favor en los procesos de contratación pública por parte de cargos públicos vinculados al PP. El resultado de esta relación era que se acababan inflando los precios para obtener mayores beneficios por parte de las empresas de Correa o para el pago de comisiones en los casos en los que se adjudicaban los contratos a terceros. Estas comisiones, que recibían tanto los miembros del Grupo Correa como los cargos y autoridades del PP, no solo consistían en dinero, sino que también se daban en forma de viajes o fiestas. De estas transacciones el PP obtuvo financiación para sufragar campañas electorales entre otros gastos del partido[194], llegando grandes cantidades de dinero a la denominada caja B del PP, definida en la sentencia como una "*estructura financiera y contable paralela a la oficial, existente al menos desde el año 1989, cuyas partidas se anotaban informalmente, en ocasiones en simples hojas manuscritas como las correspondientes al acusado Bárcenas, en las que se hacían constar*

---

193 SAN 1915/2018, de 17 de mayo.

194 Así lo afirmaba por ejemplo el antiguo edil del PP que destapó el caso. Véase: ""El PP pagó mítines con dinero público, según el edil que destapó el 'caso Gürtel'", *El País*, 4 de junio de 2014.

ingresos y gastos del partido o en otros casos cantidades entregadas a personas miembros relevantes del partido."

El 14 de octubre del año 2020 la Sala II del Tribunal Supremo dictó sentencia[195] en la que, con carácter general, confirmaba la mayor parte de los extremos de la sentencia dictada por la Audiencia Nacional en mayo de 2018, aunque realizaba pequeños ajustes en las penas y multas de 19 acusados y del Partido Popular. Cabe destacar la condena a Francisco Correa, líder de la trama, con una pena de 51 años de cárcel, la de su número 2, Pablo Crespo, con una pena de 36 años y 8 meses de prisión y la del extesorero del PP, Luis Bárcenas, condenado a 29 años y 1 mes de prisión. Finalmente, he de destacar que el Tribunal Supremo[196] ha confirmado la condena al PP como partícipe a título lucrativo por los actos electorales pagados por el Grupo Correa en Majadahonda y Pozuelo. La Sala concluye que se dan todos los requisitos para condenar al PP en estos términos, ya que los actos delictivos juzgados en la sentencia produjeron un beneficio económico al PP, en tanto se financiaron de manera ilegal actos de campaña de sus candidatos que hubiesen tenido que ser costeados por el partido. El PP deberá abonar 133.628,48 y 111.864,32 euros por los actos de Majadahonda y Pozuelo respectivamente. Encontramos a un partido condenado como partícipe a título lucrativo en un caso de corrupción. Este caso vuelve a señalar el problema de la atipicidad, ya que no se puede juzgar penalmente al partido al ser hechos acaecidos con anterioridad a la tipificación del delito de financiación ilegal de los partidos políticos y a la inclusión de la responsabilidad penal de las personas jurídicas en nuestro Código Penal.

---

195 STS 3191/2020 de 14 de octubre.

196 STS 3191/2020 de 14 de octubre

Este "macrocaso" de corrupción y su enorme repercusión mediática[197] es lo que empuja al Partido Popular a aprobar el Plan de Regeneración Democrática que desembocó en la aprobación de las últimas reformas del sistema de financiación de los partidos políticos, la Ley Orgánica 3/2015, de 30 de marzo, de control de la actividad económico-financiera de los Partidos Políticos, por la que se modifican la Ley Orgánica 8/2007, de 4 de julio, sobre financiación de los Partidos Políticos, la Ley Orgánica 6/2002, de 27 de junio, de Partidos Políticos (LOPP) y la Ley Orgánica 2/1982, de 12 de mayo, del Tribunal de Cuentas y la Ley Orgánica 1/2015, de 30 de marzo, por la que se modifica la Ley Orgánica 10/1995, de 23 de noviembre, del Código Penal en la que se introducen los delitos de financiación ilegal de los partidos políticos[198]. De hecho, las referencias por parte de la oposición al caso Gürtel, Bárcenas y a la supuesta caja B del PP son constantes en los debates parlamentarios previos a la aprobación de esta reforma[199]. Una vez más, las reformas no buscaban la mejora del sistema de financiación si no dar respuesta a una coyuntura política concreta.

[197] La presencia de esta trama en los medios era, y sigue siendo, muy relevante. Algunos ejemplos: "Gürtel movió 25 millones de euros en su caja b destinados a mordidas", *El País*, 3 de febrero de 2013, "Bárcenas dice que pagó a Cospedal y Rajoy 50.000 euros en 2010", *El País*, 15 de julio de 2012, La "Fiscalía pide que se mantenga la prisión de Bárcenas porque persiste el riesgo de fuga", *ABC*, 26 de junio de 2013, "El pozo sin fondo de Luis Bárcenas", *ABC*, 15 de junio de 2013.

[198] «BOE» núm. 77, de 31 de marzo de 2015.

[199] Véase: Diario de Sesiones del Congreso de los Diputados de 24 de noviembre de 2014 y de 21 de enero de 2015.

1.5. CONSIDERACIONES FINALES

Este repaso cronológico de los casos de corrupción que han tenido lugar en España relacionados con la financiación ilegal de los partidos demuestra que la regulación ha sido ineficaz y sistemáticamente incumplida por los mismos. Independientemente del momento histórico y de las sucesivas reformas de la normativa, los partidos han continuado infringiéndola y los casos de corrupción han seguido apareciendo.

Por tanto, esto demuestra la necesidad de reformar el sistema, empezando por la legislación administrativa. El hecho de que persista la dualidad normativa en la materia, operando la LOREG para la financiación electoral y la LOFPP para el funcionamiento ordinario de los partidos, con los problemas que esto genera, es uno de los síntomas que demuestran la falta de voluntad política de encontrar una solución efectiva a esta cuestión.

Una de las cuestiones recurrentes que hemos encontrado en el estudio de los casos de corrupción relacionados con la financiación ilegal de los partidos es el de la atipicidad de esta conducta. Por lo tanto, aquí encontramos uno de los principales argumentos que respaldan la reciente tipificación del delito de financiación ilegal de los partidos políticos, la situación de atipicidad y, por ende, de impunidad, con la que se han enfrentado los tribunales a la hora de enjuiciar este tipo de conductas.

Siendo esto cierto, y aceptando que puede existir la necesidad de tipificar este tipo de conductas, existiendo también un bien jurídico independiente que proteger (se analizará más adelante), la incorporación de esta figura delictiva por sí misma no parece capaz de solucionar todos los problemas que presenta el sistema de financiación de los partidos, ya que la vía penal es la última ratio llamada a intervenir ante las conductas más graves relacionadas con este tipo de prácticas. Ni siquiera se soluciona con el complemento de un régimen administrativo sancionador más ágil y efectivo que el garantista procedimiento penal, y que intervenga ante conductas de menor entidad cubriéndose así todo el espectro de infracciones. De poco sirve la sanción (sea administrativa o penal) sin un sistema de financiación efectivo y transparente, que minimice la aparición de estas prácticas y que permita su detección en caso de que se produzcan.

En definitiva, la conclusión tras este breve estudio de los casos de corrupción y financiación ilegal acaecidos en España es que el sistema de financiación, o no ha existido, o se ha mostrado ineficaz a lo largo de los años con independencia de las reformas. Los recursos públicos no han sido suficientes para cubrir los gastos de los partidos que han recurrido a vías de financiación irregulares e ilegales de manera continuada. La falta de transparencia y el desbordamiento del Tribunal de Cuentas han hecho que no se efectúe un control efectivo sobre la financiación de estos permitiendo que se produzcan este tipo de prácticas. Es por tanto necesario no sólo tipificar el delito de financiación ilegal de los partidos políticos como se hizo en el 2015, y con esto adelanto ya una de las conclusiones de este trabajo, sino reformar el sistema en su conjunto para que sea capaz de cubrir las necesidades financieras de los partidos políticos de manera más eficaz.

2. Factores criminológicos conducentes a la financiación ilegal de los partidos políticos

Como ya hemos desarrollado en el apartado anterior, la financiación de los partidos políticos y la corrupción son dos elementos que están estrechamente conectados. La regulación española ha optado por un modelo mixto de financiación de los partidos, en principio adecuado para combatir la financiación irregular y la corrupción. Pero es innegable que el sistema de financiación actual no ha puesto fin a la creciente lista de casos de corrupción conectados con la financiación de los partidos. Es por esto por lo que considero oportuno analizar en este apartado las posibles causas criminológicas que favorecen el hecho de que los partidos se financien ilegalmente, lo que en última instancia da lugar a la aparición de comportamientos corruptos.

Los escándalos de corrupción han afectado a gran parte de los partidos políticos que han formado parte de nuestra todavía joven democracia. Se puede afirmar que dentro de estos casos encontramos diversas formas de obtener recursos ilegalmente, de las que vamos a destacar tres[200]:

- La más común es a través de comisiones que se obtienen por la adjudicación de contratos. Se adjudica un contrato a una determinada empresa por parte de una administración que está

200 MALEM SEÑA, J.F. "La corrupción política", cit., pp. 26-34.

controlada por el partido. El partido recibe a cambio financiación en forma de comisiones a cambio de dicha adjudicación[201].

- Un segundo medio de financiación irregular sería el desvío de fondos desde empresas cuyos propietarios o directivos son de confianza del partido[202]. A veces estos fondos provienen directamente de subvenciones públicas.
- Finalmente hay que destacar el endeudamiento[203] con entidades de crédito y posterior condonación de las deudas[204]. Esta práctica era legal y muy habitual hasta la reciente reforma da LOFPP en el 2015 donde se prohibieron estos comportamientos. Siendo positiva su prohibición, no se encuentra entre los comportamientos castigados por el tipo penal del 304 bis que analizaremos más adelante. Esto puede encontrar su explicación en el todavía elevado endeudamiento de los partidos políticos tradicionales, si bien es cierto que la tendencia en estos últimos años ha sido la de reducir los niveles de deuda.

---

201 Un ejemplo de este tipo de conducta fue el denominado caso Puerta al que se ha hecho referencia en el apartado anterior. En este caso, la concesión de contratos de recogidas de basuras en el Ayuntamiento de Madrid se realizaba a cambio de comisiones que se cobraban a través de la Federación Socialista Madrileña.

202 El caso Filesa es un ejemplo de esta vía para obtener recursos ilegalmente. Filesa era una sociedad vinculad al partido, dirigida por gente de confianza del PSOE. Los ingresos de esta empresa, junto con otras, procedían principalmente de facturación falsa a grandes empresas, y el dinero se invertía en cubrir los gastos electorales el PSOE.

203 UCD fue el primer partido en mostrar altos niveles de endeudamiento con la banca, deudas que acabarían siendo condonadas, inaugurando esta forma de financiación irregular que se vería repetida en el resto de los partidos. Este excesivo endeudamiento genera una situación de dependencia poco deseable.

204 ARIÑO ORTIZ, G.; *La financiación de los partidos políticos*, cit., pp. 57-59

Es necesario reflexionar acerca de las posibles causas criminológicas que están detrás de que los partidos se financien ilegalmente, ya que esto es el origen de muchas tramas de corrupción. Solo a través del análisis de estas podemos hallar soluciones a la financiación ilegal. La doctrina[205] destaca, en primer lugar, el nivel de gasto de los partidos, en continuo ascenso en todos los sistemas democráticos modernos. En segundo lugar, el nivel de afiliación, con una tendencia a la baja en general en el panorama internacional, pero que es sin duda un mal endémico de nuestro sistema de partidos desde su origen. Otro aspecto que merece análisis es la transparencia, fundamental tanto para detectar como para evitar prácticas corruptas. Finalmente, trataré la discrecionalidad y la falta de control en algunos sectores de la actividad administrativa, especialmente a nivel local, que favorecen el que se puedan producir acuerdos ilegales en los que la contraprestación es la financiación ilegal del partido.

2.1. EL NIVEL DE GASTO DE LOS PARTIDOS

Los partidos se han convertido en grandes estructuras que afrontan continuos procesos electorales, pudiendo afirmar que viven en un constante estado de campaña electoral. Esto ha llevado a un aumento exponencial tanto del gasto electoral como ordinario de los partidos, lo que supone que necesiten tener acceso a unos recursos de los que no disponen. En consecuencia, los partidos se ven obligados a endeudarse quedando, por ende, condicionados por esta deuda[206].

Especialmente elevado es el gasto en campaña electoral, donde los partidos se convierten en empresas de publicidad in-

---

205 OLAIZOLA NOGALES, I.; *La financiación ilegal de los partidos políticos: un foco de corrupción*, cit., pp. 99 ss.

206 ARIÑO ORTIZ, G.; *La financiación de los partidos políticos*, cit., pp. 40-42

tentando vender un producto, su candidato. Grandes campañas publicitarias u ostentosos mítines son algunos de los gastos más elevados que afrontan los partidos, junto con los organizadores de campaña (lo cual incluye la organización de eventos o la realización de estudios sociológicos), que pueden llegar a cobrar altos salarios. Por tanto, los partidos tienen que afrontar un nivel de gasto desproporcionado con respecto a sus ingresos[207], activando esto mecanismos de financiación que pasan primero por el endeudamiento para acabar finalmente en la obtención de recursos por vías irregulares e ilegales.

Es necesario limitar los gastos electorales, acortando las campañas, asegurando que los partidos tienen espacios gratuitos y equitativos en los medios de comunicación o reduciendo el tamaño y la ostentosidad de los mítines políticos[208] entre otras posibles medidas. Muchos son los aspectos en las campañas electorales que pueden verse recortados sin que esto suponga un deterioro de nuestros procesos democráticos. Además, se conseguiría frenar esta escalada propagandística, dando pasos también en pro de la igualdad entre las distintas formaciones políticas. A este control y recorte de los gastos electorales habría que sumarle un mayor control de los gastos ordinarios de los partidos. Como ya hemos visto, estos no están legalmente limitados y, por lo tanto, los partidos usan esta vía para camuflar gastos electorales, sobrepasando así los límites establecidos por la LOREG.

El sistema español de limitación de los gastos electorales es necesario, pero tiene algunos defectos que provocan que acabe no siendo efectivo. En primer lugar, la determinación del concepto de gasto electoral. La LOREG establece qué es gasto electoral a través de un criterio temporal, un criterio demasiado

---

207 FERNÁNDEZ MARUGÁN, F. "La financiación de los partidos políticos: otra mirada", en *Temas para el debate*, n. 223, 2013, pp. 23-26.

208 OLAIZOLA NOGALES, I.; *La financiación ilegal de los partidos políticos: un foco de corrupción*, cit., p. 103.

abierto que favorece el ocultamiento de gastos electorales. El aspecto más importante que resta eficacia al sistema de control de gasto deriva de la dualidad normativa en la materia. Como ya he mencionado, la LOFPP no limita ni controla los gastos de los partidos en su actividad ordinaria. Si a esto le añadimos los gastos que los partidos realizan a través de las fundaciones o entidades vinculadas a los mismos, encontramos que el control de los gastos es muy ineficiente.

Este control del gasto es de suma importancia ya que puede ayudar tanto a prevenir como a detectar prácticas corruptas. Un ejemplo serían aquellos casos en los que el apoyo económico irregular por parte de una empresa no se hace directamente en términos monetarios, sino a través de la organización de eventos del partido que finalmente nunca llegan a cobrarse o se cobran a precios muy por debajo del valor de mercado. Este tipo de tratos de favor son difíciles de detectar en este momento ya que no existe un control del gasto de los partidos políticos verdaderamente exhaustivo.

En definitiva, el elevadísimo nivel de gasto que afrontan los partidos políticos, unido a la falta de control de dónde invierten dichos recursos, hacen que ésta sea una de las causas criminológicas más importantes detrás de la aparición de prácticas corruptas relacionadas con su financiación.

2.2. LA AFILIACIÓN

Los partidos políticos en España han tenido, desde su origen, un número de afiliados muy bajo. Según un informe del GRECO publicado el 28 de mayo de 2009, España era en ese momento el país de Europa donde los partidos tenían un menor número de afiliados, situación que no ha mejorado en la actualidad. Esto es un síntoma de la desconexión existente entre los partidos y su electorado, y como consecuencia de este desapego de la ciudadanía con respecto de los partidos, esta fuente de financiación tiene una importancia mínima en las cuentas de las distintas formaciones.

Esto hace que se pierdan ciertos beneficios que trae consigo esta fuente de financiación, los cuales ya han sido analizados en el apartado relativo a las fuentes de financiación privada: el mayor acercamiento entre los partidos y la sociedad, que hace que la clase política se interese más por los problemas de la ciudadanía o la mejora en la democracia interna del partido, ya que es una financiación de bajo importe, pero de base amplia (o ese es el objetivo), permitiendo a los afiliados tener más voz. Además, si el groso del presupuesto de los partidos viniese de los ciudadanos se controlaría más el gasto dentro de los mismos[209].

Sin embargo, a las élites de los partidos puede no interesarles un aumento en la afiliación[210]. En España encontramos unos partidos altamente jerarquizados, partidos *catch-all*, en los que un excesivo crecimiento de la afiliación puede suponer un aumento en la dificultad a la hora de controlar el partido. En estos partidos catch-all los dirigentes tienen un control casi total a la hora de asignar cargos, diseñar listas, etc. Esto favorece la aparición de prácticas corruptas, ya que se lleva la influencia del partido directamente a la administración a través de los cargos electos que formen parte de este, por lo que particulares pueden buscar obtener un trato de favor de la administración a través de donaciones al partido.

La justificación al problema de la afiliación se encuentra en el origen de los partidos políticos españoles. Se saltaron la etapa de partido de masas en la que son característicos los altos índices de

---

209 PÉREZ FRANCESCH, J. L. "La financiación de los partidos políticos en España. Consideraciones a partir de los informes del Tribunal de Cuentas y de la nueva Ley Orgánica 8/2007, de 4 de julio", cit., pp. 251-253.

210 ARANDA ÁLVAREZ, E. "Una reflexión sobre transparencia y buen gobierno", en *Cuadernos Manuel Giménez Abad*, n. 5, 2013, pp. 214-229.

afiliación e identificación partidista, además de una movilización y participación intensa de los afiliados. Se pasó directamente a un formato *catch-all,* cuya base se fundamenta en el capital financiero y no en el capital humano. Las élites del partido son las que controlan los recursos y como estos no proceden, en su mayor parte, de las bases de partido, se produce un distanciamiento entre las bases y el aparato del partido. Esta excesiva independencia y control absoluto sobre el devenir del partido que tienen las élites de estos, cuyo origen está en la baja afiliación, es sin una de las causas tras la corrupción y la financiación ilegal.

2.3. LA TRANSPARENCIA

En el apartado referente al control de la financiación de los partidos políticos ya analizamos la situación actual de la regulación en materia de transparencia y publicidad de las cuentas de los partidos. Siendo cierto que la reforma de 2015 supuso un avance importante en la materia, obligando a los partidos a publicar mucha más información y de manera más clara en sus páginas web, sigue siendo una de las grandes áreas donde mejorar.

Como hemos visto en el repaso a los casos de corrupción relacionados con la financiación ilegal de los partidos, las reglas de financiación son generalmente incumplidas por todos los partidos, y esto es algo que podemos trasladar a otros países y sistemas[211]. A las prácticas de financiación ilegal debemos añadir las de financiación irregular, que son aquellas apartadas de los fines últimos del sistema de financiación. Es decir, casos en los que las aportaciones privadas se hagan formalmente conforme a la legalidad, pero se realicen con otros objetivos de fondo, como los de ganar influencia en el partido o condicionar una determinada

---

211 SANTANO, A. C.; *La Financiación de los partidos políticos en España,* cit., pp. 86-92.

decisión política. Para detectar y tener en cuenta estas prácticas por parte de la ciudadanía es fundamental la transparencia.

Un mayor nivel de transparencia en el sistema de financiación de los partidos políticos permite a la sociedad tener una mayor capacidad de control de su actuación y, por lo tanto, del proceso político, reforzando la legitimidad democrática del sistema. Cuanta más información tenga la ciudadanía sobre la procedencia y el destino de los recursos de los partidos políticos, de más elementos de juicio dispondrá para valorar a los partidos y sus candidatos. Y no solo esto, también podrá valorar si el proceso es justo y si verdaderamente hay una igualdad de oportunidades entre los distintos partidos en lo referente a los recursos.

Al conocer los ingresos del partido, se podrá saber las donaciones que recibe y, en caso de que el donante reciba algún trato de favor, está información será fácilmente detectable. En consecuencia, los ciudadanos podrán tenerlo en consideración a la hora de determinar el sentido de su voto. La clase política en ocasiones deja en manos de la ciudadanía la depuración de las responsabilidades políticas en lo referente a casos de corrupción u a otras prácticas menos graves, pero igualmente irregulares. Esto no puede ser efectivo si la ciudadanía no dispone de toda la información para poder formase una opinión fundamentada. Con un sistema más trasparente, donde la información sea accesible y comprensible, los procesos electorales se potenciarían como sistema de control político.

Al aumento del control de la financiación y de la información en manos de la ciudadanía, hay que añadir el hecho de que un sistema más transparente tanto en los ingresos como en los gastos es un importante elemento disuasorio contra la corrupción, ya que aumenta considerablemente las posibilidades de que estas prácticas de financiación ilegal acaben expuestas.

En los sistemas con preponderancia de la financiación pública como el nuestro suelen darse dos características que favorecen la financiación ilegal e irregular. Por un lado, encontramos límites estrictos a las donaciones privadas y, por otro, unos mecanismos de control y transparencia deficitarios. Esto hace que los partidos puedan establecer fácilmente sistemas de financiación paralelos no registrados en las cuentas del partido, manteniendo un alto nivel de opacidad en las donaciones que entran por el sistema reglamentario. Quizás sería más adecuado elevar la posibilidad de obtención de recursos privados, pero haciendo previamente públicas la identidad de los lobbies y grupos de presión que hacen las donaciones, para que así la ciudadanía las pueda valorar a la hora de decidir a quién votar. Hoy en día los grupos de presión funcionan en España a espaldas de la sociedad, mientras que, por ejemplo, en la Unión Europea, su identidad es de dominio público.

La falta de transparencia es un factor corruptor; la todavía escasa publicidad y claridad de las cuentas internas de los partidos suponen un caldo de cultivo para que las formaciones busquen o acepten recursos privados más allá de lo permitido o que desvíen recursos públicos para fines particulares. Un sistema de sanciones, tanto administrativas como penales, nunca será eficaz sin las necesarias medidas de transparencia y publicidad que permitan detectar este tipo de prácticas. Estas medidas no son más que el último paso que, como hemos visto en el repaso de los casos de corrupción, es completamente ineficaz sin un sistema de detección de las irregularidades que sea verdaderamente efectivo.

2.4. LA DISCRECIONALIDAD Y FALTA DE CONTROL DE LA ACTIVIDAD ADMINISTRATIVA

La mayor parte de la financiación ilegal que reciben los partidos proviene de empresas que buscan obtener privilegios, ya sea a largo plazo, creando un buen clima y una relación más cercana entre la empresa y el partido, o para un tema concreto, como puede ser una adjudicación de un contrato o la regulación de una materia en un determinado sentido. No podemos olvidar que son los órganos centrales de los partidos los que deciden quienes van en las listas y por tanto tienen una influencia directa en los candidatos, determinando sus posibilidades de acceder a un cargo político. La relación entre el partido y los cargos políticos es evidente, convirtiéndose la financiación de los partidos en una importante puerta de entrada a ganar influencia en los distintos niveles de la administración. A estos cargos políticos hay que añadir el elevado número de puestos de libre designación y personal eventual de confianza que existe dentro de las administraciones, estableciendo otro punto de conexión directa entre los partidos y la Administración.

Si a estas características de los partidos y su relación con la Administración le añadimos que hay sectores de la actividad administrativa donde existe un alto nivel de discrecionalidad y un bajo nivel de control, tenemos el marco idóneo para que se produzcan prácticas corruptas y de financiación ilegal de los partidos políticos. OLAIZOLA NOGALES[212] destaca dos ámbitos donde esta discrecionalidad y falta de control se hacen especialmente notorias, como son el urbanístico y la contratación pública.

a) Ámbito urbanístico

El ámbito urbanístico reúne las notas idóneas para que aparezcan comportamientos corruptos. Hay un alto nivel de discrecionalidad en las decisiones, monopolizadas principalmente por los Ayuntamientos, y el nivel de control y la rendición de cuentas son bajos[213].

El legislador, tanto nacional como autonómico, no puede determinar el uso y la clasificación de todo el territorio nacional, como tampoco puede establecer unas reglas rígidas aplicables a todos los territorios, ya que el desarrollo urbanístico debe adaptarse a las necesidades de cada población. Por lo tanto, son los Ayuntamien-

212 OLAIZOLA NOGALES, I.; *La financiación ilegal de los partidos políticos: un foco de corrupción*, cit., pp.116-130

213 JIMÉNEZ SÁNCHEZ, F. "Boom urbanístico y corrupción política en España", en *Mediterráneo económico*, vol. 14, 2008, pp. 264.

tos los que deciden sobre la política urbanística, con un margen de actuación muy amplio, a través de los planes de ordenación.

Otro elemento característico del ámbito urbanístico es la complejidad normativa debida a la existencia de numerosas normas procedentes de distintos niveles de la administración. Encontramos la ley estatal del suelo, las diferentes leyes urbanísticas autonómicas, los reglamentos que las desarrollan, las leyes sectoriales y los anteriormente mencionados planes de ordenación locales. Esto produce una cierta incertidumbre e inseguridad jurídica al no saber cuál es la normativa aplicable, derivando la excesiva regulación en una suerte de desregularización del sector[214]. Esto provoca un aumento de la discrecionalidad de los procesos que en algunos casos se podrían catalogar incluso de arbitrarios.

Los Ayuntamientos, a través de los planes de ordenación, determinan la clasificación y uso de los terrenos, aunque en ocasiones lo hacen de forma demasiado genérica lo que les da una excesiva libertad de actuación[215]. Esto abre la posibilidad a que se generen plusvalías, principalmente cuando terrenos no urbanizables pasan a ser urbanizables por decisión del Ayuntamiento. Cuando se están realizando los planeamientos urbanísticos, en su fase de elaboración, son muy importantes los Convenios Urbanísticos. En estos convenios se negocia entre el Ayuntamiento y el propietario del terreno que se va a calificar cuestiones relativas al aprovechamiento del suelo o cesiones del propietario al Ayuntamiento entre otros aspectos. Es un campo con bastante libertad en la negociación entre la administración y los particulares, convirtiéndolo en un territorio propicio para

---

214 ERICE MARTÍNEZ, E. "Prevaricaciones urbanísticas: accesoriedad y subsidiariedad del derecho penal", en *Cuadernos penales Jose María Lidón* n. 5. 2008, p. 69.

215 OLAIZOLA NOGALES, I. "Aplicación del delito de cohecho en asuntos relacionados con la corrupción urbanística", en *Cuadernos penales Jose María Lidón*, n.5, 2008, pp. 125-126

la aparición de prácticas corruptas. Un promotor de vivienda puede comprometerse a hacer cesiones al Ayuntamiento para que se recalifique o aumente la edificabilidad de su terreno, provocando cambios en los planes de ordenación. Además, estos Convenios Urbanísticos tienen un bajo nivel de control por parte de la oposición ya que solo tienen acceso a ellos una vez ya han sido cerrados. Si bien es cierto que estos convenios están regulados en La Ley del Suelo estatal 8/2007, el margen de negociación es muy amplio y abre una puerta a prácticas corruptas[216].

También debemos tener en cuenta el hecho de que los Ayuntamientos asumen numerosos servicios, pero su financiación es muy escasa. Es a través de su política urbanística donde encuentran una importante fuente de financiación, lo que los lleva a usarla con motivos distintos al del óptimo crecimiento de la ciudad o el pueblo de que se trate. Entre los ingresos de este ámbito encontramos los impuestos de construcciones, las licencias urbanísticas y las sanciones y multas. Estos ingresos pueden financiar la actividad corriente del Ayuntamiento. Se incluye la venta o arrendamiento de terrenos propiedad del Ayuntamiento que, a pesar de deber estar destinados a la construcción de infraestructuras y viviendas de protección oficial, también se han destinado a la caja general del mismo.

Se puede apreciar un déficit en la financiación de los Ayuntamiento que ha sido suplida con estos ingresos del ámbito urbanístico. Esto ha derivado en muchas ocasiones en un empobrecimiento del municipio, ya que el desarrollo de la población se ha hecho sin tener en cuenta criterios de sostenibilidad y medio ambiente. A esta deficiente financiación se une el elevado nivel de gasto que han tenido muchos Ayuntamientos, cayendo en excesos desde el nivel salarial hasta la organización de eventos y fiestas populares. Esto ha genera-

---

216 PRIETO DEL PINO, A.M. "Aspectos criminológicos y político-criminales de la corrupción urbanística. Un estudio de la costa del sol", en *Cuadernos penales Jose María Lidón* n. 5, 2008, p. 102.

do un alto endeudamiento[217] de los Ayuntamientos, situación que hace aumentar la probabilidad de aparición de prácticas corruptas.

Como ya he señalado más arriba, un aspecto fundamental es la ausencia de controles, algo que sin duda encontramos en este ámbito. El control interno está en manos del Secretario del Ayuntamiento y del Interventor del gasto, cargos que se unen en la figura del Secretario en los municipios pequeños. Esto no tendría que suponer un déficit per se, pero en muchas ocasiones este cargo se cubre por el sistema de libre designación[218]. El hecho de que sea un cargo de confianza disminuye las posibilidades de control efectivo de prácticas ilegales.

También es llamativo como los Ayuntamientos muestran cierta pasividad ante las ilegalidades urbanísticas. Incluso con denuncias interpuestas, son mucho más comunes las legalizaciones a posteriori de las construcciones ilegales que su derribo[219]. En unos casos la justificación es no dejar a una familia sin su única vivienda y, en otros, el interés económico que puede representar para la zona una determinada construcción en principio ilegal, como pueden ser hoteles o segundas residencias.

En lo que respecta al control externo, el ejercido tanto por el Tribunal de Cuentas como por los distintos tribunales ordinarios es lento y poco efectivo. El Tribunal de Cuentas lleva tiempo denunciado que las cuentas públicas en el ámbito local carecen de trasparencia y no son remitidas al Tribunal para su examen. Igualmente, los informes que finalmente emite el Tribunal, que ya hemos tratado más arriba, llegan pasados largos periodos de tiempo resultando, en última instancia, ineficaces. Los tribunales

---

217 OLAIZOLA NOGALES, I. "Aplicación del delito de cohecho en asuntos relacionados con la corrupción urbanística", cit., pp. 133-135.

218 OLAIZOLA NOGALES, I.; *La financiación ilegal de los partidos políticos: un foco de corrupción*, cit., p. 122.

219 JIMÉNEZ SÁNCHEZ, F. "Boom urbanístico y corrupción política en España", cit., p. 269.

contencioso-administrativos son muy lentos. Además, en este ámbito es habitual que no haya un perjudicado directo, por lo que las actuaciones ilegales no llegan a recurrirse. En lo que respecta a las instancias penales, solo deben intervenir cuando exista delito, algo que en principio debe ser excepcional [220] y no puede formar parte de un control continuo de la actividad de la Administración.

Por último, mencionar la alta tolerancia de la ciudadanía en este terreno[221], donde salvo algunas plataformas ecologistas y ciudadanas, se considera el deterioro del medio ambiente un mal menor ante la generación de riqueza y de puestos de trabajo. Este descontrol urbanístico supone un coste muy alto a largo plazo, ya que el desarrollo no se hace conforme a criterios de sostenibilidad y disponibilidad de recursos. La situación en España de la política urbanística trae consigo un desarrollo desordenado y con mucho riesgo de aparición de prácticas corruptas ante la ya analizada alta discrecionalidad y bajo nivel de control en la toma de decisiones.

b) Contratación pública

Los procesos de contratación pública comparten con el ámbito urbanístico la amplia discrecionalidad y el bajo nivel de control que favorecen la corrupción. En estos casos es frecuente que se establezcan comisiones a cambio de la adjudicación de contratos que van a parar directamente a las arcas del partido.

Los contratos públicos, regulados por la Ley de Contratos del Sector Público (LCSP), Texto Refundido aprobado por Real Decreto Legislativo 3/2011, de 14 de noviembre, son un acuerdo de voluntades entre un particular y la Administración. Esta Ley determina que los principios que deben regir la contratación pública son la libertad de acceso a las licitaciones, publicidad

---

220 Idem.

221 Idem.

y transparencia de los procedimientos, y no discriminación e igualdad de trato entre los candidatos, y la obligación de asegurar una eficiente utilización de los fondos.

En la práctica se producen una serie de prácticas ilícitas[222] que quebrantan estos principios, y estas están directamente relacionadas con el cobro de comisiones y la financiación ilegal de los partidos políticos. Uno de los casos más habituales es el de las modificaciones en los contratos durante su ejecución. El contrato se adjudica a la oferta más barata, pero la empresa que hizo esta oferta sabía que tendría que hacer modificaciones posteriores aumentando el coste, alterando de esta forma la libre competencia. Esta adjudicación, en principio limpia, supone una práctica fraudulenta que acaba generando altísimos costes para la administración. Estos acuerdos, que llegaron a ser habituales en la época del "boom" inmobiliario, fueron regulados en el 2011 en la Ley de Economía Sostenible que modificaba la LCSP. La nueva regulación determinaba que en el caso de que los sobrecostes introducidos durante la ejecución del contrato superasen el 10% del coste habría que volver a licitar, abriendo de nuevo el contrato a concurso. De esta manera se aseguraba una mayor eficiencia de la adjudicación ya que las empresas buscarían ser más precisas en sus ofertas. Además, se evitaban los procesos de negociación bilateral con escasa transparencia que suponían la aprobación de los sobrecostes donde surgían todo tipo de prácticas corruptas.

Esta no es la única práctica ilícita que encontramos. Es común la creación de una demanda de bienes que no responde a la realidad de las necesidades de la ciudadanía, sino a la contraprestación recibida por el partido en forma de comisiones. Esto no solo supone la financiación ilegal del partido, sino que también supone un deterioro de los servicios públicos y un gasto innecesario de recursos. También se dan supuestos en los que

---

[222] Véase OLAIZOLA NOGALES, I.; *La financiación ilegal de los partidos políticos: un foco de corrupción*, cit., pp. 126-130.

los requisitos exigidos por la administración están predeterminados para favorecer a una determinada empresa, previo pago de comisiones, y no van en relación directa con el contrato en concurso. Finalmente, mencionar otra de las prácticas más habituales, el fraccionamiento de los contratos para poder adjudicarlos directamente a cualquier empresario al pasar a ser contratos menores. Este tipo de contratos solo requieren la aprobación del gasto y su posterior justificación sin ni si quiera llegar a existir un concurso. Buscan agilizar los procedimientos para necesidades de corto plazo y de bajo coste, pero con el fraccionamiento fraudulento el objetivo es evitar los requisitos de libre concurrencia y publicidad[223] establecidos en la ley.

Estos son algunos de los supuestos en los que empresarios y algunos miembros de la administración buscan eludir la libre competencia en búsqueda del beneficio mutuo. Esto es posible por las características ya mencionadas de este sector, la amplia discrecionalidad, el monopolio en la toma de decisiones por parte del ayuntamiento y el bajo nivel de control. Estos elementos en la contratación hacen que sea posible que algunos políticos ofrezcan un trato preferente a cambio de financiación y viceversa, siendo necesario regular esta materia para evitar futuras corruptelas.

Conclusiones. Estas son las principales causas criminológicas detrás de la financiación ilegal de los partidos políticos. Estamos ante un fenómeno complejo, por lo que la solución no pasa, o no sólo, por la tipificación del delito de financiación ilegal de los partidos políticos. Siendo la tipificación probablemente necesaria, este problema se debe atajar desde la reforma del sistema de financiación de los partidos políticos en su conjunto, mientras que el Derecho Penal debe reservarse a las conductas más graves relacionadas con este fenómeno.

---

[223] CAMPOS MONGE, M.C.E. "CONTRATACIÓN PÚBLICA Y CORRUPCIÓN (Un análisis particular de los principios rectores de la contratación administrativa)", en *Revista de ciencias Jurídicas*, n. 112, 2007, Pág. 208.

3. Bien jurídico protegido en los delitos de financiación ilegal de los partidos políticos

El Derecho penal comparte con otras ramas del derecho la labor de proteger bienes jurídicos. Pero, a diferencia del resto de ámbitos y por su condición de última ratio derivada del principio de intervención mínima, el Derecho penal tiene un proceso de determinación de los bienes jurídicos más exhaustivo. No todo bien jurídico es susceptible, digno y necesitado de protección penal, por lo que el concepto de bien jurídico es más amplio que el de bien jurídico-penal.

Un bien jurídico es susceptible de protección penal si es vulnerable, es decir, cuando pueda ser atacado; es digno de protección penal si tiene una especial importancia para el orden social y, por último, está necesitado de protección penal si no existe otra rama del derecho que garantice su protección o lo hace de manera insuficiente. Si existiese alguna duda con respecto a alguno de estos requisitos, el legislador debería optar por no incluir esta materia en el Código penal –*in dubio pro libertate*–.

Sobre la base de lo anterior, como paso previo al análisis del bien jurídico protegido con los nuevos tipos de los arts. 304 bis y 304 ter de financiación ilegal de los partidos políticos, considero necesario analizar la legislación, en este caso administrativa, que regula la financiación de los partidos políticos con el fin de determinar cuál es el objeto de protección en el ámbito administrativo. Una vez determinado este objeto, tras analizar si coincide o no con el bien jurídico penal, estaremos en condiciones de pronunciarnos sobre si éste último estaba o no necesitado de la protección que brinda esta rama del ordenamiento jurídico que es el Derecho penal y, en definitiva, si el legislador se ha mostrado respetuoso con el principio de intervención mínima.

3.1. EL BIEN JURÍDICO PROTEGIDO EN EL ÁMBITO ADMINISTRATIVO

A través del estudio de la legislación administrativa en materia de financiación de partidos políticos podemos inferir cuál es el interés público que justifica la regulación de la que gozan los partidos políticos[224]. Este tratamiento en materia de financiación es especial y diferenciado al del resto de asociaciones, tanto en sus restricciones y límites, como en la gran cantidad de recursos públicos que se destinan a financiar tanto el funcionamiento ordinario como el funcionamiento electoral de los partidos políticos, como ya hemos analizado en el epígrafe dedicado a esta cuestión.

Con el objetivo de determinar este interés público, en definitiva este bien jurídico, que justifica la financiación pública y el régimen administrativo sancionador derivado del incumplimiento de las reglas de financiación de los partidos políticos, acudimos a la exposición de motivos de la Ley Orgánica 8/2007, de 4 de julio, sobre financiación de los partidos políticos y al preámbulo de su última reforma, la Ley Orgánica 3/2015, de 30 de marzo, de control de la actividad económico-financiera de los Partidos Políticos.

La LOFPP define a los partidos políticos como los principales instrumentos de representación política y de formación de la voluntad popular, lo que los convierte en instituciones básicas para el funcionamiento del sistema democrático. Se justificó la regulación en ese momento afirmando que la financiación de

---

224 SÁINZ-CANTERO CAPARRÓS, J.E., "Los delitos de financiación ilegal de partidos políticos", en AAVV/ MORILLAS CUEVA (Dir.); *Estudios sobre el Código Penal reformado:(Leyes Orgánicas 1/2015 y 2/2015,) Ed. Dykinson, Madrid, 2015, pp. 659-689.*

los partidos era un "*factor esencial para garantizar la estabilidad del sistema democrático*", y el sistema hasta entonces establecido no aseguraba la suficiencia, regularidad y transparencia de la financiación de los partidos.

Teniendo en cuenta la labor fundamental que tienen los partidos políticos de servir de elemento de conexión entre la sociedad y el poder político, se considera "*indispensable la necesidad de establecer garantías y más medios para que el sistema de financiación no incorpore elementos de distorsión entre la voluntad popular y el ejercicio del poder político*".

En este sentido, afirma en su exposición de motivos que "*La libertad de los partidos políticos en el ejercicio de sus atribuciones quedaría perjudicada si se permitiese como fórmula de financiación un modelo de liberalización total ya que, de ser así, siempre resultaría cuestionable la influencia que en una determinada decisión política hubiesen podido ejercer de las aportaciones procedentes de una determinada fuente de financiación y romper la función de los partidos políticos como instituciones que vehiculan la formación de la voluntad popular*".

En la última reforma que se hizo de esta ley en el año 2015 se reafirma el estatus de los partidos políticos como actores centrales en la vida política, económica y social, realzando especialmente su función como instrumento para la participación política de los ciudadanos. En el preámbulo se afirma que "*los partidos políticos, tal y como señala la Constitución Española, expresan el pluralismo político, concurren a la formación y manifestación de la voluntad popular y son instrumento fundamental para la participación política. … los partidos políticos son entes privados de base asociativa, forman parte esencial de la arquitectura constitucional, realizan funciones de una importancia constitucional primaria y disponen de una segunda naturaleza que la doctrina suele resumir con referencias reiteradas a su relevancia constitucional y a la garantía institucional de los mismos por parte de la Constitución.*" Su financiación es, por tanto, fundamental para el desarrollo de sus funciones de manera independiente, lo cual es de suma importancia dado su papel en nuestro sistema democrático.

Como se puede deducir de estos textos, los partidos políticos son asociaciones cualificadas (algo que analizaré en profundidad en el apartado referido a la naturaleza jurídica de los partidos políticos) por las funciones constitucionales que tienen asignadas, y son éstas las que justifican la regulación administrativa en la materia. Son expresión del pluralismo político, uno de los valores superiores de nuestro ordenamiento jurídico en virtud del art. 1 CE. El art. 6 también les asigna la función formación y manifestación de la voluntad popular, expresada fundamentalmente a través de los procesos electorales. Y finalmente la CE los designa como los principales instrumentos para la participación política.

Paso a desarrollar más en profundidad estas funciones constitucionales ya que considero que son, en última instancia, el bien jurídico protegido por la legislación administrativa reguladora de la financiación de los partidos políticos y conocer su contenido con precisión es necesario para determinar cuáles son los ataques más graves a este bien jurídico.

- **Funciones constitucionales de los partidos políticos**

El art. 6 CE establece que los partidos políticos expresan el pluralismo político, concurren a la formación y manifestación de la voluntad popular y son instrumento fundamental para la participación política. Por lo tanto, los partidos son más que meras organizaciones que conectan al Estado con la sociedad civil, pues estructuran políticamente la sociedad y cumplen funciones constitucionales fundamentales.

Además de las anteriores, que se pueden considerar las principales, los partidos políticos movilizan a los grupos sociales integrándolos en el proceso democrático y encauzan su participación procurando que no se produzca una desafección de la ciudadanía con la política; concretan las demandas sociales en programas de gobierno con los que concurrir a las elecciones en aras de poder traducirlos en políticas públicas una vez alcanzado el poder, y aún podríamos añadir la importante labor de selección que llevan a cabo de los candidatos que presentan a los distintos procesos electorales.

a) El pluralismo político

El pluralismo político, consagrado en el artículo 1.1 de la Constitución Española, es uno de los valores superiores de nuestro ordenamiento jurídico. Aunque el pluralismo político va más allá de los partidos, ya que estos solo son uno de los cauces por los que se expresa[225], los constituyentes decidieron conectar ambos determinando que estos serían expresión de dicho pluralismo. Así, este pluralismo que encontramos en la sociedad y que enriquece el debate democrático[226], se concreta en la existencia de diversos partidos y de diversas corrientes, ideologías y pensamientos dentro de los mismos.

La democracia y el pluralismo político están estrechamente conectados, especialmente en la estructura democrática española establecida por la Constitución. La democracia implica la idea de la soberanía popular y la libre elección política. Para ésta también es necesaria la existencia de una contienda igualitaria por la llegada al poder entre los diferentes partidos o grupos políticos; que esa competición en forma de elecciones se produzca de manera periódica y que exista una posibilidad real de cambio de quien detenta el poder. Aquí es donde reside la gran importancia del pluralismo político. La base fundamental de una

---

225 DÍAZ BRAVO, E. "El pluralismo político como valor constitucional. El tratamiento español", en *Revista Chilena de Derecho y Ciencia Política, septiembre-diciembre,* vol. 5, n. 3, 2014, pp. 63-70.

226 SÁNCHEZ FERRO, S. "El Complejo Régimen Jurídico Aplicable a los Partidos Políticos tras la aparición de la Ley Orgánica de Partidos Políticos de 27 de Junio de 2002", en *Revista Jurídica de la Universidad Autónoma de Madrid,* nº 12. 2005, pp. 233-234.

democracia constitucional debe ser la libre concurrencia de todos los grupos, partidos y corrientes políticas y sociales existentes.

No solo el pluralismo político debe estar protegido jurídicamente, sino que se debe buscar su potenciación[227]. Para poder afirmar la existencia del pluralismo político, el Estado debe ir más allá de la tolerancia de otras organizaciones o pensamientos políticos y debe proteger y defender la existencia de grupos sociales con distintas ideologías que pueden acabar concretándose en partidos políticos. El mandato constitucional de la expresión del pluralismo político a través de los partidos tiene una serie de consecuencias: primero, la libertad de creación y actividad de los partidos políticos; segundo, la obligatoriedad de que el pluralismo esté presente, tanto dentro como fuera de los partidos, promoviendo la existencia de partidos minoritarios y asegurando las condiciones de que puedan llegar a ser mayoritarios; por último, el deber público de establecer unas bases favorables al desarrollo del pluralismo político.

En definitiva, la relación entre partidos y pluralismo político es fundamental. A pesar de que el pluralismo vaya más allá de los partidos en nuestra sociedad, los constituyentes quisieron que el mismo se expresase a través de ellos, como quedó plasmado en el art. 6. De este modo, el pluralismo, manifestado en la diversidad de partidos y en la diversidad dentro de los partidos (donde debe haber espacio para las minorías, el debate y la confrontación de ideas) es uno de los valores constitucionales superiores, siendo los partidos políticos uno de los principales instrumentos para su consecución.

La financiación ilegal de los partidos políticos afecta directamente al pluralismo político, ya que provoca desigualdad entre las distintas formaciones en lo relativo a los recursos disponibles,

---

227 CARRERAS SERRA, F. "Los Partidos en Nuestra Democracia de Partidos", cit., pp. 96-98.

algo fundamental para llegar al mayor número de personas posible. Por lo tanto, serán aquellos partidos sobre-financiados de manera ilegal (a los que debemos añadir los injustos criterios de reparto de los recursos públicos) los que acapararán el medio político dado a su mayor cantidad de recursos para invertir en campañas, mítines, publicidad etc., lo cual adultera la competición electoral y resta legitimidad democrática al sistema. A esto debemos añadir que la financiación ilegal de los partidos favorece la oligarquización de estos, lo cual va en detrimento de la democracia interna y del pluralismo político dentro de los partidos, que pasan a estar controlados por una élite.

b) La formación y manifestación de la voluntad popular

Al igual que ocurre con el pluralismo político, los partidos políticos no son los únicos agentes responsables de la formación y manifestación de la voluntad popular. Sin ser los únicos, si podemos afirmar que son los actores más relevantes en esta función y así está recogido en la Constitución. Además, a los partidos les corresponde dar un paso más allá de la conformación de la voluntad popular[228], pues deben procurar transformar la misma en políticas públicas una vez alcanzado el poder político. Para esto es necesario que los partidos manifiesten su voluntad permanente de participar en los distintos procesos electorales tras los cuales, en caso de victoria, deberían concretar la voluntad popular en medidas concretas.

Estas funciones están claramente establecidas en el art. 6, pero lo que el texto constitucional no desarrolla con precisión es el significado de formar y manifestar la voluntad popular. Son conceptos

---

[228] BASTIDA FREIJEDO, F. J. “Derecho de Participación a través de Representantes y Función Constitucional de los Partidos Políticos”, en *Revista Española de Derecho Constitucional* Año 7. Núm. 21. Septiembre-Diciembre 1987, p. 208.

amplios, abiertos a diversas interpretaciones, quedando en manos de la doctrina la precisión de su contenido. En el ámbito político, podemos definir la voluntad popular como una serie de necesidades y exigencias de la ciudadanía para con el Estado, es decir, en qué sentido o hacia qué dirección debe actuar la Administración.

Siendo el ejercicio del derecho de sufragio en los procesos electorales el medio directo de la ciudadanía para expresar su voluntad, son los partidos políticos los que emergen como punto de conexión[229] entre la ciudadanía y el Estado. Estando en el gobierno o en la oposición, los partidos políticos deben canalizar la voluntad popular y llevarla a lo público, sea con políticas, con propuestas o con el ejercicio de control sobre el gobierno. Pieza fundamental en este esquema son los programas electorales, que definen con claridad la posición del partido y sus intenciones ante la posible llegada al poder. Es un documento que debe ayudar a la ciudadanía a elegir el partido que considere más representativo de su ideología y que, en cierto modo, sea altavoz y defensor de su voluntad.

El gran problema alrededor del concepto de la voluntad popular es su complejidad, complejidad que debe ser encauzada y concretada si se pretende gobernar y legislar. Precisamente, una de las labores más importantes de los partidos políticos como encargados de la conformación y manifestación de la voluntad popular es reducir dicha complejidad e intentar redactar un programa electoral que satisfaga al mayor número de personas posible.

De la complejidad de la voluntad popular y su relación con los partidos políticos se deriva su conexión intrínseca con el pluralismo político. La voluntad popular no puede ser recogida en toda su amplitud por un solo partido, es necesaria la existencia de diversos partidos que concurran en igualdad de

---

229 BASTIDA FREIJEDO, F. J. "Derecho de Participación a través de Representantes y Función Constitucional de los Partidos Políticos", cit., p. 213

condiciones a las elecciones y que protagonicen y enriquezcan el debate político. Así lo ha afirmado el Tribunal Constitucional en su jurisprudencia[230]: la formación y expresión de la voluntad popular debe estar fundamentada en la libre competencia de una pluralidad de partidos. Por eso, una vez más, se presenta como fundamental la regulación de diversos aspectos del derecho de partidos para que se cumpla esta función, especialmente el sistema de financiación de los partidos políticos.

La financiación ilegal afecta gravemente a la formación y manifestación de la voluntad popular, más aún si tenemos en cuenta que esta se focaliza en los periodos electorales. Por un lado, si las listas y los programas electorales, donde se concreta la posición ideológica del partido, están condicionados por la financiación ilegal, no responderán a intereses sociales, sino que estarán influenciados en gran medida por los intereses privados de aquellos que aportaron recursos de manera ilegal. Además, una mayor disponibilidad de recursos puede hacer que no triunfen las mejores propuestas, sino aquellas que tengan mayor respaldo mediático y publicitario. Por lo tanto, con la financiación ilegal, esta función constitucional se ve claramente afectada.

c) La participación política

Finalmente, el art. 6 de la Constitución da una última función a los partidos políticos, la de ser instrumento para la participación política[231], que se lleva a cabo esencialmente a través de representantes, ya que la democracia española es de carácter representativo, con escasas connotaciones de democracia directa. Para entender mejor esta mención, hay que ponerla en

---

230 STC 69/1986, de 28 de mayo.

231 VIDAL PRADO, C. "El derecho de participación política y la representación", en *Revista de la Facultad de Derecho y Ciencias Políticas,* n. 96, 1996, pp. 108-115

relación con el derecho fundamental, recogido en el art. 23 CE, a participar en los asuntos públicos directamente o por medio de representantes, siendo ésta una manifestación de este derecho. Lo que diferencia a los partidos políticos del resto de asociaciones es, precisamente, el ser instrumentos para la participación en procesos electorales, pues, aunque no constituyen la única vía de participación posible, si son la principal.

El art. 23 recoge tanto el sufragio activo como pasivo, que se concreta en el derecho de todo ciudadano al voto y a tener acceso a cargos electivos en condiciones de igualdad. Es con el voto como los ciudadanos expresan sus preferencias electorales eligiendo a sus representantes[232], y es una obligación del Estado de partidos estar abierto a recibir cualquier opción política proveniente de la sociedad y que pueda concurrir en igualdad de condiciones. El art. 23 debe ser interpretado juntamente con el art. 9.2, que establece la obligación del poder público de fomentar condiciones de igualdad y facilitar la participación de todos los ciudadanos y los distintos grupos sociales entre otros aspectos, en la vida política. Sólo con estas condiciones de igualdad material pueden los partidos políticos ser los instrumentos que exige la Constitución para la participación política que representen el pluralismo político. Y para que exista esa igualdad material resulta fundamental la financiación

Dentro de esta función participativa de los partidos políticos, podemos destacar su papel activo en la toma de decisiones políticas a través, por ejemplo, de la elección de los potenciales representantes dentro de la democracia representativa. También tienen un importante papel a la hora de formar gobierno, si así lo ha determinado el resultado electoral, o trabajar desde la oposición ejerciendo control sobre el gobierno. Esta función es descriptiva de la finalidad de los partidos políticos, ya que este fin es lo que los caracteriza y distingue el resto de las asociacio-

---

232 Ibíd., pp. 108-115

nes. En cierta medida, esta finalidad y su utilidad pública[233] es lo que justifica que los partidos políticos tengan un régimen jurídico diferenciado y reciban ciertos beneficios, como es el sistema de financiación pública.

Pues bien, podemos afirmar que ésta de la participación política es la función más afectada por las prácticas de financiación ilegal de los partidos políticos[234]. Esta labor de los partidos como instrumento de la participación política está directamente relacionado con su vocación de acceder al poder público tras la concurrencia en los correspondientes procesos electorales, lo que les vincula de forma directa con los poderes del Estado. A ello deberíamos añadir la influencia que ejercen en los partidos los poderes económicos y mediáticos. De esta manera, la corrupción de un partido a través de prácticas de financiación ilegal puede llegar a alcanzar directamente a la Administración en el caso de que éste salga victorioso de la contienda electoral, y, en todo caso, realizará sus funciones de gobierno o de oposición movido por intereses particulares y no exclusivamente aquellos de sus electores.

3.2. EL BIEN JURÍDICO-PENAL

La introducción de nuevos tipos penales, como no puede ser de otra manera, requiere de un análisis en profundidad de cuál es el interés o el bien jurídico que se desea proteger[235]. Como parte de este análisis, será también necesario sopesar si este bien jurídico es digno de protección penal y, finalmente, si la

---

233 BAUTISTA PLAZA, D.; *La Función Constitucional de los Partidos Políticos*, Ed. Comares, Granada, 2006, p. 15.

234 SÁINZ-CANTERO CAPARRÓS, J.E., "Los delitos de financiación ilegal de partidos políticos", cit., p. 665.

235 SÁINZ-CANTERO CAPARRÓS, J.E., "Los delitos de financiación ilegal de partidos políticos", cit., pp. 659-689.

protección que ya les brindaba el ordenamiento jurídico a estas funciones era o no suficiente, haciendo necesaria la tipificación específica de estas conductas en el Código Penal.

Se trata de cuestiones complejas que suscitan el debate doctrinal. Sin duda el número de casos de corrupción conectados con la financiación ilegal de los partidos políticos podría considerarse, al menos en cuanto a la opinión pública se refiere, como un argumento suficiente que justifica la tipificación de estas conductas. Pero la legislación penal no debe responder al rechazo o a la alarma social que producen estos casos, altamente mediatizados y que normalmente monopolizan la actualidad política cuando salen a la luz. Debe haber razones político-criminales que fundamenten su inclusión en el código y, especialmente, un bien jurídico necesitado de protección y de entidad suficiente como para ser merecedor de la que brinda el Derecho penal.

La forma en la que el legislador español ha tipificado estas conductas no ayuda, desde luego, a la determinación del bien jurídico protegido. Se trata de una norma penal en blanco que se remite directamente a la infracción de una serie de reglas establecidas en la Ley Orgánica 8/2007, de 4 de julio sobre financiación de los partidos políticos, por lo que no define el contenido de la prohibición penal, lo que, en principio, dificulta la tarea de determinar el objeto jurídico de tutela de los artículos 304 bis y 304 ter del Código penal.

Aunque algún autor ha discutido la existencia de un bien jurídico susceptible de protección penal tras las conductas de financiación ilegal[236], parece que la respuesta mayoritaria de

---

236 GARCÍA ARÁN, M., "Sobre la tipicidad penal de la financiación irregular de los partidos políticos", en AAVV/MAQUEDA ABREU (Dir.); *Derecho Penal para un estado social y democrático de derecho: estudios penales en homenaje al profesor Emilio Octavio de Toledo y Ubieto*, Ed. Servicio de Publicaciones de la Facultad de Derecho de la Universidad Complutense de Madrid, Madrid, 2016, pp. 589-605.

la doctrina a esta cuestión ha sido afirmativa[237]. Así, a pesar de que el fundamento de fondo sea el mismo, pueden distinguirse dos posturas con matices diferentes en lo que respecta al bien jurídico concreto que se protege:

Por un lado algunos autores han considerado que el bien jurídico tutelado es "*el correcto funcionamiento del sistema democrático de partidos, caracterizado por la trasparencia en su financiación, por la igualdad de oportunidades para todas las formaciones políticas, y por la necesaria confianza de los ciudadanos en este sistema, base fundamental del Estado democrático*".[238] Esta visión une la financiación de los partidos políticos con el papel que desempeñan los mismos en el sistema democrático, entendiendo un ataque a los partidos como un ataque al sistema constitucional en sí mismo, ya que la financiación ilegal distorsiona las reglas de igualdad que deben regir entre los partidos, especialmente en los procesos electorales.

Dentro de esta primera línea encontramos a NIETO MARTIN y a MAROTO CALATAYUD, que defienden que el bien jurídico protegido es el buen funcionamiento del sistema de partidos y el correcto desempeño de las funciones constitucionales que estos tienen asignadas[239]. NIETO MARTÍN destaca entre los bienes lesionados con las prácticas de financiación ilegal la igualdad de oportunidades entre los distintos partidos, la transparencia en las cuentas de las formaciones o su democracia interna. Por su parte MAROTO CALATAYUD señala que el injusto en estas conductas se sitúa en la alteración del sistema de partidos, afec-

---

237 JAVATO MARTÍN, A.M. "El delito de financiación ilegal de los partidos políticos (arts- 304 bis y 304 ter CP)", en *Revista Electrónica de Ciencia Penal y Criminología*, n. 19, 2017, pp. 22-26.

238 PUENTE ABA, L.M.; *El delito de financiación ilegal de Partidos Políticos*, cit., pp. 60-70.

239 En MAROTO CALATAYUD, M.; *La financiación ilegal de los partidos políticos. Un análisis político-criminal*, cit., pp.175-192 y NIETO MARTIN, A., "Financiación ilegal de partidos políticos", cit., pp. 122, ss.

tando la igualdad de oportunidades en la contienda electoral, la democracia interna de las formaciones y, en última estancia, favoreciendo la oligarquización de las estructuras del partido. Este último define el bien jurídico protegido como "*la alteración grave del funcionamiento del sistema de partidos, tanto en lo que se refiere a la igualdad de oportunidades entre partidos como, en particular, a la quiebra de la democracia interna y la oligarquización de las organizaciones políticas que implica.*"

La otra línea doctrinal, aunque comparte el fondo con la anterior, es más concreta a la hora de definir el bien jurídico. Esta corriente afirma que son las funciones constitucionales de los partidos políticos tal y como se recogen en el art. 6 CE, las que son merecedoras de protección penal, postura que va en la misma línea del bien jurídico protegido por la legislación administrativa. Como ya hemos analizado, ese artículo establece que *"Los partidos políticos expresan el pluralismo político, concurren a la formación y manifestación de la voluntad popular y son instrumento fundamental para la participación política. Su creación y el ejercicio de su actividad son libres dentro del respeto a la Constitución y a la ley. Su estructura interna y funcionamiento deberán ser democráticos"*. La misión de los partidos políticos es concretar la voluntad de los diferentes sectores de la ciudadanía en programas políticos concretos hacia los que puedan dirigir su voto para acabar transformándose en la voluntad del Estado una vez llegado dicho partido al poder tras un proceso electoral. Son, por tanto, el principal punto de conexión entre la sociedad y el Estado. Estas funciones las deben ejercer de manera libre e independiente, y la financiación ilegal es sin duda una vía de influencia en los partidos políticos.

Dentro de esta línea hay que destacar a OLAIZOLA NOGALES, que pone el foco exclusivamente en las funciones constitucionales que tienen los partidos políticos recogidas en el art. 6 CE, centrándose en su actuación que afecte a la ciudadanía y no considerando merecedor de protección penal las irregularidades internas del partido[240]. En concreto, afirma que las prácticas de financiación ilegal suponen "*un peligro para el ejercicio correcto de las funciones de manifestación y de representación popular que los partidos tienen encomendados en la Constitución Española*". Por lo tanto, propone que la tipificación de estas conductas se sitúe junto con los delitos contra la CE, en el título XXI. En este mismo sentido se pronuncia SÁINZ-CANTERO CAPARRÓS, que considera que el bien jurídico a tutelar es el normal desarrollo de las funciones constitucionales de los partidos políticos en condiciones de libertad e igualdad, tal y como establece el art. 6 del texto constitucional[241].

En definitiva, esta línea sitúa el bien jurídico en la protección de la independencia de los partidos políticos en el ejercicio de sus funciones constitucionales, pues si esta objetividad e independencia se vieran afectadas también se verían aquellas de las instituciones públicas, ya que son los partidos la vía de acceso a las mismas, infectando por tanto todo el sistema. La existencia y funcionamiento de un partido político siempre va a estar condicionado por la financiación[242], si un particular o una empresa financian ilegalmente a una formación política, pasando ésta a depender de esta fuente de recursos, los objetivos, las listas electorales o los programas del partido van a quedar condicionados por estos intereses particulares y no van a responder al interés general.

En este punto es importante establecer en que se diferencia el buen funcionamiento del sistema de partidos de las funciones constitucionales de los partidos políticos o el ejercicio independiente de las mismas. A mi entender, el buen funcionamiento del sistema de partidos es un presupuesto necesario para que los partidos puedan ejercer sus funciones constitucionales, el

---

240 OLAIZOLA NOGALES, I.; *La financiación ilegal de los partidos políticos: un foco de corrupción*, cit., pp. 190-192

241 SÁINZ-CANTERO CAPARRÓS, J.E., "Los delitos de financiación ilegal de partidos políticos", cit.. Pp. 661 y ss.

242 Ibíd., p. 665

sistema de partidos del que España se ha dotado está constituido por diferentes normas, desde la LOPP hasta la LOFPP, y de su óptimo funcionamiento va a depender que lo partidos puedan ejercer las funciones que tienen encomendadas en la CE.

Especial referencia merece MAROTO CALATAYUD, que, si bien se encuadra dentro de los autores que sitúan el bien jurídico protegido en el buen funcionamiento del sistema de partidos, hace una distinción y análisis más pormenorizado del interés jurídico protegido en diversas situaciones.

Este autor distingue tres ámbitos diferenciados dentro de la financiación de los partidos políticos en los que se deben proteger ciertos valores[243]. Por un lado, distingue las relaciones partido-Administración; en segundo lugar, las relaciones entre partidos y, por último, las relaciones internas del partido en lo referente a su democracia interna y la relación entre militantes y afiliados con los dirigentes de este.

La relación entre partidos y Administración pública es muy estrecha y, como ya hemos analizado en capítulos anteriores, en España se ha producido una estatalización de los partidos políticos. Partidos y Administración son percibidos como parte de un todo debido a la gran influencia que tienen los partidos en la misma. Esto hace que los cargos del partido estén en una posición equiparable a la funcionarial dada su importancia pública y su conexión directa con la Administración. No podemos olvidar que los partidos son los principales instrumentos de representación democrática y ostentan importantes funciones constitucionales. Desde esta perspectiva, la financiación ilegal de los partidos políticos es cercana, a su juicio, a los delitos contra la Administración pública.

En segundo lugar, sitúa la relación de competencia entre los diferentes partidos políticos, especialmente en lo relativo a

---

243 MAROTO CALATAYUD, M.; *La financiación ilegal de los partidos políticos. Un análisis político-criminal*, cit., pp. 190-192

la contienda electoral. Todos los partidos aceptan las reglas de competencia política que los coloca en una situación de igualdad (al menos en lo que a los partidos tradicionales se refiere), y la financiación ilegal de los partidos distorsiona esta competencia, dando ventaja al partido sobre-financiado. Aquí la financiación ilegal se acerca al injusto de los delitos electorales, ya que se vulneran los principios rectores de la competencia electoral.

Finalmente, la financiación ilegal de los partidos políticos puede afectar a su vida interna. Ya hemos analizado cómo estas prácticas ilegales favorecen la oligarquización del partido, distanciando a los dirigentes de este de los militantes y afiliados. Se pone en peligro la democracia interna del partido, la cual está constitucionalmente protegida, perdiéndose así la voz de las bases del partido, que pierde representatividad y conexión con la sociedad. En este caso, las conductas de financiación ilegal se asemejan a los delitos societarios[244], como atentados contra la democracia interna del partido. Son tramas de corrupción que favorecen la oligarquización y rompen los lazos entre las bases del partido y sus dirigentes.

Estos tres aspectos tienen como trasfondo una serie de obligaciones de funcionamiento democrático que tienen los partidos, dadas sus funciones constitucionales, imprescindibles para el buen funcionamiento del sistema de partidos. MAROTO CALATAYUD afirma que la definición del bien jurídico a proteger en las conductas de financiación ilegal debe proteger y promover el funcionamiento democrático de los partidos y especialmente contrarrestar algunas de las dinámicas que encontramos en el sistema de partidos español, como es la progresiva cartelización de los partidos políticos. Solo así se podrá proteger la figura de

---

244 Así lo refleja la experiencia alemana donde se han aplicado los delitos societarios a los casos de financiación ilegal de los partidos políticos. En: MAROTO CALATAYUD, M.; *La financiación ilegal de los partidos políticos. Un análisis político-criminal*, cit., p. 191.

los partidos políticos y su papel esencial en el sistema de partidos en el que se fundamenta la democracia española.

A pesar de no estar de acuerdo con algunas de las afirmaciones de este autor, si considero que hace aportaciones muy importantes. En mi opinión el bien jurídico protegido no se encuentra en el buen funcionamiento del sistema de partidos o en los distintos aspectos tenidos en cuenta por MAROTO CALATAYUD en su obra, sino en las funciones constitucionales de los partidos políticos. Pero si es cierto que este análisis refleja la conexión de las prácticas de financiación ilegal con otros tipos penales, en definitiva, con otras prácticas delictivas que en muchas ocasiones van a aparecer juntamente con la financiación ilegal de los partidos políticos, especialmente los delitos contra la Administración Pública. Esto es de suma importancia y lo analizaré con más profundidad en el apartado dedicado a los concursos.

A modo de conclusión debo afirmar que considero que el bien jurídico protegido en los delitos de financiación ilegal de los partidos políticos son sus funciones constitucionales. Se trata de una norma penal en blanco, que se remite a la normativa que regula la financiación de los partidos para definir las conductas delictivas. Por lo tanto, los tipos 304 bis y 304 ter son una extensión del régimen sancionador recogido en la LOFPP, y, en consecuencia, protegen el mismo bien jurídico. Así, volviendo a las conclusiones obtenidas del análisis de la LOFPP, el bien jurídico a proteger en las conductas de financiación ilegal debe dirigirse a asegurar que los partidos ejercen estas funciones constitucionales con imparcialidad e independencia sobre la base de una democracia interna sólida y en condiciones de igualdad. Se deben combatir aquellas estructuras o mecanismos externos al partido que buscan obtener una influencia directa con sus élites y que fomentan la oligarquización y la patrimonialización de los partidos políticos a través de la provisión de fondos de manera ilegal.

También considero necesario pronunciarme acerca de la posibilidad de situar el bien jurídico en el buen funcionamiento de la Administración pública. Si bien es cierto que la financiación ilegal de los partidos va a ir en muchas ocasiones conectada con delitos contra la Administración pública como el cohecho, no podemos considerar que este sea su bien jurídico protegido. De ser así estaríamos convirtiendo a los delitos de financiación ilegal de los partidos políticos en delitos de sospecha, ya que estaríamos enjuiciando hechos que no atacan directamente al bien jurídico en cuestión (el buen funcionamiento de la Administración pública) sino que presumiblemente van a acabar atacándolo, algo que puede llegar o que puede no llegar a suceder. Este no es sino otro argumento a favor de establecer el bien jurídico en las funciones constitucionales de los partidos políticos.

Tal y como he desarrollado en el apartado anterior sobre el bien jurídico protegido por la legislación administrativa, las funciones constitucionales de los partidos políticos tienen una importancia capital en nuestro sistema democrático y se ven gravemente afectadas por la financiación ilegal de los partidos políticos. Sin duda estamos ante un bien jurídico digno de protección penal, que además ha sido repetida e impunemente atacado, algo que hemos visto reflejado en el repaso a los casos de corrupción directamente relacionados con la financiación ilegal.

3.3. INSUFICIENCIA DE OTROS TIPOS PENALES

Acreditada la existencia de un bien jurídico independiente digno de protección penal, resulta necesario comprobar que este bien jurídico no es también objeto de protección en otras figuras que ya estuviesen recogidas previamente en el Código, circunstancia que volvería innecesaria la tipificación de las conductas recogidas en los artículos 304 bis y ter. En concreto debemos analizar los delitos contra la Administración pública, ya que sin duda son los que tienen una conexión más directa con las prácticas de financiación ilegal de los partidos políticos[245].

Por un lado, encontramos los casos en los que la financiación ilegal tiene un origen privado. Es evidente que ésta no se analiza desde la consideración del partido como una entidad de naturaleza privada, sino desde su consideración como una entidad de relevancia constitucional cuyos miembros son, o pueden llegar a ser, cargos políticos, es sobre esta base donde estas conductas adquieren relevancia penal. Más evidente es el caso en el que los fondos que llegan ilegalmente al partido tienen un origen público, ya que se ve con más claridad cómo está comprometida la actuación de la Administración. En ambos supuestos se ve la relación que tienen las conductas de financiación ilegal con los delitos contra la Administración pública y es por eso por lo que debemos preguntarnos si el bien jurídico protegido en los tipos de cohecho, malversación o tráfico de influencias[246] permitiría dar cobertura a tales comportamientos.

Cohecho:

Para ver la insuficiencia o suficiencia del cohecho para enjuiciar las prácticas de financiación ilegal hay que ver dos cosas, cual es el bien jurídico protegido por el cohecho y dentro del cohecho, que tipos le serían aplicables a los casos de financiación ilegal de los partidos políticos.

En el ámbito de la financiación ilegal de los partidos de origen privado, muchas de las infracciones que podemos encontrar las podríamos encuadrar dentro del tipo de cohecho. Con carácter general, un número importante de los miembros del partido

---

245 PUENTE ABA, L.M.; *El delito de financiación ilegal de Partidos Políticos*, cit., p. 59.

246 Idem.

ocupan un cargo público, por lo tanto, al menos en abstracto, parece factible que estas conductas puedan encajar en el tipo de cohecho ya que la dádiva, que en este caso se trata de la donación privada ilegal a favor del partido, puede ser en provecho propio (de la autoridad o funcionario público que la recibe) o de tercero, es decir, que el destinatario de la dádiva puede ser el partido y podría seguir siendo considerado como cohecho[247].

Otra cuestión es qué tipo de cohecho o si todos los tipos de cohecho son aplicables a la casuística que encontramos en las tramas de financiación ilegal de los partidos políticos. En los delitos de financiación ilegal de los partidos políticos se castiga tanto a quien recibe como a quien entrega las aportaciones ilegales, por lo tanto, si extrapolamos esto a los diferentes tipos de cohecho, podemos decir que le podrían ser aplicables tanto el cohecho activo como el cohecho pasivo. Encajarlo en el cohecho propio o impropio va a depender del acto al que el funcionario se comprometa a cambio de la financiación ilegal, por lo tanto, en principio, se podrían aplicar todos los tipos de cohecho a los casos de financiación ilegal de los partidos.

En aras de determinar si el bien jurídico protegido por los delitos de financiación ilegal es diferente al del cohecho es necesario definir brevemente el bien jurídico de este último. Con carácter general, se entiende que el bien jurídico protegido en los delitos contra la Administración pública como el cohecho es el buen o normal funcionamiento de esta, pero es necesario en cada tipo especificar más el bien jurídico, ya que el buen funcionamiento de la Administración es una referencia excesivamente amplia. En el caso del delito de cohecho se entiende que el concreto objeto de tutela es el principio de imparcialidad

---

247 OLAIZOLA NOGALES, I.; *La financiación ilegal de los partidos políticos: un foco de corrupción*, cit., pp. 142-160

que debe regir en la actuación de la Administración[248]. La imparcialidad es fundamental para el correcto funcionamiento de la *Administración* conforme a las previsiones constitucionales, sin interferencias externas en las decisiones públicas y actuando con absoluta neutralidad respecto a los posibles intereses privados en cuestión. Es evidente que, en los casos de cohecho pasivo, en los que el sujeto activo es un funcionario, estaremos ante una lesión del bien jurídico protegido mientras que, en los casos de cohecho activo, en los que el sujeto activo es un particular, estaremos simplemente ante una puesta en peligro de esa posición imparcial que debe presidir en la toma de decisiones públicas, ya que el particular no toma parte directamente de las mismas.

Por lo tanto, podemos afirmar que los delitos de cohecho y de financiación ilegal de los partidos políticos protegen dos bienes jurídicos diferenciados, siendo uno la imparcialidad de la Administración y otro las funciones constitucionales de los partidos políticos, haciendo necesaria la tipificación de la financiación ilegal como delito. A esto debemos añadir las dificultades que ha encontrado la justicia para aplicar estos tipos a los casos de financiación ilegal. Por un lado, la aplicación del cohecho se descarta desde el momento en el que el miembro del partido que recibe la dádiva no es autoridad o funcionario público. A ello hay que añadir un problema que se encuentra de manera constante en los casos de cohecho, la dificultad probatoria, pues resulta muy difícil acreditar la conexión entre la dádiva y el funcionario o autoridad pública que la recibe. Por ende, incluso en el caso de que efectivamente haya sido una autoridad o fun-

---

248 MATA BARRANCO, N.J. "El bien jurídico protegido en el delito de cohecho", en *Revista de Derecho Penal y Criminología,* 2.a Época, n. 17, 2006, pp. 110-113.

cionario el que recibiese la dádiva, existen grandes dificultades para que se le aplicase el tipo de cohecho[249].

Si bien es cierto que aplicando la figura del cohecho pasivo impropio no es necesario que exista una vinculación directa entre la dádiva y un acto concreto de la administración, incluso en este supuesto la dádiva debe ser ofrecida a la autoridad o funcionario público "en consideración a su cargo o función". En definitiva, volvemos al problema que hemos señalado más arriba, atipicidad en el caso de que el miembro del partido no sea funcionario o autoridad y dificultad probatoria en el caso de que sí lo sea, ya que se trata de un elemento valorativo que genera debate tanto doctrinal como jurisprudencial.

En definitiva, podemos concluir que no solo se protegen bienes jurídicos diferentes, sino que muchos de los casos de financiación ilegal de los partidos políticos quedan fuera del ámbito de aplicación del cohecho. Dicho esto, es muy factible que se produzcan conexiones entre casos de cohecho y de financiación ilegal de los partidos políticos, aspecto que trataré en mayor profundidad en el apartado relativo a los concursos.

Malversación:

Si nos vamos a los casos en los que la financiación ilegal tiene un origen público, estas irregularidades pueden constituir un delito de malversación. Para determinar si la aplicación de este delito es suficiente o también sería necesaria, en su caso, la de los tipos de financiación ilegal es necesario comparar los bienes jurídicos en cuestión.

---

[249] DOPICO GÓMEZ-ALLER, J. "Aproximación a las necesidades de reforma legal en relación con la respuesta penal a la corrupción política", en *Cuadernos penales José María Lidón*, n. 11, 2015, p. 270.

En lo que respecta a la malversación, con carácter general se entiende que se parte de la protección del patrimonio público, ya que el propio art. 432 hace referencia al delito del art. 252, de administración desleal del patrimonio ajeno. Profundizando más en el tipo, la actuación de la autoridad o funcionario público lo que hace es atentar contra el presupuesto de gasto público de la Entidad, Administración u Organismo al que pertenece. En definitiva, la malversación no protege cualquier aspecto del patrimonio público como puede ser la obtención de recursos, protegida por los delitos fiscales, sino que su protección se concreta en el presupuesto de gasto público de la Administración[250].

Esta fue la vía que se utilizó para enjuiciar el "caso Pallerols"[251] que ya analizamos brevemente en el apartado dedicado al estudio de casos concretos de corrupción. La sentencia de este caso[252] condenó por malversación al tratarse de un supuesto en el que unos fondos públicos concedidos a una empresa para la organización de cursos de formación eran redirigidos a las arcas del partido. En este tipo de casos, la mayor dificultad reside en demostrar que los fondos desviados al partido son los procedentes de la subvención y no se trata de fondos privados de la empresa, problema que en el caso concreto al que se alude se superó con la conformidad de las partes.

De otro lado, encontramos el caso AVE, también analizado anteriormente, en el que las entidades adjudicatarias de la construcción de las infraestructuras del AVE pagaron comisiones al partido político. En este supuesto se determinó que los recursos eran propios de la empresa, demostrando la dificultad probatoria

---

250 DELGADO GIL, A. "Sobre el bien o bienes jurídicos protegidos en los denominados delitos contra la Administración pública", en *Anuario de derecho penal y ciencias penales,* n. 62(1), 2009, pp. 41-45.

251 SANDOVAL CORONADO, J. C., "La financiación corrupta de los partidos políticos: A propósito del "caso Pallerols"", cit., pp. 329-379.

252 SAP Barcelona 57/2013, de 21 de enero

del origen de un bien fungible como es el dinero y reafirmando la necesidad de tipificación de las conductas de financiación ilegal por el número de conductas que quedan fuera de este tipo, por las dificultades probatorias y por la independencia del bien jurídico protegido. Lo que sin duda reflejan estos casos es la conexión existente entre estas conductas, algo que será tratado en más profundidad en el apartado dedicado a los concursos.

Fraude de subvenciones:

También es posible encuadrar o encontrar conexiones en los casos de financiación ilegal de los partidos políticos donde el origen de los recursos es púbico con el delito de fraude de subvenciones. Una vez más es necesario comparar los bienes jurídicos en cuestión para verificar la independencia de estos tipos penales, y por tanto secundar la necesidad de tipificación de la financiación ilegal.

En lo que respecta al fraude de subvenciones, el bien jurídico principal protegido sería el objetivo de la administración de que se cumpla la finalidad para la que fue concedida la subvención a lo que la mayoría de la doctrina añade la protección del patrimonio de la entidad pública que concede la subvención[253]. Los bienes jurídicos en cuestión se alejan mucho de las funciones constitucionales de los partidos políticos, bien jurídico protegido en los delitos de financiación ilegal, lo que justifica su regulación autónoma al proteger intereses distintos.

Un ejemplo donde encontramos este tipo de conductas en conexión con la financiación ilegal serían aquellos casos en los que una empresa obtiene una subvención, cuya concesión está controlada por el partido político en cuestión, y parte o la tota-

---

253 FERRÉ OLIVÉ, F. J. "El bien jurídico protegido en los delitos tributarios", en *Revista Justicia y Sistema Criminal*, v.6, n. 11, 2014, pp. 33-34.

lidad de dicha subvención acaba en las arcas del partido o sufragando gastos del partido. Estos casos son de gran complejidad, ya que la naturaleza fungible del dinero hace que la subvención se integre en el patrimonio de la empresa, haciendo muy difícil determinar si los recursos que llegaron al partido eran propios de la empresa o procedentes de la subvención. La tipificación de la financiación ilegal, además de proteger un bien jurídico separado, recogen conductas donde se pueden evitar muchos de los problemas probatorios que encontramos en estas tramas corruptas. Por lo tanto, se podría llegar a condenar al menos por uno de los delitos cometidos en estos complejos entramados de corrupción política. Estas y otras cuestiones concursales serán analizadas en más profundidad en apartado dedicado a esta cuestión.

Tráfico de influencias:

La última figura que podría ser aplicable a los casos de financiación ilegal de los partidos políticos sería el tráfico de influencias, más concretamente la figura recogida en el 430 Código penal, que recoge la oferta de tráfico de influencias solicitando una dádiva a cambio. En este artículo encajaría el supuesto en el que el dirigente de un partido político se ofreciera a influir en una autoridad o funcionario público a favor de una empresa, solicitando a cambio una contraprestación para el partido[254].

El bien jurídico tutelado por el 430 difiere del de los arts. 428 y 429, donde se protege el buen funcionamiento de la Administración. En este caso, basta con el mero ofrecimiento de la influencia por parte de un particular para estar cometiendo el delito, por lo tanto, nos estamos yendo a un estadio previo

254 OLAIZOLA NOGALES, I. "Medidas de regeneración democrática. La nueva regulación de la financiación de los partidos en España", cit., p. 354.

al buen funcionamiento. La doctrina[255] considera que el bien jurídico protegido en estos supuestos es el prestigio y el buen nombre de la Administración, que se ve atacado cuando alguien afirma, sea o no autoridad o funcionario público, tener influencia sobre la misma, influencia que se ofrece a ejercer a cambio de una contraprestación económica. Sin duda, el buen prestigio de la Administración o del Estado es un concepto difuso, que no encontramos definido en texto legal alguno, pero si es suficiente para diferenciarlo del bien jurídico protegido por los delitos de financiación ilegal de los partidos políticos, quedando probado que protegen dos realidades muy distintas.

Aun teniendo bienes jurídicos tan distintos, es cierto que podría ser aplicable a algunos supuestos, aunque se trata de un tipo penal que deja fuera muchas de las posibles conductas relacionadas con la financiación ilegal de los partidos políticos. Para que nos encontremos ante un delito de tráfico de influencias deben concurrir una serie de presupuestos que acotan el tipo. En primer lugar, la dádiva debe estar dirigida a obtener el ejercicio de influencias que han de determinar una decisión de la que resulte un beneficio económico para la empresa o particular en cuestión. Por lo tanto, sólo aquellos supuestos en los que la financiación ilegal tuviese como objetivo influenciar una decisión concreta de la Administración serían encuadrables en esta figura delictiva, siendo esta financiación ilegal enjuiciable a través del tráfico de influencias desde el momento en que se ofrece el ejercicio de tales influencias.

Al hecho de que muchas de las conductas queden fuera del tipo hay que añadir, una vez más, las dificultades probatorias que encontramos en este tipo de delitos. Por un lado, se debe probar el ejercicio de la influencia, que en muchas ocasiones se fundamenta en relaciones personales, y en segundo lugar se

---

255 ROMERO TEJADA, J.M. "El delito del tráfico de influencias en el ámbito de la Administración local", en *Cuadernos de derecho local*, n. 24, 2010, p. 70.

debe probar que la resolución que beneficia económicamente a la empresa está determinada por el ejercicio de estas[256]. En última instancia, en aquellos casos en los que efectivamente se cumplan las condiciones del tipo de tráfico de influencias en un caso de financiación ilegal de los partidos políticos, la relación de ambos tipos será de concurso de delitos ya que se protegen bienes jurídicos distintos, aspecto que será analizado con más detenimiento en el apartado dedicado a los concursos.

Conclusión:

Como hemos podido comprobar también en el repaso a los casos de corrupción relacionados con la financiación ilegal de los partidos políticos, los tipos penales recogidos en el Código penal previos a la tipificación de la financiación ilegal de los partidos políticos son insuficientes para enjuiciar estas prácticas. Igualmente, también comprobamos en los epígrafes anteriores que la normativa administrativa reguladora de la financiación de los partidos políticos no ha impedido la aparición de casos de corrupción directamente relacionados con este fenómeno. A esto hay que añadir el hecho de que estamos ante un ámbito propicio a la aparición de prácticas irregulares en el que es difícil implantar un sistema de monitorización y control efectivo.

Es evidente que muchos de los casos de financiación ilegal que podemos encontrar quedan fuera del ámbito de aplicación de los delitos contra la Administración pública. Los delitos contra la Administración pública y los delitos de financiación ilegal son dos realidades diferentes, que protegen bienes jurídicos diferentes y que, por tanto, pueden darse casos en los que confluyan y casos en los que no, es decir, puede darse un caso de financiación ilegal sin que necesariamente exista un delito

---

256 MAROTO CALATAYUD, M.; *La financiación ilegal de los partidos políticos. Un análisis político-criminal,* cit., p. 220.

contra la Administración pública. Por ejemplo, estos delitos no contemplan aquellos casos en los que la financiación ilegal no trae consigo una contraprestación administrativa o la vinculación entre ambas es imposible de probar.

En conclusión, podemos afirmar que existía la necesidad de tipificación de las conductas de financiación ilegal de los partidos políticos.

3.4. UBICACIÓN SISTEMÁTICA

Estando la tipificación de las conductas de financiación ilegal más que justificada, toca finalmente preguntarnos, en atención al bien jurídico protegido, si la ubicación sistemática que se ha dado al precepto es la adecuada.

Sobre este particular hay que señalar que ya desde el mismo momento de la tramitación parlamentaria de la reforma del Código penal que daría entrada a esta figura delictiva, la discrepancia en torno a su ubicación sistemática fue manifiesta. Así, la propuesta del Grupo Parlamentario de Unión Progreso y Democracia (UPyD) era la de situar estas nuevas figuras delictivas entre los delitos contra la Administración Pública. Proponía la creación de un nuevo Capítulo XI del Título XIX, situándolo a continuación de los delitos de corrupción en las transacciones comerciales internacionales. En cambio, el Grupo Parlamentario Socialista coincidía, en lo que respecta a la ubicación, con el Grupo Parlamentario Popular, situando los tipos en los 304 bis y siguientes del Código penal. Eso sí, sus propuestas de tipificación diferían mucho. Desde el Grupo Parlamentario Mixto el representante de Compromís propuso incluirlo entre los delitos contra la Administración Pública, más concretamente como los arts. 422 bis y ter, vinculando este delito al delito de cohecho. Una propuesta más alejada del resto fue la del Grupo Parlamentario Vasco, que lo situó junto con los delitos relativos al mercado y los consumidores en el art. 286 bis.

Esta discrepancia se ha trasladado a la doctrina tras la entrada en vigor de los artículos 304 bis y ter, pudiendo afirmarse que el rechazo a la ubicación elegida por el legislador, a continuación de los delitos contra el patrimonio y contra el orden socioeconómico, es generalizado. Encontramos, al respecto, hasta tres posiciones sobre la ubicación ideal del precepto, ninguna de las cuales coincide con la elegida por el legislador.

Por un lado, quienes consideran que la ubicación ideal del tipo sería junto con los delitos contra la Administración pública[257]. Otros, por el contrario, lo incluirían en el titulo dedicado a los delitos contra la Constitución[258] o en un nuevo título justo después de este. Finalmente, también encontramos autores que defienden que estos tipos penales deben estar recogidos en la legislación especial sobre partidos políticos[259].

Esta última opción estaría en línea con lo que se hizo en la regulación de la financiación electoral de los partidos políticos, donde la LOREG recoge tanto las infracciones administrativas como las penales, dotando de una mayor coherencia sistemática a la regulación. Preferible incluso a esta opción sería la de unificar la regulación en materia de financiación entre financiación electoral y no electoral, acabando con esta dualidad normativa. En esta nueva norma en la que se regulasen las distintas vías de financiación de los partidos políticos podrían recogerse las infracciones tanto administrativas como penales.

---

[257] JAVATO MARTÍN, A.M., "De los delitos de financiación ilegal de los partidos políticos:(artículos 304 bis y 304 ter)", en AAVV/GOMEZ TOMILLO (Dir.); *Comentarios prácticos al Código penal*, Ed. Thomson Reuters-Aranzadi, 2015, p. 719

[258] OLAIZOLA NOGALES, I. "Medidas de regeneración democrática. La nueva regulación de la financiación de los partidos en España", cit., pp. 340 y ss.

[259] JAVATO MARTÍN, A.M., "De los delitos de financiación ilegal de los partidos políticos:(artículos 304 bis y 304 ter)", cit., p. 719

A mi juicio, la decisión del legislador de incluir en el tipo penal sólo aquellos casos de donaciones ilícitas en las que el origen de los recursos es privado ha determinado en gran medida su ubicación en el Código penal[260], justo después del título XIII, dedicado a los delitos patrimoniales y contra el orden socioeconómico. Antes de posicionarme de manera definitiva sobre la idoneidad de su ubicación entre los delitos económicos es necesario establecer qué consideramos por los mismos, y sobre esta definición, y teniendo en cuenta el bien jurídico protegido por los delitos de financiación ilegal de los partidos políticos, evaluar la adecuación de la ubicación que se les ha otorgado.

TIEDEMANN[261] afirma que el Derecho penal económico atañe a los delitos contra la economía, delitos que se caracterizan por una serie de particularidades. Primeramente, los delitos económicos defienden tanto intereses individuales como intereses colectivos de la vida económica, se lesionan bienes jurídicos colectivos de cuyo contenido está relacionado con el ámbito económico. En definitiva, el bien jurídico protegido no es el interés individual de un agente económico concreto, sino que se trata de "el orden económico estatal en su conjunto, el desarrollo de la organización de la economía". La discusión alrededor del concepto de los delitos económicos es sin duda mucho más amplia, pero estas breves notas son sin duda suficientes para afirmar que los delitos de financiación ilegal de los partidos políticos no son delitos económicos pese al evidente papel que juegan los recursos económicos en esta figura delictiva, lo que nos permite unirnos al rechazo expresado por la doctrina hacia la ubicación elegida por el legislador.

Menos justificación, si cabe, tendría la ubicación de los tipos si, por el contrario, se regulasen todas las conductas posibles

---

260 PUENTE ABA, L.M.; *El delito de financiación ilegal de Partidos Políticos,* cit., p. 70.

261 TIEDEMANN, K.; *Lecciones de Derecho Penal Económico (comunitario, español, alemán),* Ed. PPU. Barcelona, 1993, pp. 31-37.

relacionadas con la financiación ilegal de los partidos, como la financiación ilegal de origen público o las falsedades contables. Son conductas que abarcan diversos aspectos, pero que comparten el bien jurídico que protegen y que debe ser, en última instancia, el que determine la ubicación sistemática de los preceptos.

Se pone de manifiesto, de este modo, que el legislador no tenía claro el bien jurídico protegido. Ante esta inconcreción en el bien jurídico, o la falta de coherencia sistemática con el bien jurídico que la doctrina ha estimado que se protege, es lógico que las propuestas del resto de grupos parlamentarios fueran muy diferentes a las que finalmente llegaron al Código penal, tanto en su ubicación sistemática como en el contenido típico del delito[262] (aspecto que analizaremos más adelante).

Es interesante resaltar la propuesta de OLAIZOLA NOGALES[263] previa a la tipificación de estas figuras en el Código penal. Por un lado, considera que se deben añadir en los delitos contra la Administración pública cláusulas que hagan referencia a la financiación ilegal de los partidos políticos y que conlleven la consiguiente agravación de la pena. Considera que se estarían atacando dos bienes jurídicos diferenciados, el buen funcionamiento de la Administración y las funciones constitucionales de los partidos políticos, lo que justifica la agravación de la pena. Por otro lado, en aquellos casos en los que la financiación ilegal tiene un origen privado y la Administración no se ha visto involucrada, solo se verá afectado el bien jurídico de las funciones constitucionales de los partidos políticos. Para estos supuestos propone incluir los tipos de financiación ilegal de los partidos políticos en el Título XXI relativo a los delitos contra la Cons-

---

262 MAROTO CALATAYUD, M.; *La financiación ilegal de los partidos políticos. Un análisis político-criminal*, cit., pp. 309-312.

263 OLAIZOLA NOGALES, I.; *La financiación ilegal de los partidos políticos: un foco de corrupción*, cit., pp. 192, ss.

titución, ya que se protegen las funciones constitucionales de los partidos políticos recogidas en el art. 6 CE.

Particularmente, no soy partidario de este tipo de cláusulas unidas a una tipificación autónoma de delitos en protección de un mismo bien jurídico, ya que se generan problemas de concursos de normas y de ne bis in idem. En aquellos casos en los que se aplicase el tipo agravado dentro de uno de los delitos contra la Administración Pública, como el cohecho, surge el conflicto de si también se aplicasen los tipos específicos de financiación ilegal, lo cual, a mi entender, no es la intención de OLAIZOLA NOGALES. En todo caso, esta propuesta refleja una vez más la estrecha conexión entre los delitos de financiación ilegal de los partidos políticos y los delitos contra la Administración pública, conexión que merece ser estudiada con más detenimiento en el apartado dedicado a los concursos.

Para concluir, si tenemos en cuenta que hemos situado el bien jurídico en la protección de la independencia de los partidos políticos en el ejercicio de sus funciones constitucionales recogidas en el art. 6 CE, su ubicación en caso de incluirlo en el Código penal debe ser en un Título independiente a continuación del Título XXI dedicado a los delitos contra la Constitución[264]. Desde mi punto de vista, lo ideal sería que se llevase a cabo una reforma integral del sistema de financiación de los partidos políticos que acabase, en primer lugar, con la dualidad existente entre financiación electoral y ordinaria. En este proceso de reforma del sistema de financiación de los partidos se debería abordar de manera conjunta la regulación del régimen administrativo-sancionador y de los tipos penales relativos a la financiación ilegal de los partidos políticos, estando estos últimos recogidos en el Código penal o en esta nueva ley reguladora de la financiación de los partidos. La diferencia entre su inclusión en el

---

264 Idem.

Código penal o en una ley penal especial es meramente formal, ya que el contenido de los tipos no debe estar condicionado por la disposición en la que finalmente se incluyan, lo realmente importante es que el régimen administrativo-sancionador y las normas penales estén perfectamente coordinadas. Solo a través de esta aproximación conjunta se podrá construir un sistema más coherente, que evite duplicidades o solapamientos entre las infracciones administrativas y las penales, algo que, como veremos más en profundidad, ocurre con la actual tipificación, en la que el legislador ha optado por un tipo penal en blanco, excesivamente dependiente de la regulación administrativa, y que no delimita con suficiente claridad su ámbito de aplicación con respecto al ámbito administrativo-sancionador.

4. Los tipos básicos del 304 bis 1 y 4

"Artículo 304 bis

1. Será castigado con una pena de multa del triplo al quíntuplo de su valor, el que reciba donaciones o aportaciones destinadas a un partido político, federación, coalición o agrupación de electores con infracción de lo dispuesto en el artículo 5.Uno de la Ley Orgánica 8/2007, de 4 de julio, sobre financiación de los partidos políticos.

...

4. Las mismas penas se impondrán, en sus respectivos casos, a quien entregare donaciones o aportaciones destinadas a un partido político, federación, coalición o agrupación de electores, por sí o por persona interpuesta, en alguno de los supuestos de los números anteriores."

El presente apartado está dedicado al estudio de los tipos básicos de financiación ilegal de los partidos políticos: la financiación ilegal pasiva recogida en art. 304 bis.1 y la financiación ilegal activa recogida en el 304 bis.4. Son dos tipos penales distintos, al presentar tanto la conducta típica como los sujetos activos, entre otros aspectos, diferentes. Pero, a su vez, comparten el objeto material o el momento de consumación, ya que estamos ante un delito de encuentro bilateral, lo cual justifica su análisis de forma conjunta. En el desarrollo de este apartado se harán continuas referencias a aquellos aspectos susceptibles de análisis diferenciado, así como a aquellos cuyo contenido es plenamente compartido por ambas figuras.

4.1. TIPICIDAD DE LA CONDUCTA

4.1.1. Tipo objetivo

4.1.1.1. Objeto material

El art. 304 bis, en sus puntos uno y cuatro, recoge los tipos básicos de financiación ilegal de los partidos políticos, cuyos objetos materiales, en principio, son las donaciones o aportaciones ilegales recibidas por un partido político. En este punto es necesario determinar el contenido de ambos conceptos (donaciones y aportaciones) y diferenciarlos.

En lo que respecta a las aportaciones a los partidos políticos debemos remitirnos al artículo 4 de la LOFPP, que en su punto primero establece lo siguiente:

"Uno. Aportaciones de sus afiliados.

Los partidos políticos podrán recibir de acuerdo con sus estatutos, cuotas y aportaciones de sus afiliados."

De esto se desprende que las aportaciones son aquellas contribuciones económicas de los afiliados a favor del partido más allá de su cuota como miembro de este. Estas aportaciones pueden ser tanto en dinero, como en especie, incluyendo bienes inmuebles. En definitiva, el denominador común en el concepto de aportación es que deberán siempre proceder de uno de los afiliados al partido político, coalición, federación o agrupación de electores, mientras que, si procediese de un particular no afiliado, pasaría a considerarse donación[265].

---

[265] MUÑOZ CUESTA, J., *La financiación ilegal de partidos políticos. Estado actual de la cuestión. Examen del nuevo delito de financiación ilegal de partidos políticos*, en línea, disponible en: https://www.fiscal.es/fiscal/PA_WebApp_SGNTJ_NFIS/descarga/Ponencia%20D.%20Javier%20Mu%C3%B1oz%20Cuesta.pdf?idFile=d44d14cf-1636-4c02-85b9-b73034c3e233, consultado por última vez el 21 de agosto de 2019, p. 7.

En el apartado segundo de ese mismo artículo 4 de la LOFPP, se encuentran reguladas las donaciones a los partidos políticos realizadas por particulares, bajo la denominación de donaciones privadas para distinguirlas de las aportaciones provenientes de los afiliados a la formación política. Con carácter general, los partidos políticos pueden recibir donaciones tanto en dinero como en especie[266] (incluyendo la realización de trabajos de manera gratuita), no finalistas, anónimas o revocables, siempre procedentes de personas físicas (no afiliados) y en cumplimiento con el resto de los requisitos establecidos en la LOFPP[267].

---

266 Las donaciones en especie vienen reguladas en el art. 4.2.e LOFPP que establece lo siguiente:
"*Las donaciones en especie se entenderán aceptadas mediante certificación expedida por el partido político en la que se haga constar, además de la identificación del donante, el documento público u otro documento auténtico que acredite la entrega del bien donado haciendo mención expresa del carácter irrevocable de la donación.*
La valoración de las donaciones en especie se realizará conforme a lo dispuesto en la Ley 49/2002, de 23 de diciembre, de Régimen Fiscal de las Entidades sin Fines Lucrativos y de los Incentivos Fiscales al Mecenazgo."

267 La distinción entre aportaciones y donaciones como categorías diferentes realizadas tanto en la LOFPP como en el CP, se mantiene en los Estatutos de las principales formaciones políticas. Así, Los Estatutos Federales del PSOE, aprobados en su 39 Congreso Federal, recogen de manera separada en su artículo 60 dedicado a los recursos económicos las donaciones privadas de las cuotas y aportaciones de los afiliados. En la misma línea, los Estatutos Nacionales del PP, aprobados en su 18 Congreso Popular, recogen de manera separada en su artículo 65 dedicado a los recursos económicos las donaciones privadas de las cuotas y aportaciones de los afiliados.
Estatutos Federales del PSOE: https://www.psoe.es/media-content/2015/04/Estatutos-Federales-39-Congreso-Federal-PSOE-2017.pdf. (consultado el 27/01/2021).
Estatutos Nacionales del PP: https://www.pp.es/sites/default/files/documentos/estatutos_definitivos.pdf (consultado el 27/01/2021).

Volviendo al tipo penal, en un primer momento, podríamos decir que el objeto material de este son las aportaciones y donaciones (entendidas como las acabamos de definir) que contravengan el artículo 5.1 de la LOFPP. En cambio, el mencionado artículo 5.1 solo establece los límites a las donaciones privadas, sin hacer mención alguna a las aportaciones de los afiliados, que, en principio, quedarían por ello excluidas de la órbita del Derecho penal.

Sólo una interpretación extensiva del término "aportación" como sinónimo de "donación" en este contexto podría evitar esta situación. Algo que podría tener fundamento en la propia LOFPP, ya que los artículos 7 y 8 sí utilizan los términos donaciones y aportaciones indistintamente para referirse a cualquier forma de financiación. Sin embargo, salvo en estos dos artículos, la ley mantiene la distinción entre aportaciones y donaciones privadas. Así lo hace, por ejemplo, en el artículo 14 LOFPP, donde regula las obligaciones contables y establece que se debe distinguir en la cuenta de ingresos las cuotas y aportaciones de sus afiliados de las donaciones privadas (entre otras formas de financiación).

Esta distinción entre donaciones privadas y aportaciones de los afiliados se mantiene, por ejemplo, en los estatutos del Partido Popular y del Partido Socialista. En el primero, encontramos en el artículo 65 regulador de los recursos económicos como se diferencia entre cuotas y aportaciones de los afiliados en la letra "c" y las donaciones privadas de cualquier tipo en la letra "e". En el mismo sentido se expresan los estatutos federales del Partido Socialista en su artículo 61, diferenciando entre cuotas y aportaciones de los afiliados en la letra "f" y las donaciones privadas de cualquier tipo en la letra "h".

Considero, pues, por ello, poco plausible y cercana a la vulneración del principio de legalidad una interpretación de donaciones y aportaciones como sinónimos, si bien es cierto que debemos esperar a futuros pronunciamientos judiciales en la materia que clarifiquen la cuestión.

A la vista de lo anterior, las aportaciones realizadas por los afiliados quedarían excluidas del objeto material de este delito[268] (sin perjuicio de las posibles infracciones administrativas aplicables), porque en ningún caso puede una aportación contravenir lo dispuesto en el art. 5.1 de la LOFPP (en el que solo se regulan los límites de las donaciones privadas). Bajo nuestro punto de vista, debemos considerar su inclusión en la literalidad del tipo penal un defecto en su redacción. Cualquier otra interpretación que incluyese las aportaciones en el tipo conduciría a la imposible tarea de concretar cuáles son esas aportaciones ilegales que se encuentran en la órbita del Derecho penal.

Con todo, quedando excluidas del objeto material, las aportaciones de los afiliados podrían convertirse en un instrumento ideal para el encubrimiento de lo que verdaderamente es una donación privada. Es decir, cualquier donante, en búsqueda de evitar la posible responsabilidad penal, podría afiliarse a un partido o utilizar a un afiliado al partido como intermediario para hacer la donación con forma de aportación. En cualquier caso, de probarse dicha conexión, esta aportación la consideraríamos una donación privada encubierta y, por tanto, dentro del objeto material del tipo penal.

Para delimitar definitivamente el objeto material, es decir, cuáles son las donaciones ilegales que castiga el 304 bis, debemos acudir al artículo 5.1 de la Ley Orgánica 8/2007, de 4 de julio, sobre financiación de los partidos políticos al que se remite el tipo. En este artículo se prohíben las siguientes:

"Artículo 5. Límites a las donaciones privadas.

---

268 En esta misma línea se posiciona MUÑOZ CUESTA en: MUÑOZ CUESTA, J., "La financiación ilegal de partidos políticos. Estado actual de la cuestión. Examen del nuevo delito de financiación ilegal de partidos políticos", cit. p. 10.

Uno. Los partidos políticos no podrán aceptar o recibir directa o indirectamente:

a) Donaciones anónimas, finalistas o revocables.

b) Donaciones procedentes de una misma persona superiores a 50.000 euros anuales.

c) Donaciones procedentes de personas jurídicas y de entes sin personalidad jurídica."

En principio, ni este artículo ni el art. 304 bis ponen límite alguno a qué puede ser objeto de donación, admitiendo todo tipo de donaciones tanto en dinero como en especie. Dicho esto, es necesario puntualizar que al límite cuantitativo establecido en el 5.1.b, se le exceptúan las donaciones en especie de bienes inmuebles, siempre que se cumplan los requisitos establecidos en el artículo 4.2, letra e) de la Ley Orgánica 8/2007:

"e) Las donaciones en especie se entenderán aceptadas mediante certificación expedida por el partido político en la que se haga constar, además de la identificación del donante, el documento público u otro documento auténtico que acredite la entrega del bien donado haciendo mención expresa del carácter irrevocable de la donación.".

En consecuencia, las donaciones de bienes inmuebles procedentes de una persona física y superiores los 50.000 no serán delictivas siempre que cumplan con estos requisitos formales. Esto no excluye la posibilidad de que una donación de un bien inmueble pueda ser delictiva en tanto sea anónima, finalista, revocable o proceda de una persona jurídica o ente sin personalidad jurídica. Igualmente queda excluido de lo que podemos entender por donación tanto las operaciones asimiladas como los acuerdos sobre condiciones de deuda, reguladas en el art. 4 de la LOFPP, en sus puntos 3 y 4. Estas dos últimas modalidades de financiación serán objeto de análisis en el apartado 4.1.3., dedicado a aquellas conductas de financiación ilegal que no han sido incluidas en el tipo penal.

Volviendo al análisis del art. 5.1 LOFPP, se pueden distinguir tres modalidades: las donaciones anónimas, finalistas o revocables; las donaciones procedentes de un mismo donante (persona física) superiores a 50.000 euros anuales; y, por último, las donaciones donde el donante es una persona jurídica o un ente sin personalidad jurídica.

Respecto a las primeras, las donaciones anónimas, finalistas o revocables, el artículo 5.1 de la LOFPP, que ha acabado siendo la base del tipo de financiación ilegal, se ha ido ampliando progresivamente desde la aprobación de esta ley[269]. En el texto original, publicado el 5 de julio de 2007, se prohibieron de manera definitiva las donaciones anónimas, que sí estaban permitidas, aunque con ciertos límites, por la anterior Ley de financiación de partidos políticos del año 1987. Finalmente, no fue hasta la reforma del año 2012 cuando se introdujo la prohibición de que las donaciones pudieran revocarse o tener carácter finalista, prohibición que trae su razón de ser en la intención de impedir que las donaciones privadas se realicen, tanto por personas físicas como jurídicas, con el objetivo de obtener un trato ventajoso de la administración una vez el partido financiado alcance el poder o, si este ya lo detenta, de manera inmediata[270].

La siguiente modalidad de donación prohibida es la procedente de una persona física en cuantía superior a 50.000 euros. Este nuevo límite se introdujo en la última reforma realizada a la LOFPP en el año 2015, sustituyendo al anterior situado en 100.000 euros. Es recurrente el debate de si este tipo de límites cuantitativos son verdaderamente deseables, introduciéndolos además tanto en la vía administrativa como en la penal, más si cabe si tenemos en

---

269 JIMÉNEZ SÁNCHEZ, F. "Escándalos de corrupción y defectos de la financiación de los partidos en España: situación actual y propuestas", en *Studia politicae*, n. 12, 2007, pp. 88.

270 JAVATO MARTÍN, A.M., "De los delitos de financiación ilegal de los partidos políticos:(artículos 304 bis y 304 ter)", cit., p. 721.

cuenta los medios de los que disponen los partidos para eludir dichos límites; es por esto por lo que algunos abogan por ampliar la posibilidad de las donaciones privadas, pero a su vez aumentando las medidas de transparencia, publicidad y control[271].

La principal vía, o al menos la más directa, por la que los partidos políticos pueden evitar este límite cuantitativo es la ya mencionada excepción recogida para las donaciones de bienes inmuebles. Siendo esta la vía principal, no es la única; los partidos también pueden evitar este límite a través de las donaciones a las fundaciones y entidades vinculadas o dependientes de ellos. En la disposición adicional séptima de la LOFPP, donde se regulan las donaciones que pueden recibir estas fundaciones y entidades vinculadas, se establece que éstas estarán sometidas a los límites y requisitos previstos para los partidos políticos, si bien no será de aplicación lo previsto en el artículo 5.1, letras b) y c), es decir, no están sujetas a ese límite de 50.000 euros que se aplica a las donaciones a los partidos. Igualmente hay que señalar que solo entran en el objeto material las donaciones realizadas en periodo no electoral[272], ya que el tipo penal solo se refiere a la LOFPP. Por lo tanto, las donaciones que se produzcan en periodo electoral,

---

271 En este sentido, PUENTE ABA, L.M.; *El delito de financiación ilegal de Partidos Políticos,* cit., pp. 71 y ss., recoge este debate y cuestiona las prohibiciones establecidas por la LOFPP y se inclina por un sistema más basado en medidas de transparencia y publicidad y no tan enfocado en las prohibiciones/límites a las aportaciones privadas a los partidos.

272 Como ya hemos tratado en el capítulo dedicado al sistema de financiación de los partidos políticos español, uno de sus principales problemas es la dualidad normativa. Por un lado, encontramos la LOFPP, que regula la financiación de los partidos políticos para su funcionamiento habitual y, por otro, tenemos la LOREG, que regula la financiación de los partidos políticos en periodo electoral. Esto provoca que muchos de los límites y prohibiciones establecidos pierdan eficacia al no estar homogeneizados en ambas normas, defecto que se traslada al tipo penal y que sería fácilmente resuelto unificando la normativa en un solo texto.

aun superando el límite establecido en la LOREG de 10.000 euros, podrán ser consideradas ilegales (en incumplimiento de la LOREG), pero incluso superando los 50.000 euros serán penalmente atípicas al no estar en el ámbito de aplicación de la LOFPP. En consecuencia, el límite cuantitativo acaba perdiendo su eficacia ante el fácil acceso a estas vías de obtención de recursos privados sin la necesidad de atender al límite legal establecido.

También en la reforma de 2015 se introdujo la prohibición de recibir donaciones procedentes de personas jurídicas o entes sin personalidad jurídica. Con esta prohibición se pretende evitar que grandes empresas, que son las que tendrían mayor capacidad para realizar aportaciones importantes, se constituyan como grupos de influencia capaces de ejercer presión sobre las distintas administraciones para condicionar su toma de decisiones. Al igual que ocurre con el límite cuantitativo, no hay consenso[273] en la idoneidad de esta prohibición, y menos aún en su inclusión en el Código penal. Algunos autores[274] consideran que para evitar esta posible influencia que podrían llegar a tener las empresas

---

[273] Encontramos por ejemplo a ALMAGRO CASTRO, que en: ALMAGRO CASTRO, D. "A vueltas con la financiación de los partidos en España: la LO 8/2007 y las reformas de octubre de 2012 y marzo de 2015", en *Estudios de Deusto,* enero-junio 2015, pp. 200, ss., se manifiesta completamente en contra de permitir la financiación de los partidos políticos por parte de entidades privadas ya que esta sólo puede traer consigo una indeseable influencia en las decisiones públicas no admisible en una democracia. En cambio, en el extremo opuesto se encuentra SANTANO, que en su obra SANTANO, A. C.; *La Financiación de los partidos políticos en España,* pp. 197-203, ya citada en varias ocasiones, afirma que esta influencia, indeseable o no, ya existe de facto, y es preferible aumentar la transparencia y el control de las vías de financiación de los partidos que establecer prohibiciones que, en última instancia, empujan a los mismos a buscar recursos más allá de lo legalmente permitido.

[274] Por ejemplo, SANTANO, A. C.; *La Financiación de los partidos políticos en España,* cit., pp. 197-203.

donantes sería mejor, una vez más, impulsar medidas de publicidad, trasparencia y control, al considerarlas más efectivas que la prohibición y la criminalización de estas donaciones.

Esta posición se ve respaldada por los vacíos legales que siguen permitiendo a las empresas realizar aportaciones a los partidos políticos. En primer lugar, destaca que esta prohibición solo está recogida en la LOFPP y no en la LOREG, por lo que las empresas si pueden hacer donaciones para financiar las campañas electorales de los partidos, todo esto teniendo en cuenta la mencionada dificultad para diferenciar la contabilidad electoral de la dedicada a la actividad habitual del partido. A esto, he de añadir que, en base a la misma cláusula a la que se ha hecho referencia anteriormente, a las fundaciones y entidades vinculadas a los partidos políticos no les es aplicable la prohibición de las donaciones procedentes de personas jurídicas privadas (si de entes o empresas públicas). El único requisito que deben cumplir para recibir donaciones de personas jurídicas es su formalización mediante acuerdo adoptado en debida forma por el órgano o representante competente, haciendo constar, de forma expresa, el cumplimiento de las previsiones de la ley, y debiendo formalizarse en documento público en caso de que sean de carácter monetario y por importe superior a 120.000 euros, quedando fuera de cualquier tipo de límite cuantitativo las donaciones en especie a una fundación. Por lo tanto, las personas jurídicas siguen pudiendo realizar aportaciones a los partidos sin caer en ilegalidad alguna restando eficacia tanto a la prohibición en el ámbito administrativo como, en consecuencia, al tipo penal.

4.1.1.2. Sujeto activo y pasivo

A pesar de que, en principio, parecen tener una estructura similar, los delitos de financiación ilegal activa y pasiva presentan importantes diferencias en cuanto al sujeto activo se refiere.

Comenzando con el sujeto activo en el delito de financiación ilegal activa del 304 bis 4, en este precepto, ese sujeto viene identificado como "quien…", fórmula que, en principio, permite que lo sea cualquiera. En este sentido, la doctrina[275] considera que nos encontramos ante un delito común al no requerir el tipo ninguna característica particular en el sujeto activo, castigando simplemente el hecho de realizar una donación ilegal con independencia de quien la realiza.

Dicho esto, es oportuno recordar lo indicado con respecto al objeto material en este delito[276]. La conclusión de dicho apartado era que las aportaciones de los afiliados, dada la configuración del tipo, eran penalmente atípicas. En consecuencia, podemos afirmar que los afiliados quedan excluidos como potenciales sujetos activos del delito de financiación ilegal de los partidos políticos en su vertiente activa. Por lo tanto, será sujeto activo de financiación ilegal activa cualquier persona que entregue donaciones ilegales a un partido político exceptuando a sus afiliados. Una exclusión que no es óbice para mantener afirmando su naturaleza de delito común.

Ahora pasamos a la financiación ilegal pasiva, cuyo sujeto activo viene identificado como "el que…", una fórmula que, de nuevo, parece admitir a cualquiera. En cambio, su categorización ha generado mayor controversia, pudiendo encontrar tanto auto-

---

275 Sobre este punto no hay dudas y todos los autores se pronuncian en este sentido. Por ejemplo: ODRIOZOLA GURRUTXAGA, M. "La regulación penal de la financiación ilegal de los partidos políticos", cit., pp. 117 o MACÍAS ESPEJO, B. "Sobre la incriminación de la financiación ilegal de partidos políticos en el artículo 304 bis del Código Penal", cit., p. 136.

276 Vid más en Cap. 2 apdo. 4.1.1.

res que consideran que estamos ante un delito especial[277], como a autores que consideran que estamos ante un delito común[278].

En defensa de que estamos ante un delito común encontramos a MACÍAS ESPEJO[279], quien afirma que tanto la modalidad de financiación ilegal activa como la pasiva son delitos comunes que no requieren cualidad específica alguna para ser sujeto activo. Si bien es cierto que se plantea la posibilidad de que sea un tipo especial en su modalidad pasiva, señala que el precepto no exige expresamente cualidad alguna en el sujeto receptor de la donación ilícita, ya que simplemente castiga a quien "*reciba donaciones o aportaciones destinadas a un partido político, federación, coalición o agrupación de electores*". El único requisito exigido es que la donación vaya dirigida al partido político, dejando la puerta abierta a que un tercero no vinculado de manera directa al partido pueda recibir la donación, donación cuyo destino final debe ser partido político y que debe ser trasladada al mismo. En definitiva, con esta interpretación, entraría en la categoría de sujeto activo tanto el miembro del partido que recibe la donación ilícita incorporándolo al patrimonio de este, como el intermediario que recibe la donación cuyo destino final es la formación política.

---

277 En esta línea: ODRIOZOLA GURRUTXAGA, M. "La regulación penal de la financiación ilegal de los partidos políticos", cit., pp. 117 y ss, MUÑOZ CUESTA, J., *La financiación ilegal de partidos políticos. Estado actual de la cuestión. Examen del nuevo delito de financiación ilegal de partidos políticos,* cit. p. 10 o JAVATO MARTÍN, A.M. "El delito de financiación ilegal de los partidos políticos (arts- 304 bis y 304 ter CP)", cit., p. 34. entre otros.

278 En este sentido: MACÍAS ESPEJO, B. "Sobre la incriminación de la financiación ilegal de partidos políticos en el artículo 304 bis del Código Penal", cit., p. 136 o PUENTE ABA, L.M.; *El delito de financiación ilegal de Partidos Políticos,* cit., p. 94.

279 MACÍAS ESPEJO, B. "Sobre la incriminación de la financiación ilegal de partidos políticos en el artículo 304 bis del Código Penal", cit., p. 136.

En contraposición, tenemos a esos autores que defienden la calificación de delito especial para la financiación ilegal pasiva. Sin entrar en profundidad en el concepto de tipo especial, podríamos definirlo como aquella clase de tipo penal que se distingue porque la conducta típica solo será imputable a título de autor si es realizada por un sujeto que posee las condiciones especiales que requiere el propio tipo. Un ejemplo de delito especial sería el delito de malversación de caudales públicos del art. 432 CP, donde se requiere el carácter de autoridad o funcionario público para ser autor del delito. De acuerdo con esta interpretación, para tener la consideración de autor el sujeto ha de ser una persona que ostente una posición dentro del partido que le otorgue la capacidad de recibir dicha financiación en nombre y a favor de este. En definitiva, debe ser una persona que represente legalmente a la formación política. El sujeto que nos viene en mente de forma inmediata es el responsable de la gestión económico-financiera del partido, pero no es el único miembro del partido que puede ser autor de esta modalidad típica, también podrían serlo el presidente, el secretario o cualquier otro miembro con capacidad suficiente como para incorporar esta financiación ilícita al patrimonio de la formación política[280]. En este sentido se pronuncia, por ejemplo, ODRIOZOLA GURRUTXAGA[281] que, si bien señala la ambigüedad de la redacción del tipo penal, se acaba decantando por calificarlo como delito especial.

Bajo nuestro punto de vista, el delito de financiación ilegal pasiva encaja mejor en la categoría de delitos de propia mano, aun reconociendo que se trata de una categoría cuya definición no es pacífica.

---

[280] Sobre este mismo aspecto se hace referencia en el Cap. 2 apto. 4.1.2. dedicado a la tipicidad de la conducta, cuando hablamos sobre el sujeto activo.

[281] ODRIOZOLA GURRUTXAGA, M. "La regulación penal de la financiación ilegal de los partidos políticos", cit., pp. 117 y ss

Sobre lo que sean los delitos de propia mano, encontramos a autores que parecían vincular la categoría de delito de propia mano a aquellos que exigen una ejecución material directa, una realización corporal de la conducta típica. En esta línea, ROXIN[282] afirmaba que son delitos en los que "*sólo fundamenta la autoría el llevar a cabo personalmente la acción típica*"; HERNÁNDEZ PLASENCIA[283], por su parte, los definía como aquellos delitos en los que "*el tipo exige la realización de una acción determinada y sólo el que se encuentre en posición de ejecutarla inmediata y corporalmente, por sí mismo, puede ser sujeto activo o autor en sentido estricto de la acción descrita en el tipo legal*".

Sin embargo, junto a los anteriores, otros autores, al lado de los que nos posicionamos, tienen una perspectiva más amplia de lo que significa un delito de propia mano. A esos delitos que requieren de una ejecución personal y corpórea, añaden aquellos en los que es el propio injusto el que requiere de una condición jurídica particular en el autor, sin la cual el bien jurídico no puede ser dañado[284]. En este sentido, GÓMEZ RIVERO[285] considera que "*junto a la tradicional concreción de esta exigencia conforme a una contemplación meramente ontológica de la conducta, los delitos de propia mano se prestan a comprenderse en un segundo sentido. Éste consistiría tan sólo en reconocer que los mismos, por contemplar una determinada dinámica comisiva, exigen que el hecho guarde una singular vinculación normativa con quien se haga responder por ellos, con independencia de que realice la conducta de forma mediata o inmediata, de manera activa u omisiva*".

---

282 ROXIN, C., *Autoría y dominio del hecho en Derecho penal*, trad. De la sexta edición alemana por CUELLO CONTRERAS, J. y SERRANO GONZÁLEZ DE MURILLO, J.L. Madrid-Barcelona, 1998, p. 433

283 HERNÁNDEZ PLASENCIA, L.U., *La autoría mediata en Derecho penal*, Granada, 1996, p. 286

284 HERZBERG, R.D, "Eigenhändige Delikte", en *ZStW* 1970, pp. 921 y ss, citado en GÓMEZ RIVERO, C. "¿Queda algo aún de los llamados delitos de propia mano?", en *Revista penal*, n. 18, 2006, p. 106

285 GÓMEZ RIVERO, C. "¿Queda algo aún de los llamados delitos de propia mano?", cit., p. 106.

Partiendo de este concepto más amplio de delito de propia mano, parece evidente que el delito de financiación ilegal pasiva encaja mejor en esta definición que en la de delito especial, ya que el tipo no exige unas cualidades determinadas en el sujeto activo, pero el hecho típico si requiere implícitamente una especial vinculación normativa del sujeto con el partido político, concretamente que el sujeto activo tenga capacidad suficiente para incorporar fondos al patrimonio del partido.

El hecho de considerar la financiación ilegal pasiva como delito de propia mano tiene importantes consecuencias prácticas que desarrollaremos en el apartado relativo a autoría y participación.

A diferencia de lo que sucede con el sujeto activo, el sujeto pasivo sí es el mismo en los delitos de financiación activa y pasiva, ya que comparten el mismo bien jurídico protegido. Como veíamos anteriormente, el bien jurídico protegido por estos delitos podemos identificarlo con las funciones constitucionales de los partidos políticos, tratándose, así, de un bien jurídico colectivo cuya titularidad corresponde a la sociedad en su conjunto, por lo que el sujeto pasivo en estos delitos sería la colectividad en general.

4.1.1.3. Conductas típicas

El art. 304 bis 1 del Código penal recoge el tipo básico de financiación ilegal pasiva describiendo la conducta como aquel que reciba donaciones o aportaciones destinadas a un partido político, federación, coalición o agrupación de electores con infracción de lo dispuesto en el art. 5.1 LOFPP. El 304 bis 4, por su parte, tipifica la entrega de donaciones o aportaciones en los mismos términos. Se trata de tipos que castigan diversas modalidades de financiación privada contrarias a la LOFPP, bastando sólo una de ellas para entender realizada la conducta típica, y sin que la contravención de más de una de las prohibiciones recogidas en la norma administrativa comporte la realización de una pluralidad de hechos típicos (p.ej. una donación procedente de una persona jurídica superior a 50.000 euros).

En cualquiera de los dos casos se plantea el problema de si nos encontramos ante tipos de mera actividad o de resultado. En este sentido encontramos autores como PÉREZ RIVAS[286], MACÍAS ESPEJO[287] o SÁINZ-CANTERO CAPARRÓS[288], que exigen la recepción efectiva de lo donado por el donatario o por un tercero autorizado para la perfección del delito[289]. Siendo esta la corriente mayoritaria, también podemos encontrar otros autores como JAVATO MARTÍN[290] o JAÉN VALLEJO[291] que catalogan estas modalidades típicas como de mera actividad.

---

[286] PÉREZ RIVAS, N.; *El delito de financiación ilegal de los partidos políticos en el Código Penal español: regulación y propuestas de lege ferenda*, Documento para su presentación en el VIII Congreso Internacional en Gobierno, Administración y Políticas Públicas GIGAPP. (Madrid, España) del 25 al 28 de septiembre de 2017, p. 11

[287] MACÍAS ESPEJO, B. "Sobre la incriminación de la financiación ilegal de partidos políticos en el artículo 304 bis del Código Penal", en *Cuadernos de Política Criminal*, n. 119, II, Época II, septiembre 2016, p. 133

[288] SÁINZ-CANTERO CAPARRÓS, J.E., "Los delitos de financiación ilegal de partidos políticos", cit., pp. 659-689.

[289] Apoya la tesis de que estamos ante un delito de resultado la interpretación que se ha dado en Italia a su delito de financiación ilegal (que desarrollaremos más adelante) también definido con los verbos entregar ("*corrispondere*") y recibir ("*ricezione*"). De esta forma lo ha interpretado la Suprema Corte italiana, siempre requiriendo la bilateralidad de la conducta típica para considerar que se ha consumado el delito. En este sentido encontramos: Cass., sez. III 17 aprile 1996, in Cass. Pena., 1997, p. 1887, n. 1136. En el mismo sentido se ha expresado la doctrina: SPAGNOLO, G.; *I reati di illegale finanziamento dei partiti politici*, Ed. CEDAM-Casa Editrice Dott. Antonio Milani, Padova, 1990, p. 69

[290] JAVATO MARTÍN, A.M. "El delito de financiación ilegal de los partidos políticos (arts- 304 bis y 304 ter CP)", cit., p. 33

[291] JAÉN VALLEJO, M. *La reforma penal de 2015. Análisis de las principales reformas introducidas en el Código Penal por las Leyes Orgánicas 1 y 2/2015, de 30 de marzo.* Ed. Dykinson, Madrid, 2015, p. 175.

Particularmente, entiendo necesaria la trasmisión efectiva de lo donado (en el caso de la entrega) y su disponibilidad por el donatario[292] (en el caso de la recepción) para la consumación del delito[293], por lo que nos encontraríamos ante delitos de resultado tanto en una modalidad típica como en la otra.

Estamos, asimismo, ante leyes penales en blanco, es decir, es una norma de carácter extrapenal la que va a determinar uno de los aspectos más importantes del comportamiento típico[294]: qué donaciones van a considerarse típicas. Más concretamente, en virtud de lo establecido en este artículo 5.1 de la LOFPP, será constitutivo del delito de financiación ilegal de los partidos políticos recibir (financiación ilegal pasiva) o entregar (financiación ilegal activa) donaciones:

- Anónimas, finalistas o revocables
- Procedentes de una misma persona superiores a 50.000 euros anuales
- Procedentes de personas jurídicas y entes sin personalidad jurídica

Antes de pasar a otros aspectos de la tipicidad, considero necesario determinar si esta remisión a una norma extrapenal, en definitiva, estos tipos penales en blanco se adecúan a los requisitos establecidos por la Jurisprudencia del Tribunal Constitucional para su admisibilidad en interpretación del principio de legalidad penal establecido en el artículo 25.1 de la Constitución.

---

292 SÁINZ-CANTERO CAPARRÓS, J.E., "Los delitos de financiación ilegal de partidos políticos", cit., pp. 659-689.

293 Este aspecto será desarrollado en el apartado dedicado al Iter criminis

294 MAROTO CALATAYUD, M.; *La financiación ilegal de los partidos políticos. Un análisis político-criminal,* cit., pp. 760-762

Con carácter general, una ley penal en blanco[295] es aquella que se remite a otra disposición del ordenamiento jurídico, normalmente de rango inferior, para completar o concretar el contenido de un supuesto de hecho. Las leyes penales en blanco pueden conllevar problemas de constitucionalidad por no respetar el principio de legalidad cuando la remisión se hace a leyes ordinarias o, más aún, en caso de remitirse a normas aún de rango inferior (por ejemplo, reglamentario), dejando parte del contenido del tipo penal lejos del control del legislador o sin someterlo a las mayorías cualificadas que requiere la Ley Orgánica como instrumento formal al que debe recurrirse a la hora de limitar derechos fundamentales.

El Tribunal Constitucional ha establecido a través de numerosas sentencias[296] los requisitos de constitucionalidad de las leyes penales en blanco[297]:

a) El reenvío normativo debe ser expreso y estar justificado en base al bien jurídico protegido por el tipo penal

b) El tipo penal debe contener la pena y el núcleo esencial de la prohibición.

---

295 REBOLLO VARGAS define los tipos penales en blanco como "normas penales incompletas que no describen agotadoramente la correspondiente conducta o si consecuencia jurídico-penal, sino que se remiten para su integración a otras normas distintas, que pueden ser incluso de carácter reglamentario" en REBOLLO VARGAS, R. "La polémica en el delito de financiación de partidos políticos: las puertas continúan abiertas", en *Estudios penales y criminológicos*, vol. 38, 2018, p. 71.

296 Por ejemplo: STC 127/1990, FJ 5, de 5 de julio o STC 283/2006, de 9 de octubre, FJ 3.

297 Vid. BRANDRIZ GARCÍA, J.A., "La problemática de las normas penales en blanco", en AAVV/ FARALDO CABANA, P. (Dir.); *Ordenación del territorio, patrimonio histórico y medio ambiente en el Código penal y la legislación especial*, Ed. Tirant lo Blanch, Valencia, 2011, pp. 106-119, donde se estudian, tanto desde el punto de vista teórico como desde el punto de vista práctico, los problemas suscitados por las leyes penales en blanco.

c) Se debe cumplir la exigencia de certeza y concreción del tipo, en tanto la conducta esté suficientemente precisada, quedando la norma extrapenal como un complemento indispensable al que se remite el tipo, de modo que los ciudadanos puedan conocer de antemano los comportamientos que están prohibidos y actuar en consecuencia.

En lo que respecta al rango de la norma de complemento del tipo penal, el Tribunal Constitucional ha sido inequívoco al afirmar que la Constitución no impone que el complemento de la ley penal en blanco deba tener carácter de ley o de Ley Orgánica. Se trata, por tanto, de una decisión que depende del legislador, concluyendo el propio Tribunal que no existe una reserva de Ley Orgánica para el complemento de los tipos penales en blanco[298]. Por lo tanto, para afirmar la constitucionalidad o no del recurso a una ley penal en blanco en la materia objeto de estudio es indiferente que la norma a la que se remita sea una Ley Orgánica, como ocurre en este caso con la LOFPP, o sea una de norma de rango inferior. Lo que va a determinar dicha constitucionalidad es que el reenvío se ajuste a los requisitos establecidos por el Tribunal Constitucional.

Por lo que respecta al primero de estos requisitos, el reenvío normativo se ha realizado de manera expresa, por lo que no hay problemas de constitucionalidad en este aspecto. Tampoco los hay en relación con su justificación desde la perspectiva del bien jurídico, dando respuesta a una necesidad de tutela que debe ser, al mismo tiempo, respetuosa con el principio de mínima intervención del Derecho penal dejando extramuros del mismo conductas que han de quedar reservadas al Derecho administrativo sancionador.

Sí es cuestionable, por el contrario, que se cumpla en ambos apartados del 304 bis el segundo de los requisitos exigidos por el

---

298 STC 118/1992. De 16 de septiembre, FJ 2.

Tribunal Constitucional: la inclusión en el tipo penal del núcleo esencial de la prohibición. El primero de ambos tipos se remite íntegramente al artículo 5.1 de la LOFPP, sin más precisión añadida que la de recibir donaciones o aportaciones prohibidas por este artículo. Y otro tanto cabe decir respecto al 304 bis 4, si bien en este caso la conducta es la de entregar. No cabe duda de que se trata de una Ley Orgánica, y de que es el Parlamento el que acaba definiendo la conducta en su totalidad, pero no es menos cierto que es una norma de carácter administrativo la que dota de contenido al tipo, ya que la norma de reenvío apenas hace precisión alguna sobre la lesión o puesta en peligro del bien jurídico. Pese a todo, lo cierto es que tanto los verbos rectores de ambos tipos (entregar y recibir donaciones), como la pena asociada a su comisión están contempladas en la norma penal, por lo que se puede afirmar que este requisito también concurriría. En este mismo contexto, en lo que respecta al tercer requisito, podemos afirmar, sin embargo, que el 304 bis apenas satisface la exigencia de certeza y concreción del tipo al no quedar la conducta suficientemente precisada en el tipo penal, no siendo posible conocer de antemano qué comportamientos son los que están realmente prohibidos. Si a ello le añadimos el escaso número de conductas prohibidas por la normativa extrapenal y que la estabilidad de dicha normativa (a diferencia de lo que ocurre en otras materias en las que también se recurre a la ley penal en blanco), habrían permitido al legislador incorporarlas directamente al tipo sin mayor dificultad, no resulta extraño que consideremos cuestionable la necesidad de acudir a esta técnica legislativa y, por ende, su propia constitucionalidad[299].

---

299 Así también, REBOLLO VARGAS, R. "La polémica en el delito de financiación de partidos políticos: las puertas continúan abiertas", cit. pp. 74 y ss., para el que existen "dudas sobre la constitucionalidad de la actual tipificación del delito de financiación ilegal de los partidos políticos".

Esta remisión a la LOFPP ha provocado, al menos en principio, una colisión normativa[300] entre los arts. 304 bis 1 y 4 y el art. 17.2 de la citada Ley Orgánica, donde se regulan las infracciones administrativas muy graves, colisión que podría haber llegado a producir situaciones de infracción del principio *ne bis in ídem* que evita el propio legislador con la introducción de una cláusula en el 17.1 LOFPP, que establece de manera expresa el carácter subsidiario de la sanción administrativa frente a la penal:

"Artículo 17. Infracciones.

Uno. Sin perjuicio de las responsabilidades legales de cualquier índole que se deriven de lo dispuesto en el ordenamiento jurídico en general y de lo preceptuado en esta ley en particular, el Tribunal de Cuentas acordará la imposición de sanciones al partido político que cometa alguna de las infracciones que se tipifica en este artículo, siempre que no constituyan delito."

Salvaguardado el *ne bis in ídem*, la necesidad de delimitar la infracción penal de la administrativa trae su razón de ser en la necesidad de delimitar el propio campo aplicativo del 304.

Sobre este asunto, MAROTO CALATAYUD, describe esta colisión normativa como un solapamiento exacto, provocado por el legislador, entre las infracciones administrativas recogidas en la LOFPP y el tipo penal del 304 bis. Eso sí, puntualiza que el sujeto activo de estos comportamientos ilícitos es diverso, ya que la infracción administrativa está exclusivamente dirigida a los partidos políticos, mientras que el sujeto activo del 304 bis será una persona física (sin perjuicio de lo previsto en el 304 bis. 5)[301].

En esta misma línea, OLAIZOLA NOGALES critica la inexistencia de elementos suficientes de diferenciación entre el ilícito

---

300 MACÍAS ESPEJO, B. "Sobre la incriminación de la financiación ilegal de partidos políticos en el artículo 304 bis del Código Penal", cit., pp. 132-137.

301 MAROTO CALATAYUD, M., "Financiación ilegal de partidos políticos", en AAVV/QUINTERO OLIVARES (Dir.); *Comentarios a la reforma penal de 2015*, Thomson Reuters Aranzadi, 2015, pp. 761 y ss.

penal y el administrativo, aunque reconoce que no existe un problema real de *bis in ídem* debido a la cláusula del 17.1 LOFPP[302].

La realidad es que un ilícito penal no debería consistir en la mera infracción de un precepto administrativo, ya que el comportamiento típico debería suponer una mayor afectación al bien jurídico protegido que la que supone las conductas recogidas en la infracción administrativa. En este caso, podemos afirmar que la afectación al bien jurídico protegido por las conductas tipificadas en el tipo penal y en las infracciones administrativas es muy similar, lo que hace al menos cuestionable la oportunidad de la tipificación penal de estas conductas[303].

En todo caso, en aras de hacer una interpretación completa y precisa del tipo penal, debemos tener en cuenta este art. 17.2 de la LOFPP[304], donde se recogen las infracciones calificadas como

---

302 OLAIZOLA NOGALES, I., "Las reformas legales relacionadas con la financiación de los partidos políticos", en AAVV/JAREÑO LEAL (Dir.); *Corrupción pública, prueba y delito cuestiones de libertad e intimidad*, Thomson Reuters Aranzadi, 2015, p. 275.

303 Vid más en REBOLLO VARGAS, R. "La polémica en el delito de financiación de partidos políticos: las puertas continúan abiertas", cit. pp. 76 y ss.

304 *Artículo 17. Infracciones.*
Dos. Serán consideradas infracciones muy graves:
a) La aceptación de donaciones o aportaciones que contravengan las limitaciones o requisitos establecidos en los artículos 4, 5, 7 y 8. Tendrán idéntica calificación la asunción, por terceras personas, de los gastos del partido en los términos indicados en el artículo 4.tres, así como aquellos acuerdos sobre condiciones de deuda que infrinjan la prohibición contenida en el artículo 4.cuatro.
b) La superación por los partidos políticos, en un diez por ciento o más, de los límites de gastos electorales previstos en la Ley Orgánica 5/1985, de 19 de junio, del Régimen Electoral General, sin perjuicio de lo establecido en el artículo 134 de dicha Ley.
c) El incumplimiento durante dos ejercicios consecutivos o tres alternos de la obligación de presentar las cuentas anuales en el plazo previsto en el artículo 14. Seis o la presentación de cuentas incompletas o deficientes que impidan al Tribunal de Cuentas llevar a cabo su cometido fiscalizador.

muy graves. En términos de conducta, la infracción administrativa es más precisa a la hora de describir los hechos típicos: ésta se refiere a la aceptación de la donación prohibida, al hecho de mostrar aquiescencia en torno a la misma como un acto previo al de su recepción. En cambio, el tipo penal habla de recepción, propiamente hablando, lo que exige la trasmisión efectiva de la donación y la disponibilidad material de lo donado[305]. Es por esto por lo que decimos estar ante un delito de resultado, en tanto necesita de la recepción efectiva por el donatario (o un tercero autorizado) para la perfección del delito. En definitiva, podemos afirmar que la aceptación de la donación por parte del partido político constituirá una infracción grave del art. 17.2 LOFPP, mientras que para la comisión del delito será necesaria la recepción efectiva de lo donado.

En esta línea, se puede llegar a la conclusión de que estos preceptos sancionan tanto conductas diferentes como a sujetos diferentes. Por un lado, el art. 17.2 de la LOFPP solo está enfocado a sancionar las posibles conductas ilícitas llevadas a cabo por un partido político, en este caso, la aceptación de donaciones ilícitas (entendiendo por ilícitas solo aquellas que contravengan las limitaciones o requisitos establecidos en los artículos 4, 5, 7 y 8). En cambio, el 304 bis castiga a quien recibe de manera efectiva (y a quien entrega) la donación, por lo tanto, se tratan de personas físicas que, como más adelante desarrollaremos, deben tener capacidad para recibir la donación en nombre del partido (todo esto sin perjuicio de lo establecido en el 304 bis. 5).

No nos encontramos con este problema en el caso de la entrega de la donación. La LOFPP solo recoge un sistema de infracciones y sanciones administrativas para los partidos políticos y sus miembros, pero no para los particulares o empresas que realicen donaciones a los mismos. Por lo tanto, el comportamien-

---

305 SÁINZ-CANTERO CAPARRÓS, J.E., "Los delitos de financiación ilegal de partidos políticos", cit., pp. 659-689.

to equivalente a aceptar la donación, que sería el de ofrecerla, no tendrá consideración ni de infracción administrativa ni de ilícito penal, ya que, en principio, y a falta de jurisprudencia en la que apoyar esta afirmación, no cabría considerar el ofrecimiento como un acto que inicie la ejecución del delito[306].

En cualquier caso, las donaciones ilícitas deben estar "*destinadas a un partido político, federación, coalición o agrupación de electores*". Antes de definir de manera diferenciada la conducta típica de financiación ilegal activa y pasiva paso a analizar, desde un punto de vista formal, cuando estamos ante un partido político, una federación, una coalición y una agrupación de electores y cuáles son las diferencias entre los mismos ya que estos deben ser los destinatarios de la donación ilícita. Este es un elemento importante de la conducta típica común a ambos tipos de conducta, ya que exclusivamente cuando el destinatario final de la donación sea uno de estos sujetos podremos estar ante un delito de financiación ilegal de los partidos políticos.

Lo primero, hay que decir que ni la LOREG, ni la LOFPP, ni la LO 6/2002, de 27 de junio, de Partidos Políticos define expresamente que debemos entender por federaciones, confederaciones y uniones de partidos[307]. Si bien es cierto que LO 6/2002, de 27 de junio, de Partidos Políticos, en su artículo 1.3[308], otorga a los partidos políticos la facultad de constituir federaciones, confederaciones y uniones de partidos, previo acuerdo expreso de los órganos competentes del partido y en cumplimiento de lo previsto en ella.

---

306 Sobre esta cuestión, PUENTE ABA, L.M.; *El delito de financiación ilegal de Partidos Políticos,* cit., pp. 74-77

307 JAVATO MARTÍN, A.M. "El delito de financiación ilegal de los partidos políticos (arts.- 304 bis y 304 ter CP)", cit., pp. 28 y ss.

308 *"Artículo 1. Libertad de creación y afiliación… 3. Los partidos políticos podrán constituir e inscribir federaciones, confederaciones y uniones de partidos mediante el cumplimiento de lo previsto en el presente capítulo y previo acuerdo expreso de sus órganos competentes."*

Más allá de esto, no se puede obtener una definición de los textos legales que regulan la actividad de los partidos políticos, por lo tanto, debemos extraer sus notas características de la práctica política, ya que los partidos han hecho uso de estas figuras durante los años[309].

Por una parte, las federaciones y las confederaciones, que solo se diferencian en el mayor tamaño de las segundas, constituyen uniones de partidos de carácter permanente en el tiempo, que se dotan además de sus propios órganos, independientes de aquellos de los partidos que las componen[310]. Como ejemplos recientes de federaciones encontramos a la ya extinta Convergencia y Unió, que estaba integrada por Unión Democrática de Cataluña y Convergencia Democrática de Cataluña.

Por otra parte, encontramos las coaliciones que, al contrario de las federaciones y las confederaciones, se caracterizan por su temporalidad. Las coaliciones se caracterizan por carecer de una estructura estable y diferenciada de aquella de los partidos que la compone y están normalmente vinculadas a un proceso electoral[311]. Un ejemplo de coalición de partidos que se ha producido varias veces en nuestro país es la constituida en Navarra entre Unión del Pueblo Navarro y el Partido Popular o, en las elecciones generales celebradas el 28 de abril del 2019, encontramos Unidas Podemos, coalición formada por Izquierda Unida y Podemos.

En último lugar, las agrupaciones de electores son uniones temporales de personas físicas que se constituyen como sujeto político para un proceso electoral específico[312]. Es decir, en caso de querer una agrupación de electores presentarse a otros co-

---

309 JAVATO MARTÍN, A.M. "El delito de financiación ilegal de los partidos políticos (arts- 304 bis y 304 ter CP)", cit., pp. 28 y ss.

310 Ídem.

311 Ídem.

312 Ídem.

micios diferentes, deberían volverse a constituir. Esta opción es la menos utilizada, especialmente por la dificultad que supone la obtención de firmas[313], requisito indispensable para su constitución, que hace que solo se utilice en pequeñas poblaciones para las elecciones municipales.

Estos son los sujetos que deben ser los receptores de la financiación ilícita para que podamos hablar de financiación ilegal de los partidos políticos. En consecuencia, quedan fuera del tipo, como ya sabemos, las donaciones realizadas a las fundaciones y entidades vinculadas a los partidos políticos, a las que además no se les aplican algunos de los límites y las prohibiciones previstas para los partidos[314].

Una vez establecido el objeto material, los sujetos receptores, y habiendo marcado los límites con las infracciones administrativas de la LOFPP, paso a definir las conductas típicas de financiación ilegal distinguiendo entre la financiación ilegal activa, es decir, la conducta de entrega, y la financiación ilegal pasiva, la conducta de recepción de la financiación ilícita.

El art. 304 bis del Código penal castiga en su apartado primero al receptor de la donación ilegal, mientras en su apartado cuarto hace lo propio con el comportamiento del donante, para el que

---

313 La presentación de candidaturas por parte de las agrupaciones de electores requiere la presentación un mínimo de firmas, variable dependiendo de las elecciones que se traten: Elecciones al Congreso de los Diputados y al Senado: 1% de los inscritos en el censo electoral de la respectiva circunscripción electoral. Regulado en el artículo 169 de la Ley Orgánica del Régimen Electoral General. El régimen de las elecciones municipales viene regulado en el artículo 187 de la Ley Orgánica del Régimen Electoral General, donde se exige una cantidad variable de firmas siguiendo una escala en función de la población, mientras que en las elecciones autonómicas viene regulado por cada legislación autonómica, correspondiéndose la mayoría de los casos con el 1% de los inscritos en el censo electoral de la respectiva circunscripción electoral.

314 Vid más en Cap.1, apdo. 2.3.

contempla, además, las mismas penas. Se configura, así, como un delito pluripersonal de los llamados "de convergencia" o "de encuentro"[315], como ya ocurre en otros delitos relacionados con la corrupción, como por ejemplo el cohecho.

Antes de desarrollar las conductas típicas del 304 bis llevadas a cabo por personas físicas en cualquiera de las modalidades típicas que estamos viendo, debo señalar que el análisis de las personas jurídicas que se pueden ver implicadas en estos delitos como sujetos activos se hará más adelante en un capítulo específico a tal efecto. Como se desarrollará en dicho capítulo, defendemos un régimen de autorresponsabilidad de las personas jurídicas en el que estas responden en comisión por omisión al no adoptar los mecanismos de control necesarios para evitar que tales delitos se cometan en su seno. Las personas jurídicas no realizan el tipo de la parte especial de manera activa, sino que su comportamiento siempre será omisivo concibiendo el 31 bis 1 como una suerte de cláusula genérica de comisión omisiva. Paso a desarrollar las conductas de financiación ilegal pasiva, del 304 bis 1, y de financiación ilegal activa, del 304 bis 2[316].

Como veíamos en el apartado anterior, el delito de financiación ilegal pasiva es un delito de propia mano, donde solo aquellos con capacidad de decisión suficiente dentro del partido como para consentir el incorporar las donaciones ilícitas a la masa de bienes de la formación política[317] pueden ser sujeto

---

315 Se entiende que son delitos de encuentro todos aquellos que, partiendo de la presunción de la existencia de una pluralidad de sujetos para la comisión del delito, sus actuaciones van dirigidas hacia un encuentro desde posiciones enfrentadas, sea bajo forma de acuerdo o de cualquier otro modo.

316 PÉREZ RIVAS, N.; *El delito de financiación ilegal de los partidos políticos en el Código Penal español: regulación y propuestas de lege ferenda*, cit., pp. 9-13

317 GONZÁLEZ BARRERA, F. "Estudios sobre la financiación de los partidos políticos.: Especial referencia a la financiación ilegal", en *Aletheia: Cuadernos Críticos del Derecho,* n. 1, 2017, pp. 91, ss.

activo. Entre estos se incluirían, por ejemplo, al responsable de la gestión económico-financiera del partido, al presidente o al secretario general. En el lado opuesto, tratándose de la financiación ilegal activa, veíamos que se trataba de un delito común donde el sujeto activo podrá ser cualquier persona física que venga a realizar directamente la conducta típica de entregar una donación ilegal a un partido, cabiendo también la posibilidad de que el autor se sirva de un tercero para la realización de la entrega, tercero que podría responder como partícipe, a título de cooperador necesario o de cómplice, aspecto que será tratado con mayor detención en el apartado dedicado a la autoría y participación[318]. En el caso del sujeto activo donante, solo podrá responder por sus actos en la vía penal, ya que las sanciones previstas en la LOFPP solo le son aplicables a un partido político, federación, coalición o agrupación de electores.

Para completar este apartado relativo a las conductas típicas debemos detenernos en los dos verbos rectores que definen tales conductas. Como ya sabemos, el apartado uno del art. 304 bis castiga la recepción de las donaciones mientras que el apartado 4 castiga su entrega. En lo que respecta a la recepción de la donación ilegal, se emplea el verbo recibir para definir la conducta. La principal duda en este punto va a ser la calificación de la mera aceptación de la donación prohibida sin que se llegue a producir la recepción efectiva de la misma. En cambio, en lo relativo al 304 bis 4, se utiliza el verbo entregar para definir la conducta, en torno

---

[318] De la misma forma lo interpreta la doctrina italiana en su delito de financiación ilegal de los partidos políticos, donde considera que en los casos de donaciones por persona interpuesta, el comportamiento que se deberá valorar para considerar si existe delito deberá ser aquel del destinario final y no el comportamiento del intermediario que, en realidad, no puede incorporar ningún bien al patrimonio del partido. Vid más en: FORZATI F.; *Il finanziamento illecito ai partiti politici. Tecniche di tutela ed esigenze di riforma*, Ed. Jovene Editore, Napoli, 1998, pp. 137 y ss

al cual surge el interrogante de la calificación del ofrecimiento de una donación ilegal que todavía no se ha hecho efectiva.

Para realizar una interpretación completa de estos términos es necesario acudir a diversas fuentes, ya que todavía no disponemos de pronunciamientos jurisprudenciales en este sentido. En primer lugar, debemos acudir al ya mencionado art. 17.2 de la LOFPP, donde se regulan las infracciones muy graves. En este se castiga, entre otras conductas, la aceptación de donaciones ilegales, sin necesidad de recepción material de la misma. En consecuencia, podemos considerar la mera aceptación como atípica ya que será necesaria la recepción efectiva de la donación ilegal para la comisión del delito. El supuesto contrario, el del ofrecimiento, no está recogido, ya que la LOFPP solo regula aquello directamente relacionado con la actuación del partido.

En aras de interpretar estos verbos rectores de las conductas típicas también nos podemos ayudar de otros tipos penales con una estructura similar, en concreto del delito de cohecho, que al igual que el delito de financiación ilegal se trata de un delito de encuentro, en este caso, entre un particular y un funcionario público. Este es un tipo penal donde encontramos tipificadas tanto la conducta activa de entregar como la conducta pasiva de recibir, pero a estas se añaden las conductas de ofrecer y solicitar, adelantando de forma significativa la intervención penal en comparación con el delito de financiación ilegal que estamos tratando.

Por lo tanto, podemos considerar que, si el legislador hubiese querido incluir las conductas de ofrecer o solicitar dentro de la conducta típica, hubiese incluido referencia expresa a las mismas, como sí ha hecho en el caso del cohecho. En consecuencia, haciendo una interpretación sistemática del tipo, podemos afirmar que las conductas de solicitar y ofrecer financiación ilegal son penalmente atípicas.

Igualmente interesante puede ser prestar atención a la interpretación que se ha dado a tipos penales similares en los países de nuestro entorno. Más concretamente en Italia, donde el delito de financiación ilegal de los partidos políticos está tipificado desde los años 80[319]. Si bien es cierto que las donaciones concretas prohibidas difieren mucho de las que prohíbe nuestro Código, los verbos rectores utilizados son idénticos.

En el caso italiano, en primer lugar, encontramos el término "*corrispondere*", cuya traducción más exacta podría ser pagar o entregar, y que según la doctrina italiana[320] no puede y no debe interpretarse, como podría parecer, equivalente a consignar, enviar, expedir, abonar, etc. Aun debiéndose concretar el pago o entrega de la aportación ilegal a través de una de estas actividades u otra análoga, el pago o entrega solo vendrá efectivamente realizado cuando al mismo le siga la "*ricezione*", término cuyo paralelismo es más preciso si cabe al utilizado por el legislador español para definir la financiación ilegal pasiva, donde habla de recibir.

El término recibir es interpretado por la doctrina italiana[321] en el sentido de cobrar o aceptar, en definitiva, de no rechazar la contribución que se ha recibido y que se tenía la obligación jurídica de rechazar. Es decir, no se considera suficiente con la recepción física de la financiación, sino que se exige que el receptor haya manifestado, con una decisión inequívoca, la voluntad de retener la contribución o de disponer de la misma[322].

---

319 Vid más en Cap.4, apdo. 2.

320 SPAGNOLO, G.; *I reati di illegale finanziamento dei partiti politici,* cit., p. 67 y ss.

321 FORZATI F.; *Il finanziamento illecito ai partiti politici. Tecniche di tutela ed esigenze di riforma,* cit., pp. 137 y ss.

322 Esta manifestación de la voluntad propia es incompatible con todas esas conductas que evidencian, incluso implícitamente, la voluntad contraria, por ejemplo, rechazando o restituyendo la cosa o el dinero que le habían sido entregados. Es decir, aun habiéndolos recibido, no podemos considerar la recepción material como tal si la voluntad del receptor es la de rechazar o restituir la aportación recibida.

Resulta claro que estas dos conductas, entregar y recibir, son estrechamente interdependientes entre sí y están inseparablemente conectadas. Es decir, no podemos concebir la entrega sin un sujeto dispuesto a recibir ni la recepción sin un sujeto que ha comenzado la entrega. Entregar y recibir son, en definitiva, dos caras de la misma realidad. Componen un resultado que el legislador quiere evitar desde dos puntos de vista diversos. Por un lado, el partido, que no puede recibir donaciones prohibidas, y, por otro, el financiador, que no puede realizar donaciones ilegales a una formación política.

4.1.1.4. Conductas de financiación ilegal no incluidas en el tipo penal

Una vez señaladas las conductas recogidas en las modalidades típicas básicas es necesario identificar aquellas otras que, a pesar de tener una gravedad y afectación al bien jurídico protegido similar, no han sido incorporadas por el legislador penal. Para ello, pondremos el foco en cuatro tipos de conducta:

a) La financiación privada: aun siendo el objeto central del tipo penal, muchas son las conductas que se han quedado fuera del mismo, como las operaciones asimiladas o los acuerdos preferentes con respecto a las deudas.

b) La financiación pública ilegal: queda totalmente fuera del tipo penal, algo especialmente llamativo si tenemos en cuenta, por ejemplo, el caso italiano, donde la financiación pública ilegal se castiga especialmente.

c) La financiación electoral: no se contempla en el tipo penal ya que el mismo se refiere exclusivamente a la financiación ordinaria de los partidos políticos.

d) Las falsedades contables: su utilización es fundamental en las tramas de financiación corrupta, y, paradójicamente, sí están tipificadas en la Ley Orgánica 5/1985, del Régimen Electoral General cuando se den en relación con la contabilidad electoral.

Paso a desarrollar más pormenorizadamente estas conductas de financiación ilegal no incluidas en el tipo penal.

a) La financiación privada.

El 304 bis se limita, como hemos dicho, a la financiación privada ilegal, entendiendo por tal aquella que contraviene lo establecido el art. 5.1 de la LOFPP. Su ámbito de aplicación se ve acotado a la financiación privada dedicada al funcionamiento ordinario de los partidos políticos, pero incluso dentro de este ámbito se han quedado fuera del tipo penal importantes vías de financiación privada que están muy relacionadas con la aparición de prácticas corruptas.

En primer lugar, he de destacar las operaciones asimiladas y los acuerdos sobre las condiciones de deuda, recogidas en los puntos tres y cuatro del art. 4 LOFPP:

"*Tres. Operaciones asimiladas.*

Los partidos políticos no podrán aceptar que, directa o indirectamente, terceras personas asuman de forma efectiva el coste de sus adquisiciones de bienes, obras o servicios o de cualesquiera otros gastos que genere su actividad.

Cuatro. Acuerdos sobre condiciones de deuda.

Los partidos políticos podrán llegar a acuerdos respecto de las condiciones de la deuda que mantengan con entidades de crédito de conformidad con el ordenamiento jurídico, sin que el tipo de interés que se aplique pueda ser inferior al que corresponda a las condiciones de mercado. De tales acuerdos, y en especial, de los que supongan la cancelación de garantías reales, se dará cuenta al Tribunal de Cuentas y al Banco de España por el partido político y por la entidad de crédito, respectivamente.

Las entidades de crédito no podrán efectuar condonaciones totales o parciales de deuda a los partidos políticos. A estos efectos se entiende por condonación la cancelación total o parcial del principal del crédito o de los intereses vencidos o la renegociación del tipo de interés por debajo de los aplicados en condiciones de mercado."

Las operaciones asimiladas se pueden definir como aquellos supuestos en los que terceros asumen gastos propios del partido, como podrían ser aquellos derivados de la organización de los mítines y actos propios de la campaña electoral. Esta vía es ideal para la aparición de acuerdos corruptos y de financiación ilegal, lo que hace especialmente grave que haya sido obviada en el tipo penal[323]. De hecho, como ya hemos visto en el repaso a los casos de corrupción, esta fue la vía utilizada por ejemplo en el "caso Pallerols", en el que se vio cómo un entramado empresarial asumía gastos propios del partido, desde la adquisición de equipamiento informático hasta nóminas de empleados que trabajaban para el partido. Este caso, pese a ir en contra de lo dispuesto en la LOFPP, no entra en los supuestos recogidos en el tipo penal, que se circunscribe a los de su art. 5.1, y por lo tanto tampoco serían castigados penalmente hoy en día como delito de financiación ilegal.

Por otro lado, tenemos los acuerdos sobre condiciones de deuda y las condonaciones, totales o parciales, de la misma. Su prohibición total (estaba parcialmente prohibida desde la reforma del año 2012) en el año 2015 supone un importante avance, ya que se ha abusado históricamente de esta vía de financiación que sin duda genera una dependencia con respecto a los bancos y les otorga una posición de poder sobre los partidos que han visto su deuda condonada. Esta inclusión, sin duda loable y necesaria, se queda a medio camino ante el silencio que guarda el tipo penal. Este impide una persecución más efectiva de tales prácticas, renunciando además el legislador al efecto disuasorio que supondría la posibilidad de estar cometiendo un ilícito penal, un efecto que parece mucho mayor que el que es capaz de desplegar el sistema administrativo sancionador.

---

323 MAROTO CALATAYUD, M.; *La financiación ilegal de los partidos políticos. Un análisis político-criminal,* cit., pp. 314, ss.

Más allá de las donaciones estricto sensu, y de estas dos omisiones del tipo penal, también parecen permanecer ajenas a la intervención penal otras formas de financiación como los patrocinios privados o acuerdos comerciales con empresas en los que el partido obtenga algún tipo de descuento o tratamiento especial. Este tipo de contribuciones privadas tienen difícil encaje en un concepto estricto de donación, resultando difícil, por ello, su inclusión en el tipo penal, problema que se esclarecerá con los pronunciamientos jurisprudenciales futuros[324].

Finalmente, mencionar dos vías legales de donación privada a los partidos políticos que dejan virtualmente sin efecto toda prohibición que se haga al respecto. Por un lado, las de bienes inmuebles, que no sólo no están prohibidas por la LOFPP, sino que ni siquiera se imponen límite cuantitativo alguno sobre las mismas. De este modo, el límite máximo de 50.000 euros impuesto a las donaciones es fácilmente evitable realizando las donaciones en bienes inmuebles. La segunda vía es la ya mencionada puerta abierta que suponen las donaciones a entidades vinculadas a los partidos políticos como las fundaciones. Además de no entrar en ningún caso en el tipo penal que estamos analizando, ni siquiera les son aplicables las prohibiciones recogidas en los apartados b y c del art. 5.1 LOFPP[325] en virtud de lo dispuesto en disposición adicional séptima[326] de esta misma ley.

---

324 Los jueces podrían llegar a considerar este tipo de acuerdos donaciones encubiertas para poder encajar estas conductas en el tipo penal. En caso de que estas conductas acaben incluidas en el tipo penal se podrían llegar a dar situaciones de concurso de delitos con el delito de corrupción en los negocios del art. 286 bis CP.

325 *"Artículo 5. Límites a las donaciones privadas.*
Uno. Los partidos políticos no podrán aceptar o recibir directa o indirectamente:
...
b) Donaciones procedentes de una misma persona superiores a 50.000 euros anuales.
c) Donaciones procedentes de personas jurídicas y de entes sin personalidad jurídica."

326 Vid más en Cap. 1 apdo. 2

Muchas son, por tanto, las vías de las que disponen los particulares con interés en realizar donaciones a los partidos políticos, no solo para no cometer el delito de financiación ilegal, sino para no caer si quiera en una práctica ilegal. Vías que, en tanto tienen una afectación equiparable al bien jurídico protegido por el tipo penal, son merecedoras de la misma protección desde el punto de vista político criminal.

b) La financiación de origen público.

El tipo penal tampoco recoge ninguna referencia específica a la financiación ilegal de los partidos políticos cuyo origen sea público, algo que resulta especialmente llamativo si tenemos en cuenta que muchos de los casos de corrupción en los que se ha visto implicada la financiación de los partidos el origen de los fondos era público[327].

Con carácter general, cuando encontremos casos de financiación pública ilegal es posible que también podamos observar delitos contra la administración pública, como podrían ser la malversación, el cohecho o el tráfico de influencias. Pero esto no debería impedir que también se juzgue la financiación ilícita llevada a cabo, ya que los delitos de financiación ilegal de los partidos políticos protegen un bien jurídico diferenciado de los delitos contra la administración pública[328]. Por lo tanto, se

---

327 El caso AVE formaba parte de la trama del caso Filesa concluyó en 2002 tras ocho años de investigación. La Fiscalía Anticorrupción llegó a la determinación de que el PSOE había establecido un plan para el cobro de comisiones a los diferentes contratistas del que se encargaron de la construcción del primer AVE español, que unía Madrid con Sevilla, hechos que no pudieron ser perseguidos penalmente por la situación de atipicidad en el momento en el que ocurrieron los hechos.

328 MAROTO CALATAYUD, M.; *La financiación ilegal de los partidos políticos. Un análisis político-criminal,* cit., pp. 122, ss.

estarían vulnerando dos bienes jurídicos diferentes que deben protegerse con sus respectivos tipos penales. Además, esta tipificación separada de la financiación pública ilegal podría facilitar el castigo en aquellos casos en los que no se puede verificar la existencia de delito contra la administración pública, algo común si tenemos en cuenta la complejidad de este tipo de tramas.

Especialmente llamativo es realizar la comparación con el tipo penal italiano, donde las conductas más gravemente castigadas son aquellas de financiación pública ilegal. La financiación ilegal de los partidos políticos en Italia se tipificó durante los años 70 y 80 cuando se aprobaron distintas normas que han acabado configurando los dos tipos penales de financiación ilegal de los partidos políticos que llegan hasta la actualidad[329].

El tipo penal de financiación pública ilegal es el resultado de la combinación de diversas normas. Por un lado, el artículo 7, puntos 1 y 3, de la legge n. 195 del 1974 junto con el punto primero del artículo 4 de la legge n. 659 del 1981 que fue a su vez modificado por el artículo 3 de la legge n. 22 del 1982.

La reconstrucción de este primer tipo penal, teniendo en cuenta lo establecido en las normas citadas anteriormente, puede ser la siguiente: Queda prohibida la financiación, bajo cualquier forma y en cualquier modo de desembolso, incluyendo la financiación indirecta, de parte de órganos de la administración pública, de entes públicos, de sociedades con participación de capital público superior al 20% o de sociedades controladas por estas últimas, sin perjuicio de su naturaleza privada, a favor de partidos o su articulación político-administrativa, de grupos parlamentarios, de miembros del Parlamento nacional, de miembros italianos del Parlamento europeo, de consejeros regionales, provinciales y comunales, de candidatos a estos cargos, de reagrupaciones internas de los propios partidos políticos, así como aquellos que ocupan

329 Vid más en Cap. 4.

puestos de presidencia, de secretaría y de dirección política a nivel nacional, regional, provincial y comunal en los partidos políticos. Cualquiera que acuerde o reciba contribuciones en violación de lo dispuesto anteriormente será condenado con una pena de prisión de 6 meses a 4 años y con una multa de hasta el triple de las cantidades entregadas en violación de estos preceptos[330].

En un país como Italia, tan cercano cultural y jurídicamente al nuestro, se castiga con penas de prisión de hasta 4 años este delito de financiación pública ilegal, completamente inexistente en España, ya que nuestro tipo solo recoge conductas relacionadas con la financiación privada a los partidos políticos.

Este delito castiga las conductas de financiación pública ilegal cometidas por órganos de la administración pública, de entes públicos, de sociedades con participación de capital público superior al 20% o de sociedades controladas por estas últimas,

---

330 Así lo reconstruye SPAGNOLO en SPAGNOLO, G.; *I reati di illegale finanziamento dei partiti politici*, Ed. CEDAM-Casa Editrice Dott. Antonio Milani, Padova, 1990, pp. 31-32: "*Sono vietati i finanziamenti o i contributi sotto qualsiasi forma ed in qualsiasi modo erogati, anche indirettamente, da parte di organi della pubblica amministrazione, di enti pubblici, di società con partecipazione di capitale pubblico superiore al 20% o di società controllate da queste ultime, ferma restando la loro natura privatistica, a favore di partiti o loro articolazioni politico-amministrative, di gruppi parlamentari, di membri del Parlamento nazionale, di membri italiani del Parlamento europeo, dei consiglieri regionali, provinciali e comunali, dei candidati alle predette cariche, dei raggrupamenti interni dei partiti politici, nonché di coloro che rivestono cariche di presidenza, di segreteria e di direzione politica ed ammnistrativa a livello nazionale, regionale, provinciale e comunale nei partiti politici. Chiunque corrisponde o riceve contributi in violazione dei divieti previsti nel comma precedente è punito, per ciò solo, con la reclusione da sei mesi a quattro anni e con la multa fino al triplo delle somme versate in violazione della presente legge.*"

conductas que, con algunas excepciones[331], serán atípicas en España al estar el delito exclusivamente centrado en la financiación privada ilegal a los partidos. A esto se debe añadir que, teniendo en cuenta la experiencia italiana con el caso *Tangentopoli*, con este vacío en el tipo penal se está perdiendo una importante herramienta en la lucha contra la corrupción ya que, por motivos probatorios, este delito puede llegar a ser más fácilmente perseguible que otras de las figuras implicadas en este tipo de casos, como son los delitos contra la administración pública.

c) La financiación electoral y las falsedades contables

Algo ya señalado en este estudio es que uno de los problemas fundamentales del sistema de financiación de los partidos políticos es la existencia de una dualidad normativa que separa la financiación ordinaria de la electoral. La LOREG establece límites y prohibiciones diferentes a los establecidos en la LOFPP, lo que dificulta la tarea de hacer un tipo penal unitario. El resultado final ha sido que no se haga remisión alguna a la financiación electoral, por lo que ésta no podrá ser considerada como delictiva.

La LOREG recoge prohibiciones y sanciones administrativas, además de un tipo penal para las falsedades contables dirigidas precisamente a ocultar esta financiación ilícita, pero no castiga penalmente la financiación ilegal en sí misma. Esto resta eficacia de manera evidente al tipo penal, más aún si tenemos en cuenta que cuando las donaciones sean de carácter monetario, y ante el carácter fungible de este bien, será muy difícil probar si la donación ilegal que se esté juzgando iba dirigida a la financiación ordinaria del partido o a la electoral. La dura crítica a

---

331 La financiación proveniente de sociedades con participación de capital público superior al 20% o de sociedades controladas por estas últimas puede considerarse financiación privada por lo que encajaría en el tipo penal español.

esta separación entre la financiación electoral y la financiación para el funcionamiento habitual del partido político, cuyos efectos alcanzan al tipo penal, es uno de los aspectos donde se encuentra un mayor consenso en la doctrina[332].

Estos problemas de dualidad normativa en materia de financiación de los partidos con claros efectos en el orden penal al castigarse la financiación ilegal de los partidos políticos con relación a su financiación ordinaria pero no con relación a su financiación electoral al no estar recogidas en la LOREG, tiene su reflejo también en orden al falseamiento contable. Estas falsedades contables, incluidas en el art. 149 de la LOREG[333], consisten en la manipulación de las cuentas del partido con el objetivo de ocultar las prácticas de financiación ilegal. Unas manipulaciones que son fundamentales para que los partidos puedan financiarse ilegalmente a espaldas del conocimiento de las autoridades. Pues bien, tales falsedades, que se produce habitualmente como consecuencia directa de la necesidad de ocultar los ingresos no permitidos, no están castigados para la financiación ordinaria del

---

332 MAROTO CALATAYUD, M.; *La financiación ilegal de los partidos políticos. Un análisis político-criminal*, cit., pp. 122, ss

333 *Artículo ciento cuarenta y nueve:*
1. Los administradores generales y de las candidaturas de los partidos, federaciones, coaliciones o agrupaciones de electores que falseen las cuentas, reflejando u omitiendo indebidamente en las mismas aportaciones o gastos o usando de cualquier artificio que suponga aumento o disminución de las partidas contables, serán castigados con la pena de prisión de uno a cuatro años y multa de doce a veinticuatro meses.
2. Los Tribunales atendiendo a la gravedad del hecho y sus circunstancias podrán imponer la pena en un grado inferior a la señalada en el párrafo anterior
Este tipo penal está recogido en una ley penal especial, lo que ha incidido aún más en el problema de dispersión normativa que encontramos en materia de financiación de partidos en el ordenamiento jurídico español. Por un lado, tenemos la LOFPP, por otro, la LOREG, y, finalmente, los tipos del 304 bis y ter recogidos en el CP. Una normativa repartida en tres textos que ha derivado en un sistema lleno de contradicciones.

partido, pero sí para la financiación electoral. Es decir, lo contrario a la que ocurre con la financiación propiamente hablando: la financiación ilegal de tipo ordinario es delictiva mientras no lo es la electoral, mientras que la falsificación contable relacionada con la financiación electoral es delictiva, no siéndolo la relacionada con la financiación ilegal ordinaria[334].

Esta dualidad y la falta de coherencia en la redacción de los tipos provocan lagunas de punición al no contemplar las prácticas de financiación ilegal en su conjunto. Pensemos, por ejemplo, en un caso en el que un partido financia su campaña electoral ilegalmente y oculta estas aportaciones ilegales falseando la contabilidad del partido. De estos actos, sólo podrán ser enjuiciadas las falsedades contables, expresamente tipificadas en el 149 LOREG, pero la financiación ilegal per se no podrá ser perseguida, ya que el tipo del 304 bis solo recoge aquellos casos de financiación ilegal para el funcionamiento habitual del partido. Esto trae consigo, además, problemas a la hora de perseguir a todas las partes implicadas en el delito. Si bien se puede enjuiciar al responsable del partido por el delito de falsedad contable, hay mayores dificultades para fundamentar la participación en el mismo de los donantes, ya que sus actos son de ejecución de la financiación ilegal del partido, siendo la falsedad contable solo una consecuencia de esta, lo que impide considerarlos partícipes en dicho delito. Problemas de este tipo justifican, sobradamente, contar con una figura penal que recoja todas las facetas de la financiación ilegal de los partidos políticos para así poder per-

[334] De estar incluidas estas falsedades en el tipo penal nos podríamos encontrar con concursos de delitos, al existir bienes jurídicos diferenciados, con delitos de falsedades documentales o incluso con el delito de blanqueo de capitales.

seguirla de manera efectiva[335], e incluir también en el tipo del 304 bis CP las falsedades en la contabilidad del partido.

4.1.2. Tipo subjetivo

Los arts. 304 bis y ter, reguladores de los delitos de financiación de los partidos políticos no hacen referencia alguna a una posible comisión imprudente. En consecuencia, toda conducta imprudente relacionada con la financiación ilegal de los partidos políticos será penalmente atípica en virtud del art. 12 CP, siendo solo admisible la comisión dolosa. No existiendo duda sobre el carácter doloso de estos delitos, la discusión ha de centrarse en los elementos que debe comprender dicho dolo, su contenido y alcance, así como en los tipos de dolo admisibles.

El dolo natural, o dolo típico, requiere el conocimiento y voluntad de realización de la situación objetiva descrita en el tipo penal, no exigiendo en este punto la advertencia de que dicha realización es antijurídica[336]. El elemento intelectivo de esta modalidad de dolo comporta el conocimiento de los elementos descriptivos y normativos del hecho típico[337], que, en nuestro caso, son fundamentalmente dos: en primer lugar, que estemos ante una donación anónima, finalista, revocable, superior a los 50.000 € anuales o realizada en nombre de una persona jurídica o a través de un ente sin personalidad jurídica; y en segundo lugar, que la misma

---

335 Sobre este aspecto en concreto: LEÓN ALAPONT, J. "La reforma de los delitos de financiación ilegal de partidos políticos: un debate desenfocado" cit. pp. 553 y ss.

336 Se trata, por ello, de un *dolus bonus*. El dolo completo, o *dolus malus*, sí incluye el conocimiento de la antijuricidad de la conducta.

337 No debemos confundir el conocimiento de los elementos que integran la situación típica que se está realizando con la conciencia de la antijuricidad de la conducta, que se debe situar en la culpabilidad.

esté destinada a la financiación de la actividad ordinaria de un partido político, federación, coalición o agrupación de electores.

¿Qué contenido y alcance debe tener ese conocimiento? Respecto al alcance del conocimiento, se trata de precisar el grado de certeza con que estos elementos deben ser conocidos por el sujeto, lo que puede ir desde una averiguación plena de todas las circunstancias concurrentes, a la mera intuición de estas, siendo necesario determinar si se requiere un conocimiento exacto y detallado de todas las circunstancias o, por el contrario, es suficiente con un conocimiento más superficial. En cuanto al contenido del conocimiento requerido, en lo que se refiere a los elementos normativos del hecho típico, se viene admitiendo que es suficiente con lo que se conoce como "valoración paralela en la esfera del profano"[338]. En otras palabras, no es preciso un conocimiento exacto de todos los elementos normativos del hecho típico. De este modo, en el caso que nos ocupa no sería necesario que el sujeto activo conociese, por ejemplo, las diferencias jurídicas entre un partido político, una federación y una coalición o agrupación de electores, o entre estos y sus fundaciones vinculadas, bastando con el conocimiento de que está ante alguna de esas figuras, aunque no sepa con precisión de cuál se trata.

Sobre las modalidades de dolo admisibles en estas figuras delictivas, no plantea dificultad alguna la aceptación del dolo directo de primer grado tanto en la financiación activa como en la pasiva. Quien actúa con dolo directo es plenamente consciente de que realiza los elementos objetivos del tipo y quiere realizarlos. En el caso de la financiación pasiva, el receptor debe tener la certeza de que dicha donación es anónima, condicional, revocable, que supera los 50.000 € anuales, o que se realiza en nombre de una persona jurídica o de un ente sin personalidad. A esto se añade

---

338 En este sentido: JESCHECK, H. H.; *Tratado de Derecho penal. Parte general* Trad. Miguel Olmedo Cardenete, Ed. Comares. Granada, 2002, pp. 328 y ss.

en el caso del donante el conocimiento de que la donación la dirige a un partido, federación, coalición, etc., que va a servir para su financiación ordinaria y que el receptor de la donación es un recipiente válido dentro de la formación a la que desea realizarla.

Por lo que se refiere al dolo directo de segundo grado o de consecuencias necesarias, se trata de una modalidad de dolo que, por su propia definición, parece no tener cabida en los delitos de financiación ilegal de los partidos políticos.

Sí resulta admisible, por el contrario, junto con el dolo directo de primer grado, el dolo eventual, aun cuando los distintos escenarios en los que podríamos encontrar un caso de dolo eventual han sido planteados desde la perspectiva de la financiación ilegal activa, siendo evidente que dicha posibilidad es mucho más reducida en el supuesto de la financiación ilegal pasiva. Y es que, debiendo ser el receptor de la donación un sujeto con capacidad suficiente dentro del partido como para recibir una donación en nombre de este, resulta poco creíble que ese sujeto no tenga certeza, y sí simplemente sospecha, tanto del hecho de recibir una donación, como de que la misma irá destinada a la financiación ordinaria de la formación política. Aun así, y como hipótesis de laboratorio, podría darse el caso de quien acepta una donación pese a la sospecha de que la misma puede provenir de una persona jurídica o de un ente sin personalidad jurídica, supuesto que podría encuadrarse en el dolo eventual.

Siendo más lógico plantear el dolo eventual en el plano de la financiación activa, el donante puede sospechar, sin tener certeza, que su donación va a acabar sirviendo a la financiación de un partido político, posibilidad que acepta realizando dicha donación, pese a todo. Igualmente, el donante puede albergar dudas sobre el destino final de los fondos donados (financiación electoral u ordinaria). Si realiza la donación aceptando la posibilidad de que el destino sea la financiación ordinaria en vez de la electoral, estaría actuando con dolo eventual.

Podríamos incluso plantear la posibilidad de que el donante actúe con una deliberada ignorancia sobre el destino último de lo donado al partido. Es decir, supuestos en los que el donante prefiera no saber si financia la actividad ordinaria o la campaña electoral de un partido, por ejemplo. Se trata de casos de ignorancia deliberada o, como se denomina en la cultura anglosajona, *willful blindness*[339], que podemos definir como aquellos casos en los que un sujeto se mantiene deliberadamente en la ignorancia sobre alguno de los elementos del tipo, pudiendo salir de la misma y asumiendo la eventual tipicidad del hecho que está cometiendo. Como su propio nombre indica, la ignorancia es deliberada, consciente, esto es, sabiendo el sujeto que podrían darse los elementos del tipo, pese a lo cual, lleva a cabo la conducta en cuestión.

Pues bien, la línea jurisprudencial mayoritaria trata estos casos como dolo eventual manifestando que "*en aquellos supuestos en los que se haya probado que el autor decide la realización de la acción, no obstante haber tenido consistentes y claras sospechas de que se dan en el hecho los elementos del tipo objetivo, manifestando indiferencia respecto de la concurrencia o no de estos, no cabe alegar un error o ignorancia relevantes para la exclusión del dolo en el sentido del art. 14.1 CP.*"[340], siendo de aplicación el dolo eventual. No obstante, esa misma jurisprudencia ha señalado que la prueba sobre estos extremos recaerá sobre la acusación, rechazado que el hecho de que el sujeto se mantenga voluntariamente en su ignorancia pruebe la existencia de dolo eventual, pues ello supondría una suerte de inversión de la carga de la prueba, volviendo de alguna manera a establecer una presunción de dolo contraria al actual CP. En este sentido, las SsTS 68/2011, de 15 de febrero o 346/2009, de 2 de abril.

---

339 Para ampliar sobre dicho concepto: BEL GONZÁLEZ, E. "La ignorancia deliberada en el Derecho penal español", en *RJUAM*, n.º 37, 2018-I, pp. 307-328

340 STS 4281/2014, de 7 de octubre. Esta sentencia recoge de manera brillante la interpretación actual sobre la ignorancia deliberada.

Con respecto a la modalidad de donación realizada, aunque técnicamente posible, carece de sentido plantear en la práctica el dolo eventual en ninguno de los planos de la financiación, ya que no es imaginable que los sujetos activos de ambas modalidades típicas no conozcan con certeza el tipo de donación que se está realizando.

Siendo posible en un plano teórico el dolo eventual, lo cierto es que nos encontramos ante un tipo penal en el que lo más común será que estemos ante casos de dolo directo, sea en la financiación ilegal activa como en la pasiva, en el que todos los intervinientes son plenamente conscientes de los hechos realizados.

Debemos ahora plantearnos los casos en los que el sujeto desconoce la concurrencia de un elemento típico, pero ello no es atribuible a su voluntad de mantenerse en ese desconocimiento, es decir, los casos de error sobre elementos constitutivos de infracción penal o error de tipo. El error de tipo abarca cualquier error sobre elementos objetivos del hecho que sean relevantes para su prohibición, lo que en el caso de los delitos de financiación ilegal de los partidos políticos incluye las distintas modalidades de financiación prohibida. El tratamiento del error de tipo lo encontramos en el art. 14.1 CP: si el error es invencible excluye la responsabilidad criminal por ausencia de dolo e imprudencia, si es vencible excluye el dolo, pero no la imprudencia, por lo que se castigará si esta está expresamente prevista para el delito en cuestión. Por consiguiente, cualquier situación de error de tipo, sea vencible o invencible, en un caso de financiación ilegal no podrá ser perseguido.

Una vez más, parece difícil pensar que podamos encontrar casos de error de tipo en el delito del 304 bis.1 CP. En el supuesto de la financiación ilegal pasiva, los únicos que podrían encajar serían los de aceptación de donaciones hechas por intermediarios que oculten que la verdadera procedencia de la donación es una persona jurídica. En este caso, el receptor podría creer erróneamente que la donación era lícita al atribuir su origen a una persona física y estar la cantidad dentro de los márgenes permitidos por la ley.

Más posibles escenarios se plantean cuando nos situamos en el plano activo de la financiación ilegal del 304 bis.4 CP. Destacar dos, dada la complejidad de la regulación en estos ámbitos y las zonas grises de legalidad que podemos encontrar:

1. La creencia errónea de estar financiando a una fundación vinculada a un partido cuando en realidad los fondos se destinan al propio partido. Así, por ejemplo, sería el supuesto del sujeto que realiza una de las modalidades típicas de donación entregándosela a un mandatario de un partido político que, a su vez, también lo es de una de sus fundaciones vinculadas. Si la donación va dirigida a la fundación, no será delictiva. En cambio, si va dirigida al partido si lo será. Un error en este aspecto por parte del donante nos podría situar en una situación de error de tipo que excluiría la responsabilidad criminal del donante. No así del donatario, que en todo caso será plenamente consciente de la situación.

2. La creencia errónea de estar financiando la campaña electoral de un partido cuando en realidad los fondos donados se destinan a la financiación ordinaria del mismo. Este segundo escenario sería aquel en el que un donante, cuya pretensión es financiar la campaña electoral de un partido político, acaba financiando su actividad ordinaria. Como ya hemos visto, la financiación electoral puede ser ilícita, pero en ningún caso puede constituir un delito de financiación ilegal. En consecuencia, un error en este punto por parte del donante nos situaría en una situación de error de tipo que excluiría su responsabilidad criminal. Mientras tanto, una vez más, el donatario sí será consciente del destino de los fondos, por lo que para él será típica la financiación ilegal pasiva.

Finalmente, en lo que se refiere al tipo subjetivo, debemos plantearnos la posible presencia de un “elemento subjetivo del injusto”. En ocasiones, el tipo penal exige que concurra en el sujeto activo una determinada finalidad como guía de su actuación. Se trata de elementos de corte intencional que con frecuencia han sido confundidos con el propio dolo, llegando incluso a recibir la denominación de "dolo específico", cuando en realidad constituían elementos del tipo penal que fundamentaban la tipicidad de la conducta al quedar supeditada a su concurrencia la lesión o puesta en peligro del bien jurídico protegido[341].

Si no es correcta la identificación de todo elemento subjetivo con el dolo, tampoco lo es la tendencia contraria, el considerar elemento subjetivo del injusto todo lo que sea finalidad, intención, motivo o tendencia en el tipo. La única forma de llevar a cabo dicha distinción es atender a lo que realmente significan tales elementos y, como señalaban COBO DEL ROSAL/VIVES ANTÓN[342], analizar con sumo cuidado en cada uno de los tipos penales que exigen tales características subjetivas, si las mismas determinan la existencia de lesión o puesta en peligro del bien jurídico o una mayor lesión o puesta en peligro de este, o solamente suponen un aumento o una disminución de la reprochabilidad del hecho. En el primer caso, dichas características fundamentarán la antijuricidad –o una mayor antijuricidad– de la conducta y, en consecuencia, deberán ser calificadas de elementos subjetivos del injusto. En el segundo, el juicio de reproche, debiendo ser consideradas formas específicas de dolo.

Pues bien, en el caso de las donaciones finalistas, parece claro que es la propia intención perseguida con la donación que se lleva a cabo la que determina la peligrosidad de la conducta

---

341 En definición de POLAINO NAVARRETE, M.; *Los elementos subjetivos del injusto en el Código Penal español*, Sevilla, 1972, p. 21-, son "aquellas características de naturaleza anímica que en una serie de supuestos típicos son relevantes para la determinación de la antijuricidad de la conducta legalmente descrita".

342 COBO DEL ROSAL/VIVES ANTÓN; *Derecho penal. Parte general*, cit., pp. 372–373.

para el bien jurídico que hace que el legislador haya optado por considerarla delictiva. De este modo, esa intención constituiría un elemento subjetivo del injusto exigido por el tipo penal. Esta misma argumentación podría realizarse para las donaciones revocables, ya que, en definitiva, una donación revocable no es sino una donación sujeta a una condición o serie de condiciones de la que dependen su realización. Es la existencia de dichas condiciones que determinan la revocabilidad de la donación las que vuelven peligrosa la conducta para el bien jurídico y han conducido al legislador a tipificarlas sin necesidad de establecer una cuantía mínima. Su grado superior de desvalor al resto de donaciones realizadas por personas físicas es, precisamente, esa finalidad, esa revocabilidad; en definitiva, esa intencionalidad específica que va más allá de la mera realización de una donación. Sin embargo, debemos señalar que el elemento subjetivo del injusto en estas donaciones presenta una particularidad, y es su carácter no específico. Es decir, otros elementos subjetivos del injusto, como el ánimo de lucro, exigen una finalidad específica de los actos realizados. En cambio, aquí no se exige ánimo de lucro, se exige que las donaciones tengan una intencionalidad que vayan más allá de la mera realización incondicionada de la aportación y el apoyo al partido. Así, dicha intencionalidad puede girar, por ejemplo, en la obtención de un puesto de trabajo, en la recalificación de unos terrenos, en el apoyo a una determinada normativa por el grupo parlamentario tras el que se encuentre la formación política, etc.

4.2. CULPABILIDAD

Ya sea como consecuencia del finalismo, de seguir una concepción imperativa de la norma, o simplemente por razones metodológicas, lo cierto es que hoy por hoy son mayoritarias las posiciones en las que se sustrae de la culpabilidad la parte subjetiva del hecho, dejando el análisis del dolo y la imprudencia para la tipicidad. Esto nos deja una concepción puramente normativa de la culpabilidad, cuyo contenido gira en torno a tres elementos fundamentales; la imputabilidad, el conocimiento de la antijuricidad del hecho y las causas de exculpación o de no exigibilidad. Tanto la imputabilidad como las causas de no exigibilidad no presentan particularidad alguna con respecto a lo delitos de financiación de los partidos políticos, toda vez que parece particularmente improbable que tanto un sujeto inimputable, como un sujeto bajo una causa de no exigibilidad, cometa un delito de financiación ilegal de los partidos políticos. Es por esto por lo que no nos vamos a detener en dichas cuestiones a las que le son de aplicación las reglas generales sin mayor precisión. En cambio, si merece un comentario específico tanto la conciencia de la antijuricidad de la conducta como la falta de esta, el denominado error de prohibición.

Como hemos dicho, el paso del dolo al injusto como dolo natural o *dolus bonus*, deja la conciencia de la antijuricidad de la conducta en la culpabilidad. Ello significa que, para poder afirmar que el sujeto actúa de manera culpable, ha de tener el conocimiento (o posibilidad de tenerlo) desde la perspectiva del hombre medio, lego en el mundo del Derecho, de que su conducta es antijurídica. Es decir, de que su conducta contradice el ordenamiento jurídico; en definitiva, de que obra en oposición al derecho.

Se plantea la cuestión de si el sujeto debe conocer que su conducta es contraria al ordenamiento jurídico en general o, en cambio, debe ser consciente de estar infringiendo el ordenamiento jurídico-penal. Existiendo algún autor que defiende el necesario conocimiento de la antijuricidad penal de la conducta[343], la posición mayoritaria entiende que es suficiente con el conocimiento de que la conducta ataca al ordenamiento jurídico con carácter

---

343 DE LA CUESTA AGUADO, P. M.; *Conocimiento de la ilicitud: aproximación al conocimiento de la antijuridicidad del hecho desde las teorías psicológicas del pensamiento intuitivo.* Ed. Dykinson, 2007, pp. 163-165

general[344], en definitiva, que se está actuando de forma contraria al Derecho. Debe tratarse, además, de un conocimiento actual, esto es, que se tiene (o se mantiene) en el momento de llevarse a cabo la conducta típica, no siendo suficiente el conocimiento potencial, que es el conocimiento que no se tiene, pero se podía haber tenido. En nuestro caso, el sujeto deberá ser consciente de que las donaciones entregadas o recibidas son ilícitas, no siendo necesario que sea consciente de su carácter delictivo.

Los casos en los que el sujeto desconoce la antijuricidad de la conducta típica deben ser analizados desde la óptica del error de prohibición, que podemos definir como el desconocimiento de la significación antijurídica de la conducta, en nuestro caso de la significación antijurídica de la donación llevada a cabo o recibida.

El carácter vencible o invencible del error determinará, según el art. 14.3 del Código penal, la exención de responsabilidad penal o la simple atenuación de la pena en uno o dos grados. Pues bien, siendo manifiesto en España que la financiación ilegal de los partidos políticos en términos generales se encuentra prohibida por el ordenamiento jurídico, especialmente debido al interés que la corrupción y su respuesta política y jurídica ha despertado entre los medios y entre la ciudadanía, la posibilidad de admitir un error de prohibición, siquiera de carácter vencible, es difícilmente defendible. Con todo, y como hipótesis de laboratorio, siempre podríamos encontrar casos extremos de sujetos recién llegados a España, completos desconocedores de nuestro sistema jurídico y político y que además procedan de países en los que exista tradición de realizar grandes donaciones privadas

---

344 Entre otros, TORÍO LÓPEZ, A.; "El conocimiento de la antijuricidad en el delito culposo", en *Anuario de derecho penal y ciencias penales*, vol. 33 n.1, 1980, p. 83 o CEREZO MIR, J. "La conciencia de la antijuricidad en el Código Penal español", en *Problemas fundamentales del Derecho penal*, Madrid, 1982, p. 77.

a partidos políticos, como ocurre en los Estado Unidos[345]. El tratamiento que merecerían situaciones de este tipo, de acuerdo con lo que ha venido proclamando la jurisprudencia[346], sería el de la vencibilidad del error con la consiguiente rebaja punitiva.

Una vez más, nos debemos plantear los supuestos de ignorancia deliberada, en este caso ignorancia sobra la ilegalidad de la conducta. Habiendo situado el dolo en la tipicidad, los casos de ignorancia deliberada relativos a la antijuricidad de la conducta no pueden ser planteados como situaciones de dolo eventual, sino que deben ser tratados desde la óptica del error de prohibición, para descartarlo. Y es que no puede afirmarse que quien lleva a cabo de manera consciente una donación condicional, por ejemplo, prefiriendo mantenerse en la ignorancia sobre si las mismas están o no permitidas por nuestro ordenamiento jurídico, incurra en una situación de error creíble, ya sea vencible o, muchos menos aún, invencible.

Si es difícil admitir como creíble una situación de error de prohibición tratándose de la financiación ilegal activa, en el caso de la pasiva tal posibilidad es, prácticamente, inexistente, ya que el receptor de la donación habrá de ser siempre un sujeto con capacidad suficiente dentro del partido como para recibir una donación en nombre de este, siendo poco verosímil

---

345 Sobre la incidencia del error cultural en el Derecho penal, vid. más en: MONGE FERNÁNDEZ, A.; *El extranjero frente al Derecho penal. El error cultural y su incidencia en la culpabilidad,* Ed. JM Bosch, Barcelona, 2008, pp. 29 ss.

346 Son poco comunes los casos donde se admite el error de prohibición por motivo de extranjería del autor. En este sentido, podemos destacar dos supuestos de mutilación genital femenina en los que se admite un error de prohibición vencible en las respectivas madres de las víctimas. Se alega que estas mujeres, procedentes de Gambia y Senegal, desconocían la ilicitud del hecho en tanto llevaban poco tiempo en España y no hablaban español (SAP Teruel 197/2011, de 15 de noviembre y SAN 9/2013, de 4 abril). Como se puede apreciar en estos ejemplos, son casos muy concretos donde se puede llegar a admitir un error de prohibición de carácter vencible.

que ese sujeto desconozca tanto la LOFPP como los delitos de financiación ilegal de los partidos políticos.

4.3. ITER CRIMINIS

Estamos ante un tipo penal plurisubjetivo bilateral o delito de encuentro, circunstancia que incide de manera directa en la consumación del delito, cuyo momento va a coincidir en la financiación activa y pasiva. Pese a esta coincidencia, el iter criminis de ambos delitos presenta algunas diferencias que serán abordadas en este apartado.

La consumación tendrá lugar cuando la donación pase a formar parte del patrimonio del partido político, lo que implica que esa donación debe llegar hasta una persona que, dentro de la estructura del partido, tenga el poder suficiente como para tomar la decisión de incorporarla a los fondos dedicados a la financiación ordinaria del partido[347] y se produzca de manera efectiva tal incorporación (recordemos que en caso de sufragar exclusivamente gastos electorales del partido la conducta no sería típica). Este momento consumativo es compartido por ambas partes del delito (al tratarse de un delito de encuentro), es decir, no podremos considerar que la financiación ilegal ha sido entregada y recibida, hasta que no haya sido efectivamente recibida por una persona capacitada a tal efecto y puesta a disposición de la formación política.

---

347 En este momento sitúan la consumación, entre otros: ODRIOZOLA GURRUTXAGA, M. "La regulación penal de la financiación ilegal de los partidos políticos" en *Cuadernos de política criminal* 126, 2018, p. 118; NIETO MARTIN, A., "Financiación ilegal de partidos políticos", cit., p.475; SÁINZ-CANTERO CAPARRÓS, J.E., "Los delitos de financiación ilegal de partidos políticos", cit., p. 669

Situado el momento de la consumación, cabe preguntarse cuándo empieza la ejecución del delito. En otras palabras, cuando podemos empezar a castigar por tentativa del delito de financiación ilegal de los partidos políticos.

En el apartado dedicado a la tipicidad de la conducta descartamos la posibilidad de que el mero ofrecimiento o la aceptación de donaciones ilegales pudieran encuadrarse en los verbos rectores de entregar o recibir que definen este delito. Todavía queda sin responder la cuestión de si es posible calificar, o no, como tentativa del delito de financiación ilegal este ofrecimiento o aceptación de donaciones ilegales o si, en cambio, dichas conductas quedarán penalmente impunes. Si tenemos en cuenta los verbos utilizados para definir la conducta típica, entregar y recibir, es difícil encajar el mero ofrecimiento o la simple aceptación como actos ya ejecutivos, aun siendo cierto que suponen una puesta en peligro para el bien jurídico protegido[348]. Por lo tanto, considero que no podemos considerar el ofrecimiento y la aceptación como tentativa del delito de financiación ilegal de los partidos políticos[349]. Tampoco está incluido en el tipo penal el hecho de solicitar la financiación ilegal que, salvo algún autor[350] que sí ha planteado su

---

348 LEÓN ALAPONT, J. "La reforma de los delitos de financiación ilegal de partidos políticos: un debate desenfocado" cit. pp. 553 y ss.

349 Si bien es cierto que hay otros autores como ODRIOZOLA GURRUTXAGA en ODRIOZOLA GURRUTXAGA, M. "La regulación penal de la financiación ilegal de los partidos políticos", cit., pp. 118 y ss, que, a pesar de considerar necesaria una reforma que incluya expresamente el ofrecimiento y la aceptación de financiación ilegal, si consideran que estas se pueden castigar en grado de tentativa con la redacción actual.

350 CARCOY BIDASOLO, M., GALLEGO SOLER, J.I.; "Artículos 304 bis-304ter", en AAVV/MIR PUIG, S., *Comentarios al Código Penal. Reforma LO 1/2015 y LO 2/2015,* Tirant lo Blanch, Valencia 2015, pp. 1050-1055

posible castigo como tentativa, tampoco encaja como inicio de los actos ejecutivos en la modalidad de recibir la donación ilegal[351].

La realidad es que, teniendo en cuenta el tipo de delito ante el que nos encontramos, ofrecer o solicitar financiación ilegal serían actos preparatorios de una futura financiación ilícita[352]. Concretamente, estaríamos ante supuestos proposición para la comisión de un delito de financiación ilegal que no está castigada en nuestro CP.

Descartados los anteriores comportamientos como actos ejecutivos, sí existen otros que podrían ser considerados tentativa de este delito al encontrar en ellos un verdadero comienzo de su ejecución[353]. Supuestos en los que, habiéndose comenzado las actuaciones encaminadas a la entrega y recepción de la donación ilícita, ésta no se acaba materializando por distintos mo-

---

351 Diferente a las opciones expuestas es la propuesta por MUÑOZ CUESTA para la tentativa de la financiación ilegal. Este autor considera que en el plano de la financiación ilegal pasiva las conductas de solicitar o aceptar no deben ser castigadas, ya que tenemos la sanción administrativa correspondiente para esa conducta en el art. 17 dos a) de la LOFPP. En cambio, al no existir dicha sanción para la financiación ilegal activa, sí considera que el ofrecimiento constituye tentativa de este delito. En: MUÑOZ CUESTA, J., *La financiación ilegal de partidos políticos. Estado actual de la cuestión. Examen del nuevo delito de financiación ilegal de partidos políticos,* cit. p. 16

352 Así lo han calificado autores como SIERRA LÓPEZ, M. "El delito de financiación ilegal de partidos políticos: ¿mayor eficacia en la lucha contra la corrupción", en AAVV/GÓMEZ RIVERO/BARRERO ORTEGA (Dirs.), *Regeneración democrática y estrategias penales en la lucha contra la corrupción,* 2017, p. 806, mientras que LEÓN ALAPONT considera necesaria su inclusión expresa como tipo de peligro concreto para asegurar el castigo de las conductas de solicitud y aceptación, en: LEÓN ALAPONT, J. "El delito de financiación ilegal de los partidos políticos desde la perspectiva de la responsabilidad penal de éstos como personas jurídicas", en *InDret,* 2018, p. 15.

353 PUENTE ABA, L.M.; *El delito de financiación ilegal de Partidos Políticos,* cit., pp. 99-101

tivos. Ante la ausencia de jurisprudencia en la materia, debemos plantearnos casos de laboratorio y estudiar el posible encaje que tendrían en la conducta típica.

En lo que hace a la recepción, podrían llegar a ser calificables como comienzo de la ejecución actos inmediatamente anteriores a la propia recepción, como la entrega de los datos bancarios del partido al donante o las indicaciones de dónde debe depositar la donación. En la modalidad de entrega, podríamos considerar ejecutivos, por ejemplo, aquellos actos dirigidos a disimular el origen de los fondos antes de hacerlos llegar al partido. Así, una sucesión de trasferencias bancarias dirigidas a dificultar la identificación de la procedencia de los fondos que acabarán siendo donados. Bajo nuestro punto de vista, este tipo de actuaciones previas a la entrega o recepción de la donación no dan comienzo a la ejecución del delito y, al igual que sucede con el ofrecimiento o solicitud de fondos ilícitos, su calificación más adecuada sería la de actos preparatorios, actos que no han sido tipificados para los delitos de financiación ilegal de los partidos políticos.

Una de las modalidades del delito de financiación ilegal en relación con las prohibiciones del art. 5.1 de la LOFPP es la de superar el límite máximo de donaciones permitidas en un año natural[354], establecido en 50.000 euros, por parte de una misma persona física. El momento de comisión del delito será aquel en el que se supere este límite, lo que puede ocurrir en una sola acción, con una donación superior a 50.000 euros, o tras la realización de varias donaciones de menor importe, en cuyo caso se entenderá que el delito se ha consumado con la recepción de la aportación que acaba superando el límite. Teniendo en cuenta

---

354 Los partidos políticos presentan sus cuentas anuales por ejercicios económicos que van desde el 1 de enero hasta el 31 de diciembre. En consecuencia, consideramos que es en ese periodo en el que no se puede superar el límite cuantitativo de 50.000 euros anuales en donaciones privadas.

que este fraccionamiento se hace normalmente con el objetivo de evitar superar el límite cuantitativo señalado en una sola donación, y que irá acompañado de algún mecanismo que busque esconder el verdadero origen y la conexión de las donaciones, podemos considerar que la fase de ejecución comienza con la primera donación que va encaminada a superar el límite cuantitativo fijado. Es decir, en caso de que el donante tuviese desde el principio el ánimo de superar los 50.000 euros de manera fraccionada, el delito se consumaría con la donación que hiciese superar el límite, y ya estaríamos ante una tentativa de este delito desde la primera donación (aun siendo así en el plano teórico habría serias dificultades para probar la intencionalidad del donante y, por ende, la tentativa). En este caso podemos ver claramente un caso de tentativa de financiación ilegal activa del art. 304 bis 4.

Ante la naturaleza de estas transacciones, lo normal sería que encontrásemos también una tentativa de financiación ilegal pasiva por parte del sujeto que recibe las donaciones ilegales. Con carácter general así será, pero surge la cuestión de qué sucede si el donante elige a distintos receptores válidos para la donación. En caso de que todos sean conscientes de que el objetivo es la superación del límite máximo, existiendo, por tanto, un acuerdo de voluntades cuanto menos implícito, podríamos estar ante un caso de coautoría del delito de financiación ilegal pasiva. Este quedaría en grado de tentativa en caso de no llegar finalmente a superar los 50.000 euros sumando las distintas donaciones efectivamente realizadas. De situarnos en el supuesto contrario, en el que los receptores de la donación no son conscientes de lo recibido por el resto, nos podríamos encontrar ante un delito de financiación ilegal activa (sea tentativa o consumado) que no verá castigada la financiación ilegal pasiva, ya que ninguno de los receptores estaría superando el límite legal establecido.

Otro ejemplo en el que nos podríamos encontrar casos de tentativa de financiación ilegal sería aquel de entrega frustrada de la donación en la que el receptor la rechaza y devuelve al donante. Estos supuestos, bajo nuestro punto de vista, van un paso más allá del mero ofrecimiento que hemos catalogado como acto preparatorio. En este caso se ha hecho una entrega de la donación, sea vía transferencia, sea en efectivo, que es rechazada por el representante del partido en cuestión. Bajo nuestro punto de vista, estaríamos ante un supuesto de tentativa acabada e idónea de financiación ilegal activa que debe ser perseguida por el Derecho penal.

Siguiendo con esta línea de plantear hipótesis para determinar cuándo nos podríamos encontrar ante un caso de tentativa, imaginemos el caso en el que un sujeto realiza una donación (de cualquiera de las modalidades que hemos visto) dirigida a un partido político pero el receptor no tiene la capacidad suficiente para recibir dicha donación en nombre del partido. Cabe recordar que, tal y como vimos en el apartado dedicado a la tipicidad y hemos reiterado más arriba, la donación debe ser recibida por alguien con la capacidad de decisión suficiente dentro del partido como para consentir el incorporar las donaciones ilícitas a la masa de bienes de la formación política, entre los que se incluía el responsable de la gestión económico-financiera del partido, su secretario o su presidente. Pues bien, si la donación se entrega a quien carece de capacidad para incorporarla a la masa de bienes de la formación política, en ningún caso podríamos llegar a entender que el delito está consumado, ya que la donación no ha sido recibida por la formación política y no podemos considerar que forme parte de sus bienes. Por otro lado, el sujeto activo ha realizado todos los actos ejecutivos necesarios para la realización del tipo por lo que, en principio, nos encontramos ante una tentativa acabada. Pero, siendo el sujeto al que se dirige la donación una persona inidónea, estaríamos ante un caso de tentativa inidónea. ¿Sería castigada esta tentativa inidónea de financiación ilegal o quedaría, en cambio, sin reproche penal?

Como sabemos, la tentativa exige en el art. 16 CP que se realicen actos que objetivamente deberían producir el resultado. Esta exigencia de que los actos potencialmente pudieran producir el resultado se interpretó por un sector de la doctrina[355] como la imposibilidad de castigar toda tentativa que se considere inidónea, ya que esta no podría producir objetivamente el resultado. En cambio, la posición mayoritaria[356] entiende que la llamada a la objetiva peligrosidad del intento no supone la impunidad de toda tentativa inidónea, solo de aquellas que no son peligrosas ex ante, como la tentativa irreal y la supersticiosa, o, usando otra terminología, las absolutamente inidóneas. En resumen, la doctrina más extendida excluye la punibilidad de aquellos intentos delictivos que no sean peligrosos ex ante, es decir, a ojos de una persona media que tenga los mismos conocimientos de la situación que tenía el autor en el momento del hecho. Esta interpretación excluye la punibilidad de las denominadas tentativas irreales o supersticiosas, o, en otras palabras, permite castigar las tentativas relativamente inidóneas dejando sin castigo las absolutamente inidóneas.

Se interpreta esta exigencia de peligrosidad objetiva como intersubjetividad ex ante utilizando la misma perspectiva que adoptamos en la teoría de la imputación objetiva, la perspectiva del hombre medio diligente[357]. Es decir, para determinar si estamos ante una tentativa punible debemos preguntarnos si una persona media diligente, con los conocimientos del autor

---

355 Cfr., por ejemplo: LÓPEZ GARRIDO, D.; GARCÍA ARÁN, M.; *El Código Penal de 1995 y la voluntad del legislador: Comentario al texto y al debate parlamentario.* Ed. Eurojuris, 1996, pp. 45 y ss.

356 En esta línea: SILVA SÁNCHEZ, J-M.; *El nuevo Código Penal: cinco cuestiones fundamentales.* Ed. JM Bosch, 1997, pp. 133 y ss., ALCÁCER GUIRAO, R. "Elementos típicos no vinculados al curso causal y la tentativa de autor inidóneo", en *Revista de derecho penal y criminología* n. 7, 2001, pp. 11-48 o MIR PUIG, S. "Sobre la punibilidad de la tentativa inidónea en el nuevo Código Penal", en *Revista Electrónica de Ciencia Penal y Criminología,* n.03, 2003, pp. 1-4, entre otros.

357 MIR PUIG, S. "Sobre la punibilidad de la tentativa inidónea en el nuevo Código Penal", cit., pp. 1-4

al realizar el hecho, considera peligroso el intento llevado a cabo por el autor para producir el resultado. Por ejemplo, si el autor de un homicidio intenta matar con una pistola que finalmente se encasquilla, podemos decir que cualquier persona media que no supiera, como el autor, que el arma iba a fallar, consideraría que el intento podría producir el resultado deseado. Esto dejaría de estar presente en los casos de tentativa irreal o supersticiosa, donde el autor atribuye a sus actos una virtualidad causal imposible[358]. Un ejemplo de tentativa irreal sería la del sujeto que pretende envenenar con azúcar sabiendo que lo que está utilizando es azúcar. En este intento delictivo una persona media diligente con los conocimientos del autor en el momento del hecho en ningún caso consideraría que el intento podría producir el resultado, considerándolo una tentativa irreal o absolutamente inidónea y, por tanto, no punible.

Volviendo al caso, debemos preguntarnos dónde encajaría la situación de entregar la donación ilícita a una persona sin la capacidad suficiente para recibirla en nombre del partido. Bajo nuestro punto de vista, va a depender del caso concreto. Si el sujeto al que entregamos la donación es efectivamente afiliado al partido y participa activamente dentro del mismo, estaremos ante una tentativa inidónea punible. Con los conocimientos del autor, cualquier persona media consideraría que este sería un receptor válido y por tanto los hechos realizados podrían haber producido el resultado. Distinto sería el caso del sujeto que dice ser miembro activo o intermediario de un partido cuando verdaderamente no lo era, siendo fácilmente comprobable que no pertenecía al partido político en cuestión. En este supuesto podríamos encontrarnos ante una tentativa absolutamente inidónea y por tanto no punible.

Acabamos de analizar el supuesto de financiación activa en el que el receptor de la donación es inidóneo. Este mismo ejemplo

---

[358] Ibíd.

debe ser analizado desde el prisma de la financiación pasiva, es decir, del sujeto que erróneamente cree poder recibir una donación ilícita en nombre del partido cuando en realidad no es así, realizando este la conducta típica pero no cumpliéndose en él la condición necesaria para ser autor del delito de financiación ilegal pasiva. Como desarrollamos en el apartado anterior, en el caso de la financiación ilegal pasiva estamos ante un delito de propia mano, donde solo puede cometer este delito aquel sujeto que ostente una posición dentro del partido que le otorgue la capacidad de recibir dicha financiación en nombre y a favor de este. En consecuencia, debemos preguntarnos qué sucederá en los supuestos en los que un autor inidóneo realice la conducta típica, problema cuya solución no es unánime en la doctrina española. Por un lado, encontramos a MIR PUIG, FARRÉ TREPAT o GÓMEZ MARTÍN[359], que consideran la inidoneidad en el sujeto equiparable a cualquier otro caso de inidoneidad, como podría ser en el medio o en el objeto del delito. La idea tras esta interpretación es que la inidoneidad del autor es una más entre las posibles causas de imposibilidad de ejecución del delito, por lo que debe aplicarse la misma interpretación que en el resto de los supuestos de tentativa inidónea. Al igual que en la tentativa inidónea, no todo caso de error sobre la propia cualidad de autor, es decir, de autoría inidónea, viene reconducido a la tentativa inidónea punible, pudiendo caer algunos en el delito irreal o putativo. En virtud de esta interpretación, solo serán punibles aquellos casos en los que un espectador objetivo, ubicado en el lugar del autor y teniendo los mismos conocimientos que este, percibiese que era probable que se produjese la lesión del bien jurídico. Según esta interpretación, realizaría una tentativa ini-

---

359 Cfr. MIR PUIG, S. "Sobre la punibilidad de la tentativa inidónea en el nuevo Código Penal", cit., pp. 4 y ss., FARRÉ TREPAT, E. *La Tentativa de Delito (Doctrina y Jurisprudencia)*, Ed. Bosch, Barcelona, 1986, pp. 444 y 445 y GÓMEZ MARTÍN, V. *Delito especial con autor inidóneo: ¿tentativa punible o delito putativo?*, Ed. Dykinson, 2006, p. 725.

dónea punible, por ejemplo, el empleado de una administración cuyo nombramiento como funcionario fuese nulo por cualquier circunstancia y cometiese un delito de prevaricación del art. 404 CP. Un ejemplo del caso contrario sería aquel del empleado de la limpieza que se considera funcionario simplemente por el hecho de limpiar un edificio público. En este segundo caso, un espectador objetivo, ubicado en el lugar del autor y teniendo los mismos conocimientos que este difícilmente caería en el mismo error de atribuirse la condición de funcionario en las mismas circunstancias, por lo que podemos considerarlo un supuesto de tentativa absolutamente inidónea no punible.

Por otro lado, encontramos a aquellos autores que defienden la impunidad del autor inidóneo en todo caso. SOLA RECHE[360] afirma que quien erróneamente se considera sujeto a una norma que en realidad no le es aplicable, caso del autor inidóneo, actúa de la misma forma que quien pretende contravenir una norma del todo inexistente. Si el tipo requiere de un sujeto específico para su comisión, para encontramos ante una conducta antijurídica deben darse los requisitos objetivos en relación con el sujeto vinculado por el precepto, más allá de las concepciones subjetivas del mismo. Es decir, considera que un sujeto inidóneo no puede dar comienzo a la realización del tipo penal y, en consecuencia, estima que no estaremos ante una tentativa punible en los casos de autoría inidónea. En esta misma línea, BACIGALUPO ZAPATER[361] defiende que los casos de autoría inidónea se deben tratar como una modalidad de delincuencia putativa, nunca como una tentativa inidónea punible. Argumenta que la condición de funcionario trae consigo una serie de deberes extratípicos, cuya

---

360 SOLA RECHE, E.; *La Llamada" tentativa inidónea" de delito: aspectos básicos,* Ed. Comares, 1996, pp. 189-192.

361 BACIGALUPO ZAPATER, E. "Sobre la tentativa inidónea en el Derecho vigente y en el Proyecto de Código Penal," en *La Ley: Revista jurídica española de doctrina, jurisprudencia y bibliografía* 2,1981, pp. 969-973.

errónea suposición es comparable al caso en el que un sujeto que cree realizar una conducta típica que en realidad no existe. En último lugar quiero destacar a VÁZQUEZ-PORTOMEÑE[362], quien comienza señalando el silencio sobre este aspecto en el Derecho positivo español que ha dado lugar a que se produzca este debate y disparidad de opiniones. En su caso, subraya la ausencia de tipo penal aplicable como punto clave para justificar la no punibilidad del autor inidóneo. Solo el sujeto específico puede lesionar o poner en peligro el bien jurídico protegido.

Bajo nuestro punto de vista, no es posible encontrar casos en los que la tentativa del autor inidóneo deba o pueda ser castigada tal y como dice MIR PUIG, situándonos en línea con lo defendido por BACIGALUPO ZAPATER O VÁZQUEZ-PORTOMEÑE. Estamos ante casos de atipicidad, ya que no hay sujeto alguno con capacidad para incorporar los bienes al partido que pueda ser sujeto activo y, a la postre, autor del tipo de financiación ilegal pasiva tal y como está configurada esta figura como delito de propia mano.

Entendiendo como posible la tentativa debemos detenernos en la eventualidad de que exista desistimiento y qué circunstancias deben darse para tenerlo como válido. Si tenemos en cuenta que hay autores como MIR PUIG que consideran admisible tanto la tentativa como el desistimiento en otros delitos de encuentro como el cohecho[363], cuyo momento consumativo es anterior al del delito que nos ocupa al incluir las conductas de ofrecer y solicitar dentro del tipo consumado, debemos admitir que estos también son posibles en el delito de financiación ilegal. Dicho esto, y teniendo

---

362 VÁSQUEZ-PORTOMEÑE SEIJAS, F.; *Los delitos contra la administración pública. Teoría general,* Ed. Instituto Nacional de Administración Pública. Universidade de Santiago de Compostela, 2003, pp. 469-479.

363 MIR PUIG, S. "Capítulo V. Del cohecho", en AAVV/MIR PUIG (dir.); *Comentarios al Código penal. Reforma LO 5/2010,* Tirant lo Blanch, Valencia, 2011, págs. 919 - 926

en cuenta las distintas posibilidades de tentativa que hemos visto, podría haber desistimiento en casos como los siguientes:

En las donaciones por parte de una persona física superiores a 50.000 euros anuales veíamos como la tentativa de financiación ilegal activa empezaba con la primera donación fraccionada cuyo objetivo final era superar dicho límite. Si nos situamos en un punto donde el sujeto ya ha entregado 30.000 euros, estaríamos ante una tentativa idónea inacabada. Si en ese momento el sujeto desiste de su intención de financiar ilegalmente al partido, bastará con un desistimiento omisivo, es decir, será suficiente con que el sujeto no continúe con el hecho, desistiendo de la ejecución ya iniciada para que apreciemos desistimiento y no tentativa de financiación ilícita. En lo que respecta a la financiación ilegal pasiva, y pensando en el mismo ejemplo, el responsable de la formación política podría rechazar las donaciones que estaban destinadas a superar el límite legal establecido, siendo por lo tanto igualmente posible la aplicación del desistimiento (habiendo aceptado las anteriores con consciencia de que la finalidad era superar el límite, pues en caso contrario no habría siquiera tentativa).

Más compleja es la apreciación del desistimiento, así como de la tentativa, en el resto de las modalidades de financiación, ya que en el mismo momento en el que se produzca la entrega o recepción, y la donación entre en el ámbito de dominio del partido político, entenderemos que el delito se habrá consumado. Quizás sería posible justificar que existe desistimiento en casos de financiación ilegal pasiva, donde el sujeto ha recibido una donación, por ejemplo, procedente de una persona jurídica, y que en el último momento decide rechazar, devolviendo la cantidad entregada. Si el sujeto no ha llegado a incorporar los bienes al patrimonio del partido, con sus actos de devolución de los fondos ha evitado que se produzca la consumación del delito, por lo que podemos considerar que también aquí estamos ante un caso de desistimiento. A diferencia de lo que sucede con la financiación ilegal pasiva, en dicho ejemplo, la financiación ilegal activa sí quedaría en grado de tentativa, siendo además una tentativa acabada.

Dentro de este marco también se podría plantear el escenario de conflicto entre los miembros de un partido a la hora de incorporar los fondos ilícitos al mismo. Es decir, el secretario general recibe donaciones ilícitas que se dispone a incorporar en la caja "B" de la formación política. Ante esta actuación el tesorero del partido decide denunciar esta financiación ilegal. ¿Se habría consumado el delito, o por el contrario el hecho de que el tesorero rechazase esta financiación lo dejaría en grado de tentativa? Es una cuestión cuya solución es muy compleja y dependerá del caso concreto y de cómo funcionen las finanzas de dicha formación. Si el tesorero debe aprobar todos los ingresos (lícitos e ilícitos) que lleguen al partido, el delito estaría en grado de tentativa. Pero, además, esto supondría que solo el tesorero podría ser autor del delito en tanto que sería el único con la capacidad de incorporar bienes al partido. En cambio, si normalmente se produce esta incorporación de bienes sin la necesidad de participación del tesorero, el delito estaría ya consumado. Se trata solo de un ejemplo más de la gran complejidad que pueden presentar este tipo de tramas.

Son otros muchos los supuestos que se podrían plantear como posibles casos de tentativa y de desistimiento. Pese a todo, y a modo de reflexión personal, considero muy poco probable la aplicación del delito de financiación ilegal de los partidos políticos en grado de tentativa, y menos aún la posible aplicación del desistimiento cuya eventualidad pasaría inadvertida en las cuentas del partido. Estamos ante un delito que se consuma con la mera entrega, recepción e incorporación de la donación ilícita al patrimonio de una formación política, sin necesidad de ulterior contraprestación u acto ilícito. A esto se debe añadir que la financiación ilícita se descubrirá, normalmente, años después del acaecimiento de los hechos tal y como viene sucediendo con las tramas de corrupción, sea a través de denuncia espontánea de una de las partes partícipes de la trama, sea tras los informes de las finanzas de las distintas formaciones realizados por el Tribunal de Cuentas. En definitiva, será prácticamente imposible que se den pronunciamientos sobre la tentativa en los delitos de financiación ilegal de los partidos políticos.

4.4. AUTORÍA Y PARTICIPACIÓN

Los delitos de financiación ilegal de los partidos políticos pueden adoptar diversas modalidades en las que, además, hay siempre varias partes implicadas. Por un lado, encontramos a quien aporta la financiación, que puede ser tanto un sujeto privado a título particular como en representación de una empresa. Por otro, tenemos al sujeto que recibe la financiación ilícita destinada al partido político. Este puede ser desde el responsable de la gestión económico-financiera del partido, hasta cualquier otro miembro con la capacidad suficiente para incorporar patrimonio al mismo[364]. A estos dos sujetos, que son el mínimo para la existencia de estos delitos, el propio código añade un tercer elemento que puede estar presente, recogido expresamente en el apartado cuarto del art. 304 bis. A través de la cláusula "*por sí o por persona interpuesta*", el legislador quiso hacer referencia a la posibilidad de entregar la donación ilegal a través de un tercero, al igual que hace en otros delitos como el cohecho. Referencia un tanto superflua, ya que dicha eventualidad se puede resolver sin mayor referencia con las normas generales relativas a la autoría y participación.

Antes de analizar las distintas formas de autoría y participación en este delito debemos puntualizar que este análisis se realizará desde la teoría del dominio del hecho, hoy dominante tanto en

---

364 GONZÁLEZ BARRERA, F. "Estudios sobre la financiación de los partidos políticos.: Especial referencia a la financiación ilegal", cit., pp. 91, ss

la doctrina como en la jurisprudencia. Esta teoría otorga la cualidad de autor en función del dominio final de la ejecución del hecho, teniendo el control total del hecho el autor directo, un dominio funcional del mismo el coautor, mientras que el autor mediato controla el hecho a través del instrumento ejecutor. Esta teoría no es perfecta, ya que no en todas las modalidades de autoría se tiene el mismo dominio del hecho, a lo que se añade que algunas modalidades de participación, como podría ser la inducción, tienen un dominio del hecho equivalente a aquellas consideradas de autoría[365]. Teniendo esto en consideración, esta teoría es la más ampliamente aceptada y la que mejor permite analizar las distintas figuras de autoría y participación.

Como hemos venido haciendo, debemos distinguir entre la financiación ilegal pasiva y la financiación ilegal activa. Empezamos con el autor en el delito del apartado cuarto de financiación ilegal activa. Como ya hemos tratado anteriormente, la doctrina[366] considera que nos encontramos ante un delito común (donde solo excluimos como potenciales autores a los afiliados al partido en virtud del objeto material de este delito). Esta figura no presenta anomalía alguna a la hora de definir al autor directo del delito de financiación ilegal activa, que será quien de forma antijurídica y culpable entregue donaciones prohibidas a un partido político, federación, coalición o agrupación de electores. Igualmente, tampoco encontramos ninguna problemá-

---

365 En aras de poder diferenciar con mayor claridad autoría y participación se ha incluido el concepto de pertenencia del hecho al autor que, en principio, no se daría en la participación y sí en la autoría. Aun con esta referencia parece dudoso, al menos en la inducción.

366 Sobre este punto no hay dudas y todos los autores se pronuncian en este sentido. Por ejemplo: ODRIOZOLA GURRUTXAGA, M. "La regulación penal de la financiación ilegal de los partidos políticos", cit., pp. 117 o MACÍAS ESPEJO, B. "Sobre la incriminación de la financiación ilegal de partidos políticos en el artículo 304 bis del Código Penal", cit., p. 136.

tica especial en los supuestos de autoría mediata, simplemente debiendo apuntar que la posibilidad de realizar el hecho por medio de otro está contemplada directamente en el tipo.

Ahora pasamos a la financiación ilegal pasiva, que como veíamos es un delito de propia mano (entendido en sentido amplio), ya que el tipo no exige unas cualidades determinadas en el sujeto activo, pero el hecho típico si requiere implícitamente una especial vinculación normativa del sujeto con el partido político, concretamente que el sujeto activo tenga capacidad suficiente para incorporar fondos al patrimonio del partido. El hecho de calificar el delito de financiación ilegal pasiva como de propia mano tiene importantes consecuencias en el ámbito de la autoría y la participación, específicamente en lo que se refiere a la calificación jurídica de los sujetos que reciben una donación ilícita cuyo destino es el partido político, pero sin formar parte de este. Si considerásemos, como MACÍAS ESPEJO[367], que estamos ante un delito común, este sujeto sería autor de la financiación ilegal pasiva. Entendiendo, por el contrario, que estamos ante un delito de propia mano, no podemos calificar a este sujeto como autor cuando no puede incorporar los bienes recibidos a la formación del partido político. En consecuencia, solo podrán ser considerados autores, sea como autores directos (recepción en primera persona de los fondos), sea como autores mediatos (recepción de los fondos a través de un tercero), a aquellos sujetos que tengan la capacidad de incorporar los bienes recibidos a la formación del partido político.

Dicho esto, tradicionalmente se viene entendiendo que los delitos de propia mano no se pueden cometer en autoría mediata, ya requerían una comisión estrictamente personal, en un sentido físico, de la conducta típica. Pero autores como MUÑOZ

---

[367] MACÍAS ESPEJO, B. "Sobre la incriminación de la financiación ilegal de partidos políticos en el artículo 304 bis del Código Penal", cit., p. 136

CONDE o GÓMEZ RIVERO[368] se han mostrado favorables a admitir la autoría mediata también en estos delitos[369]. Lo encuadran en aquellos supuestos en los que alguien obliga a otro mediante violencia o intimidación a realizar la conducta típica, dejando al sujeto activo como un mero instrumento. Así, sería autor mediato de un delito sexual aquel que obligue a otro a acceder carnalmente a la víctima. Del mismo modo, sería autor mediato de un delito contra la seguridad vial aquel que obliga mediante violencia o intimidación a un sujeto a conducir temerariamente, sin carné o bajo los efectos del alcohol. A dichos supuestos, cuya eventualidad parece poco plausible en el ámbito en el que nos encontramos, se debe añadir el caso de quien se sirve materialmente de una persona para recoger una cantidad desconociendo esa persona lo que recoge y para qué lo hace. El sujeto que ordena a este instrumento/intermediario a recoger la donación prohibida sin saber este el carácter ilícito de la misma sería autor mediato del delito de financiación ilegal pasiva.

En el ámbito de la autoría y participación, surge también la cuestión de qué calificación jurídica debemos dar a la figura del intermediario (consciente) en las operaciones de financiación ilegal. Para ODRIOZOLA GURRUTXAGA[370], estos intermediarios encajan perfectamente en la figura de la persona interpuesta recogida en el 304 bis apartado 4 para la financiación ilegal activa, y deberán ser castigados como cooperadores necesarios o partícipes en función del caso concreto, aplicando las normas generales de

---

368 MUÑOZ CONDE, F., *Derecho Penal, Parte Especial,* Valencia, 2021, pág. 662; GÓMEZ RIVERO, C. "¿Queda algo aún de los llamados delitos de propia mano?", cit., p. 109.

369 Esta interpretación también la encontramos en la jurisprudencia, como en la STS 314/2021, de 15 de abril, donde se admite la autoría mediata en un delito del art. 384 CP (conducción sin permiso o con permiso retirado).

370 ODRIOZOLA GURRUTXAGA, M. "La regulación penal de la financiación ilegal de los partidos políticos", cit., p. 120

autoría y participación. Por su parte, MUÑOZ CUESTA[371] también sitúa a estos intermediarios en la financiación ilegal activa (ya que se hace referencia expresa a los mismos), y considera que podemos encontrar desde casos de autoría mediata hasta casos de complicidad o cooperación necesaria, que son las soluciones por las que la jurisprudencia[372] ha optado en figuras delictivas similares, como en el cohecho, en el que se viene castigando al intermediario como cooperador necesario o como cómplice en función de la necesidad de la aportación del sujeto.

Finalmente, es necesario distinguir los casos de coautoría o participación en estos delitos con la comisión de delito del art. 304 ter CP de participación en estructuras u organizaciones cuya finalidad sea la financiación ilegal, aspecto que analizaremos en el apartado dedicado a dicho delito. Avanzar, no obstante, que el elemento fundamental de diferenciación es si la actividad de financiación ilegal en la que interviene un determinado número de personas tiene un carácter ocasional o puntual (coautoría o participación de un delito de financiación ilegal) o, en cambio, se trata de una actividad ilícita con un mínimo de permanencia y continuidad en el tiempo (delito de pertenencia a estructura u organización cuyo objetivo sea la financiación ilegal del art. 304 ter CP) [373].

Más allá de lo aquí comentado, estas figuras delictivas no presentan problemas adicionales de autoría y participación, siéndole de aplicación las reglas generales teniendo siempre en cuenta que la financiación ilegal activa del 304 bis 1 es un delito común y la financiación ilegal pasiva del 304 bis 4 un delito de propia mano.

---

[371] MUÑOZ CUESTA, J., *La financiación ilegal de partidos políticos. Estado actual de la cuestión. Examen del nuevo delito de financiación ilegal de partidos políticos*, cit. p. 11

[372] STS 4627/2014: 28/10/2014 y STS 1934/2018 31/05/2018

[373] PÉREZ RIVAS, N. "El delito de participación en una estructura u organización destinada a la financiación ilegal de partidos políticos: Algunas pautas interpretativas", cit. p. 169.

4.5. PENALIDAD

El tipo básico de los apartados 1 y 4 del art. 304 bis recoge una pena de multa del triplo al quíntuplo del valor de la donación ilegal recibida o aportada. La mayoría de la doctrina ha criticado esta pena por considerarla demasiado leve y, por lo tanto, con un escaso efecto preventivo[374]. Especialmente llamativo[375] el hecho de que no incluya, ni siquiera de forma alternativa, pena de prisión alguna, más aún si tenemos en cuenta las penas recogidas en los ordenamientos de nuestro entorno como, por ejemplo, el ordenamiento italiano, donde se prevé una pena de 4 meses a 6 años de prisión[376].

Al menos, la pena es más grave que la sanción recogida en el 17 bis de la LOFPP para las infracciones muy graves[377], cuyo importe irá del doble al quíntuplo de la cantidad que exceda del límite legalmente permitido, mientras que la pena será del triplo al quíntuplo del valor total de la cantidad donada.

En un delito de estas características faltan sanciones penales de otra naturaleza que se adapten mejor a este tipo de tramas corruptas[378]. Por ejemplo, teniendo en cuenta que es muy probable que se vean implicados cargos públicos o sujetos cuyo objetivo sea presentarse a uno, nos parecería adecuada la inclusión de la pérdida del derecho de sufragio pasivo como pena. Si bien es cierto que con relación a los tipos agravados se podrán aplicar las penas de inhabilitación especial para cargo público y de pérdida

---

374 En este sentido se expresa: MAROTO CALATAYUD, M.; *La financiación ilegal de los partidos políticos. Un análisis político-criminal*, cit., pp. 330, ss.

375 JAVATO MARTÍN, A.M. “El delito de financiación ilegal de los partidos políticos (arts- 304 bis y 304 ter CP)”, cit., p. 34

376 En este mismo sentido: ODRIOZOLA GURRUTXAGA, M. “La regulación penal de la financiación ilegal de los partidos políticos”, cit., p. 126

377 Vid. Supra., pp. 48-50.

378 Véase: PUENTE ABA, L.M.; *El delito de financiación ilegal de Partidos Políticos*, cit., p. 104.

del sufragio pasivo como penas accesorias, estas no podrán ser aplicadas al tipo básico ya que este no prevé penas de prisión.

Finalmente, he de señalar que el delito de financiación ilegal de los partidos políticos no ha entrado en el catálogo de delitos a los que se le puede aplicar la consecuencia accesoria de decomiso ampliado[379], un mecanismo que hubiese sido idóneo para asegurar que el partido perdiese los fondos ilícitamente obtenidos.

La penalidad de los partidos políticos y de las personas jurídicas que se puedan ver implicadas en una trama de financiación ilegal de los partidos políticos será tratada más adelante, tras analizar el régimen de responsabilidad penal de las personas jurídicas y su aplicación a este tipo penal.

4.6. CONCURSOS

La mayoría de las situaciones concursales en casos de financiación ilegal se van a producir con los delitos contra la Admi-

---

379 El decomiso ordinario se define en el art. 127 CP como una consecuencia accesoria a la pena por un delito en los siguientes términos: "*la pérdida de los efectos que de él provengan y de los bienes, medios o instrumentos con que se haya preparado o ejecutado, así como de las ganancias provenientes del delito*". En cambio, el decomiso ampliado, regulado en el art. 127 bis, quinquies y sexies CP, permite el decomiso de bienes de procedencia ilícita del patrimonio del condenado, pero distintos de aquellos por los que ha sido condenado. Es decir, el juez, de manera justificada y sobre la base de indicios relevantes, fundados y objetivos que acreditan la existencia de otras actividades delictivas distintas de la condena, tiene la potestad de decomisar el patrimonio que razonablemente proviene de la actividad delictiva de la que no tiene pruebas suficientes como para condenar. Con este instrumento, por ejemplo, el juez podría decomisar el patrimonio cuyo origen el partido no justifique, probablemente proveniente de financiación ilícita pero que no se haya podido demostrar (como consecuencia accesoria a la pena de un delito sí demostrado).

nistración pública, aunque también podemos encontrar algunos ejemplos con otros tipos penales. Paso a analizar las principales figuras delictivas con las que la financiación ilegal de los partidos políticos puede llegar a entrar en concurso. Finalmente, en este apartado, también se incluye una referencia a la posibilidad de aplicación del delito continuado a los delitos de financiación ilegal de los partidos políticos.

4.6.1. Cohecho

El supuesto de concurso entre cohecho y financiación ilegal de los partidos lo podemos encontrar en el caso donde un donante realiza una donación ilegal en favor de un partido político a cambio de la cual busca que un miembro del partido (que tenga la condición de autoridad o funcionario público[380]) le dé un trato de favor en una determinada decisión de la administración que depende de éste.

---

[380] Para poder estar ante una situación concursal de este tipo, debemos estar ante una autoridad o funcionario público que pertenezca al partido político financiado ilegalmente. Según la jurisprudencia del Tribunal Supremo, en su interpretación del art. 24 del CP, el concepto penal es más amplio que el concepto administrativo de funcionario público en tanto se considera autoridad o funcionario público a efectos penales a cualquier sujeto que sea nombrado para participar en la función pública por disposición legal, por elección o por nombramiento de la autoridad competente. En este concepto no se tienen en cuenta otros requisitos exigidos para la incorporación formal a la Administración o criterios como la permanencia en el cargo. El factor definitorio en el ámbito penal para la consideración de autoridad o funcionario es la participación efectiva del sujeto en funciones públicas. En este sentido, la STS 186/2012, de 14 de marzo, establece que será autoridad o funcionario público tanto "el titular, o 'de carrera' como el interino o contratado temporalmente, ya que lo relevante es que dicha persona esté al servicio de entes públicos, con sometimiento de su actividad al control del derecho administrativo, aunque carezca de las notas de incorporación definitivas ni por tanto de permanencia". Vid más en:

En este supuesto, el partido político es el beneficiario de la dádiva, algo que encaja perfectamente en ambos tipos de cohecho, ya que esta puede ser en beneficio propio o de tercero, pudiendo ser ese tercero tanto una persona física como una persona jurídica. En lo que respecta a si el acto ejecutado por la autoridad o funcionario público es un acto contrario a los deberes inherentes al mismo, la no ejecución o el retraso injustificado de uno que debiera practicar o en cambio es un acto propio a su cargo, no es relevante para determinar si existe el concurso, ya que el mismo puede ser tanto con el art. 419 como con el 420.

Este tipo de casos ya se ha planteado antes de la tipificación del delito de financiación ilegal. Por ejemplo, en el caso AVE, en los años ochenta, donde quedó acreditado que se produjo pago de comisiones por parte de las empresas a las que se les adjudicó la construcción de las infraestructuras del AVE al partido político cuyos miembros estaban encargados de la adjudicación de estos contratos. En este caso, tanto la financiación ilegal del partido como el cohecho quedaron impunes, ya que ambos eran atípicos en el momento de comisión de los hechos[381]: el delito de financiación ilegal, por cuanto el mismo no es introducido en el Código Penal hasta fechas recientes; con respecto al cohecho, la Audiencia estimó que el hecho de haber recibido dádivas en beneficio del partido resultaba atípico atendiendo a lo establecido en el Código penal de 1973 y que ese papel intermedio del receptor de la dádiva que se la hace llegar al partido no le supone al sujeto ningún beneficio personal ni patrimonial. A esto se añade que la Audiencia también negó el carácter injusto de las adjudicaciones

PELEGRÍN LÓPEZ, A. "El delito de cohecho, tras la reforma del Código Penal por la Ley Orgánica 1/2015, de 30 de marzo" en *Cuadernos de Derecho Local (43)*, 2017, pp. 260 y ss.

381 STS 692/2008, de 4 de noviembre.

que se requería en el antiguo Código penal para admitir el cohecho al entender que habían existido negociaciones reales[382].

En estos casos, podemos diferenciar dos posibles supuestos, que se produzca el contacto directamente entre el donante y el partido, buscando a través de una donación una determinada actuación de un miembro de este que ostente un cargo público, o que se produzca un contacto directo entre el particular y la autoridad o funcionario, donde acuerdan que la dádiva vaya destinada al partido.

En el primer escenario, el sujeto contacta con el partido para que sea éste quien ejerza la influencia sobre el funcionario o cargo público. Aquí podríamos considerar que tanto el donante como el funcionario son responsables de un delito de cohecho, a lo que algún autor añade la posibilidad de que el partido político sea también enjuiciado por cohecho a título de cooperador necesario[383]. En lo que respecta a la financiación ilegal del partido sólo cabe valorar la actuación del donante y de la persona responsable del partido que recibe la donación, mientras que la autoridad o funcionario no podrá ser enjuiciado por el mismo. Este último actúa motivado por la dádiva que recibe el partido, pero sus actos se producen una vez el delito de financiación ilegal ya se ha consumado. Si bien es cierto que cabría la posibilidad de que la actuación por parte de la autoridad o funcionario sea presupuesto necesario para que la donación se produzca, en cuyo caso podría ser un cooperador necesario en la financiación ilegal, al menos sobre el papel, ya que la acreditación de esta dependencia entre la financiación y el asentimiento por parte de la autoridad o funcionario de actuar sería de gran dificultad en términos de prueba.

---

[382] Vid. más en: Cap. 2 apto. 1.4

[383] Por ejemplo, GARCÍA ARÁN, M., "Sobre la tipicidad penal de la financiación irregular de los partidos políticos", cit., pp. 589, ss. Bajo el prisma de la autorresponsabilidad esto no es posible ya que el único delito cometido propiamente por el partido es el recogido en el 31 bis.

En cambio, en el segundo escenario el donante otorga directamente la donación a la autoridad o funcionario público que la recibe en beneficio del partido político. En este caso, tanto el donante como la autoridad o funcionario que recibe la donación, podrán ser considerados autores tanto del delito de financiación ilegal de los partidos políticos como del delito de cohecho. El donante podría ser condenado como autor de financiación ilegal activa del 304 bis 4 y de cohecho activo (arts. 424 a 426 CP), mientras que el funcionario sería autor de financiación ilegal pasiva del 304 bis 1 y de cohecho pasivo (arts. 419 a 423 CP).

Como ya se ha justificado en el apartado tercero de este estudio, el delito de cohecho y el de financiación ilegal protegen bienes jurídicos distintos, por lo que estaríamos ante un concurso de delitos y no de normas. Más concretamente, en ambos casos nos encontraríamos ante situaciones con identidad de hecho, por lo que se trataría de la figura del concurso ideal de delitos[384].

También es posible encontrar ambos delitos en situaciones de concurso real (con pluralidad de hechos, en consecuencia) en el marco de tramas corruptas más amplias. Este sería el caso del particular que realiza donaciones en favor de un determinado partido con el objetivo de tener una relación privilegiada con el mismo. Llegado el momento, y una vez creado un clima favorable hacia su persona gracias a tales donaciones, cuando este sujeto está interesado ya en una decisión en particular, efectúa pagos o regalos individuales a las autoridades o funcionarios que van a tomar la decisión en primera persona. En este supuesto nos encontraríamos dos delitos independientes o, en todo caso, en concurso real, ya que se trata de hechos diferenciados. A su vez, si el acto al que accede realizar la autoridad o funcionario público es una resolución arbitraria ilícita podríamos encontrarnos con un delito de prevaricación. Sobre el posible concurso entre

---

384 PUENTE ABA, L.M.; *El delito de financiación ilegal de Partidos Políticos*, cit., p. 108

el cohecho y la prevaricación, el Tribunal Supremo en su sentencia 5505/2007 determina que el cohecho es independiente de la prevaricación, ya que en el cohecho no se tiene en cuenta el resultado perseguido por el acuerdo, y en la prevaricación será indiferente si existe una contraprestación a cambio de esta conducta prevaricadora. En definitiva, si se comete un delito de prevaricación será castigado en concurso real junto con el resto de las infracciones, máxime cuando el propio art. 419 CP in fine establece que el cohecho será castigado "*sin perjuicio de la pena correspondiente al acto realizado, omitido o retrasado en razón de la retribución o promesa, si fuera constitutivo de delito*"[385].

4.6.2. Tráfico de influencias

Con respecto al tráfico de influencias, solo cabría plantearse la posibilidad del concurso con el tipo del art. 430 CP, ya que este es el único que incluye la intermediación de una dádiva en el hecho punible. Ejemplo de este posible concurso serían el caso de la autoridad o funcionario público que solicita o acepta una dádiva (en forma de donación ilegal al partido) a cambio de ejercer influencia en un determinado sentido, y el caso del responsable de un partido político que se ofrece a influir en miembros de su formación que ostentan un cargo público y a cambio solicita o acepta financiación para su formación política.

En el primer supuesto, el funcionario o autoridad que ejerce la influencia y solicita o acepta la dádiva, cometería, en el caso de que la misma efectivamente sea recibida en favor del partido político, tanto el delito de financiación ilegal de los partidos políticos como el delito de tráfico de influencias. En el segundo supuesto, el responsable del partido político, de nuevo sólo en

---

[385] Vid. más en: SERRANO ROMO, A. *Delito de cohecho. Análisis teórico y jurisprudencial de derecho comparado.* Tesis doctoral, Universidad de Sevilla, 2017, pp. 385 y ss.

el caso de que la dádiva efectivamente sea recibida, cometería tanto el delito de financiación ilegal como el de tráfico de influencias. Estos delitos, al igual que ocurría con el cohecho, se encontrarían en una situación de concurso ideal.

La figura del donante, por el contrario, queda fuera del tipo de tráfico de influencias y sólo cometería el delito de financiación ilegal de los partidos políticos en el momento en que realice la donación ilegal.

A la hora de aplicar este posible concurso ideal a la práctica, el juez encontrará numerosos problemas de prueba, algo común en los casos de tráfico de influencias[386]. Especialmente difícil será probar que la donación ilegal al partido está destinada al ejercicio de unas influencias que, en última instancia, deben conseguir una decisión de la administración que reporte algún beneficio económico para el sujeto.

4.6.3. Malversación

Los casos en los que podría existir concurso con el delito de malversación son aquellos en los que una autoridad o funcionario concede unos fondos públicos a sabiendas de que el receptor de estos, concedidos con un determinado propósito, desviará una parte de estos en concepto de comisión a las arcas del partido político al que pertenece.

---

386 En este sentido: MUÑOZ LORENTE, J. "Los delitos de tráfico de influencias (Situación actual y propuestas de reforma en la lucha contra la corrupción)" en *EUNOMÍA. Revista en Cultura de la Legalidad*, 2014, pp. 77 y ss o DE LA CUESTA ARZAMENDI, J.L. "Iniciativas internacionales contra la corrupción" en Eguzkilore, Núm. 17, 2003, pp. 5-16.

Esta fue la situación que se dio en el "caso Pallerols"[387], un caso financiación ilegal de Unión Democrática de Cataluña, en el que se habría desviado a las arcas del partido el 10% de las subvenciones otorgadas por la Consejería de Trabajo de la Generalitat de Cataluña con cargo a fondos europeos y destinados a la organización de cursos[388]. En este caso, los cargos públicos fueron condenados por malversación[389]. Cabe preguntarse si esos mismos hechos permitirían también una condena por financiación ilegal una vez contamos ya también con este delito en el Código Penal. La respuesta es que no: la autoridad o funcionario público que realice este tipo de conductas no podrá ser condenado por financiación ilegal desde el punto y hora en que el art. 304 bis del Código Penal se construye sólo sobre donaciones privadas, mientras que aquí tratamos con fondos públicos.

En cuanto a la entidad beneficiaria de la subvención, estaría cometiendo, desde luego, un delito de fraude de subvenciones. La duda está en si también comete el delito de financiación ilegal de partidos políticos. Según PUENTE ABA[390], siempre que el beneficiario de la subvención que acaba desviando parte de esta al partido sea una persona jurídica, también estaría cometiendo un delito de financiación ilegal, ya que la prohibición de las donaciones procedentes de personas jurídicas es una de

---

387 SANDOVAL CORONADO, J. C., "La financiación corrupta de los partidos políticos: A propósito del "caso Pallerols"", cit., pp. 329-379.

388 El caso Pallerols tenía como objeto la obtención de financiación ilegal de UDC, que habría desviado el 10% de subvenciones con cargo a fondos europeos otorgadas por la Conselleria de Trabajo de la Generalitat de Cataluña para la realización de cursos a las arcas del partido. Lo interesante de este caso es que por primera vez se puso a un partido, UDC, como responsable civil subsidiario y partícipe a título lucrativo del caso.

389 SAP Barcelona 57/2013, de 21 de enero.

390 Véase PUENTE ABA, L.M.; *El delito de financiación ilegal de Partidos Políticos,* cit., pp. 110 y ss.

las incluidas en el tipo. Es decir, en un caso como el señalado a título de ejemplo, el responsable del partido encargado de recibir la donación también estaría cometiendo, según la citada autora, el delito de financiación ilegal de los partidos políticos.

Sin embargo, bajo mi punto de vista, y ante la configuración actual del tipo penal, ningún caso de desvío de fondos públicos a un partido político realizará el tipo básico de financiación ilegal. El art. 5.1 de la LOFPP, al que se remite el 304 bis 1), establece una serie de límites, pero siempre para donaciones privadas. Y en situaciones como la planteada en el "caso Pallerols", a pesar de que el desvío de los fondos los realice una persona jurídica, siguen siendo aportaciones procedentes de fondos públicos y, por ende, penalmente atípicas. Es decir, el hecho de que los fondos públicos lleguen al partido mediante la intermediación de personas jurídicas de naturaleza privada beneficiarias de la subvención no convierte esos fondos públicos en donaciones privadas. Esta conclusión para el "caso Pallerols" es generalizable, pudiendo así afirmarse que no caben situaciones de concurso de delitos de malversación y financiación ilegal de los partidos políticos.

4.6.4. Falsedades documentales

En los casos de financiación ilegal de los partidos políticos, como instrumento para su ejecución, es posible que nos encontremos con la realización de un delito de falsedades documentales.

Los partidos políticos, en aras de recibir la donación ilícita, la pueden ocultar de su contabilidad "oficial", o, en cambio, puede reflejarla de forma fraudulenta en la contabilidad del partido, fraccionando el importe de la donación, ocultando la verdadera identidad del donante, falseando el verdadero importe de la aportación ilícita o haciéndola pasar como otro negocio jurídico. Estos supuestos que van directamente referidos a falsedades en los libros contables del partido no podrán ser enjuiciados por el 392 del CP, al tratarse de falsedades ideológicas cometidas por un particular, en este caso, el responsable de la contabilidad del partido, falsedades que en el caso de las sociedades mercantiles sería castigado por un delito de falsedad contable recogido en el art. 310 CP. En este apartado querría volver a incidir en el problema de la atipicidad de las falsedades contables en el ámbito de la financiación ordinaria, ya que en caso de que estas falsedades se encontrasen en las cuentas referidas a la financiación de las campañas electorales del partido, esta conducta sí se sancionaría penalmente en base al art. 146 de la LOREG[391].

En cualquier lugar, más allá de la contabilidad, será común que en este tipo de casos se intente disfrazar la donación ilegal como un negocio jurídico a cambio del cual la entidad donante aparenta dar algún servicio de carácter inmaterial al partido, como podrían ser la realización de informes o labores de asesoramiento. Estos negocios jurídicos ficticios requieren de la elaboración de una factura falsa para completar el ocultamiento. En caso de que consideremos que estas facturas falsas efectivamente son constitutivas del delito de falsedad documental del 392 CP[392], como es nuestra posición, el donante estaría cometiendo tanto este delito como el delito de financiación ilegal de los partidos políticos. En este caso ambas infracciones estarían

---

391 MAROTO CALATAYUD, M.; *La financiación ilegal de los partidos políticos. Un análisis político-criminal,* cit., pp. 385, ss.

392 En estos casos se plantea el problema de como calificar estas facturas falsas donde todos sus elementos (emisor, pago, etc.) son reales con excepción del concepto, es decir, el bien o servicio por el que se realiza el pago que nunca se llega a dar. Surge la disyuntiva de calificar estos hechos como falsedad ideológica o falsedad material, lo que podría derivar en la atipicidad de la conducta. Bajo nuestro punto de vista estamos ante una falsedad material ya que estamos ante la simulación total de un documento, ante un documento confeccionado con la única finalidad de acreditar, en este caso, en la contabilidad del partido una relación jurídica inexistente. Esta es la línea que ha seguido mayoritariamente el TS como por ejemplo en la STS 900/2006 de 22 de septiembre, la STS 63/2007 de 30 de enero o la STS 641/2008 de 10 de octubre.

en concurso medial, ya que las falsedades documentales practicadas se realizan como instrumento para lograr el objetivo final, que es financiar ilegalmente al partido.

4.6.5. Administración desleal

El supuesto en el que podríamos encontrar el concurso entre el delito de financiación ilegal y el de administración desleal es aquel en el que el administrador de una empresa realiza aportaciones ilegales a un partido político.

La última reforma del delito de administración desleal, recogido en el art. 252 CP, ha dejado un tipo penal bastante abierto, donde se castiga el exceso en el ejercicio de las facultades que tiene atribuidas el administrador en virtud de la ley, encomendadas por la autoridad o asumidas mediante un negocio jurídico. Con esta configuración del tipo, entran en el mismo todos aquellos excesos en los que caiga el administrador que causen un perjuicio patrimonial al administrado. Se eliminó, por tanto, la necesidad de que el administrador abusase de las funciones que le eran propias, lo que restringía más la conducta típica. Esta amplitud excesiva ha sido criticada por la doctrina[393], incidiendo en que entrarían en el tipo penal simples infracciones de conducta del administrador, siempre y cuando se demuestre el perjuicio patrimonial del administrado.

---

393 En este sentido: MARTÍNEZ-BUJÁN PÉREZ, C., *El delito de administración desleal de patrimonio ajeno,* Tirant lo Blanch, Valencia 2016, pp.78, ss, COCA VILA, I., PASTOR MUÑOZ, N., "¿Administración desleal mediante creación del riesgo de sanciones para el patrimonio administrado?", en *InDret,* 1/2015, pp.15, ss, o JIMÉNEZ CRESPO, L.M. "El delito de administración desleal. Los administradores societarios como sujetos activos del mismo y su relación con los deberes de diligencia y lealtad" en *REVISTA LEX MERCATORIA Doctrina, Praxis, Jurisprudencia y Legislación,* 2018, p. 65-77.

Son tres los aspectos a tener en cuenta para calificar una conducta como administración desleal del patrimonio ajeno: en primer lugar, que el sujeto tenga las facultades de administración del patrimonio ajeno, en segundo lugar, que se produzca una infracción en las facultades de administración excediéndose en el ejercicio de las mismas, y, en tercer lugar, el perjuicio económico provocado por esta administración desleal, aspectos que deben ser analizados brevemente para determinar si la conducta de un administrador financiando ilegalmente a un partido encaja en este tipo penal.

En lo que respecta al exceso en el ejercicio de las funciones, podemos realizar tres interpretaciones, que se trate de un exceso intensivo[394], que estemos ante un exceso extensivo,[395] o que nos encontremos ante un exceso genérico que incluya ambos conceptos. Según la doctrina mayoritaria[396] la interpretación que mejor se ajusta a la redacción del tipo es la inclusión en la administración desleal cubrirá tanto los excesos extensivos como los intensivos, redacción que, como decíamos, ha sido criticada por su excesiva amplitud.

Se le exige al administrador desempeñar su cargo con la diligencia de un ordenado empresario, actuando con fidelidad y lealtad a la sociedad. En definitiva, su actuación debe estar presidida por la buena fe[397]. Pero esta actuación del administrador incluye la discrecionalidad, que debe ser llevada a cabo

---

394 Un exceso extensivo es una extralimitación, una actuación que va más allá de las facultades de administración.

395 Un exceso intensivo es una desviación funcional, un uso abusivo de las facultades otorgadas infringiendo los deberes como administrador.

396 DE URBANO CASTRILLO, E. "Administración desleal y acción típica" en *Revista Aranzadi Doctrinal,* 2019, no 10, p. 3. o MORALES PRATS, F. "La administración desleal: incertidumbre en torno a los límites de incriminación" en *Revista de derecho y proceso penal,* 2017, no 47, p. 15-17.

397 ALFARO ÁQGUILA-REAL, J., "Artículo 225. Deber general de diligencia", en JUSTE MENCÍA, J. (Coord), *Comentario de la reforma del régimen de sociedades de capital en materia de gobierno corporativo,* Civitas-Thomson Reuters, Cizur Menor 2015, pp. 310, ss.

con igual diligencia, y que se encuentra protegida por el art. 226 de la Ley de Sociedades de Capital. Los administradores tienen amplias facultades para manejar el patrimonio ajeno pero su actuación siempre debe estar dirigida a buscar el interés del titular, respetando necesariamente el ordenamiento jurídico.

Con respecto al perjuicio provocado por las acciones del administrador, debe ser un perjuicio al patrimonio administrado. Este debe ser interpretado no sólo como una reducción del patrimonio o falta de incremento de este, sino que también incluye un uso del mismo contrario a los fines sociales, actuando de manera no autorizada y contraria a los intereses de los administrados, como podría ser la adquisición de bienes inútiles para el fin de la sociedad, o la concesión de préstamos a terceros sin autorización de los administrados[398].

Queda, por lo tanto, un significado amplio del concepto de perjuicio que tampoco el tipo penal se encarga de acotar[399], pero que debe ser cuantificado económicamente desde el punto y hora en que el tipo penal utiliza un criterio cuantitativo a la hora de definir el tipo agravado. Con un concepto tan amplio, esta tarea puede no ser sencilla, ya que la actividad de gestión de un patrimonio trae consigo la realización de negocios jurídicos cuyos efectos pueden ser prolongados en el tiempo. Por este motivo, para contabilizar el posible perjuicio de una determinada actividad de gestión, se ha decidido tener en cuenta los efectos a largo plazo de este, ya que una decisión en un primer momento perjudicial puede acabar teniendo consecuencias positivas para la sociedad y viceversa.

Para que nos encontremos ante un comportamiento típico del 252 deben concurrir estos dos factores, por lo que un menos-

---

398 Así se establece en la Exposición de Motivos de la LO 1/2015, que introdujo este tipo penal.

399 Vid. más en: MARTÍNEZ-BUJÁN PÉREZ, C., *El delito de administración desleal de patrimonio ajeno, cit., pp.93, ss.*

cabo del patrimonio de la sociedad provocado por una gestión del administrador conforme a la ley, actuando de buena fe, no constituirá un delito de administración desleal. La actividad empresarial trae consigo la asunción de riesgos, y la pérdida o disminución de patrimonio es una posibilidad que no puede ser criminalizada *per se*. Por el contrario, cuando este perjuicio patrimonial sea consecuencia de una actuación desleal del administrador, que no busque el mejor interés de la sociedad y, en definitiva, excediéndose de sus facultades, si estaremos ante un delito de administración desleal.

Pues bien, con el fin de analizar si el hecho de que el administrador de una empresa financie a un partido político de manera ilegal constituye un delito de administración desleal, debemos determinar, en primer lugar, si ello constituye un exceso de las facultades que posee como administrador, y a este respecto, no cabe sino concluir que la utilización del patrimonio administrado para la comisión de un delito va en contra de la lealtad y buena fe que debe presidir la actuación del administrador. Una actuación contraria al ordenamiento jurídico debe ser siempre considerada como un exceso en el ejercicio de las funciones del administrador[400].

Como ya hemos visto, para la existencia del delito de administración desleal no es suficiente con que el administrador se exceda en su actuación, sino que además esta actuación debe significar un perjuicio económico para el administrado, perjuicio que, hemos señalado ya también, no debe ser calculado en el tiempo inmediatamente posterior a la comisión del delito, debiéndose tener en cuenta las consecuencias a largo plazo. En definitiva, aunque no podamos afirmar que la comisión de cualquier delito por parte del administrador excediéndose en

---

[400] COCA VILA, I., PASTOR MUÑOZ, N., "¿Administración desleal mediante creación del riesgo de sanciones para el patrimonio administrado?", en *InDret*, 1/2015, pp.13, ss.
En este sentido: STS núm. 234/2010 (Sala de lo Penal), de 11 de marzo.

el ejercicio de sus funciones vaya a suponer la comisión de un delito de administración desleal[401], sí podemos afirmar, en el caso que nos ocupa, que la comisión del delito de financiación ilegal de un partido político por parte de un administrador en las circunstancias analizadas va a implicar la comisión de este delito, siempre y cuando la misma acabe suponiendo un perjuicio en el patrimonio administrado. Teniendo en consideración el previsible decomiso de las posibles ganancias derivadas de la financiación ilegal al partido, podemos afirmar que el administrador de una empresa que financie ilegalmente a un partido estará cometiendo también el delito de administración desleal del 252 del CP. La relación de estas figuras sería de concurso ideal, ya que nos encontramos con un solo hecho con el que se cometen dos delitos que protegen bienes jurídicos diferentes.

4.6.6. Delito continuado

La financiación ilegal puede darse de manera estable, distribuida en varios actos en un periodo prolongado, y cabe preguntarse cómo calificar estas acciones de financiación ilegal repetidas a lo largo del tiempo, especialmente sopesando la posibilidad de encontrarnos ante un delito continuado. Esta cuestión debe analizarse de manera diferente en función de la prohibición del art. 5.1 de la LOFPP que se haya infringido, ya que, en principio, no será lo mismo si estamos ante la prohibición de donaciones superiores a 50.000 euros anuales de una solo persona física del apartado b), o ante las prohibiciones recogidas en los apartados a) y c) -donaciones anónimas, finalistas o revocables, y aquellas procedentes de personas jurídicas o entes sin personalidad ju-

---

[401] COCA VILA, I., PASTOR MUÑOZ, N., "¿Administración desleal mediante creación del riesgo de sanciones para el patrimonio administrado?", cit., p. 18.

rídica-, distinción necesaria porque este apartado b) es el único que incluye una referencia temporal[402].

En el primero de los supuestos, como ya hemos analizado, se consumará el delito en el momento en que se supere el límite cuantitativo establecido en la LOFPP. Incluso si después de superar dicho límite continuasen las donaciones, seguiríamos estando ante un único delito de financiación ilegal siempre y cuando sea identificable una unidad espaciotemporal. En el caso de la unidad temporal, el período delimitador de la unidad de acción lo marcará el transcurso del año natural, pues nos encontramos ante un caso similar al de algunos delitos contra la hacienda pública[403].

Existiendo esa unidad de acción, la superación del límite cuantitativo autorizado para las donaciones no tendrá más consecuencia que la posibilidad de aplicar el tipo agravado previsto en el apartado segundo del 304 bis[404] en la medida en que se supere la cifra de 500.000 euros o se supere en 500.000 € el límite fijado en la letra b) del art. 5. Uno de la L.O. 8/2007. En definitiva, a pesar de que nos podamos encontrar con diversas donaciones procedentes de un mismo sujeto, un plan preconcebido, etc., no estamos ante un delito continuado de financiación ilegal porque se trata de una unidad natural de acción prolongada en el tiempo, siempre y cuando todas las donaciones se recojan

---

402 Vid. PUENTE ABA, L.M.; *El delito de financiación ilegal de Partidos Políticos,* cit., pp. 126, ss.

403 Más concretamente aquellos que se encuadren en el art. 305.2.a): *"2. A los efectos de determinar la cuantía mencionada en el apartado anterior: a) Si se trata de tributos, retenciones, ingresos a cuenta o devoluciones, periódicos o de declaración periódica, se estará a lo defraudado en cada período impositivo o de declaración, y si éstos son inferiores a doce meses, el importe de lo defraudado se referirá al año natural."*

404 MAROTO CALATAYUD, M.; *La financiación ilegal de los partidos políticos. Un análisis político-criminal,* cit., pp. 762, ss.

dentro de un año natural, que es, además, el período según el cual se fiscalizan las cuentas de los partidos[405].

Más dudas nos generan aquellos casos en los que se producen de manera continuada donaciones anónimas, revocables, o provenientes de personas jurídicas, es decir, el resto de las prohibiciones contenidas en el art. 5.1 de la LOFPP, en los que no se hace referencia alguna a un período temporal concreto. A estos supuestos, se podría añadir el caso en el que se dé financiación ilegal de los partidos políticos infringiendo el 5.1.b en años consecutivos. En estos no está tan claro que podamos hablar de unidad de acción, pudiendo concurrir los presupuestos para poder apreciar el delito continuado[406] del art. 74 del CP. Eso sí,

---

405 Este marco temporal se refleja por ejemplo en los informes del Tribunal de cuentas. Así el "*Informe de Fiscalización de los estados contables de los partidos políticos y de las aportaciones percibidas por las fundaciones y demás entidades vinculadas o dependientes de ellos y de los gastos de programas y actividades de estas financiados con cargo a subvenciones públicas, ejercicio 2016*" publicado el 28 de julio de 2020 delimitaba su ámbito temporal al año 2016.

406 El TS viene interpretando el delito continuado recogido en el art. 74 CP como "*aquél supuesto en el que, en ejecución de un plan preconcebido o aprovechando idéntica ocasión, se realiza una pluralidad de acciones u omisiones que ofenden a uno o varios sujetos o infringen el mismo precepto penal o preceptos de igual o semejante naturaleza, de lo que se desprende que se trata de una figura del concurso de infracciones punibles que agrupa en un solo delito una serie de acciones homogéneas ejecutadas en distintos momentos temporales pero obedeciendo a una unidad de resolución delictiva, siendo sus requisitos los siguientes: a) pluralidad de hechos diferenciados y no sometidos a enjuiciamiento separado por los Tribunales; b) concurrencia de un dolo unitario que transparenta una unidad de resolución y propósito que vértebra y da unión a la pluralidad de acciones comisivas, de suerte que éstas pierden su sustancialidad para aparecer como una ejecución parcial y fragmentada en una sola y única programación de los mismos; c) realización de las diversas acciones en unas coordenadas espacio-temporales próximas, indicador de su falta de autonomía; d) concurrencia del elemento normativo de identidad o semejanza del precepto penal infringido, esto es, que todos ellos se dirijan a tutelar el mismo bien jurídico y tengan como sustrato una identi-*

en ningún caso será de aplicación el apartado segundo de dicho artículo (donde se regula el delito continuado patrimonial y el delito masa). Este está previsto para los delitos contra el patrimonio, categoría en la que no podemos encuadrar los delitos recogidos en el Título XII bis del Libro II del Código penal.

Hasta este momento, la doctrina no ha tratado este asunto en profundidad, aunque autoras como PUENTE ABA[407] consideran que estamos ante un único delito de financiación ilegal. Y ello lo justifica en base a que la conducta típica se define como la entrega o recepción de donaciones o aportaciones con carácter general, por lo que "*no habrá un delito distinto por cada donación que se lleve a cabo*" descartando así la posibilidad de aplicar la figura del delito continuado.

Volviendo al paralelismo con los delitos contra la hacienda pública, la jurisprudencia[408] mantiene que no les será aplicable la figura del delito continuado con carácter general, independientemente del tributo ante el que nos encontremos. Una interpretación que encuentra sus detractores tanto en parte de la doctrina[409], que no ve problema en la aplicación del delito continuado si se dan los requisitos necesarios y se produce una defraudación típica en períodos consecutivos, como en la jurisprudencia, en forma de votos particulares[410].

---

dad de normas; e) unidad de sujeto activo, pero facilitando la incorporación de nuevos partícipes; f) homogeneidad en el "modus operandi" por la idéntica o parecida utilización de métodos, instrumentos o técnicas de actuación", en STS 7044/2012, de 11 de octubre de 2012 o STS 97/2010, de 10 febrero.

407 PUENTE ABA, L.M.; *El delito de financiación ilegal de Partidos Políticos*, cit., p. 127.

408 STS 1885/2017, de 25 de mayo o STS 706/2013, de 3 de febrero.

409 CORTÉS LABADÍA, J. P. "La continuidad delictiva en el delito fiscal tras la sentencia del caso Messi" en *La ley penal: revista de derecho penal, procesal y penitenciario*, 2018, no 132, p. 9.

410 Por ejemplo, en la misma STS 1885/2017, de 25 de mayo, el Exmo. Sr. D. Luciano Varela, se pronuncia en contra de la inaplicabilidad del delito continuado a los delitos fiscales.

El argumento central para descartar la continuidad delictiva en los delitos contra la Hacienda Pública gira en torno a las normas específicas de determinación de la cuota tributaria recogidas en el art. 305.2 a), en el que se establece que, para llegar a la cantidad de 120.000 euros, en los impuestos periódicos o de declaración periódica se tendrá en cuenta el período impositivo que corresponda a cada impuesto, y si este fuese inferior a los 12 meses, se pasará a tener en cuenta el año natural, mientras que el resto de supuestos la cuantía se entenderá referida a cada uno de los distintos conceptos por los que un hecho imponible sea susceptible de liquidación. Aquí podemos observar el principio de estanqueidad impositiva, según el cual la defraudación de cada impuesto da lugar a un delito contra la hacienda pública siempre que alcance la cifra aludida en los términos expresados anteriormente[411]. En este sentido contrario a la continuidad delictiva, la STS 88/2017, de 15 de febrero recoge que *"se declara que, a los efectos de determinar la cuantía a partir de la cual la defraudación a la Hacienda Pública se convierte en delito, se estará a lo defraudado en cada período impositivo o de declaración si se trata de tributos, retenciones, ingresos a cuenta o devoluciones periódicas o de declaración periódica. Resulta lógico deducir de esta norma que si las defraudaciones cometidas en distintos períodos y referidas al mismo impuesto no pueden sumarse para que la cuantía total de las mismas convierta en delito lo que de otra forma sería una pluralidad de infracciones administrativas, no puedan sumarse tampoco las cantidades defraudadas en delitos cometidos en distintos períodos para que la pluralidad de delitos sea castigada como uno solo continuado"*, o con igual criterio, la STS 952/2006, de 6 de octubre afirma que *"se cometerán por regla varios hechos independientes"*, y que la naturaleza del tipo "*....da al delito fiscal una estructura específica difícilmente compatible, con la continuidad delictiva*".

---

411 MUÑOZ CUESTA, J. "La reforma del delito fiscal operada por LO 7/2012, de 27 de diciembre" en *Revista Aranzadi Doctrinal,* 2013, no 11, pp. 39 y ss.

Siendo conscientes de que la interpretación del delito continuado en los delitos contra la hacienda pública no es unánime, si la trasladamos al delito de financiación ilegal de los partidos políticos y eliminamos la posibilidad de delito continuado, cabe preguntarse dónde poner el límite de las donaciones a sumar, es decir, hasta qué punto podemos considerar que varias donaciones forman parte de una misma unidad de acción cuando para estos casos el propio tipo no hace aclaración ninguna a tal efecto. Esto tiene una influencia directa en cuándo se aplicará el tipo agravado, es decir, cuándo podremos sumar las cantidades donadas para pasar del tipo básico al tipo agravado porque consideremos que existe unidad de acción a pesar de la pluralidad de actos. Cuando estemos ante un caso del 5.1.b de la LOFPP, el criterio es claro, como hemos visto más arriba. El problema lo encontramos en el resto de las donaciones prohibidas.

Si consideramos cada donación ilegal un evento singular, un delito considerado individualmente, para aplicar el tipo agravado una sola donación deberá superar la cifra de 500.000 euros y estos delitos, singularmente considerados, estarían en concurso real, siempre y cuando optemos por descartar la aplicación del delito continuado. Bajo nuestro punto de vista, esta interpretación es, sin embargo, errónea, ya que el tipo agravado tendría un carácter del todo residual siendo muy fácil para los donantes evitar la superación de este límite. La segunda opción sería considerar que estas donaciones ilegales suponen un fraccionamiento de una donación mayor. En definitiva, que son una única donación repartida en varios pagos. Desde esta posición cabe preguntarse, no obstante, cuándo vamos a poder considerar que estamos ante una misma donación fraccionada y cuándo comienza una nueva donación. Es decir, hay que dar seguridad jurídica a este concepto, no pudiendo unir donaciones muy distanciadas en el tiempo y considerarlas pago fraccionado de una misma donación.

Bajo nuestro punto de vista, y en aras de realizar una interpretación sistemática y homogénea del tipo, se debe considerar que estamos ante unidad de acción, es decir, ante una sola donación, siempre que los distintos pagos se produzcan dentro de un mismo año natural, vinculándolo así al carácter anual de las cuentas de los partidos y extendiendo la interpretación de las donaciones del art. 5.1.b LOFPP al resto de donaciones prohibidas. Con este criterio, podremos determinar cuándo estaremos ante el tipo básico y cuando ante el tipo agravado en función de las donaciones recogidas en ese mismo año natural. Así, entendemos, que si en una modalidad de este delito no cabe la figura del delito continuado tampoco debe caber en ninguna de las restantes, y que si en una de las modalidades la unidad de acción se considera el año natural, este mismo criterio puede ser extendido al resto.

En resumen, y a la espera de pronunciamientos jurisprudenciales en la materia, consideramos que no se aplicará la figura del delito continuado en ninguna de las modalidades de donación prohibida recogidas en el art. 5.1 de la LOFPP. Todas aquellas donaciones ilegales producidas en un mismo año natural procedentes de un mismo sujeto se considerarán pagos fraccionados de una misma donación, y, cuando se produzcan donaciones ilegales en años consecutivos, nos encontraremos ante un concurso real de delitos de financiación ilegal de los partidos políticos.

5. El tipo básico de financiación ilegal extranjera del 304 bis 2 b)

"Artículo 304 bis

...

2. Los hechos anteriores serán castigados con una pena de prisión de seis meses a cuatro años y multa del triplo al quíntuplo de su valor o del exceso cuando:

...

b) Se trate de donaciones recogidas en el artículo 7. Dos de la Ley Orgánica 8/2007, de 4 de julio, sobre financiación de los partidos políticos, que superen el importe de 100.000 euros."

En principio, siguiendo la literalidad de lo dispuesto en el apartado segundo del art. 304 bis CP, podríamos afirmar que se están introduciendo dos tipos cualificados de financiación ilegal de los partidos políticos: se recogerían dos nuevos supuestos que harían referencia directa a los hechos descritos en el punto primero del mismo artículo ("*los hechos anteriores*") a los que se aplicaría una pena agravada.

La realidad, sin embargo, es que solo podemos denominar tipo cualificado a lo introducido en el apartado a) de este punto segundo, ya que el apartado b) añade un nuevo presupuesto de hecho al recoger las "*donaciones recogidas en el artículo 7.Dos de la Ley Orgánica 8/2007, de 4 de julio, sobre financiación de los partidos políticos*", donaciones no incluidas en el tipo básico de financiación ilegal[412]. En este sentido, autores como MACÍAS ESPEJO[413] o JAVATO MARTÍN[414], junto con los que nos posicionamos en este aspecto, señalan que la letra b) del 304 bis apartado segundo no constituye un tipo cualificado, sino que se trata de un tipo independiente. Como consecuencia, consideran que su ubicación es errónea, debiendo estar en un punto o en un artículo separado[415].

Surge aquí la cuestión de qué significa que estemos ante un tipo independiente, autónomo o sui generirs, o si quizás simplemente estamos ante un nuevo tipo básico, que en este caso podríamos denominar delito de financiación ilegal extranjera.

Es habitual que los tipos de la Parte Especial del CP se encuentren interconectados entre sí. Esta conexión se pude deber a diferentes circunstancias: en primer lugar, podemos señalar aquellos tipos que presentan una relación de dependencia normativa con respecto a otro tipo. Cuando esto se produce, parte de la doctrina viene denominando subtipo, tipo derivado o desviaciones típicas, entre otras denominaciones, al tipo dependiente de otro, mientras que el delito del que depende se viene denominando tipo básico[416]. Por otro lado, tenemos aquellos tipos de la Parte Especial que presentan una relación de tipo fenomenológico o criminológico, pero con independencia o autonomía a nivel normativo. En este caso, los tipos que se encuentran en esta re-

---

412 ODRIOZOLA GURRUTXAGA, M. "La regulación penal de la financiación ilegal de los partidos políticos", cit., pp. 129 y ss

413 MACÍAS ESPEJO, B. "Sobre la incriminación de la financiación ilegal de partidos políticos en el artículo 304 bis del Código Penal", cit., pp. 144 y ss.

414 JAVATO MARTÍN, A.M., "De los delitos de financiación ilegal de los partidos políticos:(artículos 304 bis y 304 ter)", cit., pág. 718.

415 En esta misma línea, por ejemplo: MAROTO CALATAYUD, M., "Financiación ilegal de los partidos políticos", en AAVV/ QUINTERO OLIVARES (DIR,); *Comentario a la Reforma Penal de 2015*, Edit. Thomson Reuters, Navarra, 2015, p. 764.

416 GÓMEZ MARTÍN, V. "La doctrina del "delictum sui generis": ¿queda algo en pie?", en *Revista electrónica de ciencia penal y criminología,* 2005, no 7, p. 3.

lación se denominan *"delitos autónomos", "delitos independientes", "variantes independizadas"* o *"delicta sui generis"*[417].

En conclusión, en virtud del tipo de conexión encontramos: los tipos básicos (que no dependen de ningún otro delito), los delitos autónomos o sui generis, que presentan independencia normativa, pero una relación de parentesco con el tipo básico, y los subtipos, completamente dependientes del tipo básico.

En base a esta clasificación, tomando como ejemplo el tipo básico de lesiones del art. 147.1 CP, podemos afirmar que los tipos de lesiones previstos en los arts. 147.2 y 148 CP son subtipos dependientes del tipo básico, más concretamente un subtipo atenuado en el 147.2 y un subtipo agravado en el 148. Ambos subtipos contienen elementos del tipo básico de lesiones y agravan o atenúan la pena en función de otros elementos adicionales, dándose una relación de dependencia normativa con respecto al tipo básico.

Explorando en el segundo tipo de vinculación entre tipos de la Parte Especial, donde los delitos presentan una conexión fenomenológica pero no estrictamente normativa, encontramos por ejemplo el delito de robo con violencia del art. 242 CP, que presenta una relación de parentesco fenomenológico con los delitos de hurto (art. 234 CP) y de coacciones (art. 172 CP). A pesar de su evidente conexión, el robo no ha sido configurado como un hurto agravado, sino que se trata de una conducta separada dotada de sustantividad propia.

Los principales defensores de la doctrina de los delitos sui generis los encontramos en la doctrina penal alemana. Hay que destacar por ejemplo a NAGLER[418], que define el *delictum sui ge-*

---

417 GÓMEZ MARTÍN, V. "La doctrina del "delictum sui generis": ¿queda algo en pie?", cit., p. 4.

418 NAGLER, J., "Das Verhältnis des eigenständigen Verbrechens zur Verbrechensqualification", en *ZakDR*, 1940, p. 365. Citado por GÓMEZ MARTÍN, V. "La doctrina del "delictum sui generis": ¿queda algo en pie?", cit., p. 8.

neris como categoría de delito que basa su conducta típica en una clase de delito ya regulada con la que comparte parcialmente la identidad, pero que aparece como una construcción autónoma. Este autor contrapone al delito sui generis el delito cualificado. Mientras que el tipo sui generis lo considera un delito con vida propia que simplemente tiene al tipo básico como referencia, no opina lo mismo con respecto a los subtipos agravados o atenuados, que describe como meras extensiones del tipo básico. En esta misma línea, MAURACH[419] utiliza una metáfora con capas para explicar la relación entre los tipos básicos y los subtipos. Los subtipos no serían más que el tipo básico al que se le ha añadido una capa, que de retirarse volvería a aparecer en su forma original. En este sentido, las atenuaciones y agravaciones se superpondrían al tipo básico, sin tener raíces propias o autonomía. En cuanto a los delitos autónomos o sui generis, este autor distingue entre un aspecto formal y un aspecto material. Desde un punto de vista material, señala que el delito autónomo se deriva de un delito básico de referencia. En cambio, desde un punto de vista formal, el delito autónomo o sui generis es *"una estructura jurídica unitaria de nuevo rango valorativo"*, *"un concepto autónomo de delito con contenido propio, con vida jurídica propia y con un ámbito especial de eficacia"*[420]. En definitiva, para MAURACH los elementos del tipo básico integrados en el tipo autónomo se refundirían para formar una nueva unidad, una nueva figura delictiva sui generis.

Dentro de la misma doctrina alemana, también encontramos detractores de la doctrina del delito sui generis. Autores como JAKOBS, BLEI o ROXIN se han pronunciado contrarios a esta

---

419 MAURACH, R. "Die Behandlung der unselbständigen tatbestandlichen Abwandlungen und der eigenständigen Verbrechen de lege ferenda", en VV.AA., *Materialien zur Strafrechtsreform,* I, 1954, pp. 249 y ss. Citado por GÓMEZ MARTÍN, V. "La doctrina del "delictum sui generis": ¿queda algo en pie?", cit., p. 9.

420 GÓMEZ MARTÍN, V. "La doctrina del "delictum sui generis": ¿queda algo en pie?", cit., p. 9.

teoría. Según BLEI, la doctrina de los delitos sui generis no ha aportado nada a la dogmática jurídico-penal, señalando la escasa utilidad de los conceptos tipo básico, derivación típica dependiente y delito sui generis desde la óptica de esta doctrina. Por su parte, ROXIN considera que no hay criterios generales para delimitar los delitos autónomos de los cualificados, mientras que JAKOBS rechaza la distinción entre *delictum sui generis* y delito dependiente al considerar que carece de justificación jurídica y considera que la fundamentación del carácter sui generis de los delitos "diferentes" cambia en cada caso[421]. Igualmente, en contra de la doctrina de los delitos sui generis encontramos a GÓMEZ MARTÍN, ya que considera que esta teoría confunde los conceptos "delito distinto" y "delito autónomo", empleando además una metodología formalista propia de la "Jurisprudencia de conceptos[422]"[423].

Bajo nuestro punto de vista, y al igual que GÓMEZ MARTÍN, consideramos que los criterios establecidos por la doctrina de los delitos sui generis[424] carecen de fundamento jurídico sufi-

---

421 GÓMEZ MARTÍN hace un repaso sobre lo dispuesto por la doctrina penal alemana en este asunto en: GÓMEZ MARTÍN, V. "El delito de fabricación, puesta en circulación y tenencia de medios destinados a la neutralización de dispositivos protectores de programas informáticos (art. 270, párr. 3. º CP). A la vez, un estudio sobre los delitos de emprendimiento o preparación en el CP de 1995" en *Revista Electrónica de Ciencia Penal y Criminología,* 2002, pp. 12 y ss.

422 Vid. más sobre este concepto en: LLOREDO ALIX, L. "Rudolf von Jhering: Nuestra tarea (1857). En torno a la jurisprudencia de conceptos: surgimiento, auge y declive", en *EUNOMÍA. Revista en Cultura de la Legalidad,* 2014, pp. 234-275.

423 GÓMEZ MARTÍN, V. "El delito de fabricación, puesta en circulación y tenencia de medios destinados a la neutralización de dispositivos protectores de programas informáticos (art. 270, párr. 3. º CP). A la vez, un estudio sobre los delitos de emprendimiento o preparación en el CP de 1995" cit. p.15

424 SELIGMANN, Delictum sui generis, Berlín 1920, pp. 21 y ss. Citado por GÓMEZ MARTÍN, V. "El delito de fabricación, puesta en circulación

ciente, englobando categorías de delitos muy diversos bajo la denominación de delitos sui generis. En cambio, estimamos que el factor clave para tener en cuenta para apreciar la existencia de un delito distinto debe residir en la presencia de un tipo de injusto diferenciado respecto del delito con el que presenta una vinculación. Siguiendo este criterio, lo que daría sustantividad propia a un tipo penal sería la especialidad o la diferenciación de su objeto de prohibición penal[425].

En consecuencia, bajo esta línea interpretativa, más que ante un delito de financiación ilegal sui generis, en el caso de la letra b) del art. 304 bis 2 nos encontramos ante un tipo básico de financiación ilegal extranjera, que comparte parcialmente la conducta típica con el tipo de financiación privada ilegal de los partidos políticos (que denominaremos por motivos de agilidad en el discurso tipos básicos de financiación ilegal o, simplemente, tipos básicos), del 304 bis 1, pero que a su vez introduce una nueva modalidad de financiación prohibida, distinguiéndose por tanto el objeto de prohibición con respecto de las modalidades delictivas recogidas en dicho precepto.

Una modalidad delictiva que tendría como fundamento asegurar la independencia de las formaciones políticas españolas, en este

---

y tenencia de medios destinados a la neutralización de dispositivos protectores de programas informáticos (art. 270, párr. 3. ° CP). A la vez, un estudio sobre los delitos de emprendimiento o preparación en el CP de 1995" cit. p.13. En virtud de lo recogido por GÓMEZ MARTÍN de la doctrina alemana, estos criterios eran los siguientes: *"1) Que el delito tenga un "nomen iuris" propio;40 2) que la consecuencia jurídica del delito esté prevista como una pena nueva, no como una pena dependiente o derivada de otro marco penal; 41 3) que el tipo se encuentre ubicado en un Capítulo del Código penal distinto a aquél en que se encuentra el tipo respecto del que se discute su condición de "distinto";42 4) que el delito se refiera a un tipo de autor;43 y 5) que el delito lesione o ponga en peligro un bien jurídico distinto"*

425 GÓMEZ MARTÍN, V. "La doctrina del "delictum sui generis": ¿queda algo en pie?", cit., p. 49.

caso buscando evitar posibles injerencias de organismos, entidades o gobiernos extranjeros que busquen condicionar la actuación del partido político a través de la provisión de fondos al mismo[426]. La doctrina[427] entiende, así, que está plenamente justificada la inclusión de esta modalidad de donación, dada la transcendencia penal de esta forma de financiación y su posible afectación al bien jurídico protegido. Sin embargo, no se entiende que sea la única modalidad (junto con las donaciones de personas físicas) que requiere de una determinada cantidad para alcanzar relevancia penal, cantidad que además consideramos demasiado elevada ya que deja un espacio de atipicidad excesivamente amplio[428].

En aras de analizar este delito es necesario estudiar tanto aquellos aspectos que comparte con lo analizado en el apartado anterior como aquellos que lo distinguen del tipo básico de financiación ilegal.

5.1. TIPICIDAD DE LA CONDUCTA

5.1.1. Tipo objetivo

5.1.1.1. Objeto material

Para determinar el objeto material protegido por este delito debemos tener en cuenta tres preceptos diferentes.

---

426 MACÍAS ESPEJO, B. “Sobre la incriminación de la financiación ilegal de partidos políticos en el artículo 304 bis del Código Penal”, cit., pp. 144 y ss o MUÑOZ CUESTA, F. J., “Delitos de financiación ilegal de partidos políticos”, *cit.*, p.4.

427 MACÍAS ESPEJO, B. “Sobre la incriminación de la financiación ilegal de partidos políticos en el artículo 304 bis del Código Penal”, cit., p. 144 y ss.

428 En esta misma línea: GONZÁLEZ BARRERA, F. “Estudios sobre la financiación de los partidos políticos.: Especial referencia a la financiación ilegal”, cit., pp. 41, ss

En primer lugar, el 304 bis 1, ya que el 304 bis 2 b) hace referencia expresa a los "*hechos anteriores*", construyéndose por tanto sobre lo establecido en dicha modalidad básica. Este precepto, como veíamos anteriormente, define el objeto material del delito como donaciones y aportaciones destinadas a un partido político. En ese caso, el objeto de protección se restringía posteriormente a unos tipos concretos de donaciones privadas reguladas por el art. 5.1 de la LOFPP, artículo no aplicable al tipo que nos ocupa ahora[429].

El 304 bis 2 b), por su parte, solo hace referencia a las donaciones, no a las aportaciones, por lo que queda restringido el objeto material a esta modalidad de financiación. Sobre esto, MACÍAS ESPEJO[430] afirma que "la nueva norma penal comete un error terminológico puesto que el artículo 7.Dos no se refiere a donaciones, sino que prohíbe todo tipo de financiación, siempre que proceda de Gobiernos y organismos, entidades o empresas públicas extranjeras o de empresas relacionadas directa o indirectamente con los mismos", reduciendo el CP el objeto

---

429 La literalidad del tipo permite su interpretación como un tipo agravado en sentido estricto, en cuyo caso deberíamos entender que para la comisión de este delito se necesita una donación que entre en uno de los supuestos del art. 5.1 de la LOFPP y, a su vez, cumpla con las características requeridas por el 304 bis 2.b. Un ejemplo que encajaría en esta interpretación sería una donación finalista realizada por un gobierno extranjero superior a 100.000 euros. Esta interpretación ha sido sopesada y descartada por algunos autores como MUÑOZ CUESTA en: MUÑOZ CUESTA, J., *La financiación ilegal de partidos políticos. Estado actual de la cuestión. Examen del nuevo delito de financiación ilegal de partidos políticos,* cit., p. 14. Si bien es cierto que ha sido apoyado, aunque sin entrar en profundidad en su análisis, por MAROTO CALATAYUD en: MAROTO CALATAYUD, M., "Financiación ilegal de partidos políticos", cit., p. 764.

430 MACÍAS ESPEJO, B. "Sobre la incriminación de la financiación ilegal de partidos políticos en el artículo 304 bis del Código Penal", cit., p. 147

material de la prohibición[431]. Estas donaciones deben además cumplir dos requisitos para ser consideradas delictivas:

- Superar el importe de 100.000 euros
- Cumplir con las características del art. 7.2 LOFPP.

En cuanto al art. 7.2 de la LOFPP[432], al que se refiere este nuevo tipo penal, prohíbe cualquier forma de financiación que provenga de Gobiernos y organismos, entidades o empresas públicas extranjeras o de empresas relacionadas directa o indirectamente con los mismos. Si a ello le añadimos ese importe que marca la barrera de lo típico que son los 100.000 euros, podemos concluir que el objeto material de este tipo básico de financiación ilegal extranjera será toda donación destinada a un partido político, federación, coalición o agrupación de electores procedente de Gobiernos y organismos, entidades o empresas públicas extranjeras o de empresas relacionadas directa o indirectamente con los mismos, que supere los 100.000 euros.

5.1.1.2. Sujeto activo y pasivo

Es necesario, una vez más, distinguir entre la financiación ilegal pasiva y la financiación ilegal activa. Nada cambia en este punto respecto al tipo básico en lo que hace a la financiación

---

431 En este mismo sentido, SÁINZ CANTERO-CAPARRÓS añade que el objetivo del legislador era incriminar los mismos tipos de financiación recogidos en la norma administrativa y elevarlos a delito a partir de una determinada cantidad, pero con la configuración final se han visto limitados a las donaciones. SÁINZ-CANTERO CAPARRÓS, J.E., "Los delitos de financiación ilegal de partidos políticos", cit., p. 673

432 "*Artículo 7. Aportaciones de personas extranjeras.*

...

Dos. Los partidos no podrán aceptar ninguna forma de financiación por parte de Gobiernos y organismos, entidades o empresas públicas extranjeras o de empresas relacionadas directa o indirectamente con los mismos"

ilegal pasiva, ya que el sujeto receptor sigue siendo el mismo. Como vimos anteriormente, para tener la consideración de sujeto activo del delito de financiación ilegal pasiva el sujeto había de ser una persona que ostentase una posición dentro del partido que le otorgarse la capacidad de recibir dicha financiación en nombre y a favor de este. En definitiva, debía ser una persona que representase legalmente a la formación política, entre los que destacamos el responsable de la gestión económico-financiera del partido, el presidente, el secretario o cualquier otro miembro con capacidad suficiente como para incorporar esta financiación ilícita al patrimonio de la formación política[433]. En consecuencia, en el delito de financiación extranjera ilegal pasiva estamos, una vez más, ante un delito de propia mano.

Por el contrario, en lo que se refiere a la financiación ilegal activa se produce un cambio radical. El tipo básico de financiación ilegal activa es un delito común en el que cualquiera puede ser sujeto activo al no requerir el tipo ninguna característica particular del sujeto activo, mientras que el delito de financiación extranjera ilegal activa es un tipo de propia mano, donde el tipo de injusto exige que el autor actúe en representación de una de las entidades recogidas en el art. 7.2 LOFPP para poder cometer este delito. Es decir, los únicos sujetos que pueden ser autores del delito de financiación extranjera ilegal en su modalidad activa son representantes de Gobiernos y organismos, entidades o empresas públicas extranjeras o empresas relacionadas directa o indirectamente con los mismos. Una especificidad en el sujeto activo que puede traer consigo, como veremos a continuación, problemas de aplicación de la ley española a hechos cometidos en el extranjero, o incluso a hechos cometidos en territorio

---

433 Sobre este mismo aspecto se hace referencia en el Cap. 2 apto. 4.1.2. dedicado a la tipicidad de la conducta.

español cuando se trate de autoridades y funcionarios públicos de otros países que gocen de inviolabilidades o inmunidades[434].

5.1.1.3. Conductas típicas

Como venimos haciendo en apartados anteriores, debemos distinguir entre la financiación ilegal activa y la financiación ilegal pasiva. No está del todo clara cuál es la conducta típica de financiación ilegal extranjera, especialmente en lo que se refiere a la financiación pasiva. El 304 bis 2 b) castiga "*los hechos anteriores*", es decir, los hechos recogidos en el apartado primero del 304 bis que hemos analizado anteriormente, pero añadiendo un nuevo tipo de donación prohibida. Por lo tanto, la conducta típica de financiación ilegal pasiva viene definida por el art. 304 bis 2 b) en relación con el 304 bis 1. Dicho esto, son varios los autores que consideran que para este tipo de donación no será necesaria la recepción, siendo suficiente con la aceptación de las donaciones. En este sentido encontramos a MACÍAS ESPEJO y a ODRIOZOLA GURRUTXAGA, que fundamentan esta interpretación en la literalidad de lo establecido en el art. 7.2 LOFPP, donde se prohíbe la aceptación de cualquier forma de financiación[435].

Esta interpretación eleva a categoría de delito lo establecido en el art. 7.2 de la LOFPP simplemente añadiendo que la cantidad donada sea superior a 100.000 euros. Bajo nuestro punto de vista, y aun compartiendo la crítica a la errática redacción de esta modalidad típica, consideramos que no se puede obviar

---

[434] MUÑOZ CUESTA, J., *La financiación ilegal de partidos políticos. Estado actual de la cuestión. Examen del nuevo delito de financiación ilegal de partidos políticos,* cit., p. 15.

[435] En este sentido: ODRIOZOLA GURRUTXAGA, M. "La regulación penal de la financiación ilegal de los partidos políticos", cit., Pp. 129 y ss o MACÍAS ESPEJO, B. "Sobre la incriminación de la financiación ilegal de partidos políticos en el artículo 304 bis del Código Penal", cit., p. 147.

la literalidad de lo establecido en el apartado 2 del art. 304 bis CP: éste hace una referencia expresa a los hechos descritos en la modalidad básica del 304 bis 1, hechos que, como hemos visto, se acotan a la recepción de donaciones ilícitas. Es decir, este apartado segundo letra b) simplemente introduciría un nuevo objeto de prohibición, añadiendo entre las donaciones penalmente relevantes aquellas procedentes de Gobiernos y organismos, entidades o empresas públicas extranjeras o de empresas relacionadas directa o indirectamente con los mismos superiores a 100.000 euros, sin que se produzca mayor cambio en lo que a la conducta típica se refiere. Por ende, consideramos que la conducta típica de financiación ilegal pasiva deberá interpretarse en los mismos términos que veíamos para el tipo básico de financiación ilegal, teniendo como verbo rector recibir[436].

En lo que respecta a la financiación ilegal extranjera activa, la base normativa del tipo es, si cabe, todavía más compleja. El apartado 4 del art. 304 bis castiga la conducta de entrega (financiación ilegal activa) en "*los supuestos anteriores*". Y dentro de estos supuestos anteriores se incluye el que acabamos de ver, la financiación ilegal extranjera en contravención de lo establecido en el 7.2 de la LOFPP en una cantidad superior a 100.000 euros. Es decir, el delito de financiación ilegal extranjera activa está regulado por el art. 304 bis en su apartado 4, en relación con el apartado 2.b, que a su vez hace referencia al apartado 1. La consecuencia es idéntica a la que llegamos con respecto a la financiación ilegal extranjera pasiva: consideramos que la conducta típica de financiación ilegal activa deberá interpretarse en los mismos términos que veíamos para el tipo básico de financiación ilegal, teniendo como verbo rector "entregar", y con el único cambio de la tipología de donación prohibida.

---

436 En este mismo sentido en lo que a la conducta típica se refiere encontramos, por ejemplo, MAROTO CALATAYUD, M., "Financiación ilegal de partidos políticos", cit., p. 764.

En conclusión, consideramos que tanto la conducta típica de financiación ilegal activa como la financiación ilegal pasiva deberán interpretarse en los mismos términos que veíamos para el tipo básico de financiación ilegal, teniendo como verbos rectores entregar y recibir[437].

5.1.2. Tipo subjetivo

Al igual que sucede con los tipos básicos de financiación ilegal de los partidos políticos, no está prevista la comisión imprudente del tipo básico de financiación extranjera, siendo solo admisible la comisión dolosa. En este punto no existen diferencias sustanciales con respecto a lo recogido en el apartado 4.1.2, por lo que nos remitimos a lo recogido en el mismo.

Dicho esto, cabe puntualizar algunos aspectos. El dolo natural, o dolo típico, requiere el conocimiento y voluntad de realización de la situación objetiva descrita en el tipo penal. El elemento intelectivo presenta una diferencia fundamental con respecto al tipo básico, la modalidad de donación prohibida, que en este caso serán donaciones provenientes de Gobiernos y organismos, entidades o empresas públicas extranjeras o de empresas relacionadas directa o indirectamente con los mismos, coincidiendo el resto de los elementos descriptivos con el tipo básico. En lo que respecta al contenido y alcance de este conocimiento, así como a las modalidades de dolo admisibles, nos remitimos a los recogido en el apartado 4.1.2. De nuevo nos encontramos ante unas figuras delictivas que, admitiendo en un plano teórico el dolo eventual, lo cierto es que lo más común será que estemos ante casos de dolo directo, sea en la financiación ilegal activa como en la pasiva, en los que todos los intervinientes son plenamente conscientes de los hechos realizados.

---

437 Ibid.

De nuevo aquí parece difícil pensar que podamos encontrar casos de error de tipo, tal y como sucedía en los tipos básicos. En lo referente a la financiación ilegal activa, los supuestos serían idénticos a los indicados en el apartado 4.1.2. En el supuesto de la financiación ilegal pasiva, los únicos que podrían encajar serían los de aceptación de donaciones hechas por intermediarios que oculten que la verdadera procedencia de la donación es de Gobiernos y organismos, entidades o empresas públicas extranjeras o de empresas relacionadas directa o indirectamente con los mismos. En este caso, el receptor podría creer erróneamente que la donación era lícita al atribuir su origen a una persona física y estar la cantidad dentro de los márgenes permitidos por la ley. Una vez más estamos ante casos de laboratorio cuyo acaecimiento es poco probable.

Finalmente, en lo que se refiere al tipo subjetivo, encontramos una última diferencia. En el apartado 4.1.2. veíamos como dos modalidades de donación prohibida (finalistas y revocables) presentaban un elemento subjetivo del injusto. En cambio, los delitos de financiación ilegal extranjera no requieren de finalidad específica alguna más allá de financiar a una determinada formación política, es decir, no presentan ningún elemento subjetivo del injusto.

5.2. CULPABILIDAD

En línea con lo indicado para el tipo subjetivo, tampoco existen diferencias sustanciales en la culpabilidad con respecto a lo dicho en el apartado 4.2 sobre el tipo básico. En consecuencia, nos remitimos a lo dicho en el mismo. Si bien es cierto que, desde la perspectiva de la financiación ilegal extranjera activa, aumenta la probabilidad de que nos encontremos, o al menos de que pudiese ser alegado, un error de prohibición. Es decir, los representantes de Gobiernos, organismos, entidades o empresas públicas extranjeras o de empresas relacionadas directa o indirectamente con los mismos que realicen la donación ilícita pueden alegar desconocimiento de la antijuricidad de la conducta típica en tanto dicha conducta sea considerada como lícita en el ordenamiento jurídico de su país. Esto podría suponer un problema a la persecución de los financiadores ilegales extranjeros que se añade a los que estudiaremos más adelante en el apartado 5.6, dedicado a los problemas derivados del carácter extranjero de la financiación.

5.3. ITER CRIMINIS

La consumación, al igual que sucede con el tipo básico, tendrá lugar cuando la donación se integre en el patrimonio del partido político. Esto implica que la donación debe llegar hasta una persona que, dentro de la estructura del partido, tenga el poder suficiente como para tomar la decisión de incorporar dichas donaciones ilícitas a los fondos dedicados a la financiación ordinaria del partido y que dicha persona efectivamente incorpore estos fondos al patrimonio de la formación -lo que no necesita un ingreso en las cuentas del partido, sino simplemente poner lo donado al servicio de cubrir los gastos del partido, por ejemplo, teniendo una caja fuerte en la sede del propio partido, de la que se vaya sacando dinero para gastos-[438]. Este momento consumativo es compartido por ambas partes de este delito al tratarse de un delito de encuentro, es decir, no podremos considerar que la financiación ilegal ha sido entregada y recibida hasta que no haya sido efectivamente recibida por una persona capacitada a tal efecto e integrada en el patrimonio de la formación. Situado el momento de la consumación, compartido como decíamos con las modalidades básicas, cabe preguntarse

---

[438] En este momento sitúan la consumación, entre otros: ODRIOZOLA GURRUTXAGA, M. “La regulación penal de la financiación ilegal de los partidos políticos” cit., p. 118; NIETO MARTIN, A., “Financiación ilegal de partidos políticos”, cit., p.475; SÁINZ-CANTERO CAPARRÓS, J.E., “Los delitos de financiación ilegal de partidos políticos”, cit., p. 669

también aquí cuándo comienza la ejecución del delito. En otras palabras, cuando podemos apreciar ya una tentativa de delito de financiación ilegal extranjera de los partidos políticos.

En el caso concreto de esta modalidad delictiva, las donaciones deben superar un montante total de 100.000 euros para que pasen a ser consideradas delictivas. Cuando se supera dicha cantidad con una sola donación, será evidente que el delito se ha consumado con la incorporación efectiva de la misma. En este caso será más complicado si cabe la aparición de tentativa, sobre todo si tenemos en cuenta que habíamos descartado que actos como el ofrecimiento o la solicitud de financiación diesen comienzo a la ejecución de las modalidades básicas y, en consecuencia, de este delito. Distintos son aquellos casos en los que se produzcan múltiples donaciones por parte de un mismo sujeto activo, todas ellas inferiores a la cantidad de 100.000 euros, donde debemos plantearnos en qué punto comienza la ejecución del delito, pero también donde se debe establecer el límite para contabilizar el montante total de lo donado. En estos supuestos es necesario determinar un criterio para contabilizar estas donaciones.

Bajo nuestro punto de vista, tal y como establecíamos en el apartado dedicado al delito continuado, se debe considerar que estamos ante un caso de unidad de acción, es decir, ante una sola donación, siempre que los distintos pagos se produzcan dentro de un mismo año natural, vinculándolo así al carácter anual de las cuentas de los partidos y extendiendo la interpretación de las donaciones del art. 5.1.b LOFPP al resto de donaciones prohibidas. Con este criterio podremos determinar cuándo estaremos ante una mera infracción administrativa y cuando ante el tipo básico de financiación ilegal extranjera en función de las donaciones recogidas en un mismo año natural. En caso de pago fraccionado de la donación, y al igual que veíamos con la modalidad de donaciones realizadas por personas físicas superiores a 50.000 euros, podemos considerar que la fase de ejecución comienza con la primera donación que va encaminada a superar el límite cuantitativo fijado. Es decir, en caso de que el donante y receptor tuviesen desde el principio el ánimo de superar los 100.000 euros de manera fraccionada, el delito se consumaría con la donación que hiciese superar el límite, y ya estaríamos ante una tentativa de este delito desde la primera donación

Dicho esto, insistir en una vez más en la escasa probabilidad de que estos delitos de financiación ilegal de los partidos políticos sean aplicados en grado de tentativa. A las dificultades prácticas para acreditar la intencionalidad de los sujetos y, por ende, la tentativa en el caso de las operaciones fraccionadas, debemos añadir que estamos ante un delito que se consuma con la mera entrega o recepción efectiva de la donación ilícita, y que normalmente será descubierto años después del acaecimiento de los hechos, consumado ya el delito, tal y como viene sucediendo con otros delitos relacionados con la corrupción política. En definitiva, como venimos señalando, la propia configuración de estos delitos y su realidad criminológica hacen prácticamente imposible que en el futuro veamos pronunciamientos jurisprudenciales sobre una eventual tentativa de financiación ilegal extranjera de los partidos políticos, sea tanto en su modalidad activa como pasiva.

5.4. AUTORÍA Y PARTICIPACIÓN

En lo que respecta a la financiación extranjera ilegal pasiva, como venimos indicando, no cambia nada con respecto a lo dicho para el tipo básico. Estamos ante un delito de propia mano, lo cual tiene consecuencias a la hora de calificar la actuación de algunos sujetos intervinientes, específicamente la de aquellos que reciben una donación ilícita cuyo destino es el partido político, pero sin formar parte de este. Como veíamos, estos no pueden ser calificados como autores al no poder incorporar los bienes recibidos a la formación del partido político, pudiendo ser autores únicamente a aquellos sujetos que tengan la capacidad de incorporar los bienes recibidos a la formación del partido político, sea tanto en autoría mediata como inmediata.

En cambio, si se produce un cambio de paradigma en la autoría y participación en lo que a la financiación ilegal activa se refiere. En el tipo básico, nos encontrábamos ante un tipo común, en el que cualquiera podía ser autor. Por el contrario, el delito de financiación extranjera ilegal es un tipo de propia mano, donde los únicos sujetos que pueden ser autores, sea como autores directos (entrega en primera persona de los fondos), sea como autores mediatos (entrega de los fondos a través de un tercero), en su modalidad activa son los representantes de Gobiernos y organismos, entidades o empresas públicas extranjeras o empresas relacionadas directa o indirectamente con los mismos. Igualmente, en este caso también admitimos la autoría mediata en los mismos términos indicados para la financiación ilegal pasiva en el tipo básico[439].

Estas figuras no presentan ulteriores diferencias con el tipo básico de financiación ilegal, por lo que le será aplicable lo dicho en el apartado 4.4 dedicado al efecto, e igualmente le serán de aplicación las reglas generales de la autoría y la participación teniendo siempre en cuenta que tanto la financiación ilegal extranjera activa como la financiación ilegal extranjera pasiva son delitos de propia mano.

---

439 Se admite la autoría mediata en los delitos de propia mano en aquellos casos donde el autor obliga a un tercero mediante violencia o intimidación a realizar la conducta típica, dejando al que sería sujeto activo como un mero instrumento. También se incluye el caso de quien se sirve materialmente de una persona para entregar una cantidad desconociendo esa persona los hechos que está realizando. El sujeto que ordena a este instrumento/intermediario a entregar la donación prohibida sin saber este el carácter ilícito de la misma sería autor mediato del delito de financiación ilegal extranjera activa.

5.5. PENALIDAD

El tipo básico de financiación ilegal extranjera se castiga con una pena de prisión de seis meses a cuatro años y multa del triplo al quíntuplo de su valor o del exceso. Para tener un marco con el que comparar la pena de este tipo básico de financiación extranjera ilegal es necesario fijarnos en la sanción administrativa prevista para estos comportamientos en la LOFPP. La infracción -art. 17.2 de la LOFPP- consiste en la mera aceptación de donaciones procedentes de Gobiernos y organismos, entidades o empresas públicas extranjeras o de empresas relacionadas directa o indirectamente con los mismos, sin que sea necesario mínimo de cantidad alguno. Esta infracción administrativa de carácter muy grave será castigada en virtud del art. 17 bis apartado uno letra a) con una sanción cuyo importe irá del doble al quíntuplo de la cantidad que exceda del límite legalmente permitido, en este caso desde los 0 euros.

Por otro lado, también es necesario compararlo con el tipo básico de financiación ilegal, así como cuestionarnos si la diferencia de pena está justificada. Como veíamos anteriormente, el tipo básico de los apartados 1 y 4 del art. 304 bis contemplaba una pena de multa del triplo al quíntuplo del valor de la donación ilegal recibida o aportada, por lo que nos encontramos ante un considerable aumento de la punición respecto a la sanción administrativa y al tipo básico de financiación ilegal, ya que a la pena de multa ligeramente superior a la administrativa (del triplo al quíntuplo de la cuantía de la donación cuando en el ámbito administrativo es del doble al quíntuplo) tenemos que añadir una pena privativa de libertad de hasta cuatro años.

Estando justificada la inclusión de esta modalidad delictiva con las observaciones formuladas más arriba sobre la cantidad mínima exigida, lo cierto es que el salto penológico del tipo básico de financiación ilegal al tipo básico de financiación ilegal extranjera parece del todo injustificado. La única motivación de este exceso de castigo que señalan algunos autores[440] es el dar respuesta a las sospechas de financiación ilícita extranjera que en el momento en el que se realizó la reforma sobrevolaban a uno de los partidos de la oposición. Bajo nuestro punto de vista, esta modalidad de financiación debería haber sido incluida en el tipo básico de financiación ilegal sin cantidad mínima alguna, tal y como sucede con la financiación procedente de personas jurídicas y compartiendo además los mismos criterios de agravación que el resto de las modalidades básicas[441].

Otro de los aspectos destacables del marco penal de este delito es su excesiva amplitud, algo que puede llegar a comportar problemas de legalidad. La crítica en este punto es generalizada en la doctrina[442], crítica que compartimos debido al desmesurado espacio que se deja al arbitrio judicial en la determinación de la pena. Además, en tanto se contempla una pena de prisión inferior a 10 años, son de aplicación penas accesorias recogidas en el art. 56 CP, como la suspensión de empleo o cargo público, la inhabilitación especial para el derecho de sufragio pasivo durante el tiempo de la condena o la inhabilitación especial para empleo o cargo público.

---

440 MAROTO CALATAYUD, M., "Financiación ilegal de partidos políticos", cit., p. 764 o JAVATO MARTÍN, A.M. "El delito de financiación ilegal de los partidos políticos (arts- 304 bis y 304 ter CP)", cit., p. 32. Ambos autores señalan directamente el caso de financiación de Podemos por parte de Venezuela como principal motivación del mayor castigo que ha recibido este tipo de financiación.

441 En este mismo sentido: JAVATO MARTÍN, A.M. "El delito de financiación ilegal de los partidos políticos (arts- 304 bis y 304 ter CP)", cit., p. 32; SÁINZ-CANTERO CAPARRÓS, J.E., "Los delitos de financiación ilegal de partidos políticos", cit., p. 673; GONZÁLEZ BARRERA, F. "Estudios sobre la financiación de los partidos políticos.: Especial referencia a la financiación ilegal", cit., p. 34.

442 Por ejemplo: SÁINZ-CANTERO CAPARRÓS, J.E., "Los delitos de financiación ilegal de partidos políticos", cit., p. 673 o ODRIOZOLA GURRUTXAGA, M. "La regulación penal de la financiación ilegal de los partidos políticos", cit., pp. 129 y ss.

5.6. PROBLEMAS DERIVADOS DEL CARÁCTER EXTRANJERO DE LA FINANCIACIÓN

Como ya hemos abordado en el apartado dedicado a la autoría y participación, los únicos sujetos que pueden ser autores del delito de financiación extranjera ilegal en su modalidad activa son representantes de Gobiernos y organismos, entidades o empresas públicas extranjeras o empresas relacionadas directa o indirectamente con los mismos. Estos sujetos pueden llevar a cabo sus operaciones íntegramente desde el extranjero, en cuyo caso surge la cuestión de si nuestros tribunales pueden conocer de esta financiación ilegal extranjera activa.

La ley penal no recoge una regla que determine el lugar de comisión del delito más allá de lo señalado en el art. 23.1 de la Ley Orgánica 6/1985, de 1 de julio, del Poder Judicial (LOPJ), habiendo sido doctrina y jurisprudencia las que han acabado sentando las reglas aplicables a esos delitos de carácter transnacional en los que los elementos del tipo se realizan en el territorio de más de un Estado, como podría ser, por ejemplo, el caso de una donación ilícita realizada desde el extranjero por vía telemática y recibida por el representante del partido en España.

Las posiciones existentes en torno al lugar de comisión del delito son, básicamente, tres: la teoría de la actividad, que considera que el delito se ha cometido donde tiene lugar la conducta típica[443]; la teoría del resultado, que considera que el delito se ha cometido en el lugar donde se ha producido o debiera producirse el resultado típico[444], y la teoría de la ubicuidad, que considera que el delito se ha cometido allí donde tenga lugar la

---

443 En virtud de esta teoría el delito de financiación ilegal activa se habría cometido en el país extranjero.

444 En virtud de esta teoría el delito de financiación ilegal activa se habría cometido en España

conducta o se produzca el resultado, es decir, en ambos lugares, pudiendo en consecuencia intervenir más de una jurisdicción[445].

Esta última teoría es la que ha sido aceptada mayoritariamente por la doctrina[446] y la jurisprudencia[447], ya que es la que mejor soluciona el problema de los delitos a distancia. En consecuencia, se considera que el delito se comete en todas las jurisdicciones en las que se realice algún acto típico o se produzca el resultado típico. El primer juez de una de estas jurisdicciones que comience la instrucción de la causa será, en principio, el juez competente. La aplicación de este principio tiene una amplia aceptación entre los derechos penales nacionales de nuestro entorno, lo que permite que se venga considerando como parte del Derecho penal internacional de los Estados europeos[448].

En consecuencia, para que el hecho global de financiación ilegal extranjera activa se puede enjuiciar en España será suficiente con cualquier elemento típico tenga lugar en nuestro país, desde la entrega de la financiación, hasta la consumación del delito o la actuación del intermediario (persona interpuesta). El único supuesto en el que podríamos llegar a entender que el delito se comete plenamente en el extranjero sería aquel en el que un mandatario del partido se traslade al país en cuestión a recibir los fondos. Pero incluso en este supuesto, y considerando que el

---

445 En virtud de esta teoría el delito de financiación ilegal activa se habría cometido en ambos países

446 Así se recoge en: DÍEZ RIPOLLÉS, J. L.; *Derecho Penal Español. Parte General (5a ed. rev.)*. Ed. Tirant lo Blanch, 2020, pp. 176 y ss.

447 En este sentido, el Acuerdo del Pleno no Jurisdiccional de la Sala 2.ª del TS de 3 de febrero de 2005 estableció: “El delito se comete en todas las jurisdicciones en las que se haya realizado algún elemento del tipo. En consecuencia, el juez de cualquiera de ellas que primero haya iniciado las actuaciones procesales será en principio competente para la instrucción de la causa”.

448 DÍEZ RIPOLLÉS, J. L.; *Derecho Penal Español. Parte General (5a ed. rev.)*, op. cit., 2020, p. 178.

momento consumativo de ambos delitos se sitúa en la incorporación al partido (con sede en España) de los bienes donados, se podría justificar la jurisdicción española para la financiación ilegal extranjera activa con el principio de territorialidad. En caso de encontrar un supuesto en el que no pudiesen intervenir nuestros tribunales en virtud del principio de territorialidad, salvo que el delito lo cometiese fuera de nuestro territorio un español o extranjero que hubiere adquirido la nacionalidad española tras su comisión y concurriesen los restantes requisitos exigidos por el 23.2 LOPJ (principio de personalidad activa), esa intervención tampoco sería posible, pues ni la financiación ilegal forma parte del elenco de delitos recogidos en el 23.3 LOPJ (principio real o de protección de intereses), ni es aplicable, por las mismas razones, el principio de justicia universal (art. 23.4 LOPJ) al no figurar tampoco en el catálogo de delitos sometidos a este principio. Tampoco existe Tratado alguno vigente para España que imponga la persecución del delito de financiación ilegal de los partidos políticos independientemente de donde se haya cometido, tal y como permite finalmente, a modo de cláusula abierta, la letra p) de ese art. 23.4 LOPJ[449].

Además de los problemas de aplicación de la ley penal en el espacio que plantea la financiación extranjera de un partido político, ese carácter internacional puede generar también dificultades relacionadas con la existencia de exenciones jurisdiccionales que pudieran ser aplicables a los sujetos implicados. Y es que, salvo en los supuestos en los que el sujeto activo sea representante de una empresa pública o de participación públi-

---

449 Entre los tratados que abordan la corrupción a nivel internacional de los que España forme parte podemos destacar: la Convención de Naciones Unidas contra la Corrupción; la Convención Anti-Cohecho de la OCDE; la Conferencia Internacional anticorrupción. Ninguno de estos impone la persecución de la financiación ilegal de los partidos políticos a nivel internacional. Si es cierto que el primero de los mencionados recomienda su tipificación a los Estados firmantes.

ca extranjera, no será infrecuente que el sujeto activo goce de alguna de las exenciones previstas en la Ley Orgánica 16/2015, de 27 de octubre, sobre privilegios e inmunidades de los Estados extranjeros, las Organizaciones Internacionales con sede u oficina en España y las Conferencias y Reuniones internacionales celebradas en España o en la Convención de Viena de 1961 sobre relaciones diplomáticas .

Las exenciones jurisdiccionales son imperativos de derecho internacional público o de derecho público interno que excluyen, ya sea con carácter absoluto (en todos los casos) o relativo (solo en concretas circunstancias y condiciones), a determinadas personas de la aplicación del ordenamiento penal y procesal penal en función del cargo público que ostentan. Se trata por tanto de auténticas exenciones de responsabilidad penal, que impiden que un sujeto sea enjuiciado por los Tribunales españoles a pesar de haber llevado a cabo una conducta tipificada como delito en el Código Penal y ser competente para intervenir la jurisdicción penal española.

Las exenciones absolutas afectan a los Jefes de Estado extranjeros, independientemente de si se encuentran en el ejercicio de sus funciones en el momento de la comisión del hecho delictivo. También a los Agentes diplomáticos (embajadores, enviados, ministros...), a los miembros de la familia que formen parte de su casa, así como al personal administrativo y técnico de la misión y sus familias. Las relativas afectan tanto al personal consular como al de organismos internacionales tales como la ONU (Organización de las Naciones Unidas) o Parlamento Europeo, que únicamente podrán ser enjuiciados por delitos flagrantes no relacionados con su misión diplomática previa autorización del órgano al que pertenecen.

6. Los tipos agravados

El art. 304 bis 2 a) CP recoge un tipo agravado por razón de la cuantía donada. Por otra parte, el apartado tercero de este mismo artículo recoge un tipo hiperagravado por la "especial gravedad" de la financiación ilícita. Estos tipos cualificados se aplican tanto a la modalidad de recepción del apartado uno, como a la modalidad de entrega del apartado cuatro, ya que estos apartados dos y tres se construyen refiriéndose a los hechos anteriores recogidos en el apartado uno y, a su vez, el apartado cuatro castiga la entrega en los supuestos de los números anteriores (que incluyen todas las modalidades básicas y agravadas de financiación ilegal).

6.1. AGRAVACIÓN POR RAZÓN DE LA CUANTÍA (304 BIS 2)

"*Artículo 304 bis*

...

2. Los hechos anteriores serán castigados con una pena de prisión de seis meses a cuatro años y multa del triplo al quíntuplo de su valor o del exceso cuando:

a) Se trate de donaciones recogidas en el artículo 5.Uno, letras a) o c) de la Ley Orgánica 8/2007, de 4 de julio, sobre financiación de los partidos políticos, de importe superior a 500.000 euros, o que superen en esta cifra el límite fijado en la letra b) del aquel precepto, cuando sea ésta el infringido.

..."

Como veíamos en el apartado anterior, aunque la literalidad del precepto parecía introducir dos tipos agravados, haciendo referencia directa a "*los hechos anteriores*", en realidad tipo agravado, propiamente hablando, sólo lo era el de la letra a) del 304 bis 2.

La modalidad agravada recogida en la letra a) encuentra su fundamento en la especial cuantía de la donación, mientras que su base fáctica, en definitiva, la conducta típica prohibida, sigue siendo la misma contemplada en los apartados 1 y 4 del art. 304 bis CP, siendo la única diferencia la cantidad en la que consista la donación prohibida. En este sentido, se aplicará el tipo agravado de financiación ilegal cuando las donaciones previstas en el art. 5.1 LOFPP letras a) y c) (donaciones anónimas, finalistas o revocables y aquellas procedentes de personas jurídicas y de entes sin personalidad jurídica) superen la cantidad de 500.000. Este límite cuantitativo se aplica de manera diferente, sin embargo, a las donaciones del art. 5.1 LOFPP letra b), ya que en estas rige un límite cuantitativo para el tipo básico. Como consecuencia, se aplicará el tipo agravado cuando las donaciones anuales procedentes de una misma persona física superen en 500.000 euros el límite establecido para el tipo básico. En otras palabras, cuando las donaciones procedentes de una misma persona física, dentro de un año, superen los 550.000, dejando por lo tanto enmarcado el tipo básico entre los 50.000 y los 550.000 euros anuales por parte de una misma persona física.

No todos los autores han considerado adecuado este límite de 500.000 o 550.000 euros, según el caso. Por un lado, MACÍAS ESPEJO[450] considera que este criterio de agravación está justificado, ya que es una cantidad lo suficientemente grave como para incluir la pena privativa de libertad. En cambio, otros autores cuya posición compartimos, como PÉREZ RIVAS[451], estiman que, estando justificada la agravación por razón de la cuantía, ya que a través de ésta se puede influir en la voluntad del partido político en favor de intereses particulares, consideran demasiado

---

450 MACÍAS ESPEJO, B. "Sobre la incriminación de la financiación ilegal de partidos políticos en el artículo 304 bis del Código Penal", cit., p. 144 y ss.

451 PÉREZ RIVAS, N.; *El delito de financiación ilegal de los partidos políticos en el Código Penal español: regulación y propuestas de lege ferenda,* cit., pp. 9-13

elevado el límite establecido[452]. Subrayan que la cuantía exigida para pasar de un tipo a otro es 10 veces la cantidad máxima permitida por la LOFPP a las personas físicas[453], existiendo demasiado espacio entre el tipo básico y el tipo agravado.

Si comparamos tipo básico y tipo agravado con otros delitos donde la agravación también se fundamenta en la cantidad, encontramos, por ejemplo, en el delito de fraude fiscal que el tipo básico exige que la cantidad defraudada supere los 120.000 euros (art. 305.1 CP) y para pasar al tipo cualificado debemos llegar hasta los 600.000 (305 bis 1 CP), es decir, 5 veces la cuantía requerida para el tipo básico. En lo que respecta al fraude contra la seguridad social, el tipo básico se sitúa en 50.000 euros (art. 307.1 CP), mientras que el tipo agravado requiere que la cuantía defraudada supere los 120.000 euros (307 bis 1 CP). Como se puede comprobar, proporcionalmente hablando la cantidad requerida para pasar al delito cualificado es mucho más elevada en el caso del delito de financiación ilegal, aunque también es significativamente más elevado el incremento de pena que aquel que se produce en los delitos con los que estamos realizando la comparación. En estos tipos de fraude, tanto el tipo básico como el cualificado contemplan ya, junto con la pena de multa, la pena privativa de libertad, mientras que en el caso del delito de financiación ilegal pasamos de una mera pena de multa en las modalidades básicas, a incluir una pena privativa de libertad de hasta 4 años en el caso del tipo cualificado. Consideramos, por ello, que tanto la cantidad exigida para pasar al tipo cualificado como la diferencia en las penas son excesivamente amplias.

---

452 En el mismo sentido también encontramos: ODRIOZOLA GURRUTXAGA, M. "La regulación penal de la financiación ilegal de los partidos políticos", cit., Pp. 129 y ss

453 En esta línea también encontramos a MAROTO CALATAYUD, M., "Financiación ilegal de partidos políticos", cit., p. 763.

Surge ahora la pregunta de cómo llegar a esta cantidad, es decir, si para llegar a estos 500.000 o 550.000 euros debe tratarse de una única donación que supere dicho límite o podemos sumar varias donaciones realizadas por un mismo sujeto activo. Pregunta a la que ya hemos dado respuesta en el apartado relativo al delito continuado, dada su indudable conexión con este apartado[454]. Es decir, una vez más, se deben sumar las donaciones en tanto estemos ante una unidad de acción, lo que tendrá lugar siempre y cuando los distintos pagos se produzcan dentro del mismo año natural. En este sentido, se exporta la interpretación utilizada en los delitos contra la hacienda pública, donde el marco temporal define cuando estamos ante una unidad de acción sin exigir una unidad finalística o de propósito entre las distintas defraudaciones. Vinculamos así el carácter anual de las cuentas de los partidos políticos al cómputo del límite de las donaciones, extendiendo la interpretación de las donaciones del art. 5.1.b LOFPP al resto de donaciones prohibidas[455]. En definitiva, con este criterio será posible determinar si estamos ante el tipo básico o ante el tipo agravado sumando las donaciones realizadas dentro de un mismo año natural por el mismo sujeto activo, dotando así de certeza y de seguridad jurídica a la aplicación del tipo[456].

En otra dirección, MACÍAS ESPEJO[457] señala que estas cantidades mencionadas anteriormente no pueden ser alcanzadas

---

[454] Vid. más Cap. 2 apto. 4.5.6

[455] PÉREZ RIVAS, N.; *El delito de financiación ilegal de los partidos políticos en el Código Penal español: regulación y propuestas de lege ferenda,* cit., pp. 9-13

[456] En esta línea encontramos a ODRIOZOLA GURRUTXAGA, M. “La regulación penal de la financiación ilegal de los partidos políticos”, cit., Pp. 129 y ss. o a MAROTO CALATAYUD, M., “Financiación ilegal de partidos políticos”, cit., p. 763.

[457] MACÍAS ESPEJO, B. “Sobre la incriminación de la financiación ilegal de partidos políticos en el artículo 304 bis del Código Penal”, cit., p. 145

sumando aportaciones diferentes salvo que se demuestre que son el pago fraccionado de una sola donación[458].

Sin embargo, el tipo cualificado no establece una regla sobre la que calcular la cuantía de las donaciones, ni tampoco exige una determinada conexión entre las mismas para poder sumarlas. Esto lo diferencia de otras figuras también vinculadas a una cuantía monetaria, como el delito de fraude fiscal o el de fraude a la Seguridad Social, en los que el legislador sí ha establecido esa regla para determinar la cuantía de lo defraudado. Así, en el caso del fraude fiscal, el 305.2 CP lo vincula al período impositivo o de declaración, y si éstos son inferiores a doce meses, el importe de lo defraudado se referirá al año natural, mientras en el del fraude a la seguridad social, el art. 307.2 CP establece que para determinar la cuantía se estará al importe total defraudado durante cuatro años naturales. En el caso de este tipo agravado de financiación ilegal de los partidos políticos se castigan donaciones (en plural) que superen una determinada cantidad destinadas a una formación política procedentes de un mismo sujeto. Nada más. Es por esto por lo que, bajo nuestro punto de vista, y ante la falta de un parámetro legalmente establecido, el marco aplicable para el cálculo de la cuantía de las donaciones debe ser, una vez más, el año natural, vinculándolo así al carácter anual de las cuentas de las formaciones políticas y extendiendo la interpretación de lo establecido para las donaciones del art. 5.1.b LOFPP al resto de tipos de donación. Dicho esto, sería conveniente que el legislador incluyese una cláusula en la que determinase cómo se debe calcular la cuantía de lo donado en aras de evitar la disparidad de criterios de interpretación que genera la actual redacción.

---

458 Esta autora, en línea con lo que nosotros decíamos en el apartado dedicado a los concursos, también descarta la posibilidad de aplicar el delito continuado, más concretamente la aplicación del 74.2 CP que recoge la posibilidad de sumar las cantidades en los delitos contra el patrimonio, característica que no se cumple en los delitos de financiación ilegal, tal y como hacíamos nosotros al tratar el delito continuado.

Cabe destacar el considerable aumento de la pena que supone este tipo agravado, ya que a la pena de multa proporcional (que se mantiene idéntica a la de la modalidad básica) añadimos la pena privativa de libertad. La pena de prisión establecida para estos delitos es de seis meses a cuatro años, marco penal, una vez más, excesivamente amplio que puede llegar a comportar problemas de legalidad. La crítica a esta excesiva amplitud es generalizada en la doctrina[459], crítica que compartimos ya que el límite máximo es 8 veces superior al límite mínimo de pena, dejando un enorme espacio para el arbitrio judicial en la determinación de la pena. Volviendo a la multa, el valor de referencia para calcularla cambiará en función de la modalidad de financiación ilícita ante la que nos encontremos. Cuando se trate de donaciones procedentes de personas físicas superiores a los 550.000 euros anuales, el importe a tener en cuenta no será el montante total de la donación, sino que debemos tener en cuenta solamente el montante que haya sobrepasado los 50.000 euros (en una donación de 1.000.000 de euros en un año, el valor para calcular la multa serían 950.000 euros)[460]. Por el contrario, en el resto de las donaciones prohibidas que hemos visto, el valor de referencia para el cálculo de la multa proporcional sí coincidirá exactamente con la cuantía de la donación. Finalmente, hay que añadir que, en estos tipos agravados, en tanto recogen una pena de prisión inferior a 10 años, son de aplicación, una vez más, penas accesorias recogidas en el art. 56 CP, como la suspensión de empleo o cargo público, la inhabilitación especial para el

---

459 Por ejemplo: SÁINZ-CANTERO CAPARRÓS, J.E., "Los delitos de financiación ilegal de partidos políticos", cit., p. 673 o ODRIOZOLA GURRUTXAGA, M. "La regulación penal de la financiación ilegal de los partidos políticos", cit., Pp. 129 y ss.

460 Así realiza el cálculo PUENTE ABA en: PUENTE ABA, L.M.; *El delito de financiación ilegal de Partidos Políticos,* cit., p. 131. En el mismo sentido: MACÍAS ESPEJO, B. "Sobre la incriminación de la financiación ilegal de partidos políticos en el artículo 304 bis del Código Penal", cit., p.147

derecho de sufragio pasivo durante el tiempo de la condena o la inhabilitación especial para empleo o cargo público.

6.2. AGRAVACIÓN POR LA ESPECIAL GRAVEDAD DE LOS HECHOS (304 BIS 3)

"Artículo 304 bis

...

3. Si los hechos a que se refiere el apartado anterior resultaran de especial gravedad, se impondrá la pena en su mitad superior, pudiéndose llegar hasta la superior en grado."

Pasamos ahora al punto tercero del art. 304 bis CP, donde se introduce un tipo hiperagravado que se aplicará cuando los hechos a los que se refiere el apartado segundo, analizados en el apartado anterior, resulten de "*especial gravedad*". El legislador, sin embargo, no ha aportado criterio interpretativo alguno que nos ayude a perfilar este concepto y determinar cuándo estaremos ante un hecho especialmente grave, lo cual vulnera el principio de taxatividad[461]. La consecuencia de estos hechos especialmente graves será la pena del apartado segundo en su mitad superior, pudiendo llegar hasta la superior en grado.

Los presupuestos para la aplicación de este apartado son los hechos previstos en el 304 bis 2 CP. En resumen, la entrega o recepción de donaciones que infrinjan las limitaciones del art. 5.1 LOFPP superiores a 500.000 euros, en los casos recogidos en las letras a) y c), o superiores a 550.000 euros anuales cuando hablemos de la prohibición de la letra b). A las anteriores se añaden las donaciones prohibidas por el art. 7.2 LOFPP cuando sean superiores a 100.000 euros. En este tipo hiperagravado, el incremento de la pena se basa en la especial gravedad de los hechos.

---

461 PÉREZ RIVAS, N.; *El delito de financiación ilegal de los partidos políticos en el Código Penal español: regulación y propuestas de lege ferenda,* cit., pp. 9-13

Este concepto jurídico indeterminado de la especial gravedad es un elemento delictivo que podemos encontrar como cláusula de agravación en otros tipos penales, como en el hurto, en la estafa o en el delito de corrupción de los negocios. En todos los casos en los que aparece esta cláusula ha supuesto un grave problema interpretativo dado la indeterminación del concepto, debiendo ser la jurisprudencia la que acabe definiendo y perfilando su contenido concreto, un contenido que, lógicamente, cambia en función de la figura delictiva ante la que nos encontremos[462]. Nos vamos a enfrentar, por tanto, a un altísimo nivel de arbitrio judicial para definir este elemento delictivo, en definitiva, para determinar cuándo se va a aplicar este tipo hiperagravado[463].

La primera idea sobre el posible significado de esta cláusula es que la especial gravedad esté directamente vinculada a la cantidad donada, es decir, igual que el tipo agravado se rige por un criterio meramente cuantitativo, trasladar este criterio al tipo hiperagravado. En esta línea encontramos a JAVATO MARTÍN[464], que señala que este elemento delictivo busca dar cabida a aquellas donaciones que presenten una cuantía muy elevada, muy por encima de aquella establecida para el tipo agravado. En el mismo sentido, he de destacar también a PUENTE ABA[465], que

---

462 Vid., SÁINZ-CANTERO CAPARRÓS, J.E., "Los delitos de financiación ilegal de partidos políticos". cit., pág. 674.

463 Critican este mismo aspecto: PUENTE ABA L. M, "Financiación ilegal de partidos políticos (art. 304 bis CP)", AAVV/GONZÁLEZ CUSSAC (Dir.), GÓRRIZ ROY/ MATALLÍN EVANGELIO (Coords.); *Comentarios a la Reforma del Código Penal de 2015,* Edit., Tirant lo Blanch, Valencia, 2015, p. 950 o GONZÁLEZ BARRERA, F. "Estudios sobre la financiación de los partidos políticos.: Especial referencia a la financiación ilegal", cit., pp. 34 y 35.

464 JAVATO MARTÍN, A. M., "Delitos contra el patrimonio y socioeconómicos. Artículos 234-318 bis", cit., p. 723.

465 PUENTE ABA L. M, "Financiación ilegal de partidos políticos (art. 304 bis CP)", cit., p. 950.

entiende esta expresión como una referencia directa a la especial significación o relevancia económica de la cantidad donada[466].

Por su parte, MUÑOZ CUESTA[467] da un paso más, y fija un criterio de agravación para determinar la especial gravedad de los hechos. En primer lugar, descarta la posibilidad de considerar cualquier criterio de agravación que no esté directamente vinculado con el montante de la cantidad donada, al tratarse este de un tipo hiperagravado construido sobre un tipo agravado cuyo único criterio de agravación es de carácter cuantitativo. Sobre esta base, considera que estaremos ante un caso de especial gravedad cuando el valor de lo donado sea 10 veces superior a la cantidad dispuesta como agravación simple, en consecuencia, aprecia el tipo agravado cuando la donación sea superior a 500.000 euros, y el tipo hiperagravado cuando la cuantía supere 10 veces dicha cantidad. Descarta, en definitiva, cualquier posibilidad de tomar en consideración criterios no cuantitativos como la finalidad o la intención del donante.

En cambio, nosotros consideramos que para apreciar la especial gravedad de los hechos no se tendrá en cuenta exclusivamente la cantidad de la donación, ya que nada impedía al legislador establecer una cantidad determinada como hizo con el tipo agravado. Siendo este sin duda uno de los principales criterios a tener en cuenta, no existen motivos para limitarnos a criterios cuantitativos. Es oportuno recordar que los hechos que deben resultar de especial gravedad son aquellos recogidos en el apartado 2, por ende, la cantidad donada debe ser superior a la fijada en dicho

---

466 En esta misma línea: NÚÑEZ CASTAÑO, E. "La cuestionable regulación penal de los delitos de financiación ilegal de partidos políticos", cit., pp. 125-153 o BUSTOS RUBIO, M. "El nuevo delito de financiación ilegal de partidos políticos", en *Revista Penal*, 37, 2016, pp. 61-79.

467 MUÑOZ CUESTA, J., *La financiación ilegal de partidos políticos. Estado actual de la cuestión. Examen del nuevo delito de financiación ilegal de partidos políticos,* cit., pp. 13 y ss.

apartado que es, de por sí, muy elevada. Pero no podemos olvidar que, por ejemplo, entre las donaciones prohibidas encontramos aquellas finalistas o revocables. Las condiciones impuestas para la donación o la posición en el partido del sujeto que recibe la donación pueden ser factores igualmente relevantes para determinar la especial gravedad de la financiación, una vez, eso sí, superen los límites cuantitativos fijados en el apartado segundo[468].

El incremento de pena previsto para esta modalidad hiperagravada, dependiente de la especial gravedad de los hechos, será imponer la pena en su mitad superior pudiendo llegar a la superior en grado. Así, los nuevos marcos penales con los que nos encontramos son de dos años y tres meses a cuatro años de prisión en el supuesto menos grave, pudiendo llegar a una pena privativa de libertad de cuatro a seis años de prisión en los casos más graves (dentro de la especial gravedad)[469]. Este incremento de pena ha sido ampliamente criticado por la doctrina[470] dada su escasa fundamentación jurídica y cuya base es un concepto indeterminado, introducido sin aportar elemento alguno para discernir o valorar cuando será de aplicación.

---

468 En esta misma línea: SÁINZ-CANTERO CAPARRÓS, J.E., "Los delitos de financiación ilegal de partidos políticos", cit., p. 675

469 El simple hecho de tener que modular la mayor o menor gravedad entro los casos que de por sí resulten de "especial gravedad", ejemplifica la enorme indeterminación e inseguridad jurídicas que suponen la introducción de este tipo de cláusulas.

470 Podemos encontrar críticas en distintas obras como: CORCOY BIDASOLO, M./ GALLEGO SOLER, J.I., "Título XIII bis. de los delitos de financiación ilegal de los partidos políticos" en AAVV/ CORCOY BIDASOLO/ MIR PUIG (Dirs), VERA SÁNCHEZ (Coord.); *Comentarios al Código Penal. Reforma LO 1/2015 y LO 2/2015,* Edit. Tirant lo Blanch, Valencia, 2015, pág. 1053 o MACÍAS ESPEJO, B. "Sobre la incriminación de la financiación ilegal de partidos políticos en el artículo 304 bis del Código Penal", cit., pp. 144 y ss.

7. El delito de participación en una estructura u organización destinada a la financiación ilegal de partidos políticos

"Artículo 304 ter

1. Será castigado con la pena de prisión de uno a cinco años, el que participe en estructuras u organizaciones, cualquiera que sea su naturaleza, cuya finalidad sea la financiación de partidos políticos, federaciones, coaliciones o agrupaciones de electores, al margen de lo establecido en la ley.

..."

El art. 304 ter del CP, introducido por la Ley Orgánica 1/2015, de 30 de marzo, regula los delitos de participación en organizaciones dirigidas a financiar ilegalmente partidos políticos. Concretamente, este artículo consta de tres apartados: el primero, el tipo básico, castiga con una pena de uno a cinco años de prisión a aquel que participe en estructuras u organizaciones cuyo fin sea la financiación ilícita de partidos políticos, federaciones, coaliciones o agrupaciones de electores; sobre este tipo básico encontramos dos agravantes en los puntos segundo y tercero; el apartado segundo castiga con la pena en su mitad superior a los dirigentes de dichas estructuras u organizaciones; el apartado tercero recoge una agravación aplicable a ambas modalidades que permite imponer la pena en su mitad superior, pudiendo llegar a la superior en grado, cuando los hechos resultaran de especial gravedad.

En primer lugar, debemos preguntarnos si se trata de un tipo cualificado de financiación ilegal, en cuyo caso partiríamos de las conductas básicas (o de las ya cualificadas, supuesto en el que se trataría de una cualificación de segundo grado), o si se trata de un nuevo tipo autónomo que va más allá, castigando la pertenencia a una organización dirigida a financiar ilegalmente a formaciones políticas. Para ello debemos fijarnos en otros tipos penales y su formulación.

Por ejemplo, los arts. 302 (blanqueo de capitales), 305 bis 1 B) (fraude fiscal), o 369 bis (tráfico de drogas) del CP, están claramente configurados como cualificaciones. Todos determinan una agravación de la pena para aquellos supuestos en los que el tipo básico sea cometido por un sujeto que pertenezca a una organización dedicada a su comisión, o se trate de los jefes, administradores o encargados de las referidas organizaciones. En cambio, el art. 304 ter CP castiga de manera autónoma desde la participación hasta la dirección de estructuras u organizaciones, cualquiera que sea su naturaleza, cuya finalidad sea la financiación de partidos políticos, federaciones, coaliciones o agrupaciones de electores, al margen de lo establecido en la ley. A diferencia de los ejemplos anteriores, en esta figura no es necesaria la realización de una de las modalidades básicas (o incluso cualificadas) de financiación ilegal, bastando con la mera participación o dirección en una organización cuya finalidad sea dicha financiación ilícita para estar cometiendo el delito del 304 ter CP. Se trata, por tanto, a mi juicio, de un tipo penal autónomo y no una cualificación de las figuras recogidas en el 304 bis, algo que, por otro lado, hubiera tenido más sentido, pues un tipo cualificado evitaría los problemas derivados de la tipificación autónoma de esta figura que veremos en este epígrafe. Sobre todo, los problemas concursales con los delitos de financiación ilegal y la incoherencia interna del propio código al recoger unas penas muy superiores al del resto de delitos de organización cuyo objetivo sean delitos de similar entidad.

Es también necesario analizar la justificación de este precepto, sobre todo teniendo en cuenta que en el Código penal ya contamos con delitos genéricos de organización aplicables con independencia del delito fin perseguido. En concreto estamos hablando de los delitos de asociación ilícita del art. 515[471], organización criminal del art. 570 bis[472] y grupo criminal del 570 ter[473] del CP. Destacar de estos delitos que presentan unos contornos típicos particularmente amplios[474], donde se exige la concurrencia de una pluralidad de personas (al menos tres integrantes en los arts. 570 bis y ter), la pertenencia y participación activa en la agrupación criminal, como mínimo, para poder hablar de hechos típicos y la persecución de finalidades delictivas por parte de la agrupación. Esta podrá tener otras finalidades, lícitas e ilícitas, pero la finalidad principal debe ser estrictamente delictiva. No es relevante, en cambio, si la finalidad delictiva está presente desde el germen de la sociedad o si esta surge de forma sobrevenida a la misma. Las notas de estabilidad y permanencia que se vienen exigiendo en estos supuestos junto con la concurrencia de una estructura orgánica, coordinación y complejidad, constituyen requisitos básicos en los supuestos de asociación ilícita y organización criminal, debiendo existir solo una de las dos características para que estemos ante un grupo criminal. En este último caso, debe existir tanto un mínimo de proyección temporal como un mínimo de estructura organizada para poder considerarlo grupo criminal y no un supuesto de simple codelincuencia.

---

471 Se castiga con una horquilla de penas de entre uno y cuatro años de prisión, multa de doce a veinticuatro meses y, en su caso, penas de inhabilitación especial para empleo o cargo público.

472 Se castiga con una horquilla de penas de entre uno y doce años de prisión

473 Se castiga con una horquilla de penas de entre tres meses y seis años de prisión

474 Sobre los injustos de organización, véase, por ejemplo: REY HUIDOBRO, L. F. "Aspectos penales del delito de pertenencia a organización o grupo criminal.", en *La ley penal: revista de derecho penal, procesal y penitenciario,* nº134, 2018 o VELASCO NÚÑEZ, E. "Crimen organizado: organización y grupo criminal tras la reforma del Código Penal en la LO 5/2010.", en *La ley penal: revista de derecho penal, procesal y penitenciario,* nº86, 2011.

A la vista de lo anterior, PUENTE ABA considera que la tipificación de esta conducta no era necesaria ya que se podría encajar en los conceptos de organización o grupo criminal de los arts. 570 bis y ter CP, careciendo de sentido establecer una regulación penal específica para los casos en los que la finalidad de esta organización o grupo criminal tenga como finalidad un delito específico[475]. Así también, BASSO[476], que considera que la existencia de los injustos genéricos de organización hace que no esté político-criminalmente justificada la introducción del art. 304 ter. En sentido opuesto, encontramos a MACÍAS ESPEJO, que entiende adecuada la introducción de esta conducta de manera específica "*dada la vinculación de esta realidad criminal con distintas tramas en la facilitación de medios y estrategias para la realización de los comportamientos prohibidos*"[477].

Bajo nuestro punto de vista, tal y como están configurados los delitos de asociación ilícita, organización y grupo criminal, parece que la introducción de un tipo específico de organización para la comisión de un delito concreto como es el presente caso no estaría justificada desde un punto de vista político-criminal, al

---

475 PUENTE ABA, L.M.; *El delito de financiación ilegal de Partidos Políticos,* cit., p. 135.

476 BASSO, G.J. "El art. 304 ter a examen: valoración político-criminal y delimitación típica del delito de participación en organizaciones dirigidas a financiar ilegalmente partidos políticos", cit., p. 3.

477 MACÍAS ESPEJO, B. "Del delito de participación en estructuras u organizaciones con finalidad de financiación ilegal de partidos políticos (artículo 304 ter del Código Penal)" en *Dereito: revista xurídica da Universidade de Santiago de Compostela* vol. 27 n.1, 2018, pp. 15-16. También a favor de la introducción de este delito se posicionan: SÁINZ-CANTERO CAPARRÓS, J.E., "Los delitos de financiación ilegal de partidos políticos", cit., p. 681 o GÓMEZ BANÍTEZ, J.M., "Financiación ilegal de partidos políticos y corrupción", en AAVV/ CASTRO MORENO Y OTERO GONZÁLEZ (Dirs.); *Prevención y tratamiento punitivo de la corrupción en la contratación pública y privada,* Dykinson, Madrid, 2016, p. 149.

no existir lagunas de punición. Además, las elevadísimas penas recogidas en el 304 ter suponen una grave distorsión valorativa, ya que son superiores tanto a las previstas para los delitos genéricos de organización (sin una motivación aparente), como a las prevista para la propia comisión de los delitos de financiación ilegal de los partidos políticos[478].

Estaríamos, pues, ante un caso más de derecho penal simbólico con el que se busca, más que configurar el CP de una manera coherente, mandar a la ciudadanía el mensaje de que se está persiguiendo de manera contundente un determinado comportamiento asociado a la corrupción política[479].

7.1. BIEN JURÍDICO PROTEGIDO

En los delitos de organización, entre los que se encuadra este 304 ter CP, la doctrina no es uniforme en la cuestión de dónde debemos situar el bien jurídico protegido. Podemos dividir las posiciones doctrinales en dos grupos[480]. Por un lado, encontramos a aquellos que defienden la existencia de un bien jurídico

---

[478] En este sentido: BASSO, G.J. "El art. 304 ter a examen: valoración político-criminal y delimitación típica del delito de participación en organizaciones dirigidas a financiar ilegalmente partidos políticos", en *La Ley Penal,* nº151, Julio-Agosto 2021, pp. 1-4.

[479] Esta voluntad política de querer abanderar la lucha contra la corrupción ayuda a explicar tanto la tipificación autónoma como las elevadas penas recogidas para este delito. Esto se refleja en el espíritu punitivista y expansivo del derecho penal que inspiró la reforma del 2015 realizada por Ley Orgánica 1/2015, de 30 de marzo, por la que se modifica la Ley Orgánica 10/1995, de 23 de noviembre, en cuyo preámbulo se hacen constantes referencias al refuerzo de la lucha contra la corrupción a través de la introducción de nuevas figuras y de la agravación de las penas de los delitos contra la corrupción ya existentes.

[480] Para ampliar sobre este debate doctrinal referente al bien jurídico protegido por los delitos de organización: FARALDO CABANA, P.;

supraindividual, de carácter colectivo, detrás de estas figuras[481]. Lo diferencian así del bien jurídico protegido por las infracciones concretas que caracterizan la actividad de estos grupos, organizaciones o estructuras y lo vienen situando en el concepto de orden público. Esta expresión se interpreta como la preservación de la seguridad jurídica, el principio de legalidad y las libertades y derechos constitucionales de los ciudadanos correspondientes al buen funcionamiento del Estado de Derecho. La segunda posición doctrinal[482] entiende que la tipificación de los delitos de organización supone un adelanto de la intervención penal, situando el momento de protección de los bienes jurídicos en un punto anterior a la comisión efectiva de las infracciones. En consecuencia, no dotan de ofensividad propia a estos delitos, sino que los definen como delitos de peligro abstracto del delito-fin efectivamente cometido en el marco de actividad de la organización.

Bajo nuestro punto de vista, la primera posición doctrinal es la más adecuada para los tipos de organización tradicionales, es decir, los delitos de asociaciones ilícitas recogidos en los arts. 515 y siguientes CP y los delitos relativos a organizaciones y grupos criminales de los arts. 570 bis a 570 quáter CP. No se puede hacer depender el bien jurídico protegido por estas figuras del concreto delito o delitos que cometan dichas organizaciones, vaciándolas por tanto de un contenido de injusto propio.

Sin embargo, hay un elemento fundamental que diferencia el art. 304 ter del resto de delitos de organización, y es el hecho de tener una finalidad (ilegal) concreta que no consiste necesaria-

---

Asociaciones ilícitas y organizaciones criminales en el Código Penal español, Ed. Tirant lo Blanch, Valencia, 2012, pp. 201 y ss.

481 CANCIO MELIÁ, M. "El injusto de los delitos de organización: peligro y significado", en *Revista General de Derecho Penal,* nº8, 2007, pp. 12 y ss.

482 Cfr. GARCÍA RIVAS, N.; LAMARCA PÉREZ, C. "Organizaciones y grupos criminales (arts. 570 bis, 570 ter y 570 quáter)", en *Comentarios a la Reforma Penal de 2010.* 2010. pp. 503-520.

mente en la comisión de un delito sino que, en principio, su finalidad específica es una genérica financiación de partidos políticos, federaciones, coaliciones o agrupaciones de electores al margen de lo establecido en la ley, (más adelante veremos, sin embargo, cómo una interpretación restrictiva del tipo hace coincidir esta financiación al margen de la ley con financiación delictiva). Por ello, bajo nuestro punto de vista, y a diferencia de lo que sucede con el resto de los delitos de organización, el bien jurídico protegido por este delito sí coincide con el bien jurídico protegido por los delitos de financiación ilegal de los partidos políticos. En definitiva, se busca proteger las funciones constitucionales de los partidos políticos consagradas en el art. 6 CE, funciones que tienen una importancia capital en nuestro sistema democrático y se ven gravemente afectadas por la financiación ilegal de los partidos políticos y, por ende, por la existencia de organizaciones o estructuras cuyo fin sea esta financiación ilegal. De este modo, el art. 304 ter supone un adelanto de la intervención penal, situando el momento de protección del bien jurídico en un punto anterior a la realización efectiva de la propia conducta financiadora, y configurándose como un delito de peligro abstracto.

7.2. EL TIPO BÁSICO (ART. 304 TER 1)

La conducta típica del tipo básico recogido en el art. 304 ter 1 consiste en participar en estructuras u organizaciones cuya finalidad sea la financiación ilegal de los partidos políticos. Es llamativa la falta de concreción de que adolece la descripción de la conducta típica, en la que se usa una terminología excesivamente vaga y ambigua[483]. El legislador no ha definido qué debemos entender por participar, cuáles son las características de estas estructuras u

483 Esto contrasta con los delitos recogidos en los arts. 517, 518, 570 bis y 570 ter CP, donde se especifican las distintas modalidades de participación en la asociación ilícita o en la organización o grupo criminal

organizaciones ni qué engloba la expresión "*al margen de lo establecido en la ley*". Ante esta configuración de la conducta típica y con el fin de no ampliar en exceso su ámbito de aplicación, autores como MAROTO CALATAYUD o SÁINZ-CANTERO CAPARRÓS[484] defienden que la interpretación del tipo penal ha de ser restrictiva en aras de evitar arbitrariedades en su aplicación. En una línea similar encontramos a BASSO[485] ante la elevada penalidad y la ambigüedad de los términos utilizados por el Código Penal.

Establecido el punto de partida en una interpretación restrictiva, debemos comenzar definiendo el verbo típico rector, que es "participar". Por participación debemos entender no solo la pertenencia a la organización o estructura, sino que será necesario, además, la implicación efectiva del sujeto en las actividades de esta[486]. En aras de concretar qué debemos entender por participación, debemos acudir a lo interpretado por doctrina[487] y jurisprudencia[488] para los delitos relativos a los grupos y organizaciones terroristas. Más concretamente debemos prestar atención al 572.2 CP, que comparte el verbo rector con el tipo que nos ocupa, al castigar la participación activa en una

484 MAROTO CALATAYUD, M., "Financiación ilegal de los partidos políticos", cit., p. 321; SÁINZ-CANTERO CAPARRÓS, J.E. "LOS DELITOS DE FINANCIACIÓN ILEGAL DE PARTIDOS POLÍTICOS", en AAVV/ MORILLAS CUEVA (Dir.); *Sistema de Derecho Penal. Parte Especial,* Dykinson, Madrid, 2019, pp. 659-689.

485 BASSO, G.J. "El art. 304 ter a examen: valoración político-criminal y delimitación típica del delito de participación en organizaciones dirigidas a financiar ilegalmente partidos políticos", cit., p. 5.

486 MUÑOZ CUESTA, F. J., "Delitos de financiación ilegal de partidos políticos", cit., pp. 6 y 7.

487 Para profundizar en este asunto: GIL GIL, A. "La expansión de los delitos de terrorismo en España a través del delito de pertenencia a organización terrorista", en AAVV/ KONRAD-ADENAUER STIFTUNG (Coord.); *Terrorismo y derecho penal,* 2015. pp. 331-364.

488 Entre otras: STS 480/2009, de 22 de mayo, STS 886/207, de 2 de noviembre o STS 878/2014, de 23 de diciembre.

organización o grupo terrorista. Siguiendo lo establecido por esta doctrina, no se debe considerar como participación en un grupo u organización las meras colaboraciones ocasionales que no superen la categoría de aportación puntual o esporádica. Este tipo de actividades no implican *per se la* pertenencia a la organización. Es necesaria en el sujeto una voluntad de integrarse en la organización como miembro de esta, más allá de la prestación de algún servicio a ella. Es decir, se viene exigiendo que el sujeto tenga una relación estable con la organización junto con una aceptación de sus objetivos y finalidad, a cuya consecución el sujeto contribuye con su colaboración. Esta colaboración del sujeto no tiene por qué ser necesariamente la realización de la actividad ilícita en sí misma, en nuestro caso de financiación ilegal, pudiendo consistir en cualquier otra actividad necesaria para que la organización o grupo lleve a cabo dicha actividad. En este sentido, PÉREZ RIVAS[489] afirma que nos encontramos ante un delito de estatus, en el que "*la participación en estructuras u organizaciones, cuya finalidad sea la financiación ilegal de partidos políticos debe identificarse con la condición de miembro de las mismas, quedando al margen de la tipificación penal, en consecuencia, aquellos supuestos de mera adhesión ocasional*".

El segundo elemento sujeto a interpretación de este tipo penal es el concepto de estructura u organización. En el texto legal se especifican dos cuestiones con respecto a esa estructura u organización: 1) su naturaleza, que es indiferente; 2) su finalidad, que deber ser la financiación departidos políticos, federaciones, coaliciones o agrupaciones de electores, al margen de lo establecido en la ley. A estas características, CORCOY BIDASOLO

---

489 PÉREZ RIVAS, N. "El delito de participación en una estructura u organización destinada a la financiación ilegal de partidos políticos: Algunas pautas interpretativas", cit. p. 163.

y GALLEGO SOLER[490] añaden que, para considerarlas como tales, estas estructuras deben contar con un mínimo número de personas y gozar de una cierta estabilidad. MUÑOZ CUESTA[491] va un paso más allá considerando estructura u organización a un conjunto de personas que puede estar regido, o no, por normas jurídicas, y cuyo punto de conexión es el objetivo común de financiar ilegalmente un partido político.

La indefinición en este delito sobre qué debemos entender por estructura u organización contrasta con la precisión de los términos en los que se expresan los delitos de los arts. 570 bis y ter CP. El art. 570 bis 1) define organización criminal como "*la agrupación formada por más de dos personas con carácter estable o por tiempo indefinido, que de manera concertada y coordinada se repartan diversas tareas o funciones con el fin de cometer delitos*" y el 570 ter 1) define grupo criminal como *"la unión de más de dos personas que, sin reunir alguna o algunas de las características de la organización criminal definida en el artículo anterior, tenga por finalidad o por objeto la perpetración concertada de delitos"*. Ante esta situación, PÉREZ RIVAS[492], junto con quien nos posicionamos, defiende que debemos definir las organizaciones consignadas en el 304 ter en función de la definición realizada para las organizaciones criminales, mientras que en el caso de las estructuras estaríamos ante un concepto asimilable al de grupo criminal[493]. Esta interpreta-

---

490 CORCOY BIDASOLO M. / GALLEGO SOLER, J.I.; *Comentarios al Código Penal. Reforma LO 1/2015 y LO 2/2015,* Ed. Tirant lo Blanch, Valencia, 2015, pp. 1051 y 1052.

491 MUÑOZ CUESTA, F. J., "Delitos de financiación ilegal de partidos políticos", cit., p. 7.

492 PÉREZ RIVAS, N. "El delito de participación en una estructura u organización destinada a la financiación ilegal de partidos políticos: Algunas pautas interpretativas", cit. p. 163.

493 En el lado opuesto encontramos a MACÍAS ESPEJO, quién considera que "*no se reconoce/corresponde con el de grupos u organizaciones criminales definidas en el art. 570 bis 1 o 570 ter 1, sino que, sin exigir complejidad en la*

ción facilita la labor de concreción de los términos empleados en el precepto y, además, consigue mantener la coherencia de nuestro CP en el marco de las agrupaciones criminales.

En resumen, las notas características que doctrina[494] y jurisprudencia[495] vienen identificando para el concepto de organización son: 1. La existencia de una pluralidad de personas que se conciertan para llevar a cabo una determinada actividad (en este caso la financiación ilegal de un partido político); 2. Complejidad suficiente de la estructura, debiendo ser esta adecuada para llevar a cabo el plan criminal; 3. El carácter duradero de la organización, que debe ir más allá de un mero acuerdo de voluntades para cometer un delito. Por su parte, la definición de estructura (grupo criminal), en palabras de PEREZ RIVAS, sería "*la unión de más de dos personas que, sin reunir alguna de las características de la organización criminal antes referenciadas, tenga por objeto la perpetración concertada, en nuestro caso, de actividades de financiación ilegal de partidos políticos*"[496]. Se construye por tanto como una figura residual, que no exige de una estructura estable y duradera. Siendo necesaria esta distinción de ambos conceptos, el legislador no ha recogido diferencia alguna en las penas en función de si estamos ante una estructura o ante una organización, aunque no es descartable que este factor pueda ser tenido en cuenta en sede de determinación judicial de la pena.

---

organización más allá del objeto-guía, es algo más concreto, dada la finalidad que persiguen". En: MACÍAS ESPEJO, B. "Del delito de participación en estructuras u organizaciones con finalidad de financiación ilegal de partidos políticos (artículo 304 ter del Código Penal)", cit. p. 19.

494 GONZÁLEZ RUS, J. J. "La criminalidad organizada en el Código Penal Español. Propuestas de reforma." en *Anales de derecho*. Vol. 30. 2012, p. 28.

495 Por ejemplo: STS 314/2015, de 4 de mayo o STS 12/2012, de 19 de enero.

496 PÉREZ RIVAS, N. "El delito de participación en una estructura u organización destinada a la financiación ilegal de partidos políticos: Algunas pautas interpretativas", cit. p. 168.

Es oportuno en este punto distinguir el concepto de codelincuencia del de estructura o grupo criminal, ya que son muy similares, especialmente cuando en la codelincuencia encontramos más de dos sujetos[497]. La codelincuencia es la concurrencia de varios sujetos en la comisión de un delito, concurrencia que puede traducirse en distintas calificaciones desde el punto de vista penal, desde la de autor, hasta la de cómplice, pasando por la de inductor o cooperador necesario. En cambio, tanto la organización como el grupo criminal se caracterizan por tener como objetivo la perpetración de una pluralidad de hechos ilícitos. En otras palabras, cuando la unión de sujetos se hubiese formado para la comisión de un delito específico estaríamos ante un supuesto de codelincuencia, mientras que, si se puede observar una mínima permanencia en la actividad ilícita de esos sujetos, existiendo una pluralidad de actuaciones delictivas, podremos hablar de estructura o grupo criminal.

Finalmente, la que quizás sea la parte más controvertida de este delito, la expresión "*al margen de lo establecido en la ley*". El legislador castiga la participación en organizaciones u estructuras cuya finalidad sea la financiación ilegal de partidos políticos, federaciones, coaliciones o agrupaciones de electores, sin hacer referencia alguna a los delitos recogidos en el 304 bis o a alguna de las leyes que regulan la financiación de los partidos políticos, la LOFPP y la LOREG. Esta redacción genérica que el legislador le ha dado al tipo ha provocado que surjan diversas posiciones doctrinales.

En primer lugar, encontramos a aquellos que hacen una interpretación restrictiva del tipo, alegando razones sistemáticas y de seguridad jurídica[498]. Los autores que se sitúan en esta línea

---

497 PÉREZ RIVAS, N. "El delito de participación en una estructura u organización destinada a la financiación ilegal de partidos políticos: Algunas pautas interpretativas", cit. p. 169.

498 Entre otros: NÚÑEZ CASTAÑO, E. "Sobre la legitimidad de la tipificación penal del delito de financiación ilegal de partidos políticos en

defienden que el injusto de este delito de organización coincide con aquel de los delitos de financiación ilegal de los partidos políticos del 304 bis, es decir, lo limitan a aquellas formas de financiación que no solo son ilegales, sino que también son delictivas. En definitiva, consideran que financiación al margen de la ley incluye únicamente los delitos de financiación ilegal y de financiación ilegal extranjera de los partidos políticos.

Desde una posición que podríamos considerar intermedia[499], se viene entendiendo que el ámbito objetivo de aplicación de este delito no se limita a lo recogido en el 304 bis CP. En cambio, desde esta posición se incluye en este delito cualquier infracción de la LOFPP, es decir, que interpreta financiación al margen de lo establecido en la ley como toda financiación delictiva o contraria a la LOFPP. En aras de hacer una interpretación sistemática, y ante la remisión en exclusiva a preceptos de la LOFPP que hace el 304 bis, se considera que se deben dejar fuera del objeto de prohibición aquellas conductas que sean ilegales en aplicación de la LOREG. Eso sí, no lo limitan a lo tipificado en el 304 bis CP debido a que en ningún momento se hace esta remisión expresa y exclusiva en el 304 ter CP, estimando que de haber sido esta la intención del legislador, nada le hubiese impedido incluir dicha referencia.

Por último, encontramos una línea de interpretación que no encuentra argumento alguno por el que limitar el tipo de financia-

---

el marco de la regeneración democrática y la lucha contra la corrupción", en AAVV/ BARRERO ORTEGA (Coord.), GÓMEZ RIVERO (Dir.); *Regeneración democrática y estrategias penales en la lucha contra la corrupción,* Ed. Tirant lo Blanch, 2017, p. 785; PUENTE ABA, L.M.; *El delito de financiación ilegal de Partidos Políticos,* cit., p. 135.

499 Sobre esta posición doctrinal vid. más en: PÉREZ RIVAS, N. "El delito de participación en una estructura u organización destinada a la financiación ilegal de partidos políticos: Algunas pautas interpretativas", en *Cuadernos de política criminal* 125, 2018, p. 161.

ción a que se refiere el art. 304 ter CP[500]. En este sentido, consideran indiferente el hecho de que la financiación sea ordinaria, electoral o directamente delictiva, exigiendo simplemente que la misma se situé al margen de lo establecido en una de las normas que regulan la financiación de los partidos políticos, es decir, que estemos ante un caso de financiación ilegal, sea contrariando lo establecido en la LOFPP, sea contrariando lo establecido en la LOREG.

La interpretación restrictiva del precepto que venimos defendiendo obliga a limitar la tipicidad a aquellas estructuras u organizaciones cuya finalidad sea la perpetración de delitos de financiación ilegal de los partidos políticos recogidos en el art. 304 bis CP. En esta postura también encontramos a BASSO[501], que defiende una interpretación sistemática del tipo y considera necesario evitar que organizaciones que persiguen finalidades no delictivas (aun siendo infracciones administrativas muy graves), sean castigadas más gravemente que organizaciones o grupos con finalidades delictivas.

En cuanto al tipo subjetivo, nos encontramos ante un delito doloso que exige para su comisión tanto el conocimiento como la voluntad de pertenecer a una estructura u organización cuya finalidad principal sea la de financiar ilegalmente a formaciones políticas. Esta finalidad constituye un elemento subjetivo del injusto que necesariamente debe concurrir para que la conducta de pertenencia resulte típica[502]. Eso sí, siendo necesaria su concurrencia como finalidad principal, este objetivo ilícito no tiene

---

500 En este sentido encontramos, por ejemplo: MUÑOZ CUESTA, F. J., "Delitos de financiación ilegal de partidos políticos", cit., p. 16 o SIERRA LÓPEZ, M. "El delito de financiación ilegal de partidos políticos: ¿mayor eficacia en la lucha contra la corrupción", cit. pp. 814-815.

501 BASSO, G.J. "El art. 304 ter a examen: valoración político-criminal y delimitación típica del delito de participación en organizaciones dirigidas a financiar ilegalmente partidos políticos", cit., p. 6.

502 SÁINZ-CANTERO CAPARRÓS, J.E. "LOS DELITOS DE FINANCIACIÓN ILEGAL DE PARTIDOS POLÍTICOS", cit., p. 687.

por qué ser el único que persiga la estructura u organización, que puede tratar de llevar a cabo otras actividades.

Estamos ante un delito de mera actividad que no precisa que se produzca un resultado de financiación ilegal para su consumación. En consecuencia, en tanto comienza el funcionamiento de la organización o estructura con esta finalidad, sin necesidad de que se produzca una entrega efectiva de fondos ilícitos, podremos considerar que el delito está consumado[503]. Esta se extenderá sin límite de tiempo hasta el momento en que se ponga fin bien a la participación del sujeto en la estructura, bien a la actividad de la estructura u organización en sí misma.

En conclusión, podemos decir que cometerá el delito recogido en el 304 ter, en su apartado primero, cualquier sujeto (se trata de un delito común[504]) que no solo esté adscrito de manera formal a una estructura u organización cuya finalidad sea la financiación criminal de los partidos políticos, sino que además realiza algún tipo de aportación relevante y dolosa que contribuya a alcanzar sus fines. Esta aportación puede consistir en actos propios de financiación ilegal, pero también puede tratarse de otros actos necesarios para el funcionamiento de dicha estructura u organización (siempre que esté presente el elemento subjetivo del injusto).

7.3. PENALIDAD

La pena establecida para este tipo básico de pertenencia a una estructura u organización cuya finalidad sea la financiación de un partido al margen de la ley es de 1 a 5 años de prisión.

---

503 MANZANARES SAMANIEGO, J.L.; *La reforma del Código Penal de 2015. Conforme a las Leyes Orgánicas 1 y 2/2015, de 30 de marzo,* Ed. La ley, 2015, p. 265.

504 NÚÑEZ CASTAÑO, E. "La cuestionable regulación penal de los delitos de financiación ilegal de partidos políticos", cit. p. 149

Hay varias cosas llamativas de esta elevadísima pena. Cabe destacar que la pena de este tipo básico es más grave que aquella recogida para el tipo agravado de financiación ilegal de los partidos políticos, y que solo aquellos casos más graves dentro del tipo hiperagravado pueden llegar a tener una pena superior. También es llamativo que las penas establecidas para este delito sean más graves que aquellas establecidas para los delitos de organización o grupo criminal para delitos que no son graves[505]. Siendo más elevadas en lo que a la pena de prisión se refiere, es reseñable, además, el hecho de que, a diferencia de lo que ocurre con carácter general en el resto de delitos relativos a la criminalidad organizada, en el ámbito de la financiación ilegal no han sido incluidas junto con las de prisión, penas de inhabilitación para una determinada actividad económica o para empleo o cargo público, algo que carece de todo sentido al ser este un ámbito especialmente propicio para este tipo de delitos.

Otro de los aspectos criticables que presenta esta configuración de la pena es el hecho de no haber realizado diferenciación alguna entre la participación en una estructura o en una organización[506], careciendo de sentido diferenciar conceptualmente ambos conceptos si finalmente el tratamiento recibido va a ser idéntico. Este defecto lo comparte con los delitos de organización o grupo terrorista del art. 572 CP, donde se distingue igualmente entre ambos conceptos, pero no se hace diferenciación alguna en lo que a la pena se refiere. Esta circunstancia ha sido ampliamente criticada[507]

---

505 El art. 570 bis castiga con una pena de prisión de 1 a 3 años la participación activa en organizaciones criminales cuyo fin sea la comisión de delitos menos graves; el art. 570 ter castiga con una pena de prisión de 1 a 3 años a quienes constituyeren, financiaren o integraren un grupo criminal cuyo fin sea la comisión de delitos menos graves.

506 PUENTE ABA, L.M.; *El delito de financiación ilegal de Partidos Políticos,* cit., p. 135

507 Vid más en: CANO PAÑOS, M.A. "Los delitos de terrorismo en el Código Penal español tras la reforma de 2010" en *La Ley Penal: revista*

en el caso de los delitos de terrorismo y es igualmente merecedor de crítica en nuestro caso. La pena debería de verse modulada, tal y como hacen los arts. 570 bis y ter CP, en función de si el sujeto pertenece a una organización o simplemente a una estructura.

7.4. CONCURSOS

Varias son las cuestiones concursales que surgen en relación con este delito. En primer lugar, debemos analizar el concurso de leyes que surge entre este 304 ter CP y los delitos relativos a la criminalidad organizada de los arts. 515, 570 bis y 570 ter CP. Para resolver la situación concursal debemos acudir a las reglas previstas en el art. 8 CP. Pero, en este caso, el art. 570 quáter CP hace una remisión expresa al apartado 4 del art. 8 CP, donde se recoge el principio de alternatividad. Este apartado determina que debemos resolver el concurso de normas con el principio de alternatividad y no con el de especialidad recogido en el apartado primero. En aplicación de este principio, la utilización del art. 304 ter CP será preferente[508] ya que las penas previstas para el 304 ter CP son superiores a las contempladas en os arts. 515, 570 bis y 570 ter CP para los delitos que no son graves como el de financiación ilegal de los partidos políticos[509].

---

de derecho penal, procesal y penitenciario, n. 86, 2011, p. 6.

508 A igual solución hubiésemos llegado con la aplicación del principio de especialidad recogido en el apartado primero del mismo art. 8 CP, ya que podemos considerar el delito de organización con la finalidad de financiar ilegalmente a un partido político como un delito especial con respecto a los delitos genéricos de organización.

509 En este sentido, entre otros: MACÍAS ESPEJO, B. "Del delito de participación en estructuras u organizaciones con finalidad de financiación ilegal de partidos políticos (artículo 304 ter del Código Penal)", cit. pp. 20-21 o PUENTE ABA, L.M.; *El delito de financiación ilegal de Partidos Políticos,* cit., p. 135

Más compleja es la relación concursal con el resto de las figuras delictivas del mismo Título XIII bis, como pudiera ser el 304 bis 4. A diferencia de lo que ocurre en otras modalidades delictivas, donde la comisión del delito en el seno de una organización o grupo criminal se ha tratado como una cualificación (art. 177 bis, 302 o 369 bis), en este caso no estamos en presencia de tipo cualificado alguno, sino que nos encontramos ante un tipo autónomo. Surge la cuestión de ante qué tipo de concurso nos encontramos si la participación en la estructura u organización consiste en actos de financiación ilegal. En caso de considerarlo concurso de delitos, podemos encontrar problemas de bis in ídem, como en todos aquellos casos en los que un tipo conlleva un elemento subjetivo del injusto que coincide con el otro tipo. ¿Se podría castigar por pertenecer a una organización que persigue financiar ilegalmente y además por financiar ilegalmente? Si consideramos, como ocurre en nuestro caso, que el bien jurídico protegido en el 304 ter es el mismo del 304 bis, y que el 304 ter es un tipo autónomo, el 304 ter en realidad es un tipo que adelanta el momento de la intervención penal castigando el mero hecho de pertenecer a una estructura u organización que persigue como finalidad financiar ilícitamente a partidos. En otras palabras, se castiga de manera autónoma un acto preparatorio para la financiación ilegal de los partidos, ya que no se exige que la misma se lleve a cabo para castigar por este delito de pertenencia a organización.

Al considerar que se protege el mismo bien jurídico, no podemos castigar esa pertenencia y luego la propia financiación, al igual que no podemos castigar un acto preparatorio de un delito y posteriormente la comisión del delito en cuestión. En conclusión, nos encontramos ante un concurso de normas que se resolverá por subsidiariedad tácita en favor del art. 304 bis al encontrarse la pertenencia a la organización en un estadio criminal previo a la propia financiación ilícita.

Esta solución nos lleva a que aquel que participe en una organización con finalidad de financiar a un partido y efectivamente lleve a cabo actos de financiación tendrá una pena muy inferior a la de quien simplemente participe en dicha organización, pero realizando funciones que no sean financiar a la formación política en cuestión (que no realice el tipo del 304 bis). Una consecuencia absurda, cierto, pero resultado de la inexplicable decisión del legislador de configurar esta figura como delito autónomo y no como cualificación de los tipos de financiación ilícita, y de castigarla más gravemente, además, que el propio delito de financiación ilícita de los partidos políticos.

7.5. MODALIDADES AGRAVADAS

"*Artículo 304 ter*

...

2. Se impondrá la pena en su mitad superior a las personas que dirijan dichas estructuras u organizaciones.

3. Si los hechos a que se refieren los apartados anteriores resultaran de especial gravedad, se impondrá la pena en su mitad superior, pudiéndose llegar hasta la superior en grado."

El art. 304 ter CP, en sus puntos segundo y tercero introduce dos tipos agravados. El primero de ellos recoge una agravación en función del rol específico del sujeto activo en la organización, mientras que el segundo agrava las penas de los apartados uno y dos cuando los hechos resulten de "especial gravedad".

Más concretamente, el art. 304 ter 2 CP castiga con la pena en su mitad superior a aquellos sujetos que "dirigen" la estructura u organización, entendiendo que su actuación supone un mayor peligro/daño al bien jurídico protegido. Apoyándonos una vez más en el resto de los preceptos relativos a la criminalidad organizada, resulta llamativa la expresión "*personas que dirigen*", muy similar a la fórmula utilizada en el delito de organización terrorista. En otros preceptos relativos a la criminalidad organiza se usan expresiones más precisas, como jefes, administradores o encargados de las organizaciones. Ante esta expresión tan ambigua ("dirigir"), PÉREZ RIVAS[510] opta por una interpretación en sentido amplio del término, incluyendo tanto a aquellos sujetos que formen parte de la cúpula organizativa de la organización como a aquellos que ejerzan funciones efectivas de mando dentro de la misma. En cambio, otros autores como NÚÑEZ CASTAÑO[511] se decantan por una interpretación restrictiva de este concepto, limitándolo a aquellos sujetos que tienen la capacidad de adoptar decisiones que vinculen la actuación de la organización, es decir, lo restringe a quiénes formen la cúpula de mando de esta.

Más allá de los más que probables problemas probatorios, bajo nuestro punto de vista es más adecuada esta segunda interpretación, especialmente debido a que una interpretación excesivamente amplia del concepto de dirigente podría acabar con la aplicación de esta agravante a la mayoría de los sujetos implicados en la organización.

Finalmente, el art. 304 ter. 3 CP al igual que hacía el art. 304 bis. 3 CP, introduce un tipo hiperagravado cuyo único fundamento es la "especial gravedad" de los hechos en cuestión. Aquellos casos que se consideren de especial gravedad se castigarán con la pena en su mitad superior pudiendo llegar a la superior en grado. Esto nos dejaría un marco penológico de tres a cinco años de prisión pudiendo llegar hasta penas de cinco años y un día a siete años y seis meses para el tipo básico del apartado primero, y, respecto al tipo agravado de apartado segundo, encontraríamos desde un marco de cuatro a cinco años de prisión pudiendo llegar hasta penas de cinco años y un día a siete años y seis meses. Resulta cuanto menos cuestionable que, en los ca-

---

510 PÉREZ RIVAS, N. "El delito de participación en una estructura u organización destinada a la financiación ilegal de partidos políticos: Algunas pautas interpretativas", cit. p. 178

511 NÚÑEZ CASTAÑO, E. "La cuestionable regulación penal de los delitos de financiación ilegal de partidos políticos", cit. p. 150.

sos más graves de esta agravante del apartado tercero, el marco penológico sea idéntico con independencia de si se trata de un dirigente de la organización o de un mero partícipe en la misma, consecuencia una vez más de una pobre técnica legislativa.

El legislador no ha dado pauta ni criterio interpretativo alguno que nos permita aventurar cuándo debe ser de aplicación esta agravante, extremo que quedará a la exclusiva interpretación del órgano jurisdiccional. Dicho esto, la doctrina se ha aventurado a avanzar dos posibles interpretaciones de esta cláusula. Una posible interpretación sería limitar este tipo agravado a aquellos casos en los que sería aplicable el art. 304 bis. 3 CP, es decir, que solo sería de aplicación cuando la financiación ilícita llevada a cabo por la organización u estructura fuese delictiva y especialmente grave (bajo los criterios cualitativos y cuantitativos que vimos en el apartado dedicado al efecto). Sin embargo, hay autores que descartan esta interpretación ya que es cuestionable desde la perspectiva del principio "*ne bis in idem*" pues podría suponer aplicar dos veces la misma agravación a idénticos hechos[512]. Además, para perseguir el delito de organización no es necesario que se produzca de manera efectiva la financiación ilícita, por lo que no tendría sentido vincular la especial gravedad de la financiación a la especial gravedad de la organización.

Por otro lado, encontramos a los autores[513], junto con los que nos posicionamos, que defienden que esta especial gravedad

---

512 Así lo recogen: PUENTE ABA, L.M.; *El delito de financiación ilegal de Partidos Políticos,* cit., p. 135; NÚÑEZ CASTAÑO, E. "La cuestionable regulación penal de los delitos de financiación ilegal de partidos políticos", cit. p. 151; JAVATO MARTÍN, A.M. "El delito de financiación ilegal de los partidos políticos (arts- 304 bis y 304 ter CP)", cit., p. 40.

513 En esta línea: PUENTE ABA, L.M.; *El delito de financiación ilegal de Partidos Políticos,* cit., p. 139 o PÉREZ RIVAS, N. "El delito de participación en una estructura u organización destinada a la financiación ilegal de partidos políticos: Algunas pautas interpretativas", cit. p. 180

debe fundamentarse en criterios directamente relacionados con la organización u estructura criminal (no en una de las posibles donaciones ilícitas que lleve a cabo), como podría ser la relevancia y el tamaño de la organización, su estabilidad y longevidad, su ámbito de actuación o incluso si está vinculada a una o varias formaciones políticas. Estos son algunos de los criterios que consideramos más adecuados para determinar la especial gravedad de este delito.

CAPÍTULO TERCERO.

EL ART. 304 BIS 5

1. La responsabilidad penal de la persona jurídica

La reforma del Código Penal llevada a cabo en el 2010 a través de la LO 5/2010, trajo consigo una revolución para nuestro sistema penal con la incorporación de la responsabilidad penal de las personas jurídicas. Esta incorporación, ampliamente discutida por la doctrina[514], ha traído consigo sucesivas reformas operadas por LO 3/2011, 6/2011, 7/2012 y 1/2015. Especialmente transcendental ha sido esta última reforma aprobada en el año 2015, puesto que ha cambiado las bases del régimen de responsabilidad penal de las personas jurídicas[515].

Aunque se podría considerar que tanto el art. 129 del Código Penal de 1995 como el art. 31.2 introducido por L.O. 15/2003 constituyeron unos primeros pasos en materia de responsabilidad de las personas jurídicas[516], lo cierto es que la figura de la responsabilidad penal de las personas jurídicas era inédita hasta su incorporación en el año 2010, que, además, supuso el aban-

---

514 Especialmente he de destacar GRACIA MARTÍN, L. "Crítica de las modernas construcciones de una mal llamada RPP", en *Revista electrónica de ciencia penal y criminología,* n. 18, 2016.

515 MAZA MARTÍN, J.M.; *Delincuencia electoral y responsabilidad penal de los partidos políticos,* Ed. Wolters Kluwer, 2018, pp. 165.

516 Sobre el 31.2 del Código Penal, vid., PALMA HERRERA, J.M. "¿Responsabilidad penal de las personas jurídicas y otros entes organizativos tras la L.O. 15/2003, de 25 de noviembre, por la que se modifica el Código penal?, en AAVV/CASADO RAIGÓN/GALLEGODOMÍNGUEZ (Coords.); *Personalidad y capacidad jurídicas. 74 contribuciones con motivo del XXV aniversario de la Facultad de Derecho de la Universidad de Córdoba,* Servicio de Publicaciones de la Universidad de Córdoba, 2005, pp. 967-983.

dono de la clásica máxima jurídica *societas delinquere non potest,* que ha sido sustituida por *societas delinquere et puniri potest*[517].

La incorporación de esta nueva forma de responsabilidad ha supuesto la aparición de numerosas dudas interpretativas, principalmente ante la dificultad de encajar la responsabilidad penal de las personas jurídicas con los axiomas clásicos del derecho penal. La aplicación de las categorías tradicionalmente usadas en la teoría del delito, como son la acción, la antijuricidad o la culpabilidad, cuya presencia es imprescindible para afirmar la existencia de una infracción penal, requieren de una reinterpretación para poder encajarlas en la nueva realidad jurídica que se nos plantea. También encontramos retos para nuestro sistema de enjuiciamiento penal, donde se ha proclamado insistentemente la necesidad de preservar el respeto a los principios y garantías que deben regir el procedimiento judicial también cuando el encausado sea una persona jurídica[518].

Hasta ahora no se ha llegado a un consenso sobre qué modelo de atribución de responsabilidad penal de la persona jurídica adoptar, pero lo que sí ha reiterado la jurisprudencia es que el sistema debe ser, en cualquier caso, respetuoso con los principios irrenunciables que informan el derecho penal, como el respeto por el *ne bis in idem* o la prohibición de la responsabilidad objetiva[519]. Sin adentrarnos en exceso en los debates doctrinales en la materia, considero que debemos realizar una toma de posición

---

517 FEIJOO SÁNCHEZ, B.J., "La persona jurídica como sujeto de imputación jurídico-penal", en AAVV/BAJO FERNÁNDEZ, M. (Coord.); *Tratado de responsabilidad penal de las personas jurídicas: adaptado a la Ley 1/2015, de 30 de marzo, por la que se modifica el Código Penal,* Ed. Thomson Reuters Aranzadi, 2016, pp. 55-66.

518 ZÚÑIGA RODRÍGUEZ, L. "La responsabilidad penal de las personas jurídicas: principales problemas de imputación", en *Estudios de derecho judicial,* n. 115, 2007, pp. 75-80

519 STS 154/2016, de 29 de febrero, apud MAZA MARTÍN, J.M.; *Delincuencia electoral y responsabilidad penal de los partidos políticos,* cit., p.171.

sobre el sistema de responsabilidad penal de las personas jurídicas y sobre cómo se va a aplicar esta responsabilidad tanto a los partidos políticos como a las empresas que puedan estar implicadas en casos de financiación ilegal de los partidos políticos.

1.1. MODELO DE ATRIBUCIÓN DE RESPONSABILIDAD PENAL A LA PERSONA JURÍDICA EN EL DERECHO PENAL ESPAÑOL

La comisión de un delito por una persona física vinculada a la persona jurídica debe concurrir como presupuesto para la exigencia de responsabilidad al ente moral (con los requisitos que veremos más adelante). Siendo esto opinión unánime, existe discrepancia en la doctrina a la hora de considerar si, teniendo en cuenta la necesaria intervención de una persona física, la exigencia de responsabilidad penal a la jurídica lo es por un hecho propio de la misma, o, en cambio, dicha responsabilidad deriva directamente de los hechos realizados por la persona física. En consecuencia, nos encontramos ante dos modelos: el modelo de responsabilidad vicarial o de hetero-responsabilidad, en el que es la persona física la que comete un delito y transmite la responsabilidad penal a la persona jurídica, y el modelo de culpabilidad de empresa, autorresponsabilidad o responsabilidad por el hecho propio, en el que la persona jurídica realiza un injusto propio[520].

El modelo de autorresponsabilidad o de culpabilidad de empresa parte de la idea de que el ente realiza un injusto propio, independiente de aquel realizado por la persona física vinculada a la misma. En este modelo, el delito cometido por la persona física es presupuesto necesario para la responsabilidad penal

---

520 Aún podríamos apuntar la existencia de un tercer modelo, mixto, para el que estaríamos ante un sistema de autorresponsabilidad en los casos del art. 31 bis 1 a) y de hetero-responsabilidad 31 bis 1 b).

del ente, pero no es su fundamento. En cambio, el modelo de responsabilidad vicarial o hetero-responsabilidad considera que no hay un hecho propio y autónomo de la persona jurídica[521]. En este modelo, el delito cometido por la persona física es el fundamento de la responsabilidad del ente, es decir, la persona jurídica responde penalmente en tanto existe una persona física que ha cometido un delito en su seno.

En nuestro caso, consideramos que el art. 31 bis recoge un especial deber de garante específico para las personas jurídicas, en virtud del cual la intervención de la persona jurídica en el delito cometido por la persona física puede ser calificada como autoría de ese delito por omisión impropia[522]. Es decir, defendemos un régimen de autorresponsabilidad de las personas jurídicas en el que estas responden en comisión por omisión al no haber adoptado los mecanismos de control necesarios para evitar que tales delitos se cometan en su seno.

1.2. NATURALEZA DEL *COMPLIANCE*

El modelo de atribución de la responsabilidad penal de las personas jurídicas condiciona la naturaleza de los modelos de organización y gestión o *compliance*. La opción por la que se acabe optando tendrá importantes consecuencias prácticas, y es que dependiendo de la naturaleza que le asignemos, la carga de su prueba corresponderá a la persona jurídica o a la acusación.

Quienes consideren que el modelo de atribución de responsabilidad recogido en nuestro CP para la persona jurídica es un modelo de responsabilidad por el hecho ajeno, no pueden cali-

---

521 DEL ROSAL BLASCO, B. "Responsabilidad penal de empresas y códigos de buena conducta corporativa", en *Diario La Ley*, n. 7670, 2011.

522 RODRÍGUEZ RAMOS, L. "¿Cómo puede delinquir una persona jurídica en un sistema penal antropocéntrico?", cit. pp. 9 y ss.

ficar el *compliance* como una causa de atipicidad o de exclusión de la culpabilidad, ya que no consideran que dichas categorías le sean aplicables al ente. En cambio, los modelos de organización y gestión podrían definirse como una circunstancia que impide que se realice el hecho de conexión, es decir, que corta la transferencia de responsabilidad penal desde la persona física hacia la jurídica[523]. En definitiva, si el déficit organizativo está en la base del hecho de conexión, la existencia del *compliance* hará que no concurra el mismo. Desde este punto de vista, la carga probatoria recae sobre la acusación, ya que el hecho de conexión constituye el fundamento de la atribución de responsabilidad penal a la persona jurídica.

Al otro extremo, quienes consideren que nos encontramos ante un modelo de culpabilidad de empresa, en el que la persona jurídica realiza un injusto propio y actúa de manera culpable, plantean la naturaleza del *compliance* como causa de atipicidad o como circunstancia eximente. Si consideramos que nos encontramos ante una circunstancia eximente, la carga de la prueba sobre la existencia del *compliance* recaería sobre la persona jurídica, mientras que, si estamos ante una causa de atipicidad, la carga de la prueba recaería sobre la acusación. La jurisprudencia[524], junto con la que nos posicionamos, viene considerando que la persona jurídica realiza un injusto propio situando en la acusación la carga probatoria de su comisión. En consecuencia, el *compliance* constituiría una causa de atipicidad que excluiría la realización del injusto por parte de la persona jurídica al haber ésta puesto

---

523 PALMA HERRERA, J. M.: "Presupuestos jurídico-penales de la responsabilidad penal de los entes corporativos y del sistema de «compliances»", en PALMA HERRERA, J. M. y AGUILERA GORDILLO, R.; *Compliances y responsabilidad penal corporativa,* Cizur Menor, Thomson Reuters-Aranzadi, 2017, p. 27.

524 Entre otras: STS 154/2016, de 26 de febrero o STS 221/2016, de 16 de marzo

las medidas necesarias para impedir o, al menos, dificultar, la comisión de un delito en su seno por parte de una persona física[525].

1.3. REQUISITOS DE LA RESPONSABILIDAD PENAL DE LA PERSONA JURÍDICA

El art. 31 bis del Código Penal es el núcleo del régimen de responsabilidad penal de las personas jurídicas. En su punto primero, apartados "a" y "b", describe los dos supuestos donde se aplicará este tipo de responsabilidad. Este primer punto establece la base sobre la que se sostiene el sistema de responsabilidad penal de las personas jurídicas.

En primer lugar, para afirmar la existencia de responsabilidad penal de una persona jurídica, es necesaria la comisión previa de un delito por parte de una persona física. Delito que, además, debe estar recogido entre aquellos supuestos delictivos que prevén expresamente la responsabilidad penal de las personas jurídicas. Esto no significa que la responsabilidad penal de la persona jurídica sea accesoria a aquella de la persona física, ya que la primera puede ser condenada sin que lo acabe siendo la segunda. Simplemente establece que la comisión previa de un delito por una persona física es un presupuesto necesario para la responsabilidad penal de la persona jurídica.

El ámbito típico de la responsabilidad penal de las personas jurídicas está restringido a ciertas figuras de la Parte Especial donde se hace mención expresa a la misma[526]. El legislador ha

---

525 PALMA HERRERA, J. M.: "Presupuestos jurídico-penales de la responsabilidad penal de los entes corporativos y del sistema de «compliances»", cit., p. 26.

526 Vid. más en DE LA MATA BARRANCO, N.J., "El cumplimiento por el legislador español del mandato de la Unión Europea de sancionar a las personas jurídicas" en AAVV/DE LA CUESTA ARZAMENDI (dir.);

optado claramente por un sistema cerrado, de *numerus clausus,* identificando de manera expresa los únicos supuestos en los que podría haber responsabilidad penal de las personas jurídicas. No solo generará responsabilidad penal a la persona jurídica la comisión de uno de estos delitos a título de autor por parte una persona física vinculada a la misma, la mención a estos tipos penales ha de extenderse al resto de formas de participación (cooperación necesaria, inducción o complicidad), y a sus formas imperfectas de ejecución (casos de tentativa)[527].

La elección de un sistema de *numerus clausus* ha sido criticada por parte de la doctrina, especialmente por el hecho de que las pautas seguidas para determinar los tipos penales incluidos no son transparentes[528]. En ninguna de las exposiciones de motivos de las diferentes reformas mencionadas anteriormente se hace referencia al criterio seguido por el legislador. Especialmente criticada ha sido la exclusión de los delitos contra los derechos de los trabajadores[529], así como de los delitos societarios o aquellos cometidos contra la flora y la fauna[530]. En definitiva, muchas

---

Responsabilidad penal de las personas jurídicas, Ed. Thomson Reuters Aranzadi, 2013, pp. 161-226.

527 DEL MORAL GARCÍA, A. "Responsabilidad penal de las personas jurídicas, notas con ocasión de la reforma de 2015", en Revista del Ministerio fiscal (0), 2015, p.249, apud MAZA MARTÍN, J.M.; *Delincuencia electoral y responsabilidad penal de los partidos políticos,* cit., p.189

528 Se recogen estas críticas en FEIJOÓ SÁNCHEZ, B.J., "Las características básicas de la responsabilidad penal de las personas jurídicas en el código penal español", AAVV/FEIJOÓ SÁNCHEZ, GÓMEZ-JARA DÍEZ y BAJO FERNANDEZ; *Tratado de responsabilidad penal de las personas jurídicas adaptado a la Ley 1/2015, de 30 de marzo, por la que se modifica el Código Penal,* Ed. Civitas, Madrid, 2016, pp. 67-75.

529 Vid. más en MAZA MARTÍN, J.M.; *Delincuencia electoral y responsabilidad penal de los partidos políticos,* cit., pp. 186 y ss.

530 BACIGALUPO ZAPATER, E. "Responsabilidad penal y administrativa de las personas jurídicas y programas de «compliance»", en *Diario la Ley,* n.7442, 2010, pp. 5 y ss.

son las críticas que ha recibido este sistema de *numerus clausus, pudiendo* encontrar autores[531] que defienden un sistema de *numerus apertus,* en el que pueda haber responsabilidad penal de la persona jurídica con independencia del delito cometido por la persona física vinculada a la misma, siempre y cuando se cumplan el resto de los requisitos.

Estas infracciones necesitan un punto de conexión con la persona jurídica, para lo cual se deben cumplir dos requisitos:

- Que la persona física que ha cometido el delito encaje en lo descrito en uno de los dos supuestos del art. 31 bis. Es decir, que haya sido cometido por:
    - o Representantes legales o por aquellos que actuando individualmente o como integrantes de un órgano de la persona jurídica, están autorizados para tomar decisiones en nombre de la persona jurídica u ostentan facultades de organización y control dentro de la misma.
    - o Personas sometidas a la autoridad de las personas físicas mencionadas en el párrafo anterior.
- Que el delito cometido por estas personas físicas sea llevado a cabo en nombre, por cuenta o en el ejercicio de las actividades sociales, y en beneficio directo o indirecto de la persona jurídica.

Estos son los requisitos legales requeridos para la existencia de la responsabilidad penal de las personas jurídicas que paso a desarrollar a continuación.

---

[531] En esta línea encontramos, por ejemplo, a RODRÍGUEZ RAMOS, L. "¿Cómo puede delinquir una persona jurídica en un sistema penal antropocéntrico?", en *Diario la Ley, n.7561, 2011.*

1.4. LA PERSONA FÍSICA VINCULADA A LA PERSONA JURÍDICA. LOS "HECHOS DE CONEXIÓN"

1.4.1. Primera vía

La primera vía de imputación de la persona jurídica es la acción delictiva cometida por "*representantes legales o por aquellos que actuando individualmente o como integrantes de un órgano de la persona jurídica, están autorizados para tomar decisiones en nombre de la persona jurídica u ostentan facultades de organización y control dentro de la misma*"[532], recogida en el art. 31 bis 1 a). Es muy importante delimitar quién integra este conjunto de sujetos que con su actuación delictiva pueden acabar afectando a la persona jurídica[533].

En principio, se podría entender que representante legal de la persona jurídica es aquel que tiene capacidad para tomar decisiones vinculantes para la misma. La designación de este representante legal puede venir de los estatutos de los que se haya dotado la empresa o de un mandato legal, ya sea directa o indirectamente. En este caso, la capacidad del sujeto podría ser demostrada fácilmente mediante, por ejemplo, la escritura pública que le otorga dichos poderes o el documento que recoge el acto de designación realizado por el órgano competente dentro de la persona jurídica.

Siendo esto cierto, en el ámbito penal tradicionalmente se han tenido más en cuenta los aspectos materiales que los formales, considerando representante de la persona jurídica a todo aquel que haya actuado en nombre de esta, apoyándose

---

532 Algunos autores consideran esto un indicio de que el legislador ha optado por un sistema de hetero-responsabilidad objetiva: MAZA MARTÍN, J.M.; *Delincuencia electoral y responsabilidad penal de los partidos políticos,* cit., p. 194.

533 FEIJOO SÁNCHEZ, B.J., "La responsabilidad penal de las personas jurídicas", en AAVV/DÍAZ MAROTO Y VILLAREJO (Dir.); *Estudios sobre las reformas del Código Penal,* Ed. Civitas, 2011, pp. 92 y ss.

en una concepción funcional de la representación[534]. Esta concepción funcional de la figura del representante se deriva de la interpretación que se ha hecho del art. 31 CP, previsto para determinar la responsabilidad de una persona física que actúa como administrador de hecho o de derecho de una persona jurídica, o en nombre o representación legal o voluntaria de otro. La fórmula utilizada por el legislador, "*ostentan facultades de organización y control dentro de la misma*", es lo suficientemente amplia para incluir a aquellos sujetos que, de facto, organizan y controlan la actividad del ente[535]. En definitiva, en esta categoría se incluyen tanto a los administradores de hecho, como a aquellos cargos y mandos intermedios que tengan atribuida la representación legal de la persona jurídica, que estén autorizados para tomar decisiones en su nombre o que ostenten facultades de organización y control dentro de la misma.

Una cuestión en este apartado que puede acarrear problemas es el caso de la persona jurídica cuyo representante legal es, a su vez, otra persona jurídica[536]. En estos supuestos, y en la manera en la que está estructurada la norma, es difícil imputar a la persona jurídica el delito cometido por la persona física que actúa en representación de la persona jurídica que la representa. Con carácter general, se ha considerado que el delito cometido por la persona física alcanzará a las dos personas jurídicas, ya que el sujeto actúa en representación de ambas (directa de una e indirecta de la otra). En caso de no adoptar esta interpretación, este

---

534 Ídem.

535 PALMA HERRERA, J. M.: "Presupuestos jurídico-penales de la responsabilidad penal de los entes corporativos y del sistema de «compliances»", cit., p. 33

536 Ibíd. p. 201.

acabaría siendo un mecanismo excesivamente sencillo para evitar la responsabilidad penal por parte de las personas jurídicas[537].

1.4.2. Segunda vía

El segundo grupo de personas físicas que pueden ser causantes de la responsabilidad penal de una persona jurídica serán aquellas que estén bajo la autoridad de los representantes legales y administradores de los que hemos hablado en el apartado anterior. No debemos reducir este grupo a los empleados de la persona jurídica, ya que la expresión utilizada por la norma es mucho más amplia[538].

El Código penal habla exclusivamente de una relación jerárquica, de dependencia o sometimiento, entre los administradores de la persona jurídica y la persona física que acaba cometiendo el delito. Por lo tanto, no se exige la existencia de una relación laboral, y de considerarla necesaria estaríamos añadiendo un requisito no recogido en la ley. Simplemente se exige una relación de subordinación con aquellas personas que ostentan un poder efectivo dentro de la persona jurídica. Si bien es cierto que, como el delito cometido debe estar dentro del ámbito de actuación de la empresa (algo que luego veremos al tratar el resto de los requisitos), lo más habitual será que encontremos que esta vinculación vertical provenga de una relación laboral, aunque no se restrinja a la misma[539]. En definitiva, con independencia del origen de esta relación jerárquica, que puede ser un contrato laboral, una relación de servicios temporales,

---

537 FEIJOO SÁNCHEZ, B.J., "La responsabilidad penal de las personas jurídicas", en AAVV/DÍAZ MAROTO Y VILLAREJO (Dir.); *Estudios sobre las reformas del Código Penal,* Ed. Civitas, 2011, pp. 92 y ss.

538 DE LA CUESTA ARZAMENDI, J.L. "Responsabilidad penal de las personas jurídicas en el Derecho español", en *Revista penal México,* n. 5, 2013, pp. 17 y ss.

539 Ídem.

permanentes o para la relación de un trabajo concreto, siempre que exista esta subordinación, estaremos ante un supuesto donde es posible que surja la responsabilidad penal de la persona jurídica. Esta es la posición mayoritaria, aunque también encontramos autores que entienden que solo serán relevantes los comportamientos de las personas físicas con vinculación laboral a la persona jurídica en cuestión[540].

En resumen, y siguiendo la literalidad del precepto, no se exige una relación laboral en sentido estricto. Es suficiente con que el autor material del delito estuviese en ese momento sometido a la autoridad de la persona jurídica, pudiendo la relación jurídica ser desde estrictamente laboral a de arrendamiento de servicios. La responsabilidad penal de la persona jurídica puede surgir de la acción cometida por un publicista al que se le requiere para una determinada campaña, un asesor tributario externo o cualquier trabajador autónomo o subcontratado, siempre y cuando se encuentre bajo la dirección de la persona jurídica. En aras de facilitar la referencia a esta segunda vía, me referiré al sujeto subordinado como empleado entendido en sentido amplio.

1.5. REQUISITOS DE LA ACCIÓN DELICTIVA

Ya hemos visto los primeros dos requisitos para la responsabilidad penal de la persona jurídica. Por un lado, que el delito

---

540 Hay autores como FEIJOO SÁNCHEZ que no están de acuerdo con la postura mayoritaria en este punto, y consideran que solo deberán ser tenidos en consideración los comportamientos de los sujetos que tengan una relación laboral o de Alta Dirección con la persona jurídica en cuestión, en FEIJOO SÁNCHEZ, B.J., "Presupuestos para la conducta típica de la persona jurídica, los requisitos del art. 31 bis 1", en AAVV/BAJO FERNÁNDEZ, M. (Coord.); *Tratado de responsabilidad penal de las personas jurídicas: adaptado a la Ley 1/2015, de 30 de marzo, por la que se modifica el Código Penal,* Ed. Thomson Reuters Aranzadi, 2016, pp. 100 y ss.

cometido sea uno de los recogidos expresamente por el legislador a estos efectos, y, por otro, que dicho delito sea cometido por uno de los sujetos mencionados en el apartado anterior. Ahora paso a desarrollar el resto de los requisitos exigidos a la acción delictiva.

1.5.1. Actuando en nombre o por cuenta de la persona jurídica, o en el ejercicio de actividades sociales, y en su beneficio directo o indirecto

El art. 31 bis.1 a) del Código Penal establece que las personas jurídicas serán penalmente responsables de los delitos cometidos en nombre o por cuenta de estas y en su beneficio directo o indirecto. En el caso del 31 bis.1 b) el delito debe haberse cometido en el ejercicio de actividades sociales y por cuenta de la persona jurídica, así como en su beneficio directo o indirecto.

La presencia de estos requisitos son los que conectan la actuación de una persona física con la persona jurídica en beneficio de la cual se realizó la conducta ilícita. Sin estos elementos de conexión, simplemente nos encontraríamos ante una conducta individual, sin mayor trascendencia a nivel de responsabilidad penal que aquella que afecte a la persona física que ha cometido materialmente el delito[541].

Una diferencia que existe en este punto entre las dos vías es que, mientras en la primera solo se exige que la comisión del delito se produzca en nombre o por cuenta de la persona jurídica, en la segunda vía se exige que el ilícito se produzca en el ejercicio de las actividades sociales de la persona jurídica y por cuenta de esta. En cualquier caso, en el supuesto del representante o administrador, el delito tiene que ser cometido en

---

541 PALMA HERRERA, J. M.: "Presupuestos jurídico-penales de la responsabilidad penal de los entes corporativos y del sistema de «compliances»", cit., p. 37.

el ejercicio de las competencias que tiene asignadas (formal o materialmente) para poder afirmar que el sujeto está actuando en nombre o por cuenta de la persona jurídica, mientras que, tratándose de los empleados, como los mismos no pueden actuar en puridad en nombre la persona jurídica, bastará con que la conducta criminal la realicen al hilo de lo que es la actividad social del ente, aunque también dentro del ámbito de atribuciones o competencias que como trabajador le correspondan[542]. Dicho esto, solo se puede actuar en nombre o por cuenta de la persona jurídica si se actúa en el marco de actividades propias para alcanzar el objeto social de la persona jurídica, por lo que ambas vías acaban siendo muy similares en este aspecto.

El segundo requisito común a ambas vías es que el delito haya sido cometido en beneficio directo o indirecto de la persona jurídica[543]. De esta manera se excluye la responsabilidad penal del ente en aquellos casos en los que la persona jurídica acaba siendo perjudicada o es la víctima del delito cometido por la persona física. En este apartado también surgen dudas interpretativas. La expresión "*en beneficio*" puede ser interpretada en términos subjetivos u objetivos, lo que se traduciría en exigir que el delito

542 A pesar de que esta es la postura mayoritaria, algunos autores como HERNÁNDEZ DÍAZ, en HERNÁNDEZ DÍAZ, L., "El nuevo artículo 31 bis del Código Penal", AAVV/DE LA CUESTA ARZAMENTDI (Dir.); en *Responsabilidad penal de las personas jurídicas,* Ed. Thomson Reuters Aranzadi, 2013, pp. 103-128, defienden una interpretación más restrictiva de actuar en nombre de o por cuenta de la persona jurídica. Considera que solo puede generar responsabilidad penal para la persona jurídica aquellas actuaciones ilícitas que una persona física lleve a cabo en cumplimiento de las directrices de la persona jurídica, donde la actuación del sujeto no sea más que una prolongación de la voluntad de la persona jurídica. Con esta interpretación serían muchos menos los posibles casos generadores de responsabilidad penal para las personas jurídicas.

543 En la redacción anterior a la reforma del año 2015 la expresión utilizada era "en provecho".

se cometa con la intención de conseguir algún beneficio para la persona jurídica o exigir que el delito sea, desde una perspectiva objetiva, potencialmente beneficioso para la persona jurídica, interpretación que consideramos más adecuada[544].

Dependiendo del ilícito que estemos tratando, el aspecto del beneficio será más o menos fácil de interpretar. Por ejemplo, los delitos contra la Hacienda Pública son claramente beneficiosos para la persona jurídica (en primera instancia), por lo que este requisito se verá cumplido y será probado con facilidad. Pero podemos encontrar otros supuestos que presentan mayores dificultades[545]. En cualquier caso, este beneficio debe ser valorado desde un punto de vista objetivo[546], siendo indiferente la motivación de la persona física que realiza la conducta. Además, el beneficio no tiene por qué ser estrictamente económico, pudiendo tratarse, por ejemplo, de beneficios estratégicos o un aumento de la reputación de la persona jurídica[547]. Finalmente, no se exige que dicho provecho concurra real y efectivamente, ya que dificultaría sobremanera la aplicabilidad del precepto.

---

544 PALMA HERRERA, J. M.: "Presupuestos jurídico-penales de la responsabilidad penal de los entes corporativos y del sistema de «compliances»", cit., p. 43

545 En este sentido, MAZA MARTÍN, trae a colación el hipotético caso del empleado o representante de una empresa del sector informático, que en el desarrollo de su actividad en la misma realiza actos constitutivos del delito de distribución de pornografía infantil: MAZA MARTÍN, J.M.; *Delincuencia electoral y responsabilidad penal de los partidos políticos,* cit., pp. 210 y ss

546 Tanto la doctrina (Vid más en FEIJOO SÁNCHEZ, B.J., "Presupuestos para la conducta típica de la persona jurídica, los requisitos del art. 31 bis 1", cit. pp. 100 y ss.), como la Fiscalía General del Estado (circular FGE 1/2011), defienden el uso de un criterio objetivo para valorar la existencia del beneficio.

547 En este sentido se pronuncia la circular FGE 1/2016.

En este sentido, tanto la doctrina[548] como la jurisprudencia[549] se han pronunciado a favor de considerar que es suficiente con que la conducta ilícita tuviese la tendencia o el sentido de beneficiar, directa o indirectamente, a la persona jurídica, siquiera en el corto plazo. Por lo tanto, no se exige que el beneficio sea efectivo en el largo plazo, ni tampoco excluye su existencia (a efectos de responsabilidad penal de las personas jurídicas) el hecho de que finalmente no se haya logrado este beneficio por causas externas al sujeto que comete el delito.

1.5.2. Incumpliendo los deberes de supervisión, vigilancia y control de las actividades sociales

Desde la reforma operada en el año 2015 por la LO 1/2015, se exige la ausencia del debido control por parte de la persona jurídica tanto para casos de delitos cometidos por empleados como para los casos de delitos cometidos por administradores o representantes[550]. Es decir, nos encontramos en una situación similar en los casos de las letras a) y b) del artículo 31 bis 1, con la única diferencia que en la letra b) el incumplimiento de los deberes de supervisión, vigilancia y control debe ser grave[551].

---

548 Vid más en FEIJOO SÁNCHEZ, B.J., "Presupuestos para la conducta típica de la persona jurídica, los requisitos del art. 31 bis 1", cit. pp. 100 y ss

549 STS 154/2016, de 26 de febrero.

550 En este sentido ya lo interpretaba LASCURAÍN SÁNCHEZ antes incluso de la reforma del año 2015 en: LASCURAÍN SÁNCHEZ, J.L., "Compliance, debido control y unos refrescos", en AAVV/ARROYO ZAPATERO, L.A. (Dir.); *El derecho penal economico en la era compliance,* Tirant lo Blanch, 2013, pp. 111-136.

551 PALMA HERRERA, J. M.: "Presupuestos jurídico-penales de la responsabilidad penal de los entes corporativos y del sistema de «compliances»", cit., p. 46.

Los sujetos a quienes corresponde este control son, por un lado, los descritos en el apartado a), es decir, los representantes legales de la persona jurídica, los administradores de hecho y aquellas personas autorizadas para tomar decisiones dentro de la persona jurídica o que ostenten facultades de organización y control (estos tienen encomendado en control de los sujetos recogidos en el apartado b)). Y, por otro lado, un órgano creado específicamente por la persona jurídica con poderes autónomos de iniciativa y control, que tenga encomendada la función de supervisar la eficacia de sus controles internos (este órgano es el encargado la supervisión del modelo de organización y gestión en su conjunto).

En el caso de un delito cometido por un sujeto del 31 bis 1 b), la determinación de la gravedad del incumplimiento la deberá realizar el juez atendiendo a las circunstancias del caso concreto. Elementos como el modelo de organización y gestión adoptado o la labor de supervisión realizada por el órgano específico serán fundamentales a la hora de valorar la gravedad del incumplimiento[552]. Tanto un defecto regulatorio, como una labor de vigilancia insuficiente, entre otros supuestos, pueden determinar que el incumplimiento sea grave.

---

552 PALMA HERRERA, J. M.: "Presupuestos jurídico-penales de la responsabilidad penal de los entes corporativos y del sistema de «compliances»", cit., p. 50.

2. *La inclusión de los partidos políticos dentro del círculo de personas jurídicas criminalmente responsables*

Como se mencionó al comienzo de este capítulo, la reforma del CP realizada en el año 2010 incorporó por primera vez la responsabilidad penal de las personas jurídicas. Pero esta primera regulación excluyó del círculo de personas jurídicas que podían potencialmente ser criminalmente responsables tanto a los partidos políticos como a los sindicatos. Así, el art. 31 bis CP, en su apartado quinto, establecía lo siguiente: "*Las disposiciones relativas a la responsabilidad penal de las personas jurídicas no serán aplicables al Estado, a las Administraciones Públicas territoriales e institucionales, a los Organismos Reguladores, las Agencias y Entidades Públicas Empresariales, a los partidos políticos y sindicatos, a las organizaciones internacionales de derecho público, ni a aquellas otras que ejerzan potestades públicas de soberanía, administrativas o cuando se trate de Sociedades mercantiles Estatales que ejecuten políticas públicas o presten servicios de interés económico general*".

La exclusión de este elenco de personas jurídicas como las Administraciones Públicas, las Entidades Públicas Empresariales o las Sociedades Mercantiles Estatales que ejecuten políticas públicas o presten servicios de interés general, fue aceptada con amplio consenso. En cambio, la exclusión de partidos políticos y sindicatos, percibidos en muchas ocasiones como grupos de presión defensores de intereses particulares y, en definitiva, como entes frecuentemente vinculados con la corrupción, fue muy discutida[553]. Además, tal y

[553] ZUGALDÍA ESPINAR, J.M. "La responsabilidad criminal de los partidos políticos y los sindicatos", en *Revista de derecho penal y criminología*, vol. 11, 2014, p. 366

como señala VALLS PRIETO[554], esta exención podía incluso ser contraria a la implementación de la normativa comunitaria que, en ningún caso, hacía referencia a este tipo de exenciones.

El fundamento tras la exclusión de los partidos políticos fue, sin duda, la utilidad de dotar a estas entidades de una cierta inmunidad para así garantizar el cumplimiento de las funciones constitucionales que, como hemos visto anteriormente, les atribuye el art. 6 CE al establecer que "*los partidos políticos expresan el pluralismo político, concurren a la formación y manifestación de la voluntad popular y son instrumento fundamental para la participación política*"[555]. Muchos son los autores que defendían esta exclusión en virtud del papel central que la CE otorga a los partidos políticos dentro de nuestro sistema democrático[556]. En esta línea, BAL FRANCÉS[557] sostiene que "*no resulta razonable que un órgano*

---

554 VALLS PRIETO, J. "Las exenciones de la responsabilidad penal de las personas jurídicas. ¿Son responsables los partidos políticos y sindicatos?", en *Cuadernos de Política Criminal.* Segunda Época, II, n. 104, 2011, pp.109 y ss.

555 Esta misma razón justifica la exclusión de la responsabilidad penal de los sindicatos. En virtud del art. 7 CE, los sindicatos deben proteger los derechos de los trabajadores y velar por el cumplimiento de las leyes laborales vigentes.

556 Entre otros: MIR PUIG, S.; *Derecho Penal. Parte general (9ª edición a cargo de Víctor Gómez Martín)*, Ed. Reppertor, Barcelona, 2011, p. 203 o MAZA MARTÍN, J.M.; *Delincuencia electoral y responsabilidad penal de los partidos políticos*, cit., pp. 400-403. Esta misma argumentación esgrimía la Fiscalía en la Circular 1/2011, de 1 de junio, relativa a la responsabilidad penal de las personas jurídicas conforme a la reforma del código penal efectuada por Ley Orgánica número 5/2010, p. 22.

557 BAL FRANCÉS, E. "Regulación de la responsabilidad penal de las personas jurídicas: exclusión de las personas jurídicas públicas; examen de la relación de penas a imponer; así como las de las circunstancias modificativas de su culpabilidad", Abogacía General del Estado, Dirección del Servicio Jurídico del Estado, *XXXII Jornadas de Estudio de la Abogacía, "El nuevo Código Penal"*, 17 y 18 de noviembre de 2010, p. 3.

jurisdiccional, incluso cautelarmente, pueda limitar la actividad –o la existencia– de un partido político, por causa de los presuntos delitos cometidos por sus representantes, administradores o empleados". En la misma línea argumentativa, URRUELA MORA[558] defendía la necesidad de la exclusión en aras de "*garantizar la libertad ideológica"*.

Sin embargo, para otro sector de la doctrina, incluso reconociendo la importancia de los partidos políticos y sus funciones, su exclusión del sistema de responsabilidad penal de las personas jurídicas no estaba justificado. En este sentido, MORILLAS CUEVA[559] apunta que, de la misma forma que el papel de los partidos políticos en nuestro sistema democrático justifica una especial protección jurídica, también hace que requieran de un especial control. Desde un punto de vista más práctico, autores como VALLS PRIETO[560] alegan que carece de sentido la exclusión de los partidos cuando se trata de entes que tan frecuentemente se ven envueltos en procesos judiciales, siendo cada vez más evidente la conexión existente entre los partidos políticos y la corrupción.

El debate parlamentario previo a la reforma del Código penal del año 2012 refleja la misma división que acabamos de señalar en la doctrina[561]. En primer lugar, encontramos la enmienda al Proyecto de Ley Orgánica por la que se modifica la LO 10/1995, de 23 de noviembre, del Código Penal, en materia de transpa-

---

558 URRUELA MORA, A. "La introducción de la responsabilidad penal de las personas jurídicas en derecho español en virtud de la LO 5/2010: perspectiva de lege data", en *Estudios Penales y Criminológicos,* vol. 32, 2012, p. 449.

559 MORILLAS CUEVA, L. "La cuestión de la responsabilidad penal de las personas jurídicas", en *Anales de Derecho,* n. 29, 2011, p. 26.

560 VALLS PRIETO, J. "Las exenciones de la responsabilidad penal de las personas jurídicas. ¿Son responsables los partidos políticos y sindicatos?", cit., p. 127.

561 Cortes Generales. Diario de Sesiones del Congreso de los Diputados. Comisiones. Año 2012. X Legislatura. Núm. 207. Justicia. Sesión del 7 de noviembre de 2012.

rencia, acceso a la información pública y bien gobierno y lucha contra el fraude fiscal y en la Seguridad Social presentada por el Grupo Parlamentario de Unión Progreso y Democracia. En esta se proponía modificar el 31 bis 5 para eliminar a los partidos políticos y sindicatos del elenco de personas jurídicas excluidas. Alegaban que se trataba de una exclusión injustificada que iba en contra de la regeneración democrática y la lucha contra la corrupción política. En definitiva, afirmaban que: "*la inclusión de los partidos políticos y sindicatos en el régimen general de responsabilidad penal previsto en el Código Penal, colaboraría de forma importantísima a la persecución y erradicación de la corrupción política, prestigiando la política y, por ende, la calidad de nuestra democracia*"[562]. A favor de esta enmienda, se pronunciaron tanto el señor CASTILLO CALVÍN (Partido Popular), como el señor LLAMAZARES TRIGO (Izquierda Unida). En cambio, el señor OLABARRÍA MUÑOZ (Partido Nacionalista Vasco) consideraba que "*lo que no se puede es extender responsabilidades individualizables, de personas que son nominalmente imputadas en un delito, a la totalidad de una organización política, sindical, asociativa...* "[563]. Por su parte, la señora VALERIO CORDERO (Partido Socialista Obrero Español) calificó esta enmienda como un ejercicio de populismo punitivo con el que se buscaba criminalizar a partidos políticos y sindicatos cuyas funciones constitucionales son fundamentales en nuestro sistema democrático. La enmienda finalmente fue aprobada e introducida en el proyecto de reforma[564].

---

[562] Boletín Oficial de las Cortes Generales. Congreso de los Diputados. X Legislatura. Serie A. Proyectos de Ley. 5 de noviembre de 2012, pp. 15 y 16.

[563] Cortes Generales. Diario de Sesiones del Congreso de los Diputados. Comisiones. Año 2012. X Legislatura. Núm. 207. Justicia. Sesión del 7 de noviembre de 2012, pp. 22 y 23.

[564] Cortes Generales. Diario de Sesiones del Congreso de los Diputados. Comisiones. Año 2012. X Legislatura. Núm. 207. Justicia. Sesión del 7 de noviembre de 2012, p. 24.

En el año 2012, la Ley Orgánica 7/2012, de 27 de diciembre, por la que se modifica la Ley Orgánica 10/1995, de 23 de noviembre, del Código Penal en materia de transparencia y lucha contra el fraude fiscal y en la Seguridad Social eliminó la exclusión a los partidos políticos y sindicatos, haciéndolos destinatarios de un modelo de responsabilidad penal de las personas jurídicas que, en primera instancia, estaba ideado para entidades mercantiles. A pesar de los muchos argumentos que se podían encontrar tanto en los distintos debates parlamentarios y enmiendas realizadas, como en la doctrina, el único argumento esgrimido en el preámbulo para justificar esta modificación fue que "*de este modo se supera la percepción de impunidad de estos dos actores de la vida política que trasladaba la anterior regulación*".

Bajo nuestro punto de vista, y sin adentrarnos en mayor profundidad en los debates doctrinales en la materia, consideramos positiva la incorporación de los partidos políticos (y de los sindicatos) en el régimen de responsabilidad penal de las personas jurídicas. Al margen de sus funciones constitucionales, son entes privados que deben responder igual que el resto de las personas jurídicas cuando actúan como agentes de la vida económica. Además, es necesario tener en cuenta que, con independencia de la ideología que defiendan, los partidos políticos han sido un importante foco de corrupción política, por lo que carece de justificación otorgarles un "privilegio" de este tipo.

2.1. EL CONTEXTO INTERNACIONAL

Los compromisos y exigencias internacionales no contienen de manera clara una obligación de establecer un sistema de responsabilidad penal para las personas jurídicas[565]. Siendo

565 Los instrumentos de la Unión Europea no hacen referencia expresa a una responsabilidad penal de las personas jurídicas. Se limitan a exigir que

esto cierto, son cada vez más los ordenamientos jurídicos de nuestro entorno que contienen este tipo de responsabilidad[566]. A su vez, no todos los países con un sistema de responsabilidad penal de las personas jurídicas incluyen a los partidos políticos. De este modo, encontramos países que han optado por incluir a los partidos políticos entre el elenco de personas jurídicas que pueden ser criminalmente responsables, países que no tienen un sistema de responsabilidad penal para las personas jurídicas en su conjunto, y países que, aun admitiendo la responsabilidad penal para las personas jurídicas han optado por limitar la responsabilidad de las formaciones políticas a un régimen administrativo-sancionador. Sin adentrarnos en profundidad en el régimen de responsabilidad elegido por cada país, sí considero oportuno trazar unas líneas generales de las distintas aproximaciones realizadas por los países de nuestro entorno.

En el contexto europeo[567], muchos ordenamientos jurídicos han superado la máxima *societas delinquere et punire non potest*, introduciendo un sistema de responsabilidad penal de las personas jurídicas. Por ejemplo, el Código Penal francés no solo ha intro-

---

estas sean consideradas sujetos responsables y puedan ser destinatarias de sanciones eficaces, proporcionadas y disuasorias. Entre los documentos más recientes que abordan esta materia: Directiva (UE) 2018/1673 del Parlamento Europeo y del Consejo, de 23 de octubre de 2018, relativa a la lucha contra el blanqueo de capitales mediante el Derecho penal.

566 Esta tendencia se ha visto alentada por las recomendaciones realizadas por la OCDE y los informes de GRECO. Sobre este punto, vid más en: BAUCELLS LLADÓS, J., "Corrupción y responsabilidad penal de los partidos políticos.", en *Revista electrónica de ciencia penal y criminología,* n. 20, 2018, p. 24

567 Para más información sobre el contexto europeo: DE LA CUESTA ARZAMENDI, J. L. y PÉREZ MACHÍO, A. I. "La responsabilidad penal de las personas jurídicas en el Marco Europeo: las Directrices Comunitarias y su implementación por los Estados", en AAVV/DE LA CUESTA ARZAMENDI, J. L. (Dir.); *Responsabilidad Penal de las Personas Jurídicas,* Cizur Menor, Thomson Reuters-Aranzadi, 2013.

ducido la responsabilidad penal de las personas jurídicas, sino que incluye a los partidos políticos dentro del grupo de entidades que pueden ser criminalmente responsables[568]. En esta misma línea, encontramos otros países como Países Bajos o Portugal[569]. En un segundo grupo encontramos aquellos países que tienen un régimen de responsabilidad penal de las personas jurídicas, pero que han excluido del mismo a los partidos políticos, como Bélgica[570]. Finalmente, existe un tercer grupo de países que no han implementado un modelo de responsabilidad penal para las personas jurídicas, es decir, se rigen por un régimen administrativo-sancionador, entre los que podemos destacar Alemania[571].

Mención especial merece el sistema italiano, donde, ante la imposibilidad constitucional de establecer un régimen de responsabilidad penal para las personas jurídicas (ya que su Carta Magna o, mejor dicho, la interpretación que se ha hecho de la misma, la recoge exclusivamente para los seres humanos), se ha establecido un régimen en el que se enjuicia conjuntamente la responsabilidad penal de la persona física y la responsabilidad administrativa de la persona jurídica a la que está vinculada[572].

---

568 POELEMANS, M., "Responsabilidad penal de las personas jurídicas: el caso francés", *Eguzkilore,* n. 28, 2014, p. 116.

569 DE LA CUESTA ARZAMENDI, J. L. y PÉREZ MACHÍO, A. I. "La responsabilidad penal de las personas jurídicas en el Marco Europeo: las Directrices Comunitarias y su implementación por los Estados", cit., p. 63.

570 FRANSSEN, V., "Responsabilidad penal de las personas jurídicas: el caso belga", en *Eguzkilore,* núm. 28, 2014, p. 68.

571 DE LA CUESTA ARZAMENDI, J. L. y PÉREZ MACHÍO, A. I. "La responsabilidad penal de las personas jurídicas en el Marco Europeo: las Directrices Comunitarias y su implementación por los Estados", cit., p. 62.

572 Artículo 27. (2) de la Constitución italiana: "*La responsabilità penale è personale*".

3. El art. 304 bis 5

"Art. 304 bis

...

5. Las mismas penas se impondrán cuando, de acuerdo con lo establecido en el artículo 31 bis de este Código, una persona jurídica sea responsable de los hechos. Atendidas las reglas establecidas en el artículo 66 bis, los jueces y tribunales podrán asimismo imponer las penas recogidas en las letras b) a g) del apartado 7 del artículo 33"

El apartado 5 del art. 304 bis incluye los delitos de financiación ilegal de los partidos políticos en el listado cerrado de conductas que pueden generar responsabilidad penal para las personas jurídicas. Estando este apartado situado tras la descripción de los distintos tipos de financiación ilegal, y antes del delito de participación en una estructura u organización cuya finalidad sea la financiación ilegal, consideramos que la previsión del 304 bis 5 es solo aplicable a los primeros. Es decir, no consideramos que la comisión del delito del 304 ter esté dentro del listado de conductas que pueden generar responsabilidad penal para las personas jurídicas. Dicha previsión de responsabilidad es, además, aplicable tanto al financiador como al financiado, es decir, tanto al delito de financiación ilegal activa que sea cometido por una empresa, como al delito de financiación ilegal pasiva cometido por una formación política.

En lo que respecta a la empresa financiadora de un partido político, le es aplicable la teoría general de la responsabilidad penal de las personas jurídicas desarrollada en el apartado anterior. Dicho esto, señalaremos más adelante las particularidades que su régimen pueda presentar en los delitos de financiación ilegal activa cometidos por empresas.

Más detenimiento merece la aplicación del régimen de responsabilidad penal de las personas jurídicas a los partidos políticos dada la especial naturaleza jurídica de los mismos. Este sistema estaba ideado para entidades privadas, mientras que los partidos son entes privados de relevancia constitucional, con funciones eminentemente públicas, lo que puede traer particularidades a la hora de aplicar el régimen de responsabilidad penal. En definitiva, antes de adentrarme en cómo se van a aplicar los hechos de conexión en los delitos de financiación ilegal de los partidos políticos, considero necesario tratar de definir cuál es la naturaleza jurídica de los partidos políticos.

3.1. PERSONALIDAD Y NATURALEZA JURÍDICA DE LOS PARTIDOS POLÍTICOS

El art. 3.4 de la LOPP establece lo siguiente: "*Los partidos políticos adquieren personalidad jurídica por la inscripción en el Registro de Partidos Políticos que, a estos efectos, existirá en el Ministerio del Interior, previa presentación en aquel del acta fundacional suscrita por sus promotores, acompañada de aquellos documentos que acrediten el cumplimiento de los requisitos previstos en la presente ley Orgánica*". Es pues, este momento, el que marca el comienzo de su condición de sujetos susceptibles de incurrir en responsabilidad penal.

Estrechamente conectado a lo anterior se encuentra el tema de su naturaleza jurídica, relevante a la vista del singular régimen que el art. 31 quinquies 2 del Código penal establece para algunos entes jurídicos como son las sociedades mercantiles públicas, pues una naturaleza equiparable a éstas podría justificar la incorporación al Código penal de un tratamiento similar también para los partidos políticos.

Los partidos políticos se crean a través del ejercicio del derecho de asociación política, entendiendo generalmente la doctrina que de este derecho forman parte tres libertades: la creación e inscripción del partido, su auto-organización y la libertad de actuación del partido frente al Estado[573].

La Constitución recoge el derecho de asociación de manera general en el art. 22, estando los partidos políticos también contemplados en el art. 6, dada su especial condición, lo cual deriva en una regulación específica. La función mediadora que desempeñan los partidos entre la sociedad y el Estado, y su propia naturaleza jurídica resultan complejas, ya que canalizan y conforman la voluntad popular. Un ejemplo de esta complejidad se refleja en cómo los artículos 6 y 22 del texto constitucional se han desarrollado en dos leyes independientes, aunque aprobadas el mismo año: la Ley Orgánica 1/2002, de 22 de marzo, Reguladora del Derecho de Asociación y la Ley Orgánica 6/2002, de 27 de junio, de Partidos Políticos.

El debate doctrinal sobre este asunto comienza en el significado del art. 6: si el mismo es un reconocimiento constitucional de los partidos políticos o en cambio significa su incorporación constitucional[574]. Si consideramos que lo que se produce es una incorporación constitucional de los partidos políticos, estos solo van a ser reconocidos como tales en tanto cumplan con las funciones que se les atribuyen constitucionalmente. Es decir, deben ser instrumentos de participación política y de formación de la voluntad popular para gozar del estatus especial dentro de las asociaciones que la Constitución da a los partidos.

Por otro lado, el modelo de reconocimiento constitucional afirma que los partidos son resultado del ejercicio del derecho de asociación, siendo los partidos políticos una consecuencia social del ejercicio de este derecho. En este sentido, las funcio-

---

573 GARCÍA GIRÁLDEZ, T. "Los Partidos Políticos y el Derecho", en AA. VV: *Curso de Partidos Políticos*. Ed. Akal, Madrid, 2003, p. 146

574 FLORES GIMÉNEZ, F. "Los partidos políticos: intervención legal y espacio político, a la búsqueda del equilibrio", *en UNED. Teoría y Realidad Constitucional*, n. 35, 2015, pp. 355-381

nes detalladas para los partidos políticos en el art. 6 pasarían a ser descriptivas y no constitutivas de los partidos. La mayoría de la doctrina en España ha optado por esta segunda corriente del reconocimiento constitucional, dejando al art. 6 como una mera descripción de funciones que los partidos pueden tener[575]. Desde esta perspectiva, los partidos adquieren personalidad jurídica desde el momento del registro, a diferencia del caso de la incorporación constitucional, donde sería necesario que cumplieran las funciones establecidas en el art. 6.

Este debate está directamente relacionado con el de la naturaleza jurídica de los partidos políticos, que sigue abierto en España. Se divide en tres corrientes principales: una primera que defiende que los partidos políticos son asociaciones de derecho privado; la segunda posición los define como órganos públicos; y finalmente la tercera las considera asociaciones de derecho privado con características de perfil público que no tienen el resto de las asociaciones, por lo tanto, los entienden como asociaciones especiales que gozan de algunos privilegios pero que también deben cumplir ciertas funciones[576]. Estos posicionamientos se han visto reforzados por la en ocasiones cambiante doctrina del Tribunal Constitucional y por el hecho de no existir un claro concepto legal de su naturaleza jurídica.

Si bien no está resuelta de forma categórica, el Tribunal Constitucional sí ha perfilado suficientemente la naturaleza jurídica de los partidos[577]. Sobre la base de la compleja naturaleza de los partidos, el Tribunal afirma que son creaciones producto del

---

575 Como recoge SANTANO en: SANTANO, A. C.; *La Financiación de los partidos políticos en España,* cit., p. 45.

576 GARCÍA-ESCUDERO MÁRQUES, P.; PENDÁS GARCIA, B. "Consideraciones sobre la Naturaleza y Financiación de los Partidos Políticos", en *Revista de Administración Pública,* n. 115, ene/abr, 1988, pp. 379-381

577 FLORES GIMÉNEZ, F. "Los partidos políticos: intervención legal y espacio político, a la búsqueda del equilibrio", cit., pp. 360

ejercicio de la libertad de asociación. No son, por tanto, órganos del Estado y sus actos no son equiparables a aquellos de un poder público. La gran trascendencia política que tienen sus funciones considera el Tribunal que no altera su naturaleza, buscando asegurar su libertad e independencia sometiéndolo al régimen de las asociaciones privadas, evitando las injerencias del poder público. En contraposición a lo anterior, el Tribunal también ha definido a los partidos como organizaciones sociales de relevancia constitucional, afirmando que el hecho de gozar de ciertos privilegios conlleva el mandato de cumplir algunas obligaciones, como la imposición de que el funcionamiento interno de los partidos políticos sea democrático. Por lo tanto, se defiende una naturaleza jurídica bidimensional, ya que se trata de asociaciones de carácter privado con funciones fundamentalmente públicas.

En definitiva, a pesar de su importante papel en nuestro sistema democrático, estamos ante entidades cuyo origen es privado, que no necesitan ejercer sus funciones constitucionales u obtener financiación pública para adquirir personalidad jurídica. Los partidos políticos se mueven en muchas ocasiones por intereses particulares, mientras que las sociedades mercantiles públicas deben ejecutar políticas públicas o prestar servicios de interés económico general para acogerse a este sistema. En este sentido, consideramos que los partidos políticos se asemejan más a otros entes que también ejercen funciones constitucionalmente reconocidas y obtienen financiación pública, pero cuyos fines son privados, como los medios de comunicación o las entidades religiosas. Consideramos, por tanto, que tal y como hizo el legislador, no se debe incluir limitación alguna de las penas imponibles a las formaciones políticas.

3.2. SUJETOS QUE HACEN SURGIR LA RESPONSABILIDAD PENAL DEL PARTIDO POLÍTICO

Los sujetos incluidos en el 31 bis 1 CP son: en el apartado a), los representantes legales, las personas con potestad de decisión y los sujetos con capacidad organizativa y de control; en el apartado b), aquellos sujetos subordinados o sometidos a la autoridad de los primeros. Dentro del organigrama de un partido político, ¿Qué sujetos entran en estas categorías? Es importante señalar que la intervención de varias personas físicas que entren en estas dos categorías en la comisión de un mismo delito solo supondrá atribución de responsabilidad penal al partido por un solo delito.

Dada la diversidad organizativa existente entre los distintos partidos, no es posible establecer una lista cerrada de sujetos que se corresponda con exactitud a las personas descritas en el art. 31 bis 1 a) y b) CP. En consecuencia, trataremos de definir cuáles son los criterios o características que permitan situar a distintas personas físicas que formen parte del partido en una u otra categoría.

En primer lugar, debemos definir quiénes son los representantes legales de una formación política. La Orgánica 6/2002, de 27 de junio, de Partidos Políticos, no establece quién es el representante legal del partido político, dejando libertad a los partidos para definir quiénes son sus representantes legales en sus estatutos. De hecho, esta ley recoge en su art. 3. 2 k) la obligación de definir en los estatutos quién será el cargo u órgano al que corresponda la representación legal del partido político. Por ende, el representante o los representantes legales de cada partido político serán aquellos que aparezcan recogidos como tales en sus estatutos. Por ejemplo, el Partido Popular establece en el art. 43 de sus estatutos que el Presidente Nacional del partido ostenta su representación legal y política[578]. Dicho esto, también recoge la posibilidad de designar otros representantes legales.

Como veíamos en el apartado anterior, en esta primera categoría también se incluye a aquellos cargos y mandos intermedios que estén autorizados para tomar decisiones en nombre del partido o

578 https://www.pp.es/sites/default/files/documentos/estatutos_xvii.pdf (24/01/2022)

que ostenten facultades de organización y control dentro de este. Es decir, a los dirigentes de la formación política. Es cierto que esta percepción podría abarcar un numero de sujetos demasiado amplio en un partido político, por lo que la recomendación de algunos autores, como DOPICO GOMEZ-ALLER[579], es hacer una interpretación restrictiva en este punto. En este sentido, considera que esta categoría solo debería incluir a aquellos sujetos que ostenten poder de mando o capacidad directiva dentro del partido. Lo cierto es que esta categoría incluye tanto a aquellos autorizados formalmente a tomar decisiones, como a aquellos que materialmente tengan dicha capacidad dentro de la organización, entre los que figuran los administradores de hecho según la interpretación jurisprudencial que viene haciéndose de esta figura[580].

El segundo grupo de personas físicas que pueden ser causantes de la responsabilidad penal de un partido político serán aquellas que estén bajo la autoridad de los dirigentes del partido que acabamos de describir. No debemos reducir este grupo a los empleados del partido, ya que la expresión utilizada por la norma es mucho más amplia. El Código penal habla exclusivamente de una relación jerárquica, de dependencia o sometimiento a los dirigentes, en este caso del partido, por parte de la persona física que acaba cometiendo el delito. Es decir, se trata de sujetos que actúan bajo la dirección y control de alguno de los sujetos que entren en el

---

579 DOPICO GÓMEZ-ALLER, J. "Imputación de responsabilidad penal a la persona jurídica", en AAVV/MOLINA FERNÁNDEZ, F. (Coord.); *Penal* 2017, Madrid, Francis Lefebvre, 2016, p. 366.

580 El concepto de administrador de hecho que se maneja en el ámbito penal difiere del utilizado en el civil o en el mercantil. Para la jurisprudencia es, directamente, la persona en la sombra; aquella que dirige en realidad la actividad de la persona jurídica; quien manda verdaderamente en el ente llevando a cabo, aunque formal y legalmente ello corresponda a otra persona con un nombramiento formal. Vid., por ejemplo, Por todas, SsTS 1586/2007, de 26 de enero o 2300/2013, de 5 de julio

apartado a), por lo que no se exige la existencia de una relación laboral. Así, en esta categoría entrarían desde los empleados del partido o de empresas subcontratadas por el mismo, hasta afiliados al partido que ostenten cargos menores o que colaboren con la estructura y estén sometidos, en su quehacer colaborativo, a la autoridad de los dirigentes de la formación política.

Estos son los sujetos que pueden generar responsabilidad penal en un partido con carácter general. No obstante, tratándose del delito de financiación ilegal pasiva de los partidos políticos, debemos cuestionarnos si el hecho de estar ante un delito cuya comisión no está abierta a cualquier persona física puede afectar en este aspecto. Como veíamos en el capítulo segundo, el delito de financiación ilegal pasiva es un delito de propia mano (entendido en sentido amplio), ya que el tipo no exige unas cualidades determinadas en el sujeto activo, pero el hecho típico si requiere implícitamente una especial vinculación del sujeto con el partido político. Concretamente, que el sujeto activo tenga capacidad suficiente dentro del mismo como para incorporar fondos al patrimonio del partido.

Esto restringe la autoría en el caso de personas físicas a aquellos sujetos con esta capacidad. Pero nada impide que sujetos que no tengan dicha capacidad comentan el delito a título de partícipe, pudiendo igualmente generar responsabilidad penal para la persona jurídica si se cumplen el resto de los requisitos. En realidad, el partido siempre responderá como autor en tanto que no ha impedido que se cometa un delito de financiación ilegal en su seno, independientemente del título por el que responda la persona física. Por tanto, el hecho de ser un delito de propia mano no afecta a la responsabilidad penal de la persona jurídica, pudiendo cualquier persona que tenga cabida en el 31 bis 1 a) o b) hacer responder penalmente al partido por financiación ilegal pasiva.

En lo que respecta a la responsabilidad penal de la persona jurídica en el delito financiación ilegal activa, es decir, la empresa financiadora, tampoco presenta ninguna particularidad con respecto a las reglas generales vistas en el apartado 1.4 de este capítulo. En este caso estamos ante un delito común que no presenta ninguna restricción en cuanto a los sujetos que pueden cometer este delito dentro de una empresa y, potencialmente, originar responsabilidad penal para la persona jurídica.

3.3. LOS HECHOS DE CONEXIÓN

Además de que el delito de financiación ilegal haya sido cometido por alguno de los sujetos mencionados anteriormente, se tienen que cumplir los requisitos desarrollados en el apartado 1.5. Para el grupo de personas recogidas en la letra a), deben haber cometido el delito en nombre o por cuenta del partido, y en su beneficio directo o indirecto. En el caso de los sujetos recogidos en la letra b), deben haber cometido el delito en el ejercicio de actividades sociales y por cuenta y en beneficio directo o indirecto del partido. Como ya apuntábamos en el apartado 1.5.1. de este capítulo, solo se puede actuar en nombre o por cuenta de la persona jurídica si se actúa en el marco de actividades propias para alcanzar el objeto social de la persona jurídica, por lo que ambas vías acaban siendo muy similares en este aspecto.

Tal y como lo viene interpretando la Fiscalía[581], "en nombre" del partido actuará el sujeto que tenga la representación formal del ente, mientras que "por cuenta" del partido lo hará el sujeto que, dentro del marco de actividades propias del partido, las ejerza para el partido en el ámbito competencial que le haya sido asignado formal o materialmente. En el supuesto del delito de financiación ilegal de los partidos políticos, actúa en nombre o por cuenta del partido el que tenga asignada la com-

---

581 Circular de la Fiscalía General del Estado 1/2011, de 1 de junio, relativa a la responsabilidad penal de las personas jurídicas conforme a la reforma del código penal efectuada por ley orgánica número 5/2010, p. 40.

petencia (de manera formal o material) de incorporar fondos al patrimonio del partido y lo haga, ya sea directamente o través de un tercero que actúe como mero intermediario (partícipe del delito de financiación ilegal) que reciba materialmente las donaciones para hacérsela llegar a quien sí tiene la capacidad de incorporarlas al patrimonio del partido.

El requisito exigido para los sujetos recogidos en el 31 bis 1 b) es que el delito se cometa "*en el ejercicio de actividades sociales y por cuenta*" del partido. Esta cláusula se incluye para desvincular la posible responsabilidad del partido de los hechos delictivos que pertenezcan a la esfera privada del individuo y que no tiene por qué vigilar la empresa. En el caso que nos atañe, de financiación ilegal pasiva de los partidos políticos, no habrá problema en considerar que el delito se está cometiendo en el ejercicio de las actividades sociales del partido, ya que la búsqueda de fuentes de financiación es parte de la esfera de actuación de cualquier formación política.

El segundo requisito común a ambas vías es que el delito haya sido cometido en beneficio directo o indirecto del partido. En este aspecto puede surgir alguna duda interpretativa en el caso de los delitos de financiación ilegal pasiva, ya que los partidos políticos son personas jurídicas cuya finalidad última no es la obtención de beneficios económicos. Dicho esto, la doctrina[582] viene considerando que el beneficio no tiene por qué tener un contenido estrictamente económico, pudiendo tratarse de otro tipo de ventajas que favorezcan al partido. En el caso de la financiación ilegal pasiva, el beneficio es evidente. La formación política obtiene una

582 QUINTERO OLIVARES, G. y FRANQUET SUGRAÑES, M. T.; "Estado, mercado y Constitución: la dimensión penal", en AAVV/QUINTERO OLIVARES, G. (Dir.); *Derecho Penal Constitucional,* Valencia, Tirant lo Blanch, 2015, p. 512 o PALMA HERRERA, J. M.: "Presupuestos jurídico-penales de la responsabilidad penal de los entes corporativos y del sistema de «compliances»", cit., p. 43.

incuestionable ventaja competitiva con respecto a sus adversarios políticos al disponer de más fondos de manera ilícita. En el caso de la empresa que realiza la donación, el beneficio obtenido será más difícil de probar, ya que este consistirá fundamentalmente en influencia sobre la formación política y sobre futuras decisiones que puedan depender de esta. No es necesario que dichas decisiones se hagan efectivas, será suficiente con que las donaciones ilícitas tuvieran potencialidad suficiente para beneficiar, directa o indirectamente, a la persona jurídica donante.

4. El compliance *en el caso del partido político*

La introducción de los partidos políticos en el régimen de responsabilidad penal de las personas jurídicas les obliga a dotarse de un *compliance*. De hecho, las formaciones políticas son las únicas personas jurídicas directamente obligadas por la ley a diseñar e implementar estos programas de cumplimiento, viniendo recogida expresamente esta obligación en el art. 9 bis de la Ley Orgánica 6/2002, de 27 de junio, de Partidos Políticos[583]. A lo que no hace referencia esta ley es a las características concretas que debe presentar el *compliance* para eximir de responsabilidad penal a los partidos políticos.

En cambio, desde la reforma del CP del año 2015, el art. 31 bis sí recoge en su apartado quinto una serie de requisitos que deberá cumplir un programa de cumplimiento para poder considerarla causa de atipicidad: "*1.º Identificarán las actividades en cuyo ámbito puedan ser cometidos los delitos que deben ser prevenidos. 2.º Establecerán los protocolos o procedimientos que concreten el proceso de formación de la voluntad de la persona jurídica, de adopción de decisiones y de ejecución de las mismas con relación a aquéllos. 3.º Dispondrán de modelos de gestión de los recursos financieros adecuados para impedir la comisión de los delitos que deben ser prevenidos. 4.º Impondrán la obligación de informar de posibles riesgos e incumplimientos al organismo encargado*

---

583 Esta obligación fue introducida en la Ley Orgánica 6/2002 mediante reforma operada por Ley Orgánica 3/2015, de 30 de marzo, de control de la actividad económico-financiera de los Partidos Políticos. Una reforma que, curiosamente entró en vigor antes que la propia Ley Orgánica 1/2015 que fue la vino a reconocer al compliance un efecto excluyente de la responsabilidad penal.

de vigilar el funcionamiento y observancia del modelo de prevención. 5.º Establecerán un sistema disciplinario que sancione adecuadamente el incumplimiento de las medidas que establezca el modelo. 6.º Realizarán una verificación periódica del modelo y de su eventual modificación cuando se pongan de manifiesto infracciones relevantes de sus disposiciones, o cuando se produzcan cambios en la organización, en la estructura de control o en la actividad desarrollada que los hagan necesarios."

A estos seis requisitos, el apartado 2.2 de ese mismo artículo añade un séptimo: que la supervisión del *compliance* sea encargada a "*un órgano de la persona jurídica con poderes autónomos de iniciativa y de control o que tenga encomendada legalmente la función de supervisar la eficacia de los controles internos de la persona jurídica*".

El primer requisito se traduce en que el programa de cumplimiento debe incluir un mapa de riesgos delictivos[584]. Este debe recoger los delitos que, en función del objeto social, cómo desarrolle su actividad o el tipo y número de trabajadores que presenta la persona jurídica, presenten mayor riesgo de comisión por parte de sus dirigentes o de aquellas personas subordinadas a estos. Se trata del punto de partida de cualquier programa de cumplimiento. En este sentido, quedarían fuera del mapa de riesgos delictivos todos aquellos tipos penales que no estén relacionados con su actividad, así como aquellos de los que no pueda obtener beneficio alguno.

Los partidos políticos son entidades que participan en el mercado y, a efectos tributarios, son considerados sociedades (con un régimen privilegiado). Dentro de este ámbito de actividad del partido político existe riesgo de comisión de numerosos delitos como aquellos relativos a la propiedad intelectual e industrial, al mercado y a los consumidores, blanqueo de capitales, delitos

---

584 Para profundizar sobre las características que debe tener el mapa de riesgo delictivos y su importancia dentro del programa de cumplimiento: PALMA HERRERA, J. M.: "Presupuestos jurídico-penales de la responsabilidad penal de los entes corporativos y del sistema de «compliances»", cit., pp. 52-55

contra la Hacienda Pública y contra la Seguridad Social (arts. 305-310 bis CP), etc. Delitos que pueden considerarse, en realidad, prácticamente transversales a cualquier persona jurídica[585].

Por otro lado, los partidos políticos presentan estrechos vínculos con la Administración Pública. Su financiación es eminentemente pública y presenta severas restricciones para la financiación privada. Además, muchos de sus miembros detentan la condición de autoridad o funcionario público, lo que puede derivar en que un partido pueda llegar a ser responsable de un delito contra la Administración Pública. Por ello, dentro de este ámbito de actividad del partido político hay riesgo de comisión de delitos como el cohecho (arts. 419-427 bis CP), el tráfico de influencias (arts. 428-431 CP) y, lo que ahora nos interesa, el delito de financiación ilegal (art. 304 bis CP).

Pues bien, para que el programa de cumplimiento pueda funcionar como causa de atipicidad en un delito de financiación ilegal pasiva de un partido político, este tipo deberá estar incluido en su mapa de riesgos.

En segundo lugar, se exige que los programas de cumplimiento incluyan protocolos de formación de la voluntad de la persona jurídica, así como de adopción y ejecución de sus decisiones. Esto se ha traducido en muchos casos en la implantación de códigos éticos[586]. Sin embargo, un programa de cumplimiento penal exige ir mucho más allá de asumir meros compromisos éticos. Debe contemplar verdaderos mecanismos de control que traten de evitar que se adopten o ejecuten decisiones que puedan ser en sí mismas delictivas o conducir a la comisión de

---

585 PALMA HERRERA, J. M.: "Presupuestos jurídico-penales de la responsabilidad penal de los entes corporativos y del sistema de «compliances»", cit., p. 53

586 BAUCELLS LLADÓS, J. "La responsabilidad penal de los partidos como personas jurídicas", en AAVV/BOTELLA CORRAL (coord..); GARCÍA ARÁN (dir.), *Responsabilidad jurídica y política de los partidos en España,* Tirant lo Blanch, 2018, p. 289

algún delito[587]. Estos mecanismos supondrán además una mejora a nivel de rendición de cuentas de los miembros del partido político colmando lagunas de responsabilidad de las que pueda adolecer la legislación penal o administrativa.

Entre estos protocolos o procedimientos no se hace referencia alguna a las medidas de vigilancia y control de la actividad del ente que debe recoger el programa de cumplimiento. Esto se debe a la deficiente redacción del art. 31 bis CP, que hace referencia a estas medidas en el 31 bis 2. 2ª, pero no en el 31 bis 5 donde se recogen los requisitos del *compliance*. Dicho esto, es evidente que dichas medidas son necesarias para considerar que el programa de cumplimiento es eficaz, y deben estar directamente enfocadas en evitar la comisión de los delitos que hayan sido recogidos en el mapa de riesgos[588]. A esto se añade que el 31 bis 5 4º obliga al partido a dotar de recursos financieros suficientes para que la imposición de estas medidas de vigilancia y control sean efectivas. En el caso de los delitos de financiación ilegal, estas medidas de control pueden consistir, por ejemplo, en determinar claramente las personas responsables de la aceptación de donaciones para el partido con la exigencia, para ellas, de unos altos estándares éticos; prohibir la aceptación de donaciones fragmentadas o con utilización de personas interpuestas, dando inmediata cuenta al órgano de vigilancia de aquellas que resulten sospechosas de integrar una u otra cosa; llevar un control riguroso y documentado de las condiciones reales de prestación de un servicio o la ejecución de una actividad por el partido como forma de evitar donaciones encubiertas; prohibir suministrar datos falsos o incorrectos a la contabilidad; dar cuenta periódicamente al órgano de vigilancia de las donaciones que reciba el partido, etc.

---

587 PALMA HERRERA, J. M.: "Presupuestos jurídico-penales de la responsabilidad penal de los entes corporativos y del sistema de «compliances»", cit., p. 56

588 PALMA HERRERA, J. M.: "Presupuestos jurídico-penales de la responsabilidad penal de los entes corporativos y del sistema de «compliances»", cit., p. 57

La existencia de canales internos de denuncia es otro elemento fundamental para tener en cuenta a la hora de valorar la eficacia de un programa de cumplimiento. Estos canales son esenciales tanto para el descubrimiento de conductas delictivas, como para la previsión de su aparición, ya que puede ser un importante factor disuasorio. Dado el fuerte carácter jerárquico de las formaciones políticas, sería interesante para los partidos que estos mecanismos se gestionen de manera externa al partido y se asegure la protección del denunciante frente a posibles represalias de sus superiores[589].

Al frente de la supervisión del funcionamiento y del cumplimiento del modelo de prevención debe instaurarse un órgano de vigilancia de la persona jurídica con poderes autónomos de iniciativa y de control o que tenga encomendada legalmente la función de supervisar la eficacia de los controles internos de la persona jurídica. Este órgano puede ser colegiado o unipersonal, supuesto en el que se viene hablando de "responsable de cumplimiento normativo" o "compliance officer". Esta figura no debe de confundirse con el responsable de la gestión económico-financiera que regula la LOFPP, ya que este solo se hace responsable de las finanzas de la formación.

Finalmente, el modelo de cumplimiento debe imponer la obligación de informar de posibles irregularidades al compliance officer, así como establecer un régimen de sanciones que castiguen el incumplimiento de las medidas establecida en el mismo. Esto es imprescindible para crear una cultura de cumplimiento de la legalidad en los partidos políticos, donde tradicionalmente se observa la existencia de un pacto de silencio impuesto por la estructura del partido[590].

---

589 BAUCELLS LLADÓS, J. "La responsabilidad penal de los partidos como personas jurídicas", cit., p. 290.

590 BAUCELLS LLADÓS, J. "La responsabilidad penal de los partidos como personas jurídicas", cit., p. 291

CAPÍTULO CUARTO.
LA FINANCIACIÓN ILEGAL DE LOS PARTIDOS POLÍTICOS EN ITALIA

1. Breves notas sobre el sistema de financiación a los partidos políticos en Italia

1.1. FINANCIACIÓN PÚBLICA. DE LA FINANCIACIÓN PÚBLICA DIRECTA A LA FINANCIACIÓN PÚBLICA INDIRECTA

Desde la introducción de la financiación pública de los partidos políticos en Italia en el año 1974, el peso de esta ha ido progresivamente en aumento en detrimento de la financiación privada, donde se puede observar una disminución tanto en las aportaciones de los afiliados como en las donaciones de privados[591]. Esta situación se ha visto reflejada en el estudio de las cuentas de algunos de los grandes partidos italianos antes de la reforma del 2012, donde encontrábamos que el peso de la financiación pública en las cuentas de los partidos oscilaba entre el 60 y el 75 por ciento[592].

Esto ha favorecido el alejamiento de la sociedad civil con respecto de los partidos y, en consecuencia, estos pasan a tener una

---

591 BIONDI, F., "Finanziamento Pubblico e regolazione giuridica dei partiti dopo il decreto-legge n.149 del 2013", en AAVV/ TARLI BARBIERI, G. (dir.) y BIONDI F. (dir.); *Il finanziamento della politica*, Ed. Scientifica, Napoli, 2016, p. 52.

592 PIZZIMENTI, E. y IGNAZI, P. "Finanziamento pubblico e mutamenti organizzativi nei partiti italiani" en *Rivista italiana di scienza politica*, 2011, vol. 41, n. 2, p. 216.

mayor dependencia del Estado[593]. Como ya sabemos, este fenómeno no es exclusivamente italiano, sino que se da de forma generalizada, tal y como hemos visto en el caso español[594]. Para evitar que el financiamiento público acabe por sustituir por completo al financiamiento privado es posible elegir entre varias soluciones[595].

En caso de mantener un sistema de financiación público directo, se puede prever un sistema de reembolso de los gastos electorales justificados o un sistema de reembolso rigurosamente vinculado a los votos obtenidos y al límite máximo de cada partido para la campaña electoral. También se podría recurrir al co-financiamiento, que se intentó introducir en Italia con la legge n. 96 e 2012, vinculando la cantidad de financiación estatal a la cantidad recibida por los partidos de fuentes privadas, lo que favorece el enraizamiento del partido en la sociedad[596]. Para que este mecanismo funcione correctamente es necesario que se hagan controles rigurosos sobre la información aportada por los partidos, además de establecer un límite máximo con el fin de que cada donación contribuya al co-financiamiento. Este sistema puede favorecer el alcance de un equilibrio razonable entre financiamiento público y privado[597].

Una de las soluciones más radicales es la abolición completa del financiamiento público directo, sustituido por completo por financiación indirecta. Esta puede consistir en la mera puesta a disposición de bienes y servicios por parte del Estado o en mecanismos

---

593 KATZ, R. S. y MAIR, P. "Changing models of party organization and party democracy: the emergence of the cartel party" en *Party politics*, 1995, vol. 1, n. 1, p. 5-28.

594 Vid más en Cap.1, apdo. 2

595 BIONDI, F., "Finanziamento Pubblico e regolazione giuridica dei partiti dopo il decreto-legge n.149 del 2013", cit. pp. 53-53

596 BIONDI, F. *Il finanziamento pubblico dei partiti politici: profili costituzionali*, Ed. Giuffrè, 2012, p. 127.

597 Idem.

que suponen una renuncia por parte del Estado a ciertos ingresos sobre la base de una elección voluntaria hecha por los ciudadanos.

Esta última es la opción por la que ha optado Italia, introducida con el decreto legge n. 149 de 28 de diciembre del 2013, titulado "Abolizione del finanziamento pubblico diretto, disposizioni per la trasparenza e la democraticita' dei partiti e disciplina della contribuzione volontaria e della contribuzione indiretta in loro favore"[598], reformado posteriormente por la legge n. 13 del 2014, abroga las disposiciones sobre la financiación pública directa e introduce dos modalidades de financiamiento público indirecto. La primera es una forma de contribución voluntaria bonificada fiscalmente, introducida en el artículo 11[599], mientras que la segunda es una contribución indirecta fundamentada en la elección expresa de los ciudadanos en favor de un partido político concreto, recogida en el artículo 12[600]. La concreta cesación de la financiación pública directa se produjo en el año 2017, ya que la entrega de financiación pública directa se siguió produciendo durante los años 2014, 2015 y 2016 como régimen transitorio.

---

598 Traducido al español sería: Abolición del financiamiento público directo, disposiciones por la transparencia y democracia de los partidos y regulación de las contribuciones voluntarias y de las contribuciones indirectas en favor de los mismos.

599 *"Art. 11. Detrazioni per le erogazioni liberali in denaro in favore di partiti politici. 1. A decorrere dall'anno 2014, le erogazioni liberali in denaro effettuate dalle persone fisiche in favore dei partiti politici iscritti nella prima sezione del registro di cui all'articolo 4 del presente decreto sono ammesse a detrazione per oneri, ai fini dell'imposta sul reddito delle persone fisiche disciplinata dal testo unico di cui al decreto del Presidente della Repubblica 22 dicembre 1986, n. 917, alle condizioni stabilite dal comma 2 del presente articolo."*

600 *"Art. 12. Destinazione volontaria del due per mille dell'imposta sul reddito delle persone fisiche. 1. A decorrere dall'anno finanziario 2014, con riferimento alle dichiarazioni dei redditi relative al precedente periodo d'imposta, ciascun contribuente può destinare il due per mille della propria imposta sul reddito delle persone fisiche a favore di un partito politico iscritto nella seconda sezione del registro di cui all'articolo 4."*

En lo que respecta a las rebajas fiscales por las contribuciones voluntarias, en realidad ya previstas en la legge n. 96 del 2012, el artículo 11 del decreto legge n. 149 prevé que el sujeto, que puede ser tanto persona física como jurídica, que efectúe donaciones dinerarias en favor de un partido político, podrá deducir en su declaración de la renta un importe igual al 26% por las donaciones realizadas de entre 30 y 30.000 euros al año[601]. Quedan excluidas de esta posibilidad las sociedades con participación pública, las sociedades que coticen en bolsa, las sociedades con contratos y los entes públicos. Estas donaciones son solo deducibles si se realizan a través del banco o de la oficina de postal, en definitiva, mediante cualquier sistema de pago idóneo para la trazabilidad de la donación y la identificación exacta de su autor.

Cuando el legislador utiliza estos mecanismos, en los que se promueven las donaciones privadas con ventajas fiscales a posteriori, establecer la diferencia entre financiación pública y privada es muy complejo[602]. Es sin embargo razonable definir esta forma de financiación como financiamiento público indirecto, ya que la cuota deducible de la declaración de la renta no deja de ser una renuncia del estado a un ingreso en favor de las formaciones políticas[603].

En segundo lugar, en el artículo 12 del decreto legge n. 149 del 2013, el legislador italiano introduce la posibilidad de que el contribuyente destine una cuota del 2 por mil de su IRPEF[604]

---

601 *"Art. 11. Detrazioni per le erogazioni liberali in denaro in favore di partiti politici. 2. Dall'imposta lorda sul reddito si detrae un importo delle erogazioni liberali di cui al comma 1, pari al 26 per cento per importi compresi tra 30 euro e 30.000 euro annui."*

602 PINELLI, C. "Il punto su disciplina e finanziamento dei partiti", en *Diritto pubblico,* vol. 1, 2000, pp. 161-162.

603 BIONDI, F., "Finanziamento Pubblico e regolazione giuridica dei partiti dopo il decreto-legge n.149 del 2013", cit. p. 53.

604 El IRPEF o *Imposta sul reddito delle persone fisiche* es el equivalente italiano al Impuesto sobre la Renta de las Personas Físicas español (IRPF).

a un determinado partido político. Esto lo podrá hacer en su declaración de la renta o, para aquellos sujetos no obligados a hacerla, a través de un formulario específico para dicho fin.

También esta es una forma de financiación indirecta ya que el Estado está renunciando a unos ingresos de los que previamente disponía[605]. El legislador italiano ha fijado un límite a los ingresos derivados del dos por mil que los ciudadanos decidan voluntariamente enviar a un determinado partido. Este límite lo establece en el punto tercero del artículo 11, donde determina que los partidos podrán recibir un máximo de 750 euros por anualidad por persona a través de esta vía de financiación indirecta.

En realidad, un sistema parecido ya se intentó introducir con la legge n.2 del 1997, pero acabó siendo un proyecto fallido principalmente por motivos técnicos[606]. En aras de proteger el derecho al voto, se impedía indicar al contribuyente a qué partido quería dedicar el porcentaje de sus impuestos. En cambio, la regulación actual permite a cada ciudadano seleccionar a qué partido quiere destinar su dos por mil en su declaración de la renta.

Este sistema sin duda beneficia a los partidos que tienen una base social cuyas rentas son más altas[607], consecuencia que viene agravada por el hecho de que quedan excluidas de este sistema las aportaciones inferiores a 12 euros, es decir, quedan excluidas las potenciales aportaciones que pudieran hacer aquellas personas que declarasen unos ingresos inferiores a 6000 euros al año. En caso de que no se use el total de los recursos del fondo constituido por las aportaciones del 2 por mil, lo sobrante se devolverá a las

---

605 BIONDI, F., "Finanziamento Pubblico e regolazione giuridica dei partiti dopo il decreto-legge n.149 del 2013", cit. pp. 54 y ss.

606 Idem.

607 Idem.

arcas del Estado, más concretamente al "*Fondo di ammortamento dei titoli di Stato*"[608] (Fondo de amortización de bonos del Estado).

Para beneficiarse de estas dos formas de financiación públicas indirectas es necesario que el partido se inscriba en un determinado registro y demuestre que cumple unos requisitos determinados[609]. El elenco de partidos que efectivamente tiene derecho a estas vías de financiación es comunicado a la "*Agenzia delle Entrate*", de la que depende en última instancia, sobre la base de la elección realizada por los ciudadanos, trasmitir al "*Ministero dell'Economia e delle Finanze*" los datos necesarios para determinar el importe al que tiene derecho cada partido. La suma total pasa a un fondo controlado por el mismo Ministerio, y permanecerá en el mismo, a título de depósito, del 31 de agosto al 31 de diciembre de cada año[610].

A estas dos fuentes de financiación pública indirecta principales podemos añadir otras de las que también se pueden beneficiar los partidos no inscritos en el Registro, siempre que presenten ciertos requisitos requeridos por la ley[611]. Por ejemplo, en caso de recogida telefónica de fondos para campañas electorales que promuevan la participación política, los cargos por las cantidades pagadas quedan exentos de IVA. También existen deducciones fiscales para los gastos directamente relacionados con las campañas electorales o aquellos destinadas a favorecer el progreso de iniciativas políticas.

Finalmente mencionar la única forma de financiación pública directa que permanece, que es la posibilidad de obtener

---

608 Esto viene recogido en el artículo 3, punto 8 del Decreto del Presidente del Consiglio dei Ministri 28 maggio 2014.

609 Art. 18 del decreto-legge n. 149 del 2013.

610 BIONDI, F., "Finanziamento Pubblico e regolazione giuridica dei partiti dopo il decreto-legge n.149 del 2013", cit. pp. 55-56.

611 Art. 14 del decreto-legge n. 149 del 2013.

un reembolso de aquellos gastos realizados en las campañas de referéndum. Esta ayuda no fue expresamente abrogada por el decreto legge n.149 del 2013, y por lo tanto sigue vigente lo dispuesto en la legge n.157 del 1999 relativo al reembolso de los gastos efectuados en campaña tanto de los referéndums abrogativos como de los referéndums constitucionales.

Requisitos para acceder a dichos fondos:

Como ya he mencionado antes, del decreto legge n. 149 del 2013 no da acceso a todos los partidos políticos a las dos principales fuentes de financiación pública indirecta. A tal fin es necesario inscribirse en el "R*egistro nazionale dei partiti politici*" y presentar algunos requisitos de representatividad, como haberse presentado a elecciones o haber obtenido cargos electos en órganos representativos[612].

El legislador italiano previó la creación de una comisión ("*Commisione di garanzia degli Statuti e per la trasparenza e il controllo dei rendiconti dei partiti politici*"), ya recogida en la legge n. 96 del 2012 con otra denominación, que ha sido la encargada de dar forma al registro nacional de partidos. Esta comisión ha establecido que el registro esté compuesto de dos partes, en la primera se inscribirán los partidos que tengan un estatuto conforme a los requisitos previstos en el artículo 3 del decreto legge n. 149 del 2013[613], que constituye un condición preli-

---

612 BIONDI, F., "Finanziamento Pubblico e regolazione giuridica dei partiti dopo il decreto-legge n.149 del 2013", cit. p. 56

613 *"Art. 3 Statuto. 1. I partiti politici che intendono avvalersi dei benefici previsti dal presente decreto sono tenuti a dotarsi di uno statuto, redatto nella forma dell'atto pubblico. Allo statuto e' allegato, anche in forma grafica, il simbolo, che con la denominazione costituisce elemento essenziale di riconoscimento del partito politico. 2. Lo statuto, nell'osservanza dei principi fondamentali di democrazia, di rispetto dei diritti dell'uomo e delle liberta' fondamentali*

minar para el acceso a la financiación pública indirecta; en la segunda, aquellos partidos que anualmente hagan su solicitud de acceso tanto al financiamiento público indirecto como a un régimen fiscal favorable demostrando la posesión de los índices de representatividad previstos en el artículo 10 de la misma ley.

En el artículo 10[614] coma 1 letra b) del decreto legge n. 149 se establecen los requisitos para ser admitido en el régimen fiscal favorable para las donaciones privadas. Es necesario haber conseguido en las últimas elecciones al menos un candidato electo, presentado directamente por el partido, sea al Senado, a la Cámara, al Parlamento Europeo, en un Parlamento Regional o en un Consejo de las provincias autónomas de Trento y Bolzano, o haber presentado candidatos en alguno de los mismos procesos electorales en al menos tres distritos electorales para elecciones de renovación de la Cámara de Diputados, en al menos tres regiones

---

nonche' dello Stato di diritto, indica: a) il numero, la composizione e le attribuzioni degli organi deliberativi, esecutivi e di controllo, le modalita' della loro elezione e la durata dei relativi incarichi, nonche' il soggetto fornito della rappresentanza legale; b) la cadenza delle assemblee congressuali nazionali o generali; c) le procedure richieste per l'approvazione degli atti che impegnano il partito; d) i diritti e i doveri degli iscritti e i relativi organi di garanzia; le modalita' di partecipazione degli iscritti all'attivita' del partito…"

614 *"Art. 10. Partiti ammessi alla contribuzione volontaria agevolata, nonche' limiti alla contribuzione volontaria… a) al finanziamento privato in regime fiscale agevolato di cui all'articolo 11, qualora abbiano conseguito nell'ultima consultazione elettorale almeno un candidato eletto sotto il proprio simbolo, anche ove integrato con il nome di un candidato, alle elezioni per il rinnovo del Senato della Repubblica, della Camera dei deputati, dei membri del Parlamento europeo spettanti all'Italia o in uno dei consigli regionali o delle province autonome di Trento e di Bolzano, ovvero abbiano presentato nella medesima consultazione elettorale candidati in almeno tre circoscrizioni per le elezioni per il rinnovo della Camera dei deputati o in almeno tre regioni per il rinnovo del Senato della Repubblica, o in un consiglio regionale o delle province autonome, o in almeno una circoscrizione per l'elezione dei membri del Parlamento europeo spettanti all'Italia;"*

para la renovación del Senado de la República, en un consejo regional o de las provincias autónomas o, al menos, en una circunscripción para la elección de miembros del Parlamento Europeo.

En cambio, para acceder al reparto del 2 por mil es necesario haber obtenido representación en alguno de estos órganos representativos, tal y como establece la letra b) del mismo artículo 10[615]. Junto con estas reglas, el artículo 10 también establece que quedarán excluidos de estos beneficios aquello partidos que no ya no tengan representación en el Parlamento. Esta fórmula de cierre se incluyó para evitar que aquellos partidos extintos se aprovechasen de los beneficios previstos para los partidos[616].

Sin embargo, podemos afirmar que esta cláusula ha perdido su utilidad[617], ya que en el sistema de financiación introducido en el 2013 son los ciudadanos los que deciden enviar recursos a un partido (no como en el sistema anterior donde el Estado repartía automáticamente cuotas entre las distintas formaciones), y es presumible que estos no destinaran recursos a partidos sin funcionamiento.

A esto debemos añadir que esta disposición ha sido criticada de incoherencia por la doctrina italiana[618], ya que por un lado solo

---

615 *"Art. 10.1. b) alla ripartizione annuale delle risorse di cui all'articolo 12, qualora abbiano conseguito nell'ultima consultazione elettorale almeno un candidato eletto sotto il proprio simbolo alle elezioni per il rinnovo del Senato della Repubblica, della Camera dei deputati o dei membri del Parlamento europeo spettanti all'Italia."*

616 FLICK, G. M. "Il finanziamento ai partiti: il caso del 'caro estinto'", en federalismi.it, en línea disponible en http://www.federalismi.it.ApplOpenFilePDF.cfm?artid=20217&dpath=document&dfile=05062012190453.pdf&content=Il+finanziamento+ai+partiti:+il+caso+del+%E2%80%9Ccaro+estinto%E2%80%9D+-+stato+-+dottrina consultado por última vez el 3 de noviembre de 2019.

617 BIONDI, F., "Finanziamento Pubblico e regolazione giuridica dei partiti dopo il decreto-legge n.149 del 2013", cit. pp. 57 y ss.

618 Vid. más en BIONDI, F., "Finanziamento Pubblico e regolazione giuridica dei partiti dopo il decreto-legge n.149 del 2013", cit. pp. 56 y ss.

se pide tener representación en alguno de los órganos representativos que recoge la norma, como un Parlamento Regional, para obtener financiación pública indirecta, pero por otro se excluye a todo aquel que no tenga representación en el Parlamento Nacional. Tras diversos litigios en el ámbito contencioso-administrativo[619], la Comisión encargada de las admisiones ha acabado inscribiendo en la segunda parte del registro a partidos que no tenían representación en el Parlamento nacional, pero si en alguno de los incluidos en el citado artículo 10. La realidad es que la cuestión sobre qué partidos pueden recibir financiación pública es de relevancia constitucional, por lo que debería ser la Corte Constitucional la que acabe aclarando este asunto de manera definitiva[620].

Finalmente se recoge la posibilidad de que accedan a esta financiación indirecta, previa inscripción en el registro, partidos nuevos que, a pesar de no haber participado en las elecciones, estén constituidos por sujetos que formen parte de un Grupo Parlamentario en alguna de las dos Cámaras. Es decir, es suficiente con la adhesión a un grupo parlamentario o a algún componente del grupo mixto para acceder a la segunda parte del registro y a las fuentes de financiación pública indirecta. Esta es sin duda la manera más común de crear nuevos partidos con la intención de presentarse a los procesos electorales futuros teniendo ya acceso a la financiación necesaria[621].

1.2. FINANCIACIÓN PRIVADA

En lo que respecta a la regulación de la financiación de origen privado en Italia, voy a hacer un pequeño repaso sobre las

---

619 Tar Lazio, I sex., sentenza 9 marzo 2015, n. 3914

620 BIONDI, F., "Finanziamento Pubblico e regolazione giuridica dei partiti dopo il decreto-legge n.149 del 2013", cit. p. 58

621 Ibíd., p. 60.

prohibiciones y límites a las que la misma está sometida. En este ámbito, las principales prohibiciones ya estaban recogidas en el artículo 7 de la legge n. 195 del 1974 y apenas han sido modificadas hasta el año 2012, donde se amplía el alcance de la prohibición en el artículo 9, coma 28 de la legge n. 96 del 2012. Más recientemente, la legge n. 3 del 9 de enero de 2019, más conocida como *legge spazzacorrotti*[622], ha introducido algunas modificaciones del sistema de financiación de los partidos políticos.

Estos artículos recogen un régimen en el que está prohibida la financiación o las contribuciones, independientemente de su forma, que provengan de órganos de la administración pública, entes públicos, sociedades con una participación de capital público superior al 20% así como aquellas provenientes de sociedades controladas por estas últimas, a favor de un partido, su articulación político-administrativa e incluso de los grupos parlamentarios. Esta prohibición será también de aplicación a aquellas sociedades que presenten una participación de capital público inferior al 20% en los casos donde esta participación sea suficiente para que el ente público tenga el control sobre la sociedad. También está prohibida la financiación, sea directa o indirecta, proveniente de una sociedad que no esté incluida entre las mencionadas anteriormente en favor de un partido, sus articulaciones político administrativas o grupos parlamentarios, salvo que las aportaciones hayan sido directamente aprobadas por el órgano social competente y hayan sido registradas correctamente (esta prohibición se corresponde con una de las conductas penalmente típicas que serán estudiadas en profundidad más adelante).

---

622 Se trata de una ley anticorrupción que introdujo numerosas reformas en materia de delitos contra la administración pública y que también ha realizado alguna modificación en el sistema de financiación de los partidos políticos ante su indudable conexión con las tramas corruptas. Para ampliar sobre el contenido de esta ley, por ejemplo: DE CARO, A. "La legge cd spazza corrotti: si dilata ulteriormente la frattura tra l'attuale politica penale, i principi costituzionali e le regole del giusto processo". en *Processo penale e giustizia*, 2019, n. 2, pp. 281-289.

Por otra parte, el artículo 4 de la legge n. 659 del 1981 ha extendido la prohibición a la financiación y contribuciones destinadas, en cualquier modo, también aquellas de manera indirecta, a los parlamentarios italianos y europeos, a los consejeros regionales, provinciales y comunales, a los candidatos para los altos cargos, a las agrupaciones dentro de los partidos, así como a aquellos que en los propios partidos ostentan los cargos de presidencia, secretaría y de dirección política y administrativa a nivel nacional, regional, provincial y comunal (local).

Ni si quiera tras la reforma realizada en 2013, con el decreto legge n. 149 del 2013 se prohibió que las empresas concesionarias de servicios públicos, así como aquellas que reciben contribuciones públicas, pudiesen financiar a los partidos políticos. Esta ausencia ha sido criticada por la doctrina italiana[623], que considera evidente la necesidad de su exclusión para evitar que se produzcan situaciones de conflicto de intereses y en aras de favorecer una mayor transparencia en la financiación de la política[624].

Hasta la legge n. 3 del 9 de enero de 2019 seguían siendo posibles las donaciones procedentes del extranjero, estando sujetas simplemente a una obligación de declaración por parte del propio partido y sin limitación cuantitativa alguna, aspecto que recibía muchas críticas[625]. El artículo 1 punto 12 de esta ley prohíbe a aquellos partidos que participen en elecciones en municipios de más de 15.000 habitantes recibir contribu-

---

623 TARLI BARBIERI, G., "Il finanziamento privato ai partiti nel decreto-legge n.149 del 2013: limiti e garanzie di trasparenza", en AAVV/ TARLI BARBIERI, G. (dir.) y BIONDI F. (dir.); *Il finanziamento della politica,* Ed. Scientifica, Napoli, 2016, pp. 99 y ss.

624 CAROLI CASAVOLA, H. "Il finanziamento della politica", en *Rivista trimestrale di diritto pubblico,* n.2, 2015, p. 312.

625 Vid más en TARLI BARBIERI, G., "Il finanziamento privato ai partiti nel decreto-legge n.149 del 2013: limiti e garanzie di trasparenza", cit. pp. 128 y ss.

ciones, beneficios u otras formas de apoyo de gobiernos o entidades públicas extranjeras, así como de personas jurídicas que tengan su domicilio social en un Estado extranjero no sujeto a obligaciones tributarias en Italia. Este artículo también prohíbe a las personas físicas mayores de edad no inscritas en las listas electorales o privadas del derecho de voto financiar a partidos o movimientos políticos que cumplan estas características.

Volviendo al decreto legge n. 149 del 2013, en su artículo 10 prevé las limitaciones cuantitativas al financiamiento privado. Más concretamente, en su punto 7 establece que una persona física no podrá realizar donaciones, tanto en dinero como en especie, independientemente de la forma, que tenga un valor total superior a los 100.000 euros al año. Este límite cuantitativo solo podrá ser sobrepasado en aquellos casos de donaciones mortis causa, es decir, aquellas que un particular haya recogido expresamente en su testamento[626]. Al contrario de los que sucede en nuestro ordenamiento, no están prohibidas las donaciones por razón de su finalidad[627]. Es decir, no quedan expresamente prohibidas las donaciones finalistas o revocables que en el sistema español forman parte incluso del tipo penal.

Por su parte, el punto 8 del mismo artículo 10, recoge el límite establecido para las donaciones dirigidas a las formaciones políticas, tanto en dinero como en especie, para los sujetos diversos a las personas físicas. También en este caso el límite se ha establecido en 100.000 euros anuales. Sin embargo, esta prohibición no es aplicable a las trasferencias de fondos que realicen los partidos políticos en favor de otros movimientos o formaciones políticas. Esta excepción ha sido ampliamente criti-

---

626 BIANCO, A. "Il finanziamento della política in Italia", en A. Giuffré, vol. 209, Milano, 2001, pp. 60-61.

627 TARLI BARBIERI, G., "Il finanziamento privato ai partiti nel decreto-legge n.149 del 2013: limiti e garanzie di trasparenza", cit. pp. 130-131

cada por la doctrina italiana[628] ya que, en primer lugar, favorece la existencia de formaciones políticas dependientes de otras, lo que contraviene el artículo 49 de la Constitución italiana. Y, en segundo lugar, favorece la creación de micro-partidos de carácter personalista que dificultan mucho el funcionamiento y la gobernabilidad en el panorama político italiano.

Otro aspecto muy criticado por la doctrina italiana[629] de este articulo 10 son las sanciones recogidas para los casos en los que se produzcan donaciones que superen los límites establecidos en los puntos 7 y 8 de este artículo. En el punto 12[630] del mismo artículo se establece que la comisión impondrá una sanción administrativa del doble del valor de la parte de la donación que supera el límite establecido en la norma. A lo que añade que el partido que no haga frente a la sanción no podrá acceder a los beneficios previstos para la financiación de los partidos políticos por un periodo de tres años desde la fecha de imposición de la sanción.

1.3. CONTROL SOBRE LAS CUENTAS DE LOS PARTIDOS

Todos los partidos políticos que están inscritos en el "*Registro nazionale dei partiti politici*" y que se benefician de la financiación pública indirecta del Estado están obligados, hasta su eventual

---

628 Ibíd. pp. 131 y ss.

629 Ibíd. p. 132.

630 *"Art. 10 comma 12. 12. Fermo restando quanto previsto dall'articolo 7 della legge 2 maggio 1974, n. 195, e successive modificazioni, a chiunque corrisponda o riceva erogazioni o contributi in violazione dei divieti di cui ai commi 7 e 8 del presente articolo la Commissione applica la sanzione amministrativa pari al doppio delle erogazioni corrisposte o ricevute in eccedenza rispetto al valore del limite di cui ai medesimi commi. Il partito che non ottemperi al pagamento della predetta sanzione non puo' accedere ai benefici di cui all'articolo 12 del presente decreto per un periodo di tre anni dalla data di irrogazione della sanzione."*

disolución, a elaborar informes sobre la base de un modelo establecido por la ley[631]. Informe que deberá ser posteriormente certificado por una sociedad de revisión externa.

Todos los informes, cuentas y justificaciones, así como la evaluación realizada por la sociedad de revisión externa, deben ser presentados a una comisión denominada "*Commissione di garanzia degli statuti e per la trasparenza di controllo dei rendiconti dei partiti politici*", que podríamos traducir como Comisión de garantía de los estatutos y por la trasparencia y control de las cuentas de los partidos. Esta comisión es la que examinará regularidad de las cuentas de los distintos partidos, sancionando, en su caso, las irregularidades que detecte[632], funciones que en el caso español están en manos del Tribunal de Cuentas.

La comisión se compone de cinco sujetos, uno designado por el Presidente de la Corte de Casación, uno designado por el Presidente del Consejo de Estado y tres designados por el presidente del Tribunal de Cuentas. El requisito mínimo para poder estar entre los seleccionables para este órgano es el de ser magistrado con la categoría mínima de "*consigliere di Cassazione*". El acto de nombramiento lo adopta conjuntamente el Presidente del Senado y de la Cámara y es publicado en el boletín oficial. El mandato de los comisarios dura 4 años, renovables una sola vez, durante los cuales no podrán tener otro cargo[633].

---

[631] Así lo establece el artículo 8 coma 9 del decreto legge n. 149 del 2013, que obliga a los partidos beneficiarios tanto del dos por mil como de las donaciones cofinanciadas por el Estado a presentar sus cuentas conforme a lo establecido en el artículo 8 de la legge 2 de 1997.

[632] Vid más en BIONDI, F., "Finanziamento Pubblico e regolazione giuridica dei partiti dopo il decreto-legge n.149 del 2013", cit. pp. 66-68

[633] Introducida originariamente con la legge n. 96 del 2012, en la actualidad encontramos la regulación en el artículo 4 coma 1 del decreto legge n. 149 del 2013.

Las funciones de control atribuidas a la comisión no se basan meramente en comprobar que los informes entregados cumplen formalmente con el modelo establecido en la ley. Se hace una verificación material sobre la correspondencia de los gastos e ingresos efectivamente acaecidos con aquellos que han sido declarados y documentados en los informes[634].

En segundo lugar, en materia de control de las cuentas de los partidos, encontramos las obligaciones de publicidad y trasparencia impuestas a los partidos políticos inscritos en el Registro. Más concretamente, estos partidos vienen obligados a publicar en su página web su estructura estatutaria, la organización interna, las actas y las cuentas del partido[635]. Esta obligación de publicidad está recogida en el artículo 5 del decreto legge n. 149 del 2013, y va exclusivamente dirigida a aquellos partidos inscritos en el Registro. Se establece que después del control de conformidad realizado por la comisión, cada partido deberá publicar en su página web todos los informes realizados. El incumplimiento de esta obligación conlleva una de las sanciones administrativas (ésta recogida en el artículo 8 coma 3) de las que paso a hablar a continuación.

Tras el órgano de control y las obligaciones de publicidad y transparencia, el tercer elemento que debemos valorar para poder tener una visión general del sistema de control sobre las cuentas de los partidos es el régimen sancionador. De hecho, las sanciones son un mecanismo de control de gran relevancia, que incide sobre los elementos represivos, pero también pedagógicos del sistema de financiación de los partidos políticos[636].

---

634 CARDONE, A., "Il controllo sui bilanci dei partiti "registrati" tra "delusioni" della prassi e riforme che si susseguono", en AAVV/ TARLI BARBIERI, G. (dir.) y BIONDI F. (dir.); *Il finanziamento della politica,* Ed. Scientifica, Napoli, 2016, p. 76.

635 Idem.

636 CARDONE, A., "Il controllo sui bilanci dei partiti "registrati" tra "delusioni" della prassi e riforme che si susseguono", cit. pp. 87 y ss.

La reforma realizada en el año 2013 ha adaptado la disciplina de infracciones y sanciones administrativas al nuevo sistema de financiación pública indirecta, sobre todo a su vinculación con la inscripción en el registro de los partidos políticos que pueden acceder a los beneficios previstos en el nuevo sistema de financiación[637]. A estas sanciones se les aplica la normativa prevista para el resto de las sanciones administrativas son exclusión de la posibilidad del pago reducido para las sanciones pecuniarias. Se prevé expresamente la obligación de motivar por parte de la Comisión tanto el fundamento como la cantidad de la sanción, haciendo especial referencia a la gravedad de la infracción cometida. Finalmente, a las mismas se les impone el límite total de dos tercios de la cantidad total que percibiría el partido como consecuencia de la dación voluntaria de los ciudadanos del 2 por 1000 de su IRPEF[638].

En síntesis, las sanciones previstas son las siguientes:

a) En el caso de violación de la obligación de la certificación externa de las cuentas, de presentar los informes requeridos con la documentación justificativa o de entregar el informe de aprobación de los documentos declarados, y siempre que esta violación no se subsane antes del 31 de octubre, se sancionará con la supresión del partido político del registro durante el período impositivo sucesivo al de la comisión de la infracción.

b) En el caso de violación de la obligación de mantenimiento de los libros contables previstos en el artículo 8 de la legge n. 2 del 1997, se sancionará con la reducción de un tercio del total debido al partido por la libre elección de los ciudadanos de destinar el 2 por mil de su IRPEF a dicho partido.

---

637 Idem.

638 Encontramos la regulación sobre el régimen administrativo sancionador en el artículo 8 del decreto legge n. 149 del 2013.

c) En el caso de que un partido político omita datos en sus cuentas o haya declarado unas cifras que no se corresponden con las recogidas en sus libros contables será sancionado con una cantidad igual a la no declarada con el límite de un tercio del total debido al partido por la libre elección de los ciudadanos de destinar el 2 por mil de su IRPEF a dicho partido.

d) En último lugar, por cada información omitida, no presentada correctamente o presentando datos incorrectos con respecto al contenido obligatorio de las cuentas recogido en la legge n.2 del 1997, se impondrá una sanción pecuniaria igual a un veinteavo de la suma derivada del 2 por mil, siempre con el límite máximo de un tercio con respecto al mismo importe.

Podemos afirmar, con carácter general, que no es un régimen administrativo sancionador particularmente duro[639] si lo comparamos con el previsto para las formaciones políticas españolas. Más aún si tenemos en cuenta que la sanción más grave, la eliminación del partido político del registro de partidos y, en consecuencia, la imposibilidad de aprovechar los beneficios previstos en la ley, solo se aplica durante el año siguiente a la imposición de la sanción. Además, se da tiempo al partido para subsanar la infracción cometida, por lo que la sanción podría llegar incluso a no ser efectivamente aplicada.

En este mismo sentido, otro factor que marca la baja lesividad del sistema administrativo sancionador es la vinculación del quantum de las sanciones con la cantidad a percibir por el partido a través del 2 por mil. La doctrina[640] parece ver más razonable el límite de un tercio impuesto para las sanciones individuales, siendo el límite de dos tercios del montante del 2

---

639 CARDONE, A., "Il controllo sui bilanci dei partiti "registrati" tra "delusioni" della prassi e riforme che si susseguono", cit. pp. 89.

640 Ibíd. pp. 91-97

por mil como cantidad máxima de sanción imponible en caso de múltiples sanciones el más criticado, ya que no se considera razonable establecer un límite punitivo tan bajo para los casos en los que la evaluación de las cuentas del partido presente un elevado número de infracciones.

Otra crítica[641] que encuentra el sistema de control, muy similar a la crítica que se realiza en España, es la insuficiencia de recursos e instrumentos de los que está dotada la comisión. Si a esto le añadimos el modo de selección de alguno de sus componentes, de marcado perfil político, que mina no solo su operatividad sino también su independencia con respecto de los partidos que debe controlar.

---

641 Idem.

2. *Los delitos de financiación ilegal de los partidos políticos en Italia*

2.1. DE LEGISLACIÓN DE EMERGENCIA A LA JUDICIALIZACIÓN DE LA POLÍTICA

El empuje que determinó la aprobación de la ley sobre la financiación de los partidos políticos fue el clima de alarma social que se instauró en la opinión pública a raíz de casos de corrupción político-empresarial en los años 70[642], especialmente el "*scandalo dei petroli*[643]" fue con el que se inició un intensa campaña de prensa que denunciaba el reparto privado y clientelar de los contratos públicos y que puso el foco en la financiación de los partidos políticos como uno de los puntos más críticos para combatir esta degeneración de la política. Ya desde el origen de la legislación, podemos encontrar un paralelismo evidente con el caso español, donde los escándalos de corrupción empujaron hacia la tipificación del delito de financiación ilegal de los partidos políticos.

La opinión pública abandonó en este momento histórico la postura de aceptación de la corrupción política, que habían sostenido hasta el momento tanto la magistratura como los medios de comunicación, pasando a demandar la aprobación de

---

642 FORZATI F.; *Il finanziamento illecito ai partiti politici. Tecniche di tutela ed esigenze di riforma,* Ed. Jovene Editore, Napoli, 1998, p. 274.

643 CRESPI, S. "Il peculato per distrazione nella giurisprudenza del Senato della Repubblica", en *Rivista italiana di diritto e procedura penale,* Ed. Giuffré, 1973, pp. 418 y ss.

medidas capaces de moralizar y fiscalizar la vida pública[644]. Este contexto induce a la clase política a regular la financiación de los partidos incluyendo un tipo penal de clausura que manifieste la voluntad política de luchar institucionalmente contra las malas prácticas instauradas en el sistema partitocrático.

A esta situación en la que se aprobó el tipo penal debemos añadir su marcado carácter simbólico[645], la decisión de anticipar el momento de tutela y la acentuación de la componente de prevención general sobre la prevención especial, como una suerte de guía moral para los partidos. Estas características hacen que el delito de financiación ilegal italiano fuese un claro ejemplo de una política criminal de la emergencia[646].

La ley penal sobre la financiación de los partidos nace como normativa simbólica de la ineficacia, completa e intencionalmente inadecuada para combatir la criminalidad del ámbito político administrativo. Se veía por la doctrina italiana como una norma defensiva del statu quo establecido[647]. Esto es una característica que este delito comparte con otros del mismo sector, los delitos de cuello blanco. Estos delitos de criminalidad económica y corrupción siempre vienen regulados por unas normativas y

---

644 FORZATI F.; *Il finanziamento illecito ai partiti politici. Tecniche di tutela ed esigenze di riforma,* cit., p. 275

645 Por legislación simbólica se entiende en la doctrina italiana como aquella legislación penal producida con un objetivo meramente placativo, para dar mensajes aseguradores de la efectividad de la tutela, con la conciencia de su inefectividad. Es un tipo de legislación que también podría denominarse como pseudo-instrumental y de carácter defensivo. En este sentido PALIERO, "Consenso sociale e dirito penale", en *Rivista italiana di diritto e procedura penale,* Ed. Giuffré. 1992,p. 891 y ss.

646 Vid más en BRICOLA, F. "Politica criminale e politica penale dell'ordine pubblico (a proposito della legge 22 maggio 1975 n. 152)", en *Politica criminale e scienza del diritto penale,* Bologna 1997, pp. 107 y ss

647 FORZATI F.; *Il finanziamento illecito ai partiti politici. Tecniche di tutela ed esigenze di riforma,* cit., p. 278

unos tipos penales cuya eficacia y aplicación efectiva son más bajas que aquella de otros sectores de la legislación penal[648].

Encuadrado en esta perspectiva político-criminal, se comprende mejor el enorme impacto político que produjo el cambio repentino a través de la investigación de *Mani Pulite* en la aplicación del delito de financiación ilegal de los partidos políticos. De norma simbólica de emergencia, caracterizada por su ineficacia, y por lo tanto defensiva del status quo existente, a norma central y fundamental en la lucha contra la corrupción[649]. Todavía es pronto, ya que no se han destapado grandes tramas de corrupción posteriores a la aprobación del delito de financiación ilegal en España, pero podría tener una progresión similar si tenemos en cuenta que es una figura que, a efectos de prueba, puede llegar a ser más fácilmente perseguible que otros delitos relacionados con la corrupción.

Tras años de inefectividad, y a partir del caso de *Mani Pulite*, el delito de financiación ilegal de los partidos políticos pasó a tener una importancia mucho mayor dentro del ordenamiento penal italiano. El tipo penal siempre ha sido muy criticado por su mala configuración ya que, a pesar de las reformas realizadas a principios de los años ochenta, nunca se ha conseguido una configuración que contentase a la doctrina penal italiana[650]. Esto se puede deber al deseo de la clase política de que fuese un tipo penal poco efectivo y mantenerlo como legislación simbólica. Con el caso de Mani Pulite y su aplicación extensiva, surgieron

---

648 PULITANÒ, D. "La giustizia penale alla prova del fuoco", *en Rivista italiana di diritto e procedura penale*, Ed. Giuffré 1997, pp. 6 y ss.

649 BRICOLA, F. "Politica criminale e politica penale dell'ordine pubblico (a proposito della legge 22 maggio 1975 n. 152)", cit. pp. 104 y ss.

650 Tanto FORZATI, como SPAGNOLO o BRICOLA, entre otros, han sido muy críticos con la configuración de los tipos penales de financiación ilegal, críticas que podemos encontrar en sus distintas obras citadas en este capítulo.

proyectos de despenalización de la materia, pero finalmente se mantuvo el delito existente ante el temor de los partidos de perder apoyo en futuros comicios[651].

La estructura que se ha terminado consolidando del tipo penal italiano tiene muchos defectos y ha sido fuertemente criticada por la doctrina. Especialmente la crítica se centra en la ambigüedad de la conducta típica, la dificultad de reconocimiento de los sujetos activos y las duplicidades que ha generado en el sistema[652]. Estas críticas fueron superadas por la aplicación jurisprudencial del delito[653], que fue la pieza fundamental en el caso de *Mani Pulite.* No podemos ignorar que los límites y defectos del tipo penal, que en principio dificultaban tremendamente su aplicación, han acabado siendo superados por la aplicación judicial, donde encontramos un abuso de los espacios aplicativos y de la función de esta figura[654].

Considero necesario detenerme, brevemente, a explicar el caso *Mani Pulite,* para poder así comprender su dimensión y la utilidad que tuvo el tipo penal de financiación ilegal de los partidos políticos en Italia. *Mani Pulite* inicia oficialmente el 17 de febrero de 1992 en Milán, cuando una investigación del fiscal Antonio Di Pietro lleva al arresto de Mario Chiesa, consejero provincial socialista; el político, presidente del Instituto "*Pio Albergo Trivulzio*", fue descubierto flagrante, mientras pedía una comisión de 14 millones a una empresa que concurría a la adjudicación del servicio de limpieza del instituto. En pocos me-

---

651 FORZATI F.; *Il finanziamento illecito ai partiti politici. Tecniche di tutela ed esigenze di riforma,* cit., p. 278.

652 Ibíd. pp. 2 y ss.

653 Por ejemplo en: Cass. pen., 1° febbraio 1993, in Cass. pen. 1994, 2429; Cass. pen., 16 febbraio 1994, in Riv. pen. 1995, 393; Cass. pen., 13 febbraio 1995, in Riv. pen. 1996, 744.

654 También en: Cass. pen., 30 novembre 1995 n. 2714, in Foro it. 1996, 2; Cass. pen., 9 dicembre 1996 – 6 febbraio 1997, in Guida dir. 1997, 8.

ses la investigación incluyó a numerosos políticos, las empresas municipales de transporte público, del metro, del aeropuerto de Milán: los siete millones incautados a Chiesa en pocos meses se convierte en 15 mil millones.

Tras el caso Chiesa, se abrieron cientos de investigaciones de casos de corrupción político-administrativa que han acabado con la entrada en la cárcel de políticos, funcionarios y empresarios. Las investigaciones han ido desvelando progresivamente una práctica de corrupción colectiva dentro de las instituciones y de la sociedad civil, una práctica corrupta de carácter colectivo que, por dimensión y difusión, dejó entrever lo que se denominó "*Stato delle tangenti*"[655] (Estado de los sobornos).

Para representar geométricamente este cuadro de corrupción, nombrado como *Tangentopoli* y *Mani Pulite*, podemos utilizar un triángulo, compuesto por el poder económico privado, la administración pública y la clase política. Cada uno de estos sectores fue atacado por el germen de la ilegalidad. Las frecuentes tramas entre los mismos, que autoalimentaban el mecanismo ilícito, han provocado que el fenómeno se acabase reproduciendo en serie[656].

---

655 En la sentencia Chiesa, el *Giudice per le indagini preliminari* Italo Guitti escribe: "En la perspectiva del legilador penal italiano y sobre todo en la realidad social, el cohecho y la corrupción representan hipótesis de una patología excepcional o, en todo caso, circunscrita a desviaciones aisladas e individuales. En cambio, el cuadro que surge de los hechos del presente procedimiento (y de un conjunto de otros hechos que surgen casi diariamente de las investigaciones derivadas del presente procedimiento) ha traído a conocimiento judicial un contexto que no es un hecho aislado, pero que se trata de comportamientos habituales, constantes y generalizados que han dado origen a un verdadero y auténtico extendido sistema de ilegalidad". Trib. Milano 28 novembre 1992, in Foro it., 1994, II, p. 227.

656 La doctrina señala que como consecuencia del recurso sistemático al mecanismo del se produce la inoperancia de las reglas de competencia de mercado. Las empresas que pagaban a los partidos políticos resulta-

Se ha registrado una tendencia de la corrupción a autoalimentarse, un círculo vicioso que une los episodios de corrupción con otros hechos delictivos tendentes al encubrimiento y a garantizar la posibilidad de seguir cometiendo los anteriores. Esta cultura de corrupción se trasladó a la asignación de contratos, a la compra de suministros, a las concesiones urbanísticas y de obra pública, a la financiación pública de las empresas, al financiamiento de los partidos políticos y a las cuentas de las empresas[657].

Los delitos cometidos en estas tramas de corrupción son, entre otros, malversación de fondos, cohecho, falsedad documental y, el que es objeto de nuestro análisis, financiación ilegal de los partidos políticos. La investigación de *Mani Pulite* sacó a la luz todo este entramado de corrupción que se había asentado en el interior del sistema político y de la administración pública,

ban beneficiadas con respecto a aquellas que no lo hacían, falseando la competencia entre las mismas. Esto ha determinado la necesidad de las empresas adjudicatarias, ya dentro del sistema, de proseguir con estos acuerdos ilícitos, de la misma manera que acaba obligando a aquellas que decidieron hacerlo de modo legal a adaptarse a esta práctica ilícita, ya que de no hacer estas aportaciones quedan automáticamente excluidas del mercado. Vid. más en FORZATI F.; *Il finanziamento illecito ai partiti politici. Tecniche di tutela ed esigenze di riforma,* cit., pp. 8 y ss.

657 "Una reciente investigación ha establecido que en el "Provveditorato di Milano" eran corruptos 29 de cada 30 empleados", se trataba de una auténtica "sociedad del robo generalizada: tenemos los libros contables, los nombres, los hechos para poder repetir Mani Pulite en todas las empresas y las administraciones del Estado, ferrocarriles, telefónicas, autovías, Alitalia, Eni, escuelas, pero, ¿cómo perseguir a cientos de miles de personas? Solo los comportamientos delictivos marginales son afrontables por el poder judicial, se convierten en masivos la justicia queda impotente". Estas son declaraciones de una entrevista realizada al magistrado del "pool Mani Pulite", Piercamillo Davigo en Bocca, Il sottosopra, Mondadori, Milano 1994, p. 271 y ss. Estas ayudan a comprender la dimensión tanto del caso como de la difusión de la corrupción en Italia en los años 80.

llegando la magistratura a intervenir en ámbitos que habían sido tradicionalmente inmunes a la acción judicial[658].

En este sentido, la actuación judicial de *Mani Pulite-Tangentopoli* supuso una intervención de gran relevancia política, rompiendo los equilibrios políticos preexistentes y provocando una crisis en la vieja clase dirigente, lo cual generó un momento de fuerte tensión entre poderes[659]. Sin entrar en valoraciones políticas o de partido, para encuadrar y comprender históricamente el fenómeno de *Tangentopoli*, es necesario hacer referencia a la exigencia que existía en ese momento en Italia de un recambio de una clase política deteriorada tras casi medio siglo gobernando Italia. Una exigencia derivada de una crisis político institucional, percibida por la sociedad civil, pero que jamás habría podido encontrar una solución en la partidocracia imperante[660].

Solo con esta óptica se pueden comprender las razones que hicieron posible que la magistratura pudiera funcionar como efectivo contrapeso del poder político en clave de control de la legalidad, ejercitando un rol político absolutamente inédito hasta el momento en la historia judicial italiana o en cualquier otra democracia occidental[661].

Con el caso *Tangentopoli* se produjo la recuperación del delito de financiación ilegal de los partidos políticos. Durante casi 20 años, estuvo relegado al grupo de las normas escritas y jamás aplicadas. Antes de la investigación de *Mani Pulite*, el artículo 7 de la legge 195/74 representaba de manera emblemática la capacidad

---

658 FORZATI F.; *Il finanziamento illecito ai partiti politici. Tecniche di tutela ed esigenze di riforma*, cit., p. 4.

659 PULITANÒ, D. "La giustizia penale alla prova del fuoco", cit. pp. 6 y ss.

660 Ídem.

661 MADONA, N. "Tangentopoli e Mani Pulite: dopo le indagini, i processi", en *Stato dell'Italia*, Milán, 1994, pp. 526 y ss.

de la clase política italiana de producir, en los ámbitos que le son de aplicación, una regulación de marcado carácter simbólico.

Este carácter simbólico se evidencia en todo el contenido de la legge 195/1974, no solo en los tipos penales. Se establecía un sistema de fondos públicos insuficientes para garantizar las necesidades del partido (ahora derogado y relegado a financiación pública solo de carácter indirecto) y no se penaliza la financiación extranjera de los partidos, no se prevé un sistema eficaz de control de sus cuentas, en definitiva, no se construye una regulación eficaz para combatir la financiación ilegal.

A la construcción penal del legislador italiano de 1974, llena de lagunas y ambigüedades, se añade el inmovilismo de la magistratura, que unidas garantizaron la impunidad de las prácticas corruptas y de financiación ilegal. Esto se traduce en que desde la introducción del tipo penal en 1974 hasta 1990 no encontramos ninguna sentencia que condene por uno de los delitos de financiación ilegal de los partidos políticos[662].

Ésta consolidada tendencia jurisprudencial hacia la desaplicación del tipo penal, que había garantizado la estabilidad en las relaciones ilícitas entre partidos políticos y empresas, cambia por completo con la investigación de *Mani Pulite.* Los magistrados a cargo de esta investigación quisieron aprovechar la enorme potencialidad estratégica de esta materia, ya que es un punto de encuentro entre el poder económico privado, la administración pública y la clase política. Exaltaron la función preventiva del tipo penal, convirtiéndolo en la punta de lanza contra la corrupción política[663].

---

662 SPAGNOLO, G.; *I reati di illegale finanziamento dei partiti politici*, Ed. CEDAM-Casa Editrice Dott. Antonio Milani, Padova, 1990, pp. 27 y ss.

663 FORZATI F.; *Il finanziamento illecito ai partiti politici. Tecniche di tutela ed esigenze di riforma,* cit., pp. 7 y ss.

La financiación ilegal de los partidos políticos pasó de ser el emblema de la disciplina penal inspirada en el principio "se cambia todo para no cambiar nada", a convertirse en el delito marco de *Tangentopoli*[664], ejemplificando el cambio del poder judicial en Italia con respecto a la corrupción, desde la más absoluta laxitud a un agudo intervencionismo.

A comienzos de los años noventa es la primera vez en la historia de la república italiana que la magistratura ha sancionado el flujo ilegal de dinero sobre el que se sostenía el sistema partitocrático. A partir de este momento el delito de financiación ilegal fue cogiendo forma, materializándose en imputaciones y condenas.

La investigación demostró que por la mayor disponibilidad de fondos y por la necesidad de apoyos políticos, eran las empresas las que aportaban la parte más importante de la financiación de los partidos. Esta se hacía especialmente significativa cuando salían a concurso contratos públicos, asignados sobre la base de acuerdos previos entre los empresarios y los administradores públicos. A esto debemos añadir los administradores de empresas públicas designados políticamente. Estos quedaban obligados a financiar a su partido de referencia si querían mantener su puesto al frente de la empresa pública en cuestión.

Por otro lado, hay que señalar que interesaba a ambas partes, partidos y empresas, mantener oculto este movimiento de fondos. Resultaba útil para el empresario por razones de privacidad y por evitar las posibles reclamaciones de otros pretendientes de los contratos que le eran adjudicados; y era del todo necesario para los partidos en aras de evitar provocar sospechas de acuerdos indebidos en la opinión pública[665].

---

664 IACOVIELLO, F.M., "Un delito-simbolo: il finanziamento illecito ai partiti politici" en Cass. Pen. 1995, pp. 1620 y ss.

665 FORZATI F.; *Il finanziamento illecito ai partiti politici. Tecniche di tutela ed esigenze di riforma,* cit., pp. 7 y ss.

Para no salir públicamente, la financiación a los partidos no podía provenir de las cuentas oficiales de las empresas. Estas lo debían hacer a través de fondos ocultos. A su vez, los partidos, para asegurar la impenetrabilidad del sistema, recurrían a movimientos financieros con el extranjero, a menudo utilizando sociedades off shore.

De frente a una realidad tan compleja, no era fácil para los magistrados a cargo de la investigación de *Mani Pulite* distinguir si se encontraban con un caso donde la financiación al partido estaba dirigida a obtener una decisión determinada de la administración, encontrándonos con un caso de cohecho, o esta aportación de fondos era un fin es si mismo, suponiendo simplemente un delito de financiación ilegal. Otro de los aspectos destacados por la doctrina italiana[666] en el caso de *Tangentopoli* son las interferencias que se producen entre los distintos tipos penales. La criminalidad político-económica es muy compleja y se le pueden aplicar distintas calificaciones jurídicas. En el caso de *Mani Pulite*, a la financiación ilegal de los partidos se le ha aplicado, además del delito previsto para la misma, delitos como el cohecho, la malversación o el abuso de poder en régimen de concurso. Esto ha supuesto que, a un *unicum* en términos de disvalor social, se les han aplicado varios tipos penales y han pasado de no ser perseguidos, a ser excesivamente sancionados.

2.2. TIPOS PENALES Y BIENES JURÍDICOS

La financiación ilegal de los partidos políticos en Italia no ha sido tipificada directamente en el código penal como ocurrió en España en el año 2015. En cambio, durante los años 70 y 80 se aprobaron distintas normas que han acabado configurando los

---

666 Vid más en BECCARIA, A., MARCUCCI. G. *I segreti di Tangentopoli. 1992: l'anno che ha cambiato l'Italia,* Ed. Newton Compton Editori, Vol. 307 2015.

dos tipos penales de financiación ilegal de los partidos políticos que llegan hasta la actualidad.

El primer tipo penal es el resultado de la combinación de diversas normas. Por un lado, el artículo 7, puntos 1 y 3, de la legge n. 195 del 1974 junto con el punto primero del artículo 4 de la legge n. 659 del 1981 que fue a su vez modificado por el artículo 3 de la legge n. 22 del 1982.

La reconstrucción de este primer tipo penal, teniendo en cuenta lo establecido en las normas citadas anteriormente, puede ser la siguiente: Queda prohibida la financiación, bajo cualquier forma y en cualquier modo de desembolso, incluyendo la financiación indirecta, de parte de órganos de la administración pública, de entes públicos, de sociedades con participación de capital público superior al 20% o de sociedades controladas por estas últimas, sin perjuicio de su naturaleza privada, a favor de partidos o su articulación político-administrativa, de grupos parlamentarios, de miembros del Parlamento nacional, de miembros italianos del Parlamento europeo, de consejeros regionales, provinciales y comunales, de candidatos a estos cargos, de reagrupaciones internas de los propios partidos políticos, así como aquellos que ocupan puestos de presidencia, de secretaría y de dirección política a nivel nacional, regional, provincial y comunal en los partidos políticos. Cualquiera que acuerde o reciba contribuciones en violación de lo dispuesto anteriormente será condenado con una pena de prisión de 6 meses a 4 años y con una multa de hasta el triple de las cantidades entregadas en violación de estos preceptos[667].

---

[667] Así lo reconstruye SPAGNOLO en SPAGNOLO, G.; *I reati di illegale finanziamento dei partiti politici*, Ed. CEDAM-Casa Editrice Dott. Antonio Milani, Padova, 1990, pp. 31-32: "*Sono vietati i finanziamenti o i contributi sotto qualsiasi forma ed in qualsiasi modo erogati, anche indirettamente, da parte di organi della pubblica amministrazione, di enti pubblici, di società con partecipazione di capitale pubblico superiore al 20% o di società controllate da queste ultime, ferma restando la loro natura privatistica, a favore di partiti o*

El segundo tipo penal recoge la financiación proveniente de sociedades distintas de las indicadas en el tipo anterior, y deriva a su vez de la interpretación conjunta de los artículos 7, puntos 2 y 3 de la legge n. 195 del 1974 y el punto primero del artículo 4 de la legge n. 659 del 1981, en el texto modificado por el artículo 3 de la legge n. 22 del 1982. La reconstrucción, en este caso, del tipo penal quedaría de la siguiente manera: Queda prohibida la financiación, bajo cualquier forma y en cualquier modo de desembolso, incluyendo la financiación indirecta, de parte de parte de las sociedades no recogidas en el punto uno del artículo 7, a favor de partidos o su articulación político-administrativa, de grupos parlamentarios, de miembros del Parlamento nacional…, salvo que esa financiación o contribuciones hayan sido aprobadas por el órgano social competente y regularmente inscritas en las cuentas del partido y siempre que no hayan sido prohibidas por otro precepto legal. Cualquiera que acuerde o reciba contribuciones provenientes de una sociedad no incluida entre las previstas del punto primero del artículo 7, sin la intervención del órgano societario competente o sin que la financiación o la contribución hayan sido debidamente inscritas en el presupuesto de la misma sociedad, será condenado con una pena de prisión de 6 meses a 4 años y con una multa de hasta el triple de las cantidades entregadas en violación de estos preceptos[668].

---

loro articolazioni politico-amministrative, di gruppi parlamentari, di membri del Parlamento nazionale, di membri italiani del Parlamento europeo, dei consiglieri regionali, provinciali e comunali, dei candidati alle predette cariche, dei raggrupamenti interni dei partiti politici, nonché di coloro che rivestono cariche di presidenza, di segreteria e di direzione politica ed ammnistrativa a livello nazionale, regionale, provinciale e comunale nei partiti politici. Chiunque corrisponde o riceve contributi in violazione dei divieti previsti nel comma precedente è punito, per ciò solo, con la reclusione da sei mesi a quattro anni e con la multa fino al triplo delle somme versate in violazione della presente legge."

668 Así lo reconstruye SPAGNOLO en SPAGNOLO, G.; *I reati di illegale finanziamento dei partiti politici*, cit., pp. 32-33: "*Sono vietati altresí i finanziamenti o i contributi sotto qualsiasi forma ed in qualsiasi modo ero-*

Por último, el artículo 4 de la legge 659 del 1981 introducía el delito de omisión o declaración engañosa a la Presidencia de la Cámara de contribuciones individuales o de procedencia extranjera. Esta figura rellanaba un vacío criticado por la doctrina del momento, ya que hasta este punto no se preveía un delito de financiación ilegal en el que el sujeto activo fuese un sujeto individual o una persona, física o jurídica, extranjera. A pesar de que la elección de tipificar esta conducta tenía el respaldo de la doctrina fue despenalizada con legge 689 del 1981, es decir, ese mismo año, pasando a ser un ilícito administrativo. Por lo tanto, como tipos penales de financiación ilegal de los partidos políticos nos quedamos solo con los dos anteriormente expuestos, y serán sobre los que basemos este breve estudio de la financiación ilegal de los partidos políticos en Italia.

Bienes jurídicos

Antes de analizar las conductas descritas anteriormente debemos estudiar cuál es el bien jurídico objeto de protección en los

---

gati, diretta o indiretta, da parte di società non comprese fra quelle previste nel primo comma dell'art. 7 in favore di partiti, partiti o loro articolazioni politico-amministrative, di gruppi parlamentari, di membri del Parlamento nazionale, di membri italiani del Parlamento europeo, dei consiglieri regionali, provinciali e comunali, dei candidati alle predette cariche, dei raggrupamenti interni dei partiti politici, nonché di coloro che rivestono cariche di presidenza, di segreteria e di direzione politica ed ammnistrativa a livello nazionale, regionale, provinciale e comunale nei partiti politici, salvo che tali finanziamenti o contributi siano stati deliberati dall'organo sociale competente e regolarmente iscritti in bilancio e sempre che non siano comunque vietati dalla legge. Chiunque corrisponde o riceve contributi da parte di società non comprese tra quelle previste dal primo comma dell'art. 7, senza che sia intervenuta la deliberazione dell'organo societario o senza che il contributo o il finanziamento siano stati regolarmente inscritti nel bilancio della società stessa, è punito con la reclusione da sei mesi a quattro anni e con la multa fino al triplo delle somme versate in violazione della presente legge".

delitos de financiación ilegal de los partidos políticos en Italia. El hecho de que nos encontremos ante dos tipos penales diferentes, siendo el primero una prohibición absoluta de ulterior financiación pública (más allá de la financiación pública indirecta establecida por la ley), y el segundo una prohibición condicionada de financiación privada, hace que no podamos presuponer que ambos tipos compartan la misma ratio, es decir, debemos estudiar separadamente el bien jurídico protegido por ambos tipos penales[669].

En primer lugar, en lo que respecta al financiamiento público ilegal, la doctrina italiana[670] está de acuerdo en que el bien jurídico protegido no se trata del patrimonio público o del buen funcionamiento de la administración pública. Este puede ser uno de los efectos que tenga este tipo penal, pero no es su objetivo directo y principal. El patrimonio público, la imparcialidad y el buen funcionamiento de la administración pública ya son objeto de tutela de los delitos recogidos en el título II del libro II del código penal italiano, que recoge los delitos contra la administración pública. Por lo tanto, la razón de ser de este tipo penal está en el otro lado de la transacción ilícita, en el lado opuesto, es decir, en los partidos políticos que reciben la financiación ilícita[671].

El mismo razonamiento podemos hacer con el tipo penal de financiamiento ilegal de parte de sociedades privadas sin participación pública relevante, que, sin duda, no ha sido introducida para tutela el patrimonio de la sociedad, la regularidad de la actividad social o los intereses de los socios y los acreedores[672].

---

669 Así lo defiende FORZATI en FORZATI F.; *Il finanziamento illecito ai partiti politici. Tecniche di tutela ed esigenze di riforma,* Ed. Jovene Editore, Napoli, 1998, Pp. 70 y ss.

670 En este sentido se expresan tanto FORZATI como SPAGNOLO, autores de las dos obras (citadas anteriormente) monográficas más importantes en el análisis de la financiación ilegal de los partidos políticos en Italia.

671 SPAGNOLO, G.; *I reati di illegale finanziamento dei partiti politici,* cit., p. 34

672 Idem.

Son otros tipos penales los que protegen dichos bienes jurídicos. También aquí encontramos el fundamento del tipo penal en la otra parte de la transacción, en el ámbito de las reglas del juego político y los principios que deben presidir el mismo.

La idea del legislador de la época sobre cuál era el bien jurídico protegido la podemos encontrar en los trabajos realizados por la primera comisión permanente durante la redacción de la legge n. 195 del 74[673]. En esta se afirma que el financiamiento ilícito viola el principio constitucional contenido en el artículo 49 de la constitución italiana porque altera la libre elección de los ciudadanos para determinar la política nacional[674]. A lo que se añade que, en la medida en que grupos de presión, públicos y privados, y no solo los ciudadanos, devienen determinantes, o tienen una gran influencia en la elección de partidos en la política nacional, se produce una agresión a los mismos cimientos de las instituciones democráticas en su conjunto[675]. En modo particular viene agredido un principio fundamental de la democracia como es el pluralismo de partidos políticos (pluralismo político)[676].

Con este análisis podemos determinar que el ámbito donde se encuentran los intereses tutelados es el correspondiente a los partidos políticos y no aquel del donante, sea una sociedad o un ente público. Pero, aun siendo la parte objeto de tutela la misma, la doc-

---

673 Vid más en FORZATI en FORZATI F.; *Il finanziamento illecito ai partiti politici. Tecniche di tutela ed esigenze di riforma,* cit., pp. 72 y ss.

674 *Articolo 49 della Costituzione italiana:*
"*Tutti i cittadini hanno diritto di associarsi liberamente in partiti per concorrere con metodo democratico a determinare la politica nazionale*".

675 SPAGNOLO, G.; *I reati di illegale finanziamento dei partiti politici,* cit., p. 35

676 Hacer referencia a la parte donde hablo del pluralismo político como bien jurídico protegido en el caso español.

trina italiana[677] no considera que también coincidan los intereses tutelados por ambos tipos penales, tan diferentes en su configuración.

Una vez que el Estado ha establecido las vías de financiación pública de los partidos políticos, en el caso italiano por vía indirecta, la ley ha previsto, como no podía ser de otra manera, la prohibición absoluta de cualquier otra subvención proveniente de las arcas públicas[678], que trastornaría las reglas del juego político. Era por tanto indispensable que no se diesen nuevas formas de financiación pública que diesen una capacidad económica mayor a un partido de la que les correspondería conforme a las decisiones de los ciudadanos, lo que alteraría el resultado de la libre decisión de los ciudadanos poniendo en crisis el principio democrático fundamental del pluralismo de partidos[679].

En cambio, el problema es diferente cuando analizamos el financiamiento privado oculto. El tipo penal de financiamiento público ilegal no encuentra su análogo en el ámbito privado con la financiación ilegal proveniente de sociedades privadas. Las donaciones de sociedades privadas, incluso aquellas con una participación pública inferior al 20%, independientemente de su importe, son legítimas desde el punto de vista penal siempre que cumplan ciertos requisitos. En concreto, la financiación de las sociedades privadas será legal cuando lo reflejen en sus cuentas, es decir, sea público, y cuando sea aprobado por el órgano social competente, sin establecer ulterior requisito de legalidad.

---

677 Tanto FORZATI en FORZATI F.; *Il finanziamento illecito ai partiti politici. Tecniche di tutela ed esigenze di riforma,* cit., pp. 70 y ss., como SPAGNOLO en SPAGNOLO, G.; *I reati di illegale finanziamento dei partiti politici,* cit., pp. 33 y ss., defienden la existencia de dos bienes jurídicos diferenciados.

678 Algo que también sucede en el sistema español pero que, como ya hemos analizado, no se ha incluido en el tipo penal español, que solo contempla conductas relativas a la financiación privada ilícita.

679 SPAGNOLO en SPAGNOLO, G.; *I reati di illegale finanziamento dei partiti politici,* cit., p. 35.

Por lo tanto, independientemente del importe de la financiación o de si se trata de aportaciones finalistas, condicionantes o revocables[680], que buscan influenciar una determinada elección política, serán penalmente irrelevantes siempre y cuando estas aportaciones sean públicas y declaradas por la sociedad. En consecuencia, nos podemos encontrar con casos de financiación desinteresada pero oculta, que será penalmente perseguible y, por otro lado, financiación interesada pero pública, realizada con el objetivo de presionar, influenciar, en definitiva, dirigida a obtener un trato de favor, que será penalmente irrelevante. Ante esta situación la doctrina[681] italiana ha llegado a la conclusión de que este tipo penal no puede compartir el bien jurídico protegido con el financiamiento público ilegal ya que no va a proteger, al menos de forma directa, el pluralismo de partidos.

El tipo recogido en el punto segundo del artículo 7 de la legge n. 195 del 1974 no castiga las interferencias que puedan provocar los poderes económicos en la vida política, sino que se limita a castigar aquellas que se hagan de manera oculta, es decir, la financiación que viole las reglas de transparencia y publicidad. Es la financiación privada oculta la considerada peligrosa, dejando en manos de la ciudadanía la valoración de todas las transacciones que se hagan de manera pública. Por lo tanto, el bien jurídico protegido en este caso es la transparencia[682] de

---

680 Estos son algunos de los ejemplos de formas de financiación que se encuadrarían en el tipo penal español pero que resultan penalmente irrelevantes en Italia.

681 SPAGNOLO en SPAGNOLO, G.; *I reati di illegale finanziamento dei partiti politici,* cit., p. 36

682 Tanto FORZATI en FORZATI F.; *Il finanziamento illecito ai partiti politici. Tecniche di tutela ed esigenze di riforma,* cit., pp. 74-75, como SPAGNOLO en SPAGNOLO, G.; *I reati di illegale finanziamento dei partiti politici,* cit., pp. 38, coinciden en situar el bien jurídico protegido por el tipo penal de fianaciación societaria oculta en la transparencia del sistema financiación de los partidos políticos.

las contribuciones que realicen las sociedades privadas, ya que esta es una garantía de información de los ciudadanos, necesaria para que los mismos puedan hacer su elección política de manera libre, teniendo toda la información posible a su alcance.

2.3. LAS CONTRIBUCIONES PROHIBIDAS

Al igual que en el caso español hemos concretado como son exclusivamente las donaciones de privados aquellas contribuciones que pueden acabar constituyendo el tipo penal, también se debe especificar que se va a entender por contribución o financiación en el tipo penal italiano. Concepto que, en este caso, es mucho más amplio que la acepción que hemos dado para nuestro tipo penal[683].

En un primer momento, la doctrina italiana[684] quiso interpretar financiación y contribución en el sentido estricto que le otorgaría el derecho privado. En esta línea se estaba criminalizando la mera financiación de un partido que devolvería el préstamo con las condiciones normales de mercado, en definitiva, esta buscaba prohibir cualquier tipo de financiación, incluso aquella que prevé la devolución de lo prestado más intereses, a través de este tipo penal.

Esta línea doctrinal vio su fin en un caso que llegó a la Procura de Nápoles el 5 de noviembre de 1978, donde se denunció la apertura de una línea de crédito concedida desde un instituto de crédito de derecho público al representante de un partido político, que después de utilizar esta línea de crédito se había comprometido a devolver la cantidad debida más los intereses. Este caso fue archivado a propuesta del *Proccuratore della Repubblica* alegando que cuando el legislador italiano habla de financiación

683 Poner brevenmente el concepto español

684 SPAGNOLO, G.; *I reati di illegale finanziamento dei partiti politici*, cit., pp. 39 y ss.

o contribuciones, se está refiriendo a aquellas aportaciones a fondo perdido, por lo que una operación bancaria perfectamente legal desde el punto de vista mercantil nunca puede encontrarse entre las conductas castigadas por el tipo penal[685].

Entre ambas posiciones, se ha acabado imponiendo la línea doctrinal intermedia[686]. En este sentido, se considera que pueden constituir una aportación típica tanto las donaciones a fondo perdido como la financiación en condiciones ventajosas, es decir, con unas condiciones que no se le aplican a la generalidad de la clientela, como podría ser la devolución de la financiación sin cobro de intereses. En general, nos encontramos ante un uso a-técnico de los términos financiación y contribución, que además se usan indistintamente en la legge n. 195 del 1974, en la que el factor diferencial para considerar la aportación como penalmente relevante es que se trate de un trato de favor hacia el partido que no obtendría otro sujeto privado.

A las contribuciones y financiación directa en dinero tenemos que añadir, a diferencia del caso español donde quedan excluidas del tipo penal, las prestaciones de servicios y los medios de financiación indirectos. La financiación ilegal al partido puede tratarse de cualquier bien o servicio que, aumentando el patrimonio del partido, aumente sus posibilidades de éxito electoral. El único requisito de la prestación no monetaria entregada es que la misma sea de naturaleza económica, es decir, se le pueda asignar un valor.

Si bien es cierto que en un primer momento había algunas dudas interpretativas, debidas a las diversas descripciones[687] de las contribuciones en los distintos tipos penales, se han acabado

---

685 En esta línea podemos encontrar a MAZZARELLI, F.; *Contributi e finanziammenti occulti ai partiti*, *Ed. Temi rom*, 1981 I, p. 5

686 SPAGNOLO, G.; *I reati di illegale finanziamento dei partiti politici*, cit., pp. 41 y ss.

687 Podemos encontrar diversas expresiones como: "finanziamenti o contributi sotto qualsiasi forma, diretta o indiretta", "in qualsiasi modo

interpretando[688] conjuntamente, de modo que entran las contribuciones en cualquier modalidad y bajo cualquier forma de entrega, lo que incluye la prestación de servicios de manera gratuita o en condiciones más ventajosas que las presentadas por el mercado.

Igualmente se consideran comprendidas en el concepto de contribuciones prohibidas la financiación indirecta, es decir, contribuciones enmascaradas con otro *nomen iuris* o entregadas por persona interpuesta. En realidad, esta es la forma más común que vamos a encontrar en los casos de financiación pública ilegal ya que encontrarían grandes dificultades para hacer sus contribuciones de manera directa.

A pesar de que en los diversos tipos penales se ha hecho uso de distintas expresiones para hablar de las contribuciones prohibidas, se ha hecho una interpretación conjunta de las mismas por parte de la doctrina[689], que atribuye a todas ellas el mismo significado, al considerar que no tendría sentido distinguir las modalidades de financiación prohibida entre las distintas conductas típicas.

En conclusión, a las formas de financiación directa, debemos añadir al contenido de contribuciones prohibidas no solo la prestación de servicios, pero con carácter general todas aquellas contribuciones que, también indirectamente, independientemente de su modalidad jurídica, e incluso a través de persona interpuesta, en definitiva, signifiquen un beneficio o una utilidad igual para el destinatario que aquella que habría supuesto una contribución directa. Por lo tanto, estamos ante un concepto mucho más amplio que el que encontramos en el tipo penal español que, al tratarse de

---

e sotto qualsiasi forma erogati" o "ai finanziamenti ed ai contributi in qualsiasi forma o modo erogati, anche indirettamente"

688 FORZATI F.; *Il finanziamento illecito ai partiti politici. Tecniche di tutela ed esigenze di riforma,* cit., pp. 137-149.

689 SPAGNOLO, G.; *I reati di illegale finanziamento dei partiti politici,* cit., pp. 53 y ss.

una norma penal en blanco sujeta a interpretación restrictiva, se restringe a las donaciones descritas en el artículo 5.1 de la LOFPP.

Por último, mencionar la posibilidad de incluir conductas omisivas dentro del ya amplio concepto de contribución utilizado por la doctrina italiana con respecto a la financiación ilegal de los partidos[690]. Estamos ante aquellos casos en los que la institución pública o la entidad de crédito no ejercen su derecho de reclamar una deuda, lo que acaba beneficiando directamente al partido político que no tiene que resarcirla.

Se podría objetar que se está sobrepasando el principio de taxatividad y la prohibición de analogía en el ámbito penal. En definitiva, las conductas de entregar o recibir recogidas en el tipo solo pueden comprender conductas omisivas por vía analógica, ya que vienen descritas en modo positivo. En todo caso, se viene considerando que se trataría de una analogía interna (no prohibida). Además, teniendo en cuenta la formulación del tipo, con cláusulas como "de cualquier modo" o "bajo cualquier modalidad", facilitan que las aportaciones que se realicen como consecuencia de un no hacer se consideren incluidas en el tipo[691].

Esta es la interpretación que ha venido siguiendo la jurisprudencia[692], que haciendo uso de esta analogía interna va a considerar que constituyen el delito aquellas omisiones que tengan como consecuencia una variación en el patrimonio de las partes análoga a la que se produciría con una conducta activa. Es decir, es necesario que la misma tenga efectos jurídicos, como la no reclamación de un crédito continuada en el tiempo que acaba con la prescripción de la deuda.

---

690 Ídem.

691 Ídem.

692 Cass., sez. I 11 ottobre 1980 in Cass. Pen. Mass. ann., 1981, p. 1536.

2.4. CONDUCTAS Y SUJETOS

2.4.1. Los sujetos receptores

Uno de los elementos comunes en ambos tipos penales son los sujetos destinatarios de la prohibición de recibir financiación pública y de la obligación de declarar la financiación privada al Presidente de la Cámara de los Diputados. Según la interpretación conjunta de los artículos 7 de la legge n. 195 del 1974, 4 de la legge n. 659 del 1981 y 3 de la legge n. 22 del 1982 son destinatarios de estas obligaciones y prohibiciones los partidos, sus articulaciones político administrativas, las reagrupaciones internas, los grupos parlamentarios, los miembros del Parlamento nacional, los miembros italianos del Parlamento europeo, los consejeros regionales, provinciales y locales, los candidatos a los anteriores cargos, así como aquellos que ejercen en los partidos cargos de presidencia, secretaría y dirección política y administrativa a nivel nacional, regional y local.

El elenco presentado por el tipo penal italiano es mucho más pormenorizado y preciso que el español, aun así, la doctrina[693] ha encontrado dos puntos que requieren de aclaración. Por un lado, se debe establecer que debemos entender por "articulación político-administrativa" y por "reagrupaciones internas de los partidos", dos figuras cuyo significado no es tan claro como aquel del resto de elementos de la lista. Por otro lado, se debe concretar que sujetos van a tener la capacidad de recibir en nombre y por cuenta de las distintas entidades mencionadas anteriormente.

En referencia al primer problema, la doctrina[694] ha determinado que tanto las reagrupaciones internas como las articulaciones político-administrativas de los partidos relevantes desde el punto

---

693 FORZATI F.; *Il finanziamento illecito ai partiti politici. Tecniche di tutela ed esigenze di riforma,* cit., pp. 131-136

694 Ídem.

de vista penal serán aquellas previstas en los estatutos del partido o las que tengan una unión institucional con el mismo que permitan verificar la existencia de una dependencia directa con el mismo. Ejemplos del primero serían las secciones o células dentro del partido, y entre los ejemplos del segundo encontraríamos por ejemplo las asociaciones juveniles o las asociaciones feministas directamente vinculadas y dependientes del partido político.

El segundo problema, referente a las personas físicas que tienen la capacidad de recibir, viene solucionado por el artículo 5 de la legge n. 195 del 1974 que determina que tanto los partidos como los grupos parlamentarios que vayan a recibir fondos deben indicar en sus estatutos quienes serán los sujetos con capacidad para recibir y actuar en su nombre[695]. Esto se aplica también a las articulaciones político-organizativas y a las reagrupaciones internas, que deberán establecer en sus estatutos quienes son las personas con capacidad de recibir la financiación y, por lo tanto, cuyos actos pueden significar la comisión del delito de financiación ilegal de los partidos políticos.

2.4.2. El delito de financiación pública ilegal

Una vez analizado el bien jurídico protegido (en este caso bienes jurídicos protegidos) por los delitos de financiación ilegal de los partidos políticos, ahora paso a analizar los tipos penales de manera individual, comenzando por el delito de financiación pública ilegal, completamente inexistente en España, ya que nuestro tipo solo recoge conductas relacionadas con la financiación privada a los partidos políticos.

En lo que respecta a los sujetos activos, en el apartado anterior ya hemos visto quienes son los sujetos a los que se dirige la prohi-

---

695 FORZATI F.; *Il finanziamento illecito ai partiti politici. Tecniche di tutela ed esigenze di riforma,* cit., p. 136.

bición de recibir, común a ambos tipos penales. Ahora debemos identificar a los sujetos destinatarios de la prohibición de financiar ilegalmente a los partidos políticos, recogidos en el punto primero y sancionados en el tercero del artículo 7 de la legge n. 195 del 1974.

El delito de financiación pública ilegal castiga la financiación proveniente de órganos de la administración pública, entes públicos, sociedad con una participación de capital público superior al 20 por ciento o sociedades controladas por estas últimas.

Según la doctrina de derecho público italiana[696], órganos de la administración pública son aquellos que tienen asignado el ejercicio de funciones administrativas, por lo tanto, se excluyen todos los órganos públicos encargados de otras funciones del estado. En cambio, el legislador penal usa la denominación administración pública de manera más amplia, donde entra toda la actividad del Estado y de los entes públicos[697]. No tendría sentido excluir órganos titulares de otras funciones del Estado y que gestionan recursos públicos. Recursos que podrían acabar dirigiendo directa o indirectamente a un partido, por lo que no hay razón para excluir a dichos sujetos, especialmente si tenemos en cuenta el bien jurídico protegido.

Para determinar qué se entiende como ente público, otro de los posibles sujetos activos de este delito, debemos mirar hacia el derecho administrativo. Es público el ente constituido o reconocido por el estado, sujeto a controles específicos. Desde un punto de vista formal, también podemos afirmar que el ente público es aquel que está sujeto a una reglamentación de derecho público[698].

No entran en la definición de ente público las sociedades de capital con participación pública, reguladas por el derecho pri-

---

696 Vid más en SPAGNOLO, G.; *I reati di illegale finanziamento dei partiti politici*, cit., p. 64

697 Vid más en CRESPI, A., STELLA, F. y ZUCCALÀ, G.; *Commentario breve al Codice penale*. Vol. 5. Cedam, 1986, p.554.

698 SPAGNOLO, G.; *I reati di illegale finanziamento dei partiti politici*, cit., p. 65

vado. Aun así, tanto las que tengan una participación superior al 20 por ciento, como las controladas por estas últimas, entran dentro de la prohibición de financiar de cualquier forma a los partidos políticos[699]. No formarán parte de este régimen las sociedades que, a pesar de tener una participación de capital público igual o inferior al 20 por ciento, esta sea lo suficientemente elevada como para tener el control de la sociedad en cuestión. Por ende, podremos encontrar casos en los que la prohibición se aplique a una sociedad con más del 20 por ciento de participación pública pero no controlada por el accionista público y no se aplique a una sociedad controlada por la administración aun con una participación inferior al 20 por ciento.

Las prohibiciones impuestas sobre estas personas jurídicas en realidad van dirigidas hacia las personas físicas que tienen el poder de disponer de los fondos públicos en nombre y por cuenta del ente. Contribuciones de sujetos que pertenezcan al ente, pero que no puedan ser relacionadas con el mismo, en ningún caso podrán constituir el delito de financiación pública ilegal[700].

La conducta típica de financiamiento ilegal público consiste en el hecho de entregar o recibir cualquier tipo de donación de origen público. A diferencia de los delitos de corrupción en Italia, que ya están consumados con la aceptación por parte del funcionario público de la promesa de dinero o cualquier otro tipo de donación, este delito requiere, como en el caso español, que la donación ilícita haya sido efectivamente entregada y recibida[701]. Un aspecto importante de la conducta típica, y cuya interpretación nos puede ser de ayuda para aventurar como se va a interpretar en el futuro el delito de financiación ilegal de

---

699 Se consideran sociedades controladas, en virtud de lo establecido en el artículo 2359 del Código Civil italiano:

700 FORZATI F.; *Il finanziamento illecito ai partiti politici. Tecniche di tutela ed esigenze di riforma,* cit., pp. 131 y ss.

701 SPAGNOLO, G.; *I reati di illegale finanziamento dei partiti politici,* cit., p. 67

los partidos políticos en España, es el significado que se le va a otorgar a los términos entregar y recibir.

Según la doctrina italiana[702], el término "*corrispondere*", cuya traducción más exacta podría ser pagar o entregar, no puede y no debe interpretarse, como podría parecer, equivalente a consignar, enviar, expedir, abonar, etc. Aun debiéndose concretar el pago o entrega de la aportación ilegal a través de una de estas actividades u otra análoga, el pago o entrega solo vendrá efectivamente realizado cuando al mismo le siga la "*ricezione*", término cuyo paralelismo es más preciso si cabe al utilizado por el legislador español para definir la financiación ilegal pasiva, donde habla de recibir.

En el hecho de pagar o entregar podemos individualizar una conducta diferente a la del resultado final, es decir, es posible que a pesar de que el sujeto donante haya realizado todo lo que debía hacer para realizar la entrega de la donación, esta no sea correspondida con su recepción por parte del beneficiario de esta. En consecuencia, no resulta verdaderamente entregada la donación que se quería aportar.

El término recibir es interpretado por la doctrina italiana[703] en el sentido de cobrar o aceptar, en definitiva, de no rechazar la contribución que se tenía la obligación jurídica de rechazar. El acto de recibir es un acto voluntario que implica necesariamente la conducta de la otra parte dirigida a la entrega. Normalmente, la recepción se podrá tener como consumada en el momento de la adquisición de la posesión del dinero o el bien por parte del destinatario. Con carácter general, podrá tenerse por cumplida en los casos en los que se haya manifestado, con una decisión inequívoca, la voluntad de retener la contribución o de disponer de la misma.

---

702 Ibid. pp. 67 y ss.

703 FORZATI F.; *Il finanziamento illecito ai partiti politici. Tecniche di tutela ed esigenze di riforma,* cit., pp. 137 y ss.

Esta manifestación de la voluntad propia es incompatible con todas esas conductas que evidencian, incluso implícitamente, la voluntad contraria, por ejemplo, rechazando o restituyendo la cosa o el dinero que le habían sido entregados. Es decir, aun habiéndolos recibido, no podemos considerar la recepción material como tal si la voluntad del receptor es la de rechazar o restituir la aportación recibida.

También tiene claro la doctrina italiana[704] que, en los casos de donaciones por persona interpuesta, el comportamiento que se deberá valorar para considerar si existe recepción deberá ser aquel del destinario final y no el comportamiento del intermediario que, en realidad, no puede incorporar ningún bien al patrimonio del partido.

De lo dicho hasta aquí resulta claro que las dos conductas, la de entregar y la de recibir, son estrechamente interdependientes entre sí y están inseparablemente conectadas. Es decir, no se puede entregar algo a otro sujeto si este último no la recibe, al igual que no se puede recibir nada sin que alguien realice una entrega. De hecho, no se pueden diferenciar ni siquiera de manera cronológica los dos conceptos ya que, hasta que no ha sido recibida, no podemos considerar que la contribución haya sido entregada, y viceversa[705].

Entregar y recibir son, en definitiva, dos caras de la misma realidad. Componen un resultado que el legislador quiere evitar visto desde dos puntos de vista diversos. Por un lado, el del beneficiario, que no puede haber recibido contribución alguna sin que nadie se la haya entregado, y, por otro, el financiador, que no puede haber entregado ninguna contribución sin que el beneficiario la haya recibido.

---

704 Idem.

705 SPAGNOLO, G.; *I reati di illegale finanziamento dei partiti politici*, cit., p. 69

Por lo tanto, como el tipo penal está configurado por la norma de parte especial en un modo tal que exige necesariamente una pluralidad de sujetos, estamos, como en el caso español, en presencia de un tipo penal plurisubjetivo cuya estructura se caracteriza por el hecho de que la conducta de recepción del beneficiario, consumando el resultado que se quiere evitar, es también la confirmación de la conducta de entrega del financiador[706]. Estamos ante un tipo penal plurisubjetivo bilateral o, como solemos denominar a este tipo de delitos también en España, un delito de encuentro, que se caracteriza por una heterogeneidad parcial de las conductas[707].

Para concluir en lo que respecta al tipo penal, podemos decir que nos encontramos ante un delito plurisubjetivo de encuentro, instantáneo, de forma libre, con doble calificación subjetiva, donde cada uno de los dos concurrentes debe necesariamente poseer una calificación particular distintiva que lo pone en una relación especial con el interés tutelado[708].

En lo que respecta al dolo[709], el delito de financiación pública ilegal se presenta como un delito de dolo genérico. Se requiere que los sujetos sean conscientes tanto de la propia calificación subjetiva como de la calificación de la contraparte. La ignorancia o el error sobre una de las dos calificaciones excluirían el dolo, tanto para los autores como para los cómplices o cooperadores necesarios. También, al igual que sucede con la conducta típica,

---

706 De esta forma lo ha interpretado la Suprema Corte italiana, siempre requiriendo la bilateralidad de la conducta típica para considerar que se ha consumado el delito. En este sentido encontramos: Cass., sez. III 17 aprile 1996, in Cass. Pena., 1997, p. 1887, n. 1136.

707 CONTENTO, G.; *Corso di diretto penale,* Bari, 1989, p. 689.

708 Vid más en SPAGNOLO, G.; *I reati di illegale finanziamento dei partiti politici,* cit., pp. 70-71

709 FORZATI F.; *Il finanziamento illecito ai partiti politici. Tecniche di tutela ed esigenze di riforma,* cit., p. 141

nos encontramos ante un dolo de naturaleza compuesta o bilateral, en tanto comprende dos manifestaciones de voluntad con el mismo objetivo desde dos puntos de vista diversos. Es decir, no se puede manifestar la voluntad de recibir una contribución si nadie ha propuesto la entrega, de la misma forma que no se puede expresar de manera definitiva la voluntad de entrega de una contribución sin que el potencial receptor sea consciente de la misma[710].

Para encontrarnos ante este delito en grado de tentativa, no será suficiente con la iniciativa unilateral de petición u oferta de una contribución ilegal. Según la doctrina italiana[711], solo podemos encontrarnos ante un delito de este tipo en grado de tentativa si se producen actos idóneos para la comisión del delito por ambas partes legitimadas para hacerlo. Es decir, como delito de encuentro que se concreta con la recepción de la contribución ilícita, el delito en grado de tentativa también requiere de actos ejecutivos por ambas partes, además del acuerdo de entregar y recibir la financiación ilícita[712].

Para encontrarnos ante un delito de financiación pública ilegal en grado de tentativa, ambas partes han debido realizar actos ejecutivos para la comisión del delito y que dicha comisión haya sido finalmente frustrada. Un ejemplo lo podríamos encontrar en los casos de financiamiento público ilegal a través de persona interpuesta. En un caso de este tipo, donde financiador y financiado se han puesto de acuerdo en la transacción, el método de entrega y recepción se va a producir de manera acordada a través de una persona interpuesta, una vez que la contribución ha sido

---

710 En este sentido se ha pronunciado también la jurisprudencia de la Corte de Cassazione en Cass., sez. VI, 17 ottobre 1994, in Cass. Pen., 1996, p. 1299, n. 766.

711 SPAGNOLO, G.; *I reati di illegale finanziamento dei partiti politici*, cit., pp. 71y ss.

712 FORZATI F.; *Il finanziamento illecito ai partiti politici. Tecniche di tutela ed esigenze di riforma*, cit., p. 143.

entregada a la persona interpuesta se podría dar un evento que impida la entrega y recepción efectivas, evitando la perfección del delito, dejándolo, por tanto, en grado de tentativa[713].

2.4.3. El delito de financiamiento oculto ilegal

La realización de contribuciones a favor de los partidos políticos por parte de privados, como ya hemos dicho, está permitida en el ordenamiento jurídico italiano siempre que sean respetadas algunas obligaciones que aseguran la publicidad y transparencia de dichas aportaciones.

En particular, las contribuciones provenientes de personas físicas deben ser declaradas a la Presidencia de la Cámara de diputados, en virtud de los puntos 4 y 5 del artículo 4 de la legge n. 659 del 1981 y del artículo 2 punto 11 de la legge n. 3 e 9 de enero del 2019, pero, como ya sabemos, el incumplimiento de esta obligación fue despenalizado y ahora tan solo constituye un ilícito administrativo. Por otro lado, encontramos las contribuciones provenientes de sociedades distintas de aquellas previstas en el punto 1 del artículo 7 de la legge 195 del 1974 (a las que se le aplica la prohibición absoluta que hemos visto anteriormente), que deberán ser aprobadas por el órgano social competente y deberán ser reflejadas debidamente en las cuentas de la sociedad. Con referencia a estas sociedades, el punto tercero del citado artículo 7 establece que la entrega y la recepción de una contribución sin que haya intervenido en la decisión el órgano social competente o sin que la contribución se refleje regularmente en las cuentas de la sociedad será castigada con la pena de prisión de 6 meses a 4 años y con una multa de hasta el triple de la cantidad donada en violación de la ley. En lo que respecta a este delito, podemos decir que comparte con

---

[713] Ibid., p. 144.

el tratado anteriormente todo lo que respecta a los destinarios de la prohibición de recibir, el concepto de contribución y el significado de las expresiones entregar y recibir.

Las diferencias entre este delito y el delito de financiación pública ilegal son fundamentalmente dos. La primera se refiere a los sujetos destinatarios de la prohibición de financiar a los partidos políticos. Los destinatarios en este caso de dicha prohibición son, en virtud de lo establecido en el segundo punto del artículo 7, las sociedades no incluidas en el punto anterior. Es decir, las sociedades que no se encuentren entre los órganos de la administración pública, los entes públicos, las sociedades con participación pública superior al 20 por ciento y las controladas por estas últimas. Con esta expresión[714] el legislador hace referencia tanto a las sociedades con un capital público inferior al 20 por ciento como a aquellas sociedades sin participación pública alguna, ya que de haber querido limitar la prohibición a las sociedades con participación pública, el legislador italiano lo hubiera hecho de manera expresa[715].

En aras de delimitar algo más los posibles sujetos activos de este delito debemos tener también en cuenta la conducta típica. Una de las dos modalidades de comisión del delito de financiamiento oculto ilegal es el no registrar las contribuciones a los partidos en las cuentas de la sociedad. La obligación de registro en las cuentas solo tiene sentido que sea aplicable a aquellas sociedades obligadas legalmente a la publicidad de sus

---

714 Artículo 7 párrafo segundo de la legge 195 del 1974: "Sono vietati altresi' i finanziamenti o i contributi sotto qualsiasi forma, diretta o indiretta, da parte di societa' non comprese tra quelle previste nel comma precedente in favore di partiti o loro articolazioni politico-organizzative o gruppi parlamentari, salvo che tali finanziamenti o contributi siano stati deliberati dallo organo sociale competente e regolarmente iscritti in bilancio e sempre che non siano comunque vietati dalla legge"

715 SPAGNOLO, G.; *I reati di illegale finanziamento dei partiti politici*, cit., p. 73.

cuentas[716]. Por lo tanto, esta prohibición no va dirigida a aquellas sociedades que no tienen obligación de publicar sus cuentas. En consecuencia, esta prohibición va dirigida a aquellas sociedades de responsabilidad limitada que tienen la obligación de publicar las cuentas de cada ejercicio, depositarlo en el registro de empresas italiano y publicarlo en su boletín oficial, y no a las sociedades de personas, como las cooperativas, que en Italia no tienen obligación de publicar sus cuentas anualmente[717].

En resumen, solo podrán ser sujeto activo de este delito aquellas sociedades con una obligación legal a la publicación de sus cuentas, mientras que aquellas sociedades de personas no obligadas por la ley a publicar sus cuentas serán equiparadas a los sujetos privados, por lo que se le aplicará la obligación de comunicación a la Presidencia de la Cámara de los diputados, cuyo incumplimiento, como ya hemos dicho anteriormente, fue despenalizado.

La segunda diferencia evidente[718] que podemos encontrar entre los dos tipos penales es la conducta típica que, a pesar de que también hable de entregar o recibir aportaciones, tiene una estructura muy distinta. En principio se prohíbe la entrega y la recepción de contribuciones destinadas a los mismos sujetos que en el tipo penal de la financiación pública ilegal, pero es la cláusula final que dice "salvo que esa financiación o contribuciones hayan sido aprobadas por el órgano social competente y regularmente inscritas en las cuentas del partido y siempre que no hayan sido prohibidas por otro precepto legal", la que acaba haciendo que este tipo sea completamente diferente al anterior.

---

716 SPAGNOLO, G.; *I reati di illegale finanziamento dei partiti politici*, cit., pp. 76 y ss.

717 Ídem.

718 FORZATI F.; *Il finanziamento illecito ai partiti politici. Tecniche di tutela ed esigenze di riforma*, cit., pp. 145 y ss.

Dentro de este tipo, la doctrina italiana[719] distingue dos posibles formas de comisión. Por un lado, tenemos la financiación realizada a favor de un partido político sin que esta aportación haya sido aprobada por el órgano competente[720]. En este supuesto, no surgen problemas a la hora de afirmar la comisión del delito tanto por la sociedad que entrega como por parte del partido político que recibe la contribución sin su aprobación previa por el órgano social competente. Estamos ante un delito plurisubjetivo de encuentro, análogo a lo que hemos dicho anteriormente referido al delito de financiamiento público ilegal[721].

En este caso, encontramos la problemática de determinar cuál será el órgano social competente para tomar una decisión como la de financiar a un determinado partido político. Con carácter general, según el código civil italiano, en sus artículos 2384 y 2396, será competencia del consejo de administración o del comité ejecutivo de la sociedad. Siendo esta la norma a priori, la doctrina[722] italiana viene considerando que se debe analizar el caso concreto, teniendo también en cuenta, especialmente, los estatutos de la empresa en cuestión.

Diferente es, según una parte de la doctrina italiana[723], el caso de las contribuciones que si han sido aprobadas por el órgano social competente de la sociedad pero que han acabado no siendo registradas en sus cuentas. En un caso como este donde la entrega de la contribución es legal, produciéndose el comportamiento ilícito más adelante, no se puede considerar ni punible ni ilícita la recepción de dicha contribución. En este

---

719 Vid más en SPAGNOLO, G.; *I reati di illegale finanziamento dei partiti politici*, cit., pp. 73 y ss

720 Para determinar cuál es el órgano competente habrá que acogerse a lo establecido en el Cógido Civil italiano.

721 SPAGNOLO, G.; *I reati di illegale finanziamento dei partiti politici*, cit., p. 78.

722 Vid más en FORZATI F.; *Il finanziamento illecito ai partiti politici. Tecniche di tutela ed esigenze di riforma*, cit., pp. 150 y ss.

723 SPAGNOLO, G.; *I reati di illegale finanziamento dei partiti politici*, cit.,. 78-79

caso, el delito se comete al omitir el registro en las cuentas de la sociedad de la financiación a favor del partido político, más concretamente, cuando se entreguen dichas cuentas en las que se han omitido las aportaciones a favor de un partido[724].

Esta inscripción, constituye una obligación de los administradores de la sociedad que se realizará a posteriori de la entrega y recepción de la financiación, por lo tanto, aunque también nos encontremos con un delito de estructura plurisubjetiva de encuentro[725], el momento de comisión del delito cambia. En estos supuestos la responsabilidad del partido político dependerá de que el administrador sea consciente y comparta la voluntad de mantener la financiación oculta.

Esta situación es muy distinta a aquella de las contribuciones entregadas sin previa decisión del órgano competente, ya que, en la descrita anteriormente, se retrasa la conducta típica al momento de realización y entrega de las cuentas de la sociedad. En cambio, la prohibición de aportaciones sin la previa decisión del órgano competente se corresponde con el delito de financiación pública ilegal, siendo ambos delitos plurisubjetivos de encuentro, donde la conducta típica se verifica en el momento de entrega y recepción de la financiación prohibida[726].

Otra línea interpretativa de este tipo penal considera ambas condiciones de legalidad como acumulativas, debiendo estar presentes ambas para la comisión del ilícito. En este sentido se pronuncia FORZATI[727], que reconociendo la posibilidad de interpretarlo en ambos sentidos (algo que considera convierte a este tipo penal en inconstitucional), opta por considerar ambos requisitos como acumulativos, es decir, la financiación debe no

---

724 Ídem.

725 Ídem.

726 SPAGNOLO, G.; *I reati di illegale finanziamento dei partiti politici,* cit., p. 79.

727 FORZATI F.; *Il finanziamento illecito ai partiti politici. Tecniche di tutela ed esigenze di riforma,* cit., pp. 152 y ss.

haber sido aprobada por el órgano social competente y no debe ser inscrita en las cuentas de la sociedad. En este caso el momento de perfección de la comisión del delito se produce en el momento de depósito de las cuentas del partido en las que no se hace la debida referencia a la financiación realizada al partido político.

Independientemente de la interpretación que hagamos, podemos afirmar que este tipo penal de financiamiento oculto ilegal, en sus dos formas de comisión, es un delito de pura conducta, encuadrable entre los delitos de peligro presunto. Es decir, se presupone que una aportación no aprobada por el órgano social competente o no incluida debidamente en las cuentas del partido supone un daño o una puesta en peligro del bien jurídico protegido[728].

En lo que respecta al dolo, más allá de lo dicho en el tipo anterior, es decir, la voluntad de entregar y recibir financiación, en este caso oculta, de manera consciente de la ilegalidad de esta, debemos añadir la voluntad, tanto de financiación como del financiado, de mantener esta financiación como oculta. En consecuencia, voluntad de mantenerla oculta, sea no respetando la obligación de que sea aprobada por el órgano social competente, sea por no recogerla debidamente en las cuentas de la sociedad.

En la práctica, si tenemos en cuenta que las dos prohibiciones formales corren a cuenta de la sociedad que financia al partido político, será muy difícil probar el dolo del administrador del partido político que recibe la financiación, ya que este puede alegar desconocimiento del proceder de la sociedad. En este sentido, la jurisprudencia[729] de la Suprema Corte italiana ha determinado que es condición indispensable para la configuración del delito el conocimiento por pare de quien recibe el financiamiento sobre el origen del dinero o servicio, así como la existencia de las dos condiciones que convierten en ilícita dicha contribución.

---

728 Íbid., p. 147.

729 Cass., sez. VI, 17 ottobre 1994, in Cass. Pen., 1996, p. 1299, n. 766.

3. Consideraciones últimas

España e Italia, a pesar de tratarse de países muy cercanos culturalmente, han abordado la regulación de la financiación de los partidos políticos de manera muy diferente. En España, desde la Transición hasta nuestros días, se ha apostado por un sistema de financiación de los partidos políticos basado en recursos públicos que son otorgados directamente a los partidos en virtud de los resultados electorales. En cambio, desde el año 2013, en Italia se ha prohibido la financiación pública directa. Las dos vías de financiación pública que quedan en el sistema italiano son fuentes de financiación indirecta, en las que son los particulares o las empresas las que deciden dedicar parte de sus impuestos a la financiación de un partido de su elección o deducen impuestos en su declaración de la renta en virtud de las donaciones realizadas. Con este cambio de sistema, en Italia se busca una mayor participación de la ciudadanía en la vida política, tratando de revertir la estatalización de las formaciones políticas que inevitablemente se produce en los sistemas que fundamentalmente se basan en la financiación pública.

Con respecto a la financiación privada, también podemos encontrar importantes diferencias. En primer lugar, el límite cuantitativo es de 50.000 euros anuales en España por los 100.000 euros del caso italiano. Pero esta diferencia de cantidad no es el punto donde se separan ambos sistemas. En el sistema italiano, este es el único límite que se establece a las donaciones privadas, a las que simplemente se exigen una serie de requisitos de publicidad y transparencia para poder ser realizadas por personas físicas o jurídicas. En cambio, en el sistema español se establece más restricciones, no pudiendo ser las donaciones finalistas o proceder estas de personas jurídicas. En definitiva, España ha optado por un régimen más restrictivo de financiación privada, mientras que Italia busca potenciar las medidas de transparencia y publicidad para que sean los ciudadanos los que valoren cómo se financian las distintas formaciones y usen esta información para determinar su voto.

Finalmente, también encontramos importantes diferencias en cómo se ha abordado la financiación ilegal de los partidos políticos en ambos países. España ha puesto el foco en castigar la financiación privada ilegal, intentado salvaguardar la independencia de los partidos en el ejercicio de sus funciones constitucionales. En cambio, el legislador italiano se ha centrado en la financiación pública ilegal en aras de salvaguardar el pluralismo político. Y, cuando tipifica la financiación privada ilegal, lo hace desde la perspectiva de proteger la publicidad y transparencia de las transacciones, no siendo estas delictivas en caso de cumplir con los requisitos de publicidad y transparencia establecidos.

Como hemos podido observar, ambas regulaciones presentan importantes diferencias en todos los niveles, pero es difícil determinar qué sistema ha sido más exitoso, ya que ambos países han sufrido la aparición de diferentes tramas corruptas directamente relacionadas con la financiación ilegal de los partidos políticos. Sí es posible encontrar un punto en común entre ambos sistemas, que quizás pueda explicar el fracaso de ambos. Se trata de la motivación con la que el legislador aborda las reformas del sistema de financiación, sea Mani Pulite en Italia o el Caso Filesa en España (entre muchos otros ejemplos), las modificaciones realizadas en el sistema de financiación de estos países han sido una respuesta política a un escándalo de corrupción, y no un ejercicio sosegado de reforma legal con el objetivo de mejorar el sistema.

CONCLUSIONES

Conclusiones

Durante el desarrollo del trabajo ya han sido enunciadas las distintas conclusiones a las que hemos ido llegando. En consecuencia, nos limitaremos en este apartado a exponer, de manera sintética, las reflexiones más destacables realizadas en cada capítulo.

CAPÍTULO I. LA FINANCIACIÓN DE LOS PARTIDOS POLÍTICOS

1. Del estudio de los distintos modelos teóricos de financiación de los partidos políticos se pueden obtener varias conclusiones. En primer lugar, que no existen modelos puros, siendo todos modelos mixtos que pueden presentar una mayor prevalencia de recursos públicos o de recursos privados. En segundo lugar, no hay un modelo que presente, de base, una mejor respuesta ante la aparición de prácticas corruptas derivadas de la financiación ilegal. No existiendo un modelo ideal, sí encontrábamos un aspecto común: aquellos sistemas con mayores niveles de transparencia y control son los más efectivos a la hora de combatir la corrupción, independientemente del modelo de financiación establecido.

2. El sistema español de financiación de los partidos políticos adolece de un defecto de autorregulación más que evidente, ya que los partidos establecen las reglas de la financiación y también las cantidades que se van a repartir. Esto ha derivado en un sistema de partidos demasiado rígido y estático que protege en exceso a los partidos ya existentes. Esto era algo explicable en la Transición, ya que permitió la profesionalización de los partidos y el cumplimiento de su labor constitucional, pero que hoy carece ya de justificación al encontrarnos en una situación de mayor estabilidad democrática.

3. Por motivos históricos, España optó por un sistema fundamentado en la financiación pública que se mantiene desde la Transición hasta nuestros días. Este sistema, pese a sus sucesivas reformas, no ha evitado que se produzcan numerosos casos de corrupción directamente vinculados con la financiación ilegal de los partidos políticos. Además, esto ha provocado una excesiva dependencia en los recursos públicos, lo que ha producido un alejamiento de los partidos políticos de sus bases, un fenómeno denominado "oligarquización de las formaciones políticas", así como un deterioro de la democracia interna de las propias formaciones.

4. España se ha inclinado por un enfoque restrictivo en la regulación de la financiación privada de los partidos políticos. En la reforma del año 2015 se redujo la cantidad máxima que podía donar un particular y se prohibió que las personas jurídicas pudiesen realizar donaciones, todo ello con el objetivo de que los partidos buscasen un mayor número de donantes y ampliasen sus bases sociales. Esto, unido a ulteriores medidas de transparencia y publicidad, parecen ser instrumentos encaminados a combatir la corrupción. Pero la realidad es que el límite contemplado para las personas jurídicas no está previsto en la LOREG, pudiendo éstas hacer además donaciones en período electoral. Y el límite cuantitativo aplicable a las donaciones privadas a los partidos no se aplica a las donaciones dirigidas a sus fundaciones o entidades vinculadas, dejando virtualmente sin efecto las medidas adoptadas en el 2015.

5. El sistema de financiación de los partidos políticos español presenta un sistema de control deficitario. En primer lugar, a pesar de las últimas medidas en términos de publicidad y trasparencia introducidas sin duda debido a los escándalos de corrupción, el sistema sigue sin gozar de la transparencia necesaria para devolver a la ciudadanía la confianza en los partidos políticos. En segundo lugar, el órgano encargado de ejercer este control, el Tribunal de Cuentas, presenta una preocupante falta de recursos que se refleja en un incumplimiento generalizado de los plazos que tiene para fiscalizar las cuentas de las distintas formaciones políticas.

Además, la independencia de este Tribunal es muy discutible desde el punto y hora en que la elección de sus miembros acaba dependiendo de los propios partidos políticos (son designados por las Cortes Generales). Muchas son las voces que señalan que estamos ante un sistema de control fallido que no es efectivo a la hora de detectar las prácticas de financiación ilegal.

6. La autorregulación y el carácter casuístico y oportunista de la legislación son, bajo nuestro punto de vista, el origen de los problemas de nuestro sistema de financiación. Los partidos, en mayor o menor medida, ocupan el poder político, por lo que tienen la potestad de diseñar un sistema que favorezca su posición. Igualmente, hemos podido comprobar durante la investigación cómo las distintas formaciones políticas en el poder solo han encontrado la motivación para regular esta materia cuando se enfrentaban a una opinión pública encendida por la última trama de corrupción. Este modus operandi de los partidos explica que sigamos teniendo una dualidad normativa con la LOREG y la LOFPP, y no una sola ley que recoja de forma sistemática y homogénea las reglas sobre la financiación de los partidos políticos, tanto dentro como fuera del periodo electoral. Esto provoca, en muchas ocasiones, una inconsistencia en el régimen normativo que, como hemos visto, afecta a la eficacia de todo el sistema de financiación de los partidos políticos, incluyendo la de los propios tipos penales.

CAPÍTULO II. LOS DELITOS DE FINANCIACIÓN ILEGAL DE LOS PARTIDOS POLÍTICOS

7. El cap. II comienza con un repaso a los principales casos de corrupción acaecidos en nuestro país directamente relacionados con la financiación de las formaciones políticas. De su análisis extraíamos, fundamentalmente, dos conclusiones. Por un lado, la incesante aparición de tramas corruptas pese a las sucesivas reformas realizadas al sistema de financiación demuestra que este ha sido

ineficaz y sistemáticamente incumplido por los partidos. Por otro lado, en el estudio del recorrido judicial de estas tramas destacaba como problema recurrente la atipicidad penal de la financiación ilegal de los partidos políticos. Por ende, aquí encontramos uno de los principales argumentos que respaldan la reciente tipificación de la financiación ilegal de los partidos políticos, ya que hasta este momento los tribunales habían encontrado grandes dificultades para encajar estas conductas en otros tipos penales.

8. Cuatro son los factores criminógenos principales conducentes a la financiación ilegal de los partidos políticos: su elevado nivel de gasto; los bajos niveles de afiliación; el deficiente sistema de transparencia, publicidad y control de sus cuentas, y la discrecionalidad y la falta de control presente en algunos sectores de la actividad administrativa. Estamos ante un fenómeno complejo cuya solución no puede buscarse única y exclusivamente a través de la tipificación del delito de financiación ilegal de los partidos políticos. Siendo esa tipificación probablemente necesaria, este problema se debe atajar desde la reforma del sistema en su conjunto, buscando dar solución a todos aquellos aspectos que favorecen y posibilitan la aparición de casos de financiación ilegal.

9. El bien jurídico protegido en los delitos de financiación ilegal de los partidos políticos es la función que les asigna el artículo 6 de la Constitución. Con estos tipos penales, junto con la regulación administrativa de la financiación de los partidos, se busca asegurar que estos ejercen sus funciones constitucionales con imparcialidad e independencia sobre la base de una democracia interna sólida y en condiciones de igualdad. Se deben combatir aquellas estructuras o mecanismos externos al partido que buscan obtener una influencia directa con sus élites y que fomentan la oligarquización y la patrimonialización de los partidos a través de la provisión de fondos de manera ilegal. Las funciones constitucionales de los partidos políticos tienen una importancia capital en nuestro sistema democrático y se ven gravemente afectadas por su financiación ilegal. Sin duda estamos ante un bien jurídico digno de protección penal.

10. Los tipos recogidos en el Código penal previos a la tipificación de la financiación ilegal de los partidos políticos eran insuficientes para la persecución penal de este tipo de prácticas. Muchos de los casos de financiación ilegal quedan fuera del ámbito de aplicación de los delitos contra la Administración pública. Además, ambas tipologías delictivas se abren a realidades diferentes, protegen bienes jurídicos diferentes y, por tanto, pueden darse casos en los que confluyan y casos en los que no. Es decir, puede darse un caso de financiación ilegal sin que necesariamente exista un delito contra la Administración pública. En aquellos supuestos donde encontremos algún delito contra la Administración pública y un delito de financiación ilegal estaremos, por tanto, ante supuestos de concurso de delitos.

11. La ubicación sistemática de estos delitos, dado que hemos situado su bien jurídico en las funciones constitucionales recogidas en el art. 6 CE, debe ser en un Título independiente a continuación del Título XXI dedicado a los delitos contra la Constitución. Otra posibilidad sería, encuadrado en una potencial reforma integral del sistema de financiación de los partidos políticos, abordar de manera conjunta la regulación del régimen administrativo-sancionador y de los tipos penales relativos a la financiación ilegal de los partidos políticos, incluyendo estos últimos en esta nueva ley reguladora de la financiación de los partidos en su conjunto. Si bien es cierto que la diferencia entre su inclusión en el Código penal o en una ley penal especial es meramente formal, una aproximación conjunta podría ayudar a construir un sistema más coherente, que evite duplicidades o solapamientos entre las infracciones administrativas y las penales, tal y como ocurre con la actual tipificación.

12. El objeto material en el delito de financiación ilegal de los partidos políticos viene constituido por aquellas donaciones realizadas en período no electoral que sean anónimas, finalistas o revocables; procedentes de un mismo donante (persona física) superiores a 50.000 euros anuales; y, por último, las donaciones en las que el donante sea una persona jurídica o un ente sin

personalidad jurídica. Las aportaciones realizadas por los afiliados quedan excluidas del objeto material de este delito, ya que en ningún caso puede una aportación contravenir lo dispuesto en el art. 5.1 de la LOFPP (en el que solo se regulan los límites de las donaciones privadas). Cualquier otra interpretación que incluyese las aportaciones en el tipo conduciría a la imposible tarea de concretar cuáles son esas aportaciones ilegales que se encuentran en la órbita del Derecho penal.

13. La financiación ilegal activa es un delito común (en el que solo excluimos como potenciales autores a los afiliados al partido en virtud del objeto material de este delito). Esta figura no presenta especificidad alguna a la hora de definir a posteriori al autor directo del delito de financiación ilegal activa, que será quien de forma típica, antijurídica y culpable entregue donaciones prohibidas a un partido político, federación, coalición o agrupación de electores. En cambio, la financiación ilegal pasiva es un delito de propia mano (entendido en sentido amplio), ya que el tipo no exige unas cualidades determinadas en el sujeto activo, pero el hecho típico sí requiere implícitamente una especial vinculación normativa del sujeto con el partido político. Concretamente, que el sujeto activo tenga capacidad suficiente para incorporar fondos al patrimonio del partido.

14. Fruto del análisis de las modalidades típicas básicas, pudimos identificar aquellas conductas que, a pesar de tener una gravedad y afectación al bien jurídico protegido similar, no han sido incorporadas por el legislador penal. Destacábamos cuatro bloques: la financiación privada, donde destacan las operaciones asimiladas, los acuerdos preferentes con respecto a las deudas o la financiación de las fundaciones entre otras; la financiación pública, que queda totalmente excluida del tipo penal; la financiación electoral, que no se contempla en el tipo penal, ya que el mismo se refiere exclusivamente a la financiación ordinaria de los partidos políticos, y las falsedades contables, cuya utilización es fundamental en las tramas de financiación corrupta (y

que, paradójicamente, sí están sancionadas penalmente en la LOREG cuando se den en relación con la contabilidad electoral).

15. Tanto las donaciones finalistas como las revocables presentan una particularidad en lo referente a su tipo subjetivo, y es la presencia de un elemento subjetivo del injusto: es la propia intención perseguida con la donación que se lleva a cabo y la existencia de condiciones que determinan la revocabilidad de la donación las que vuelven peligrosas la conducta para el bien jurídico fundamentando la antijuricidad de la conducta típica.

16. Los delitos de financiación ilegal de los partidos políticos se consuman con la mera entrega, recepción e incorporación de la donación ilícita al patrimonio de una formación política, sin necesidad de ulterior contraprestación u acto ilícito. En el apartado dedicado al *iter criminis,* descartamos que actuaciones como el ofrecimiento, la aceptación o la solicitud de donaciones ilícitas diese comienzo a la ejecución de la financiación ilegal activa o pasiva. Existiendo la posibilidad teórica de que este delito aparezca en grado de tentativa, su momento consumativo, así como el hecho de que estas prácticas se acaben descubriendo años después del acaecer los hechos hacen que sea muy improbable que se den pronunciamientos sobre casos de tentativa en este tipo de delitos.

17. En aras de realizar una interpretación sistemática y homogénea de los delitos de financiación ilegal de los partidos políticos, consideramos que estamos ante unidad de acción, es decir, ante una sola donación, siempre que los distintos pagos se produzcan dentro de un mismo año natural, vinculándolo así al carácter anual de las cuentas de los partidos. Gracias a esta interpretación es posible unificar la aplicación de las distintas donaciones prohibidas recogidas en el art. 5.1 LOFPP. Con este criterio, podremos determinar cuándo estaremos ante el tipo básico y cuando ante el tipo agravado en función de las donaciones recogidas en ese mismo año natural. En consecuencia, y a la espera de pronunciamientos jurisprudenciales en la materia, consideramos que no se aplicará la figura del delito continuado

en ninguna de las modalidades de donación prohibida recogidas en el art. 5.1 de la LOFPP cuando se produzcan dentro de un mismo año natural. Todas aquellas donaciones ilegales producidas en un mismo año natural procedentes de un mismo sujeto se considerarán pagos fraccionados de una misma donación. Más dudas existen cuando se produzcan donaciones ilegales en años consecutivos, ya que nos podríamos encontrar con un delito continuado o con un concurso real de financiación ilícita.

18. El art. 304 bis 2 en su apartado b) introduce un nuevo tipo autónomo de financiación ilegal, concretamente el tipo básico de financiación ilegal extranjera de los partidos políticos. A pesar de estar formulado como un tipo agravado, se trata de un tipo autónomo que comparte parcialmente la conducta típica con el tipo del 304 bis 1, pero que a su vez introduce una nueva modalidad de financiación prohibida, distinguiéndose por tanto el objeto de prohibición con respecto de las modalidades delictivas recogidas en dicho precepto. Una modalidad delictiva cuyo fundamento es asegurar la independencia de las formaciones políticas españolas, en este caso buscando evitar posibles injerencias de organismos, entidades o gobiernos extranjeros que traten de condicionar la actuación del partido político español a través de la provisión de fondos. Aunque la inclusión de esta modalidad está plenamente justificada, no se entiende, sin embargo, que sea la única modalidad (junto con las donaciones de personas físicas) que requiere de una determinada cuantía para que la conducta alcance relevancia penal. Una cuantía que consideramos, además, demasiado elevada, ya que deja un espacio de atipicidad excesivamente amplio.

19. Con respecto al tipo agravado del art. 304 bis 2 apartado a) y al tipo hiperagravado del art. 304 bis 3 extraíamos, fundamentalmente, dos conclusiones relevantes. En primer lugar, la cantidad de 500.000 euros, exigida para pasar del tipo básico al tipo agravado, es 10 veces la cantidad máxima permitida por la LOFPP a las personas físicas, por lo que existe una diferencia excesiva entre ambos. Si bien es cierto que consideramos

justificada la agravación por razón de la cuantía, consideramos demasiado elevado el límite establecido. En segundo lugar, el tipo hiperagravado utiliza la expresión “de especial gravedad”, aspecto que ha sido muy criticado por la doctrina ante la falta de concreción del término. Bajo nuestro punto de vista, no se tendrá en cuenta exclusivamente la cantidad de la donación para apreciar la especial gravedad de los hechos. Siendo el cuantitativo uno de los criterios principales, nada nos impide tener en cuenta factores cualitativos, como la condición impuesta para realizar la donación, a la hora de determinar cuándo estamos ante casos de financiación ilegal especialmente graves.

20. El art. 304 ter es un tipo penal autónomo que castiga a aquel que participe en estructuras u organizaciones cuyo fin sea la financiación ilícita de partidos políticos, sin necesidad de que se concrete dicha financiación. No se trata, por tanto, de una cualificación de las figuras recogidas en el 304 bis, algo que, por otro lado, hubiera tenido más sentido. Consideramos además que la tipificación de esta conducta no era necesaria. Estas conductas se podrían encajar en los delitos de organización o grupo criminal de los arts. 570 bis y ter CP, careciendo de sentido establecer una regulación penal específica para los casos en los que la finalidad de esta organización o grupo criminal sea la financiación ilegal de los partidos políticos.

21. El bien jurídico protegido en los arts. 304 bis y ter es el mismo. El art. 304 ter es un tipo que adelanta el momento de la intervención penal castigando el mero hecho de pertenecer a una estructura u organización que persigue como finalidad financiar ilícitamente a partidos. En otras palabras, se castiga de manera autónoma un acto preparatorio de la financiación ilegal de los partidos, ya que no se exige que la financiación ilegal se acabe produciendo para castigar por este delito de pertenencia a estructura u organización. Al considerar que se protege el mismo bien jurídico, no podemos castigar la pertenencia a esa estructura u organización y luego la propia financiación, al igual que no podemos castigar un acto preparatorio de un

delito y posteriormente la comisión del delito en cuestión. En conclusión, cuando se dé tanto la participación en una estructura u organización, como la financiación ilícita misma, nos encontraremos ante un concurso de normas que se resolverá por subsidiariedad tácita en favor del art. 304 bis al encontrarse la pertenencia a la organización en un estadio criminal previo a la propia financiación ilícita.

CAPÍTULO III. EL ART. 304 BIS 5

22. Nos posicionamos a favor de la incorporación de los partidos políticos (y de los sindicatos) al régimen de responsabilidad penal de las personas jurídicas. Al margen de sus funciones constitucionales, son entes privados que deben responder igual que el resto de las personas jurídicas cuando actúan como agentes con intereses particulares. De la misma forma que el papel de los partidos políticos en nuestro sistema democrático justifica un especial régimen jurídico, también exige un especial control. Además, no podemos olvidar que se trata de entes que muy frecuentemente se ven envueltos en procesos judiciales, siendo evidente la conexión existente entre los partidos políticos y la corrupción, por lo que carecía de sentido su exclusión del sistema de responsabilidad penal de las personas jurídicas.

23. Los partidos políticos adquieren personalidad jurídica por su mera inscripción en el Registro de Partidos Políticos (cumpliendo una serie de requisitos). Este momento es el que marca el comienzo de su condición de sujetos susceptibles de incurrir en responsabilidad penal. En cuanto a su naturaleza jurídica, podemos afirmar que son asociaciones privadas de relevancia constitucional, cuyas funciones son fundamentalmente públicas. Dicho esto, no podemos olvidar que estamos ante entidades cuyo origen es privado, que en muchas ocasiones se mueven por intereses particulares y que no necesitan ejercer sus funciones constitucionales u obtener financiación pública para adquirir

personalidad jurídica. En consecuencia, consideramos que su naturaleza y características no requieren de la existencia de ningún trato diferenciado con respecto del resto de asociaciones, por lo que, tal y como hizo el legislador en 2012, no se debe incluir limitación alguna en las penas imponibles a las formaciones políticas.

24. Los sujetos que potencialmente pueden hacer que responda penalmente una formación política son: los representantes legales de la formación (por ejemplo, el presidente del partido); los dirigentes del partido; todas aquellas que estén bajo la autoridad de los anteriores. Este grupo no se reduce a los empleados de la formación política, sino que incluye a todos aquellos otros sujetos que actúen bajo la dirección y control de alguna de las personas a las que se refiere la letra a) del 31 bis 1, no exigiéndose la existencia de una relación laboral. Así, en esta categoría entrarían desde los empleados del partido o empleados de empresas subcontratadas, hasta afiliados al partido que ostenten cargos menores o que colaboren con la estructura y estén sometidos, en su quehacer colaborativo, a la autoridad de los dirigentes de la formación política.

25. Para que un programa de cumplimiento pueda ser considerado causa de atipicidad en un caso de financiación ilegal de los partidos políticos deberá: 1. Incluir los delitos de financiación ilegal en su mapa de riesgos. 2. Recoger medidas de vigilancia y control como, por ejemplo: determinar claramente las personas responsables de la aceptación de donaciones; prohibir la aceptación de donaciones fragmentadas o con utilización de personas interpuestas; controlar rigurosamente las condiciones reales de prestación de un servicio; dar cuenta periódicamente al órgano de vigilancia de las donaciones que reciba el partido. 3. Incluir canales de denuncia que aseguren la protección del denunciante. 4. Instaurar un órgano de vigilancia de la persona jurídica con poderes autónomos de iniciativa y de control distinto del responsable de la gestión económico-financiera regulado en la LOFPP. 5. Establecer un régimen de sanciones que castiguen el incumplimiento de las medidas establecidas en el mismo.

CAPÍTULO IV. LA FINANCIACIÓN ILEGAL DE LOS PARTIDOS POLÍTICOS EN ITALIA

26. España tiene un sistema de financiación de los partidos políticos que se fundamenta en la dotación de recursos públicos en virtud de los resultados electorales mientras que, desde el año 2017, en Italia se ha prohibido la financiación pública directa. Las vías de financiación pública que permanecen en el sistema italiano son de carácter indirecto, siendo los ciudadanos o las empresas las que deciden destinar parte de sus impuestos a la financiación de un partido de su elección o deducen impuestos en su declaración de la renta en virtud de las donaciones realizadas. Con esta medida, Italia trata de revertir la estatalización y excesiva dependencia de los recursos públicos que tenían las formaciones políticas. Algo que inevitablemente se produce en los sistemas con preponderancia de fuentes de financiación de origen público.

27. La regulación relativa a la financiación privada es mucho más laxa en Italia que en España. El único límite establecido a las donaciones privadas en el país transalpino es cuantitativo, fijado en 100.000 euros anuales. En cambio, en España, al límite cuantitativo de 50.000 euros añadimos la imposibilidad de recibir donaciones procedentes de personas jurídicas, donaciones anónimas, finalistas o revocables, restringiendo mucho la posibilidad de obtención de recursos privados. Como contrapartida a esta mayor flexibilidad a la hora de aceptar financiación privada, el legislador italiano ha buscado potenciar las medidas de transparencia y publicidad para que sean los ciudadanos los que valoren cómo se financian las distintas formaciones y usen esta información para determinar su voto.

28. Desde la óptica del Derecho penal, la financiación ilegal de los partidos políticos ha sido abordada desde perspectivas completamente diferentes. El legislador español puso el foco en castigar la financiación privada ilegal olvidando por completo la posibilidad de incluir entre las posibles conductas casos de financiación pública ilícita. En cambio, el legislador italiano se

ha centrado en la financiación pública ilegal, y cuando tipifica la financiación privada ilegal, lo hace desde la perspectiva de proteger la publicidad y transparencia de las transacciones. Es decir, no castigando la financiación privada en sí misma, si no la financiación privada opaca.

29. Tanto desde un punto de vista administrativo como penal, la regulación española e italiana presentan importantes diferencias en todos los niveles. A pesar de esto, es muy complejo determinar qué sistema ha sido, por un lado, más justo en el reparto de recursos y, por otro, más eficaz en la lucha contra la corrupción. Lo cierto es que ambos países han visto cómo sus formaciones políticas se veían involucradas en distintos casos de corrupción directamente vinculados con la financiación ilegal. Si es posible encontrar un punto en común entre estos sistemas, quizás sea el fracaso de ambos a la hora de evitar la corrupción relacionada con la financiación ilícita. También comparten el legislador español e italiano, independientemente de los partidos en el poder, la motivación con la que se abordan las reformas del sistema de financiación, siempre impulsadas por casos de corrupción política, sea *Mani Pulite* en Italia o el Caso Filesa en España (entre muchos otros ejemplos). Las distintas reformas del sistema de financiación de estos países han sido, con carácter general, una respuesta política a un escándalo de corrupción, y no un ejercicio sosegado de reforma legal con el objetivo de mejorar el sistema.

BIBLIOGRAFÍA

Bibliografía

AGUILERA DE PRAT, C.R. "Balance y transformaciones del sistema de partidos en España (1977-1987)", en *Reis,* 1988

ALCÁCER GUIRAO, R. "Elementos típicos no vinculados al curso causal y la tentativa de autor inidóneo", en *Revista de derecho penal y criminología* n. 7, 2001

ALFARO ÁQGUILA-REAL, J., "Artículo 225. Deber general de diligencia", en JUSTE MENCÍA, J. (Coord), *Comentario de la reforma del régimen de sociedades de capital en materia de gobierno corporativo,* Civitas-Thomson Reuters, Cizur Menor 2015

ALGUACIL GONZÁLEZ-AURIOLES, J. "El Problema Público de Regular Jurídicamente la Financiación partidaria", en *Teoría y Realidad Constitucional.* n. 6, UNED, 2002.

ALMAGRO CASTRO, D. "A vueltas con la financiación de los partidos en España: la LO 8/2007 y las reformas de octubre de 2012 y marzo de 2015", en *Estudios de Deusto,* enero-junio 2015.

ALÓS FERRANDO, V. R. "El escándalo del estraperlo", en *Historia 16,* 1994, no 218

ÁLVAREZ CONDE, E. "Algunas Propuestas sobre la Financiación de los Partidos Políticos" en *La Financiación de los Partidos Políticos. Cuadernos y Debates,* nº 47, Centro de Estudios Constitucionales, Madrid, 1994

ANDRADE BLANCO, J. A. "Del socialismo autogestionario a la OTAN: notas sobre el cambio ideológico en el PSOE durante la Transición a la democracia", en *Historia actual online,* n. 14, 2009.

ARANDA ÁLVAREZ, E. "Una reflexión sobre transparencia y buen gobierno", en *Cuadernos Manuel Giménez Abad,* n. 5, 2013, pp. 214-229.

ARGANDOÑA, A. "La Financiación de los Partidos Políticos y la Corrupción en las Empresas", en *Papeles de Ética, Economía y Dirección,* n. 6, 2001, pp. 1-20.

ARIÑO ORTIZ, G.; *La financiación de los partidos políticos,* Ed. Documentos del Foro de la Sociedad Civil, n.1, 2009.

ARNALDO ALCUBILLA, E. "Las reformas posibles del régimen electoral español", en *Cuadernos de derecho judicial,* 2001, no 11

ARTÉS CASELLES, J. y GARCÍA VIÑUELA, E. "La economía política de las reformas de la financiación electoral", en *Revista española de ciencia política,* n. 15, 2006.

ARTOLA, M.; *Partidos y Programas Políticos, 1808-1936. Tomo I.* Ed. Alianza Editorial, Madrid, 1991.

BACIGALUPO, SAGUESSE, S. "Los criterios de imputación de la responsabilidad penal de los entes colectivos y de sus órganos de gobierno (arts. 31 bis y 129 CP)", en *Diario La Ley,* 2011, n. 7541

BACIGALUPO ZAPATER, E. "Responsabilidad penal y administrativa de las personas jurídicas y programas de «compliance»", en *Diario la Ley,* n.7442, 2010.

BARREIRO, A. J. "La Ley, los jueces y el" caso Naseiro"", en *Jueces para la democracia,* n. 9, 1990.

BARTOLINI, S. "La afiliación en los partidos de masas: La experiencia socialista democrática (1889-1978)." en *Revista de estudios políticos* 15, 1980

BASSO, G.J. "El art. 304 ter a examen: valoración político-criminal y delimitación típica del delito de participación en organizaciones dirigidas a financiar ilegalmente partidos políticos", en *La Ley Penal,* nº151, Julio-Agosto 2021

BASTIDA FREIJEDO, F. J. "Derecho de Participación a través de Representantes y Función Constitucional de los Partidos Políticos", en *Revista Española de Derecho Constitucional* Año 7. Núm. 21. Septiembre-Diciembre 1987.

BAUCELLS LLADÓS, J. "La responsabilidad penal de los partidos como personas jurídicas", en AAVV/BOTELLA CORRAL (coord..); GARCÍA ARÁN (dir.), *Responsabilidad jurídica y política de los partidos en España,* Tirant lo Blanch, 2018

BAUTISTA PLAZA, D.; *La Función Constitucional de los Partidos Políticos,* Ed. Comares, Granada, 2006.

BECCARIA, A., MARCUCCI. G. *I segreti di Tangentopoli. 1992: l'anno che ha cambiato l'Italia,* Ed. Newton Compton Editori, Vol. 307 2015.

BIONDI, F., "Finanziamento Pubblico e regolazione giuridica dei partiti dopo il decreto-legge n.149 del 2013", en AAVV/ TARLI BARBIERI, G. (dir.) y BIONDI F. (dir.); *Il finanziamento della politica,* Ed. Scientifica, Napoli, 2016.

BRANDRIZ GARCÍA, J.A., "La problemática de las normas penales en blanco", en AAVV/ FARALDO CABANA, P. (Dir.); *Ordenación del terri-*

torio, patrimonio histórico y medio ambiente en el Código penal y la legislación especial, Ed. Tirant lo Blanch, Valencia, 2011.

BRICOLA, F. "Politica criminale e politica penale dell'ordine pubblico (a proposito della legge 22 maggio 1975 n. 152)", en *Politica criminale e scienza del diritto penale,* Bologna 1997.

CAMPOS MONGE, M.C.E. "CONTRATACIÓN PÚBLICA Y CORRUPCIÓN (Un análisis particular de los principios rectores de la contratación administrativa)", en *Revista de ciencias Jurídicas,* n. 112, 2007.

CARBAJOSA PÉREZ, B. "Transparencia y financiación de los partidos políticos" en *Revista española de control externo,* vol. 14, n. 42, 2012

CARCOY BIDASOLO, M., GALLEGO SOLER, J.I.; "Artículos 304 bis-304ter", en AAVV/MIR PUIG, S., *Comentarios al Código Penal. Reforma LO 1/2015 y LO 2/2015,* Tirant lo Blanch, Valencia 2015.

CARDONE, A., "Il controllo sui bilanci dei partiti "registrati" tra "delusioni" della prassi e riforme che si susseguono", en AAVV/ TARLI BARBIERI, G. (dir.) y BIONDI F. (dir.); *Il finanziamento della politica,* Ed. Scientifica, Napoli, 2016.

CAROLI CASAVOLA, H. "Il finanziamento della politica", en *Rivista trimestrale di diritto pubblico,* n.2, 2015.

CARRERAS SERRA, F. "Los Partidos en Nuestra Democracia de Partidos", en *Revista Española de Derecho Constitucional,* año 24, nº 70, ene/abr, 2004.

CASTELLÁ ANDREU, J. M. "Sistema parlamentario y régimen electoral en España: similitudes y diferencias entre la forma de gobierno en el Estado y las comunidades autónomas" en *Cuestiones constitucionales,* 27, 2012

CASTILLO VERA, P. del. "La Financiación de los Partidos Políticos ante la Opinión Pública", en *Revista de Derecho Político,* n. 31 UNED, 1990.

CASTILLO VERA, P. del. "Objetivos para una Reforma de la Legislación sobre Financiación de los Partidos Políticos", en *La Financiación de los Partidos Políticos. Cuadernos y Debates,* n. 47, Centro de Estudios Constitucionales, Madrid, 1994.

CASTRO MORENO, A., "Un problema de delito fiscal: los incrementos patrimoniales no justificados y de la obtención ilícita de rentas como posibles fuentes del delito", en AA/VV, GARCÍA VALDÉS, C. (coord.), *Estudios penales en homenaje a Enrique Gimbernat,* Tomo II, EDISOFER, Madrid, 2008.

CAZORLA PÉREZ, J. "El clientelismo de partido en la España de hoy: una disfunción de la democracia" en *Revista de Estudios políticos,* 1995, no 87

COCA VILA, I., PASTOR MUÑOZ, N., "¿Administración desleal mediante creación del riesgo de sanciones para el patrimonio administrado?", en *InDret*, 1/2015.

CONTENTO, G.; *Corso di diretto penale*, Bari, 1989

CORTÉS BURETA, P. "Los recursos económicos de los partidos políticos: una perspectiva histórica de su regulación" en *Revista Aragonesa de Administración Pública*, 2003, no 22

CORTÉS LABADÍA, J. P. "La continuidad delictiva en el delito fiscal tras la sentencia del caso Messi" en *La ley penal: revista de derecho penal, procesal y penitenciario*, 2018

COTARELO, R.; DEL ÁGUILA TEJERINA, R. *Transición política y consolidación democrática: España* (1975-1986), Ed. CIS, 1992

CRESPI, S. "Il peculato per distrazione nella giurisprudenza del Senato della Repubblica", en *Rivista italiana di diritto e procedura penale*, Ed. Giuffré, 1973

CRESPI, A., STELLA, F. y ZUCCALÀ, G.; *Commentario breve al codice penale*. Vol. 5. Cedam, 1986

CUÑADO AUSÍN, G. "La fiscalización de los partidos políticos: una síntesis de las actuaciones practicadas por el Tribunal de Cuentas", en *Revista española de control externo*, vol. 3, n. 9, 2001.

DE LA MATA BARRANCO, N.J., "El cumplimiento por el legislador español del mandato de la Unión Europea de sancionar a las personas jurídicas" en AAVV/DE LA CUESTA ARZAMENDI (dir.); *Responsabilidad penal de las personas jurídicas*, Ed. Thomson Reuters Aranzadi, 2013, pp. 161-226.

DEL CASTILLO, P. "La Financiación de los Partidos Políticos: 1977-1997" en *Revista de las Cortes Generales*, nº 41, 2º cuatrimestre, Madrid, 1997

DELGADO GIL, A. "Sobre el bien o bienes jurídicos protegidos en los denominados delitos contra la Administración pública", en *Anuario de derecho penal y ciencias penales*, n. 62(1), 2009.

DEL ROSAL BLASCO, B. "La delimitación típica de los llamados hechos de conexión en el nuevo artículo 31 bis, nº 1, del Código Penal", en *Cuadernos de política criminal*, n. 103, 2011

DEL ROSAL BLASCO, B. "Responsabilidad penal de empresas y códigos de buena conducta corporativa", *Diario La Ley*, n. 7670, 2011.

DÍAZ BRAVO, E. "El pluralismo político como valor constitucional. El tratamiento español", en *Revista Chilena de Derecho y Ciencia Política, septiembre-diciembre*, vol. 5, n. 3, 2014.

DOPICO GÓMEZ-ALLER, J. "Aproximación a las necesidades de reforma legal en relación con la respuesta penal a la corrupción política", en *Cuadernos penales José María Lidón,* n. 11, 2015.

DOPICO GÓMEZ-ALLER, J. "Imputación de responsabilidad penal a la persona jurídica", en AAVV/MOLINA FERNÁNDEZ, F. (Coord.); *Penal* 2017, Madrid, Francis Lefebvre, 2016

ERICE MARTÍNEZ, E. "Prevaricaciones urbanísticas: accesoriedad y subsidiariedad del derecho penal", en *Cuadernos penales José María Lidón* n. 5, 2008.

ESPARZA MARTÍNEZ, B. "Estructura y Funcionamiento Democrático de los Partidos Políticos Españoles", en *Revista de las Cortes Generales,* n. 43, 1º cuatrimestre, Madrid, 1998.

FEIJOO SÁNCHEZ, B.J., "La responsabilidad penal de las personas jurídicas", en AAVV/DÍAZ MAROTO Y VILLAREJO (Dir.); *Estudios sobre las reformas del Código Penal,* Ed. Civitas, 2011.

FEIJOO SÁNCHEZ, B.J., "Presupuestos para la conducta típica de la persona jurídica, los requisitos del art. 31 bis 1" en AAVV/BAJO FERNÁNDEZ, M. (Coord.); *Tratado de responsabilidad penal de las personas jurídicas: adaptado a la Ley 1/2015, de 30 de marzo, por la que se modifica el Código Penal,* Ed. Thomson Reuters Aranzadi, 2016.

FEIJOO SÁNCHEZ, B.J., "La persona jurídica como sujeto de imputación jurídico-penal", en AAVV/BAJO FERNÁNDEZ, M. (Coord.); *Tratado de responsabilidad penal de las personas jurídicas: adaptado a la Ley 1/2015, de 30 de marzo, por la que se modifica el Código Penal,* Ed. Thomson Reuters Aranzadi, 2016.

FERNÁNDEZ MARUGÁN, F. "La financiación de los partidos políticos: otra mirada", en *Temas para el debate,* n. 223, 2013.

FERNÁNDEZ SEGADO, F.: *Aproximación a la Nueva Normativa Electoral.* ed. Dykinson S.L., Madrid, 1986

FERRÉ OLIVÉ, F. J. "El bien jurídico protegido en los delitos tributarios", en *Revista Justicia y Sistema Criminal,* v.6, n. 11, 2014.

FISHER, J.; EISENSTADT, T. A. "Introduction Comparative Party Finance. What is to be Done?", en *Party Politics.* v. 10, n. 6, Sage, London, 2004.

FLICK, G. M. "Il finanziamento ai partiti: il caso del 'caro estinto'", en federalismi.it, en línea disponible en http://www.federalismi.it.ApplOpenFilePDF.cfm?artid=20217&dpath=document&dfile=05062012190453.pdf&content=Il+finanziamento+ai+partiti:+il+caso+del+%E2%80%9C-caro+estinto% E2%80%9D+-+stato+-+dottrina (consultado por última vez el 3 de noviembre de 2019).

FLORES GIMÉNEZ, F. "Los partidos políticos: intervención legal y espacio político, a la búsqueda del equilibrio ", en *UNED. Teoría y Realidad Constitucional*, n. 35, 2015.

FORZATI F.; *Il finanziamento illecito ai partiti politici. Tecniche di tutela ed esigenze di riforma*, Ed. Jovene Editore, Napoli, 1998

GARCÍA ARÁN, M., "Sobre la tipicidad penal de la financiación irregular de los partidos políticos", en AAVV/MAQUEDA ABREU (Dir.); *Derecho Penal para un estado social y democrático de derecho: estudios penales en homenaje al profesor Emilio Octavio de Toledo y Ubieto*, Ed. Servicio de Publicaciones de la Facultad de Derecho de la Universidad Complutense de Madrid, Madrid, 2016, pp. 589-605.

GARCÍA-ESCUDERO MÁRQUES, P.; PENDÁS GARCIA, B. "Consideraciones sobre la Naturaleza y Financiación de los Partidos Políticos", en *Revista de Administración Pública*, n. 115, ene/abr, 1988.

GARCÍA GIRÁLDEZ, T., "Los Partidos Políticos y el Derecho", en AAVV/ MELLA M. (Coord.); *Curso de Partidos Políticos.* Ed. Akal, Madrid, 2003.

GARCÍA-PELAYO M., *El Estado de partidos.* Ed. Alianza, España, 1986

GAVARA DE CARA, J. C. "La Distribución de Competencias en Materia Electoral en el Estado de las Autonomías", en *Cuadernos de Derecho Público.* nº 22-23. may/dic. Madrid, 2004

GIBERT MONTERO, J; GÜNTHER, R. "Los estudios sobre los partidos políticos: una revisión crítica." en *Revista de estudios políticos,* 2002, no 118

GIL CASTELLANO, J. "La Financiación de los Partidos Políticos: El Estado de la Cuestión", en *Cuadernos Constitucionales de la Cátedra Fadrique Furió Ceriol*, n. 36/37, Valencia, 2001.

GÓMEZ-JARA DÍEZ, C.; *La responsabilidad penal de las empresas en EEUU.*, Ed. Centro de Estudios Ramón Areces, 2006.

GÓMEZ-JARA DÍEZ, C., "La culpabilidad de la persona jurídica", en AAVV/ BAJO FERNÁNDEZ, M. (Coord.); *Tratado de responsabilidad penal de las personas jurídicas: adaptado a la Ley 1/2015, de 30 de marzo, por la que se modifica el Código Penal*, Ed. Thomson Reuters Aranzadi, 2016, pp. 74 y ss.

GÓMEZ MARTÍN, V. "El delito de fabricación, puesta en circulación y tenencia de medios destinados a la neutralización de dispositivos protectores de programas informáticos (art. 270, párr. 3. º CP). A la vez, un estudio sobre los delitos de emprendimiento o preparación en el CP de 1995" en *Revista Electrónica de Ciencia Penal y Criminología*, 2002

GÓMEZ MARTÍN, V. "La doctrina del "delictum sui generis": ¿queda algo en pie?", en *Revista electrónica de ciencia penal y criminología*, 2005, no 7

GÓMEZ RIVERO, C. "¿Queda algo aún de los llamados delitos de propia mano?", en *Revista penal,* n. 18, 2006

GONZÁLEZ BARRERA, F. "Estudios sobre la financiación de los partidos políticos.: Especial referencia a la financiación ilegal", en *Aletheia: Cuadernos Críticos del Derecho,* n. 1, 2017.

GONZÁLEZ RUS, J. J. "La criminalidad organizada en el Código Penal Español. Propuestas de reforma." en *Anales de derecho.* Vol. 30. 2012

GRACIA MARTÍN, L. "Crítica de las modernas construcciones de una mal llamada RPP", en *Revista electrónica de ciencia penal y criminología,* n. 18, 2016.

GÜNTHER, R. "Electoral laws, party systems, and elites: the case of Spain." en *The American Political Science Review,* 1989

HERNÁNDEZ DÍAZ, L., "El nuevo artículo 31 bis del Código Penal", AAVV/ DE LA CUESTA ARZAMENTDI (Dir.); en *Responsabilidad penal de las personas jurídicas,* Ed. Thomson Reuters Aranzadi, 2013, pp. 103-128

HERNÁNDEZ PLASENCIA, L.U., *La autoría mediata en Derecho penal,* Granada, 1996

HOLGADO GONZÁLEZ, M. "Financiación de partidos y democracia paritaria", en *Revista de Estudios Políticos (Nueva Época)* n. 115, enero-marzo, 2002.

IACOVIELLO, F.M., "Un delito-simbolo: il finanziamento illecito ai partiti politici" en *Cass. Pen.* 1995.

JAÉN VALLEJO, M. *La reforma penal de 2015. Análisis de las principales reformas introducidas en el Código Penal por las Leyes Orgánicas 1 y 2/2015, de 30 de marzo,* Ed. Dykinson, Madrid, 2015.

JAVATO MARTÍN, A.M., "De los delitos de financiación ilegal de los partidos políticos:(artículos 304 bis y 304 ter)", en AAVV/GOMEZ TOMILLO (Dir.); *Comentarios prácticos al Código penal, Ed.* Thomson Reuters-Aranzadi, 2015, pp. 717-732.

JAVATO MARTÍN, A.M. "El delito de financiación ilegal de los partidos políticos (arts- 304 bis y 304 ter CP)", en *Revista Electrónica de Ciencia Penal y Criminología,* n. 19, 2017.

JIMÉNEZ SÁNCHEZ, F. "Escándalos de corrupción y defectos de la financiación de los partidos en España: situación actual y propuestas", en *Studia politicae,* n. 12, 2007.

JIMÉNEZ SÁNCHEZ, F. "Boom urbanístico y corrupción política en España", en *Mediterráneo económico,* vol. 14, 2008.

JIMÉNEZ VILLAREJO, C. "La destrucción del orden republicano (apuntes jurídicos)" en *Hispania Nova,* 2007, no 7

JUSTE DE ANCOS, R. *IBEX 35: Una historia herética del poder en España.* Ed. Capitán Swing Libros, 2017

KATZ, R. S. y MAIR, P. "Changing models of party organization and party democracy: the emergence of the cartel party" en *Party politics,* 1995, vol. 1, n. 1

KIRCHHEIMER, O. "El camino hacia el partido de todo el mundo" en *Teoría y sociología críticas de los partidos políticos,* Anagrama, 1980

LASCURAÍN SÁNCHEZ, J.L., "Compliance, debido control y unos refrescos", en AAVV/ARROYO ZAPATERO, L.A. (Dir.); *El derecho penal economico en la era compliance,* Tirant lo Blanch, 2013

LEÓN ALAPONT, J. "El delito de financiación ilegal de los partidos políticos desde la perspectiva de la responsabilidad penal de éstos como personas jurídicas", en *InDret,* 2018

LEÓN ALAPONT, J. "La reforma de los delitos de financiación ilegal de partidos políticos: un debate desenfocado" en *Estudios Penales y Criminológicos,* 2019, vol. 39

LLOREDO ALIX, L. "Rudolf von Jhering: Nuestra tarea (1857). En torno a la jurisprudencia de conceptos: surgimiento, auge y declive", en *EUNOMÍA. Revista en Cultura de la Legalidad,* 2014

LÓPEZ AGUILAR, J.F. "El tema de la oposición en la crisis y caída del autocratismo franquista" en *Revista de estudios políticos,* 1989, no 63

LÓPEZ GARRIDO, D. "La Financiación de los Partidos Políticos. Diez Propuestas de Reforma", en *La Financiación de los Partidos Políticos. Cuadernos y Debates,* nº 47, Centro de Estudios Constitucionales, Madrid, 1994

LÓPEZ GARRIDO, D.; GARCÍA ARÁN, M.; *El Código Penal de 1995 y la voluntad del legislador: Comentario al texto y al debate parlamentario.* Ed. Eurojuris, 1996.

LÓPEZ GUERRA, L. "Sobre la Evolución de las Campañas Electorales y la Decadencia de los Partidos de Masas", en *Revista Española de la Opinión Pública,* nº 45, Madrid, 1976

MACÍAS ESPEJO, B. "Sobre la incriminación de la financiación ilegal de partidos políticos en el artículo 304 bis del Código Penal", en *Cuadernos de Política Criminal,* n. 119, II, Época II, septiembre 2016.

MADONA, N. "Tangentopoli e Mani Pulite: dopo le indagini, i processi", en *Stato dell'Italia,* Milán, 1994

MALEM SEÑA, J.F. "La corrupción política", en *Jueces para la democracia,* n. 37, 2000.

MALEM SEÑA, J.; *La corrupción,* Ed. Gedisa, Madrid, 2002

MAROTO CALATAYUD, M., "Financiación ilegal de los partidos políticos", en AAVV/QUINTERO OLIVARES (Dir.); *Comentarios a la reforma penal de 2015*, Edit. Thomson Reuters, Navarra, 2015.

MAROTO CALATAYUD, M.; *La financiación ilegal de los partidos políticos. Un análisis político-criminal*, Ed. Marcial Pons, Madrid, 2015.

MAROTO CALATAYUD, M. "Una democracia nada perfecta: continuidades en la financiación de los partidos españoles desde la transición política a nuestros días" en *HISPANIA NOVA, Primera Revista de Historia Contemporánea on-line en castellano. Segunda Época,* 2018, pp. 685-711

MARTÍNEZ-BUJÁN PÉREZ, C.; *Derecho penal económico y de la empresa. Parte especial,* Ed. Tirant lo Blanch, 4ª Edición, Valencia, 2013.

MARTÍNEZ-BUJÁN PÉREZ, C., *El delito de administración desleal de patrimonio ajeno,* Tirant lo Blanch, Valencia, 2016.

MARTÍNEZ LÓPEZ, V. H. "Partidos políticos: un ejercicio de clasificación teórica." en *Perfiles latinoamericanos,* 2009, vol. 17, no 33

MATA BARRANCO, N.J. "El bien jurídico protegido en el delito de cohecho", en *Revista de Derecho Penal y Criminología,* 2.a Época, n. 17, 2006.

MAZA MARTÍN, J.M.; *Delincuencia electoral y responsabilidad penal de los partidos políticos,* Ed. Wolters Kluwer, 2018.

MAZZARELLI, F.; *Contributi e finanziammenti occulti ai partiti*, Ed. Temi rom, 1981.

MIR PUIG, S. "Sobre la punibilidad de la tentativa inidónea en el nuevo Código Penal", en *Revista Electrónica de Ciencia Penal y Criminología,* n.03, 2003

MONEDERO FERNÁNDEZ-GALA, J.C., *La transición contada a nuestros padres,* Ed. Catarata, Madrid, 2011

MONROY ANTÓN, A. J. "Reflexiones acerca de la Naturaleza Jurídica de los Partidos Políticos", en *Actualidad Administrativa,* tomo 1, n. 4, quincena del 16/28 de febrero, 2009.

MONTERO GIBERT J. R. "Partidos y participación política: algunas notas sobre la afiliación política en la etapa inicial de la transición española." en *Revista de Estudios Políticos* 23, 1981

MUÑOZ CONDE, F., *Derecho Penal, Parte Especial,* Valencia, 2021

MUÑOZ CUESTA, J. "La reforma del delito fiscal operada por LO 7/2012, de 27 de diciembre" en *Revista Aranzadi Doctrinal,* 2013, no 11

MUÑOZ CUESTA, J. "Delitos de financiación ilegal de partidos políticos", *Revista Aranzadi Doctrina núm. 5/2015 parte Tribuna,* Edit., Aranzadi, 2015

MUÑOZ CUESTA, J., *La financiación ilegal de partidos políticos. Estado actual de la cuestión. Examen del nuevo delito de financiación ilegal de partidos* políticos, en línea, disponible en https://www.fiscal.es/fiscal/PA_WebApp_SGNTJ_NFIS/descarga/Ponencia%20D.%20Javier%20Mu%C3%B1oz%20Cuesta.pdf?idFile=d44d14cf-1636-4c02-85b9-b73034c3e233, consultado por última vez el 21 de agosto de 2019.

MUÑOZ SÁNCHEZ, A.; *El amigo alemán. El SPD y el PSOE de la dictadura a la democracia.* Ed. RBA Libros, Barcelona, 2012

NIETO MARTIN, A., "Financiación ilegal de partidos políticos", en AAVV/ ARROYO ZAPATERO Y NIETO MARTÍN (Coord.); *Fraude y corrupción en el Derecho Penal económico europeo. Eurodelitos de corrupción y fraude,* Ed. Universidad de Castilla la Mancha, Cuenca, 2006.

ODRIOZOLA GURRUTXAGA, M. "La regulación penal de la financiación ilegal de los partidos políticos" en *Cuadernos de política criminal,* 126, 2018.

OLAIZOLA NOGALES, I. "Aplicación del delito de cohecho en asuntos relacionados con la corrupción urbanística", en *Cuadernos penales José María Lidón,* n.5, 2008.

OLAIZOLA NOGALES, I.; *La financiación ilegal de los partidos políticos: un foco de corrupción,* Ed. Tirant lo Blanch, Valencia, 2014.

OLAIZOLA NOGALES, I., "Las reformas legales relacionadas con la financiación de los partidos políticos", en AAVV/JAREÑO LEAL (Dir.); Corrupción pública, prueba y delito cuestiones de libertad e intimidad, Thomson Reuters Aranzadi, 2015.

OLAIZOLA NOGALES, I. "Medidas de regeneración democrática. La nueva regulación de la financiación de los partidos en España", en *Estudios Deusto,* vol. 63, n. 1, enero-junio 2015.

OÑATE RUBALCABA, P., "Los partidos políticos en la España democrática. La España del siglo XXI", en AAVV/ JIMENEZ DE PRAGA Y CABRERA (Coord.); *La Política,* Ed. Biblioteca Nueva, Madrid, 2008.

PAJARES MONTOLIO, E. "La financiación de los partidos políticos", en *EUNOMÍA. Revista en Cultura de la Legalidad,* n. 11, octubre 2016 – marzo 2017.

PALMA HERRERA, J.M. "¿Responsabilidad penal de las personas jurídicas y otros entes organizativos tras la L.O. 15/2003, de 25 de noviembre, por la que se modifica el Código penal?, en AAVV/CASADO RAIGÓN/ GALLEGODOMÍNGUEZ (Coords.); *Personalidad y capacidad jurídicas. 74 contribuciones con motivo del XXV aniversario de la Facultad de Derecho de la Universidad de Córdoba,* Servicio de Publicaciones de la Universidad de Córdoba, 2005, pp. 967-983.

PALMA HERRERA, J. M.: "Presupuestos jurídico-penales de la responsabilidad penal de los entes corporativos y del sistema de «compliances»", en PALMA HERRERA, J. M. y AGUILERA GORDILLO, R.; *Compliances y responsabilidad penal corporativa,* Cizur Menor, Thomson Reuters-Aranzadi, 2017.

PELEGRÍN LÓPEZ, A. "El delito de cohecho, tras la reforma del Código Penal por la Ley Orgánica 1/2015, de 30 de marzo" en *Cuadernos de Derecho Local* (43), 2017.

PEÑA GONZÁLEZ, J. "La Ley para la Reforma Política como Factor Legitimador del Cambio" en PEÑA GONZÁLEZ, J. (Coord.): *Libro Homenaje a Iñigo Cavero Lataillade.* ed. Tirant lo Blanch, Valencia, 2005

PÉREZ FRANCESCH, J. L. "La financiación de los partidos políticos en España. Consideraciones a partir de los informes del Tribunal de Cuentas y de la nueva Ley Orgánica 8/2007, de 4 de julio", en *Papers: revista de sociología,* n. 92, 2009.

PÉREZ RIVAS, N.; *El delito de financiación ilegal de los partidos políticos en el Código Penal español: regulación y propuestas de lege ferenda,* Documento para su presentación en el VIII Congreso Internacional en Gobierno, Administración y Políticas Públicas GIGAPP. (Madrid, España) del 25 al 28 de septiembre de 2017.

PETER SCHNEIDER, H. "Los Partidos Políticos y el Dinero: Problemas Actuales de la Financiación de los Partidos", en *Revista de las Cortes Generales,* n. 36, 3º cuatrimestre, Madrid, 1995.

PINELLI, C. "Il punto su disciplina e finanziamento dei partiti", en *Diritto pubblico,* vol. 1, 2000.

PINO ABAD, M., "Normativa sobre represión de propaganda separatista hasta el final del franquismo", en AAVV/ ÁLVAREZ CORA y SANDOVAL PARRA (eds.); *Sedición, rebelión y quimera en la Historia jurídica de Europa,* Ed. Dykinson, Madrid, 2021

PIZZIMENTI, E. y IGNAZI, P. "Finanziamento pubblico e mutamenti organizzativi nei partiti italiani" en *Rivista italiana di scienza politica,* 2011, vol. 41, n. 2.

PRESNO LINERA M. Á. "RÉGIMEN ELECTORAL («MAQUIAVÉLICO») Y SISTEMA DE PARTIDOS (CON SESGO MAYORITARIO)/(" Machiavellian") electoral system and party system (with majoritarian bias)." en *Revista Española de Derecho Constitucional,* 2015

PRIETO DEL PINO, A.M. "Aspectos criminológicos y político-criminales de la corrupción urbanística. Un estudio de la costa del sol", en *Cuadernos penales Jose María Lidón* n. 5, 2008.

PUENTE ABA, L.M.; *El delito de financiación ilegal de Partidos Políticos,* Ed. Tirant lo Blanch, Valencia, 2017.

PULITANÒ, D. "La giustizia penale alla prova del fuoco", *en Rivista italiana di diritto e procedura penale,* Ed. Giuffré 1997.

REBOLLO VARGAS, R. "La polémica en el delito de financiación de partidos políticos: las puertas continúan abiertas", *Estudios penales y criminológicos,* vol. 38, 2018.

REY HUIDOBRO, L. F. "Aspectos penales del delito de pertenencia a organización o grupo criminal.", en *La ley penal: revista de derecho penal, procesal y penitenciario,* nº134, 2018

RIDAO, J. "La transparencia y el control económico-financiero de los partidos políticos en España. Entre un balance decepcionante y un futuro sombrío", en *Cuadernos Manuel Giménez Abad,* n. 7, 2014.

RODRÍGUEZ DÍAZ, Á.; *Transición política y consolidación constitucional de los partidos políticos,* Ed. Centro de Estudios Políticos y Constitucionales, Madrid, 1989

RODRÍGUEZ LÓPEZ, Á. y FIDALGO, E. "Responsabilidad social, crisis financiera y normalización contable en los partidos políticos españoles", en *CIRIEC-España, Revista de Economía Pública, Social y Cooperativa,* n. 74, 2012.

RODRÍGUEZ MOURULLO, G. "La responsabilidad penal de las personas jurídicas y los principios básicos del sistema", en *Revista del CGAE,* n. 62, 2010

RODRÍGUEZ PUERTA, M. J. "Competencias, alcance y límites del control ejercido por el Tribunal de Cuentas sobre partidos políticos y fundaciones" en AAVV/GARCÍA ARÁN (Dir.); *Responsabilidad jurídica y política de los partidos en España,* Tirant lo Blanch, 2018

RODRÍGUEZ RAMOS, L. "¿Cómo puede delinquir una persona jurídica en un sistema penal antropocéntrico?", en *Diario la Ley,* n.7561, 2011.

RODRÍGUEZ TERUEL, J. BARAS, M., BARBERÀ, Ó. y BARRIO, A., "Financiación de los partidos y transparencia democrática. Buenas prácticas en Europa y América del Norte", en *Revista Española de Investigaciones Sociológicas,* n. 147, julio-septiembre, 2014.

ROMERO TEJADA, J.M. "El delito del tráfico de influencias en el ámbito de la Administración local", en *Cuadernos de derecho local,* n. 24, 2010.

ROXIN, C., *Autoría y dominio del hecho en Derecho penal,* trad. De la sexta edición alemana por CUELLO CONTRERAS, J. y SERRANO GONZÁLEZ DE MURILLO, J.L. Madrid-Barcelona, 1998, p. 433

SÁINZ-CANTERO CAPARRÓS, J.E., "Los delitos de financiación ilegal de partidos políticos", en AAVV/ MORILLAS CUEVA (Dir.); *Estudios sobre el Código Penal reformado:(Leyes Orgánicas 1/2015 y 2/2015,)* Ed. Dykinson, Madrid, 2015.

SÁNCHEZ FERRO, S. "El Complejo Régimen Jurídico Aplicable a los Partidos Políticos tras la aparición de la Ley Orgánica de Partidos Políticos de 27 de junio de 2002", en *Revista Jurídica de la Universidad Autónoma de Madrid,* nº 12. 2005.

SÁNCHEZ MUÑOZ, Ó. "La financiación de los partidos políticos en España: ideas para un debate", en *Revista Española de Derecho Constitucional,* vol. 33, n. 99, 2013.

SÁNCHEZ MUÑOZ, Ó. "La insuficiente reforma de la financiación de los partidos: la necesidad de un cambio de modelo", en *Revista Española de Derecho Constitucional,* n. 104, 2015.

SANDOVAL CORONADO, J. C., "La financiación corrupta de los partidos políticos: A propósito del "caso Pallerols"", en AAVV/ PUENTE AVE (Dir.); *La intervención penal en supuestos de fraude y corrupción: doctrina y análisis de casos.* Ed. Bosch, 2015.

SANTANO, A. C.; *El análisis Constitucional del Sistema de Financiación Pública de Partidos en España,* Tesis Doctoral, Universidad de Salamanca, 2013.

SANTANO, A. C.; *La Financiación de los partidos políticos en España,* Ed. Centro de Estudios Políticos y Constitucionales, Madrid, 2016.

SCARROW, S.E. "Political finance in Comparative Perspective", en *Annual Review of Political Science,* vol. 10, 2007.

SPAGNOLO, G.; *I reati di illegale finanziamento dei partiti politici,* Ed. CEDAM-Casa Editrice Dott. Antonio Milani, Padova, 1990

SERVET MAGRO, V. "Diferencias entre el delito de apropiación indebida y la administración desleal", en *Diario La Ley,* n. 9222, 2018

SIERRA LÓPEZ, M. "El delito de financiación ilegal de partidos políticos: ¿mayor eficacia en la lucha contra la corrupción", en AAVV/GÓMEZ RIVERO/BARRERO ORTEGA (Dirs.), *Regeneración democrática y estrategias penales en la lucha contra la corrupción,* 2017.

SILVA SÁNCHEZ, J-M.; *El nuevo Código Penal: cinco cuestiones fundamentales.* Ed. JM Bosch, 1997

TARLI BARBIERI, G., "Il finanziamento privato ai partiti nel decreto-legge n.149 del 2013: limiti e garanzie di trasparenza", en AAVV/ TARLI BARBIERI, G. (dir.) y BIONDI F. (dir.); *Il finanziamento della politica,* Ed. Scientifica, Napoli, 2016.

TIEDEMANN, K.; *Lecciones de Derecho Penal Económico (comunitario, español, alemán),* Ed. PPU. Barcelona, 1993.

VELASCO NÚÑEZ, E. "Crimen organizado: organización y grupo criminal tras la reforma del Código Penal en la LO 5/2010.", en *La ley penal: revista de derecho penal, procesal y penitenciario*, nº86, 2011

VIDAL PRADO, C. "El derecho de participación política y la representación", en *Revista de la Facultad de Derecho y Ciencias Políticas*, n. 96, 1996.

VILLAVERDE MARRUEDO, E. "PSOE en la Transición (1974-79). Una aproximación histórica", en *La transición a la democracia en España: actas de las VI Jornadas de Castilla-La Mancha sobre Investigación en Archivos*, Guadalajara, 4-7 de noviembre 2003.

ZUGALDÍA ESPINAR, J.M. "Societas delinquere potest análisis de la reforma operada en el Código Penal español por la LO 5/2010, de 22 de junio", *en La ley penal: revista de derecho penal, procesal y penitenciario*, n. 76, 2010.

ZÚÑIGA RODRÍGUEZ, L. "La responsabilidad penal de las personas jurídicas: principales problemas de imputación", en *Estudios de derecho judicial*, n. 115, 2007